南京大学六朝研究所书系·乙种论集·第壹号
南 京 大 学 六 朝 研 究 所 主编

"都城圈"与"都城圈社会"研究文集

——以六朝建康为中心

张学锋 编

南京大学出版社

总　序

一

　　晃晃悠悠的节奏、断断续续的过程，也许是"万事开头难"吧，从2017年3月14日"南京大学六朝研究所成立仪式暨学术座谈会"召开、计划出版系列图书至今，竟然已经三年又八个月过去了，具有"标志"意义的南京大学出版社版"南京大学六朝研究所书系"首批四册，终于即将推出，它们是：

　　刘淑芬著《六朝的城市与社会》（增订本），"甲种专著"第叁号；

　　张学锋编《"都城圈"与"都城圈社会"研究文集——以六朝建康为中心》，"乙种论集"第壹号；

　　[美]戚安道（Andrew Chittick）著、毕云译《中古中国的荫护与社群：公元400—600年的襄阳城》，"丙种译丛"第壹号；

　　[德]安然（Annette Kieser）著、周胤等译《从文物考古透视六朝社会》，"丙种译丛"第贰号。

　　既然是"首批四册"，如何"甲种专著"却编为"第叁号"呢？这缘于此前"书系"已经出版了以下数种：

　　胡阿祥著《东晋南朝侨州郡县与侨流人口研究》（修订本），江苏人民出版社，2019年10月版，"甲种专著"第壹号；

　　吴桂兵著《中古丧葬礼俗中佛教因素演进的考古学研究》，科学出版社，2019年12月版，"甲种专著"第贰号；

　　（唐）许嵩撰，张学锋、陆帅整理《建康实录》，南京出版社，2019年

10月版,"丁种资料"第壹号;

　　胡阿祥著《"胡"说六朝》,江苏人民出版社,2019年6月版,"戊种公共史学"第壹号;

　　胡阿祥、王景福著《谢朓传》,凤凰出版社,2019年12月版,"戊种公共史学"第贰号。

　　据上所陈,"南京大学六朝研究所书系"的总体设计,应该就可以瞭然了。

　　首先,"书系"包含五个系列,即甲种专著、乙种论集、丙种译丛、丁种资料、戊种公共史学,这显示了我们对六朝历史之基础研究与应用研究的全面关注,对话学界之"学院"史学与面向社会之"公共史学"的兼容并包。

　　其次,"书系"出版采取"1+N"模式,"1"为南京大学出版社,"N"为其他出版社,"1"为主,"N"为辅,但仍按出版时序进行统一编号。所以如此处理,自然不在追求"差异美",而是随顺作者、译者、编者的意愿以及其他各别复杂情形。

　　再次,"书系"虽以"南京大学六朝研究所书系"冠名,但只是冠名而已,我们会热忱邀约、真诚接受所内外、校内外、国内外的书稿,并尽遴选、评审、建议乃至修改之责。

　　要之,五个系列的齐头并进、出版单位的灵活安排、书稿来源的不拘内外,这样有异寻常的总体设计,又都服务于我们的相关中期乃至远期目标:通过若干年的努力,使学界同仁共襄盛举的"南京大学六朝研究所书系"渐具规模、形成特色、产生影响,而"南京大学六朝研究所"也因之成为学界同仁信任、首肯乃至赞誉的研究机构。如此,庶不辜负我们回望的如梦的六朝时代、我们生活的坚韧而光荣的华夏正统古都南京、我们工作的诚朴雄伟励学敦行的南京大学、我们钟情的昌明国粹融化新知的南京大学历史学院。

二

南京大学历史学院有着厚实的六朝研究传统。蒋赞初、孟昭庚等老一辈学者宏基初奠,如蒋赞初教授开创的六朝考古领域,在学界独树一帜,若孟昭庚教授从事的六朝文献整理,在学界备受赞誉;近20多年来,张学锋、贺云翱、吴桂兵、杨晓春等中年学者开拓创新,又形成了六朝人文地理、东亚关系、都城考古、墓葬考古、佛教考古等特色方向。推而广之,南京大学文学院程章灿之石刻文献研究、赵益之知识信仰研究、童岭之思想文化研究,南京大学地海学院陈刚之建康空间研究,皆已卓然成家;又卞孝萱师创办的"江苏省六朝史研究会",已历半个多甲子,一批"后浪"张罗的"六朝历史与考古青年学者交流会",近期将举办第七回,本人任馆长的六朝博物馆,成为六朝古都南京的璀璨"地标",南京师范大学、南京市考古研究院、南京晓庄学院等,也都汇聚起不弱的六朝研究力量。凡此种种,既有意或无意中彰显了学者个人之"文章合为时而著,歌诗合为事而作"的"义理"追求,也主动或被动地因应了现实社会对历史记忆、文化遗产等的"经济"(经世济用)需求。

即以现实社会之"经济"需求而言,就南方论,就江苏论,就南京论,六朝时代既是整体变迁过程中客观存在的一环,又是特别关键、相当荣耀的一环。以秦岭-淮河为大致分界的中国南方,经过六朝时代,经济开发出来了,文化发展起来了;跨江越淮带海的江苏,唤醒历史记忆,弘扬文化遗产,同样无法绕过六朝时代;而南京所以能够成为中国第四大古都、中国南方第一的古都,也主要是因为六朝在此建都。

六朝的意义当然绝不仅此。举其"义理"之荦荦大者,以言孙吴,经过孙吴一朝的民族融合、交通开辟、政区设置,南中国进入了中国历史的主舞台,并引领了此后北方有乱、避难南方的历史趋势,比如东晋、南朝、南宋皆如此;以言东晋南朝,当中国北方陷入十六国大乱,正是晋朝在南方的重建以及其后宋、齐、梁、陈较为平稳的递嬗,才使传统华夏文明在南方得以保存与延续、发展并丰富，这样薪火相传、"凤凰涅槃"的南方华夏文明，又给北方的十六国北朝之"汉化"或"本土化"的演进，提供了鲜活的"样本"、完整的"模范"，其结果，便是南与北交融、胡与汉融铸而成的辉煌灿烂的隋唐文明，特别是其中的精英文化；再言虽然分隔为孙吴、东晋南朝两段而诸多方面仍一以贯之的六朝，就颇有学者把包括六朝在内的汉晋文化与罗马文化并列为世界古代文明的两大中心，这又无疑显示了六朝文化在世界史上的超凡地位。

然则围绕着这样的"义理"与"经济"，笔者起2004年、至2018年，为《南京晓庄学院学报》"六朝研究"专栏写下了50篇回旋往复甚至有些啰嗦的"主持人语"，这些"主持人语"，现已结集在"南京大学六朝研究所书系"最先问世的《"胡"说六朝》中；至于"南京大学六朝研究所书系"过去近四年的"万事开头难"、今后若干年的"不忘初心，而必果本愿"，我们也就自我定位为伟哉斯业，准备着无怨无悔地奉献心力了……

南京大学六朝研究所　所长胡阿祥
2020年11月16日

前　言

本文集标题中的"都城圈"与"都城圈社会"这两个概念,对很多读者来说也许还比较陌生。置于文集首篇的中村圭尔先生的《魏晋南北朝都城研究的另一种可能性》,所述内容事实上可以成为本文集的总论。中村先生在文中回顾了日本史学界关于魏晋南北朝都城的研究历程,意识到了问题所在,从而借助考古学界首唱的"都城圈"概念,结合历史学的研究,提出了"都城圈社会"这个新的概念,并将之视为魏晋南北朝都城研究的"另一种可能"。这里,拟在中村先生论文的基础上,对"都城圈"及"都城圈社会"这两个概念作一个简要的介绍。

由于考古资料及历史文献对都城的偏重,历代王朝的都城是城市考古和城市史研究的主要对象之一,而以都城为舞台上演的各种悲喜剧,又是广义历史学及文学、社会学等相关学科的研究对象,其重要性不待赘言。

然而,既往的考古学研究中,王朝时期的都城往往被理解成由城墙围起来的城圈空间,因此,都城考古的主要工作大多集中于通过考古发掘确定宫城、外郭城的四至范围,确定宫城、外郭城内部殿堂、苑囿、里坊、街市的空间布局,厘清不同历史时期都城形制的异同,进而探讨其继承与变革的历史意义。毋庸置疑,考古学界长期以来的辛勤努力,为都城研究的全方位展开奠定了坚实的实物资料基础,其意义是重大的。然而,即使是在中国中世纪都城那样有着广袤的外郭城、郭内空置闲地很多的情况下,由城墙围起来的都城依然是狭义的都城。作为常识,单凭城墙圈内的城市空间,是无论如何也难以维持一座大型城市的正常运作的,因此,近年来在城市空间的研究中导入了"都城圈"这一概念,将研究的视野扩展到了都城的周边地区。

近年来,"都城圈"的概念频繁出现在日本的中国考古学界。在 2010 年的日本考古学大会上,西江清高先生向与会者阐释了这样一个思路:"城墙是都城的一个要素或一种功能,但与之相对,在城墙的有无之外,都城的各种功能有时是分散在一个广大的'地域'空间里的,而这个'地域'又不是无限扩展的,它必须是一个相对紧密的关系圈。"(《作为历史"地域"的关中平原"周原地区"》)将西江先生这一观点付诸实践并将其可视化的,是茶谷满先生的《东汉洛阳城的可视境域与帝陵的空间关系——关于洛阳都城圈形态的基础研究》(2013 年),文中明确地提出了"都城圈"这个概念。茶谷的这项研究,虽然集中在对东汉洛阳城"可视境域"的分析上,但令人关注的认识以及方法论上取得的成果不在少数。

茶谷展开这项研究使用的基础资料,是盐泽裕仁先生关于汉魏洛阳的一系列研究。盐泽在同年出版了专著《东汉魏晋南北朝都城境域研究》(雄山阁,2013 年),标题中的"境域"一词,在前引茶谷的论文标题中也能看见,应该就是"空间"的意思,甚至还带有"腹地"的意思。然而,"境域"一词,是茶谷和盐泽展开都城圈探讨时的专用名词,更是盐泽对都城空间中外围空间的专指,因此为避免歧义,本文集保留使用"境域"一词。在著作中,盐泽将"都城圈"的概念表述为"都城境域"。盐泽指出:作为王朝对国家实施经营的基础城市(大聚落)——都城,虽然有着自己独立的地域空间,但是,"都城"一旦离开周边的地域社会,它是否还能够独立运作? 以往的中国都市史研究,都将重点放在由城墙包围起来的城郭之内,缺乏将之与城郭之外的区域关联起来的视点。然而,以都城为中心形成的远距离流通网络,其重要性,在相对比较安定的王朝自不待言,即使是在社会动荡的时代,作为官僚及其家族以及大量战斗人员集中居住的都城,缺少了来自周边地区的物资供给,同样也是无法正常运作的,这一点无需赘言。也就是说,围绕都城的生产主体——卫星聚落的存在,是都城正常运作不可或缺的条件。由这些卫星聚落和都城共同构成的地域空间,正是"都城"所具有的真正"境域"。在此基础上,盐泽认为:所谓都城,其实存在着由城郭中的小城和大城构成的"郭域",由"郭域"之外的陵墓、苑囿、郊坛等构成的"郊域"以及确保都城物资供给的卫星聚落"境域"等不同层次,都城圈实际上就是由"郭域""郊域""境域"这三个同心圆空间的扩展所构成的。

基于空间概念及考古遗存分布展开的都城圈研究,正像茶谷论文标题中出现的"可视"以及本文集收录的陈力论文副标题中使用的"可视化"那样,重点在于划出都城圈的空间范围及其范围内的遗存分布。例如在茶谷论文中,利用各种地图数据,通过图示的形式,尝试对洛阳"都城圈"进行可视化展示。以洛阳城为中心,将空间向外扩展至城郊的帝陵区,然后再扩展至周边诸县,以河南县、偃师县为中心,旁及河阴、谷城、新城、缑师、巩、平8县,并进一步扩展到周围的所谓"洛阳八关"。论文配有同心圆式的分布图,读者能够通过图表的形式认识到洛阳"都城圈"的基本面貌。这一方法,也被此后的学者所利用,本文集收录的小尾孝夫的论文中,也能够看到以六朝建康城为中心画出的同心圆。

除了视觉上的观感之外,茶谷的论文还将图示后的洛阳城"可视境域"作为"以洛阳城为中心的认知都市空间"展开了议论,这就是"以皇帝为首的当时居住在洛阳城中的人的景观"。这里,茶谷论文对都城的认识,已不止是将城墙等都城要素涵盖在内的认识了,而是对都城居民所有的日常生活空间范围的认识。换句话说,在他的都城认识中还有一个存在,这就是与都城密不可分的周边地区的地域社会。

进一步推进这一视角的是中村圭尔先生。前面已经提到,考古学者眼中的"都城圈",更多集中在对聚落、墓葬、礼制建筑、道路交通等遗存的考察上,强调都城圈的空间范围,而历史学者则似乎更多地关注这一区域内人的活动。在"都城圈"这个概念被广泛认知以前,中村先生已经对六朝建康城与周边地区的关系展开过多种研究,如《建康与水运》《建康与三吴地区》《会稽郡在六朝史上所起的作用》等,这些既有成果与"都城圈"概念的碰撞,形成了"都城圈社会"这一新的概念。

中村先生在本文集所收录的论文中指出:我想把都城的各要素及其影响朝着周边延展、与社会广泛接触的场所暂时命名为"都城圈社会"。它没有明确的地理或空间上的界线,只是在以都城为中心、同心圆般向四周延展的空间之内形成的社会。处于这个空间范围内的社会,通过与都城的接触,让都城的各种要素因此渗透了进来,宛如水波一样,涟漪层层地向外传递。被波及的程度有强有弱,这取决于其与都城之间地理上或其他方面的连结关系。一旦做出这样的假设,那么,我们就有了重新认识中国都城意义的可能,它不再是中国社会中的孤岛,而是构筑起中国社会的重要要素。也就是说,都城研究就可以不再局限于都城自身的各种要素,可以将视野扩展到以都城为中心的周边地域或周边社会,如此,从与国家、社会的关系上来认识都城就有了可能。

从"都城圈"到"都城圈社会"的跳跃,单从用词上来看,不用说,"都城圈社会"受到了"都城圈"研究的启发。不过,"都城圈"的主要着眼点是讨论以都城为中心向外延展的地理或空间状况,以及对这一地理空间与都城各要素之间的关联性展开俯瞰,与之相对,"都城圈社会"的重点则在"社会"二字,观察问题的重也点在于"都城圈"这一空间概念中"社会"的发展演变。因此,中村先生指出,这里的空间范围是流动的,构成这一社会的要素又因其与都城之间的连结程度不同而呈现出多种差异。不能否定,与"都城圈"相比,"都城圈社会"这个概念显得更加模糊,并且还包含着研究者自身的随意性。中村先生也因此告诫研究者,在使用"都城圈社会"这个概念时,一定要有这方面的意识和自觉。

在思考"都城圈"及"都城圈社会"的问题时,既有成果中虽然已经较多地涉及了都城四周的山川地理、城市与城郊墓葬区的关系,以及都城与附近卫星城市的互动关系等具体问题,然而,"都城圈"与"都城圈社会"这些概念却未必已经有了明确的界定。不同时代不同地域的都城,其"都城圈"与"都城圈社会"的范围肯定是不一样的。那么,所谓的

"都城圈"与"都城圈社会",又应该通过哪些内涵来对之进行定义?换言之,以都城所在地为中心向四周扩展多大范围,才能确保都城的正常运作和长期稳定?都城周边的地域,在多大程度上受到了都城各因素的影响才能划入"都城圈社会"呢?等等,留下的问题及课题依然很多。基于以上思考,我们以六朝都城建康为中心,编集近年来主旨与"都城圈"及"都城圈社会"相关的学术论文,意在进一步推动这一课题的展开。

笔者首次接触到"都城圈"与"都城圈社会"的概念是在2014年。应中村圭尔先生之约,为"魏晋南北朝主要都城与都城圈社会"国际研讨会撰写会议论文。这次国际研讨会是由中村先生主持的平成24—26年度(2012—2014)科学研究费补助基金基础研究(B)"与魏晋南北朝时期主要都城的'都城圈社会'相关的地域史研究"的活动之一,当年12月于阪南大学召开。笔者提交了论文《六朝建康城都城圈的东方——以破冈渎的探讨为中心》,开始考虑六朝建康的"都城圈"问题。会后,笔者希望将这次会议的论文集以中文出版,介绍并宣传"作为方法的'都城圈'与'都城圈社会'"的可行性,然苦于篇幅不足,延宕数载。此后,笔者在承担日本学术振兴会平成27年度(2015)的基础研究"政治、社会比较视野下的东亚都城与葬地综合研究"的部分项目时,对六朝建康的都市空间与葬地问题展开了阶段性研究,积累了一些认识,同时也阅读到了更多的相关论文,具备了编集论文集的条件。

考虑到笔者专业范围及南京大学六朝研究所研究方向所限,文集虽名为《"都城圈"与"都城圈社会"研究文集》,但主要内容均围绕六朝都城建康展开,因此加上了副标题"以六朝建康为中心"。文集共收录中国大陆、台湾地区和日本学者的已刊论文17篇,大致内容如下:

中村圭尔《魏晋南北朝都城研究的另一种可能性》[原刊《中国都市论的推动》(中国都市論への挑動),汲古书院,2016年]、佐川英治《"都城论"与"都市论"之间——关于东亚坊市制都市的若干思考》(同前)是两篇理论性较强且具有方法论性质的论考;张学锋《所谓"中世纪都城"——以东晋南朝建康城为中心》（原刊《社会科学战线》2015年第8期）、佐川英治《论六朝建康在中国古代都城史上的地位》（原刊《江南地域文化的历史演进文集》，三联书店，2013年）是对六朝建康都城在中国古代都城史上的意义和地位展开的阐述；盐泽裕仁《六朝建康的都市空间》选译自其著作《东汉魏晋南北朝都城境域研究》的第七章，是笔者所见最早基于空间及都城圈概念对六朝建康都城展开的探讨，具有先驱性意义；小尾孝夫《建康的历史地位及其都城圈的形成》（原刊《中国都市论的推动》）、《六朝建康都城圈的形成与江右地区》（原刊《中国中古史集刊》第二辑，商务印书馆，2016年），张学锋《六朝建康"都城圈"的东方——以破冈渎的探讨为中心》（原刊《魏晋南北朝隋唐史资料》第三十二辑，2015年），均是对六朝建康都城圈广域性的探讨；魏斌《南朝建康的东郊》（原刊《中国史研究》2016年第3期）是对建康东郊的探讨；张学锋、陈刚《吴都建业的都城空间与葬地》（原刊《魏晋南北朝隋唐史资料》第三十六辑，2017年），陆帅《"青齐土民"与南朝建康社会——以五、六世纪摄山千佛岩为中心》（原刊《东南文化》2015年第6期），是基于考古或文物资料对建康都城圈社会展开的尝试探讨；冈部毅史《六朝建康东宫考》（原刊《东洋史研究》第72卷第1号）、许志强《六朝建康长干里考略》（原刊《魏晋南北朝隋唐史资料》第三十六辑，2017年）是基于建康城的细部所展开的都市空间变迁研究。

此外还收录有3篇逸出了文集主题的论考。陈力《从汉长安城到茂陵邑和平陵邑——汉长安首都圈研究中的一个可视化尝试》是继茶谷满之后较早对汉代都城展开可视化研究的论述，原刊2014年12月的阪南大学会议论文集，后经作者大幅度修改，与茶谷满关于东汉洛阳城的论文一起，为今后建康城的可视化研究提供借鉴，故予以收录。山崎觉士《唐五代都市中毬场的社会功能》（原刊《中国都市论的推动》）是一篇以小见大的论考，通过唐后期都市中设立毬场这一现象，阐述了唐宋历史的变迁。收录张学锋《"近世都城"的出发——以南唐金陵城为例》（原刊《南京晓庄学院学报》2015年第5期）的目的，也在于以建康都城为例,探讨中世向近世过渡时期都城面貌变化的轨迹。

　　以上论文的收录,均获得了作者本人的许可。原刊于《中国都市论的推动》中的各篇论文,同时也获得了汲古书院的翻译许可。编者对初译稿进行了校订,对作者提供的中文稿在字词、格式、标点符号等方面也作了部分调整,难以一一标注,敬请谅解!

张学锋　谨识

2018 年 8 月 20 日

目　录

总　序…………………………………………胡阿祥（ 1 ）
前　言…………………………………………张学锋（ 1 ）

魏晋南北朝都城研究的另一种可能性……………………
　　………………………［日］中村圭尔　张学锋　译（ 1 ）
"都城论"与"都市论"之间
　　——关于东亚坊市制都市的若干思考
　　………………………［日］佐川英治　刘萃峰　译（30）
从汉长安城到茂陵邑和平陵邑
　　——汉长安首都圈研究中的一个可视化尝试………陈　力（50）
所谓"中世纪都城"
　　——以东晋南朝建康城为中心………………张学锋（68）
论六朝建康在中国古代都城史上的地位………［日］佐川英治（83）
六朝建康的都市空间………………［日］盐泽裕仁　冯　慧　译（110）
建康的历史地位及其都城圈的形成
　　………………………［日］小尾孝夫　陆　帅　译（181）

六朝建康都城圈的形成与江右地区
………………………………〔日〕小尾孝夫 陆 帅 译(199)

六朝建康"都城圈"的东方
——以破冈渎的探讨为中心……………………张学锋(218)

南朝建康的东郊………………………………………魏 斌(245)

吴都建业的都城空间与葬地……………………张学锋 陈 刚(273)

六朝建康东宫考………………〔日〕冈部毅史 马云超 译(309)

六朝建康长干里考略…………………………………许志强(340)

"青齐土民"与南朝建康社会
——以五、六世纪摄山千佛岩为中心 ………………陆 帅(355)

唐五代都市中毬场的社会功能………〔日〕山崎觉士 舒之仪 译(371)

"近世都城"的出发
——以南唐金陵城为例………………………………张学锋(395)

魏晋南北朝都城研究的另一种可能性

[日]中村圭尔

张学锋 译

序　言

魏晋南北朝时期都市的研究如何才能与认识这一时代的特征相关联，或者说如何才能将之与认识这一时代的特征相关联，这个疑问正是本文的出发点。

关于这个问题，下文会详加论述，这里我想先谈一点对既往研究的反思。直到上世纪末，对魏晋南北朝时期都市的研究主要是以都城[①]为中心展开的，城墙的形制、城内部各种设施的空间布局、地理位置、交通以及战略意义等，是其探讨的重点对象。这样的研究取向，动辄会将都城视为与普遍存在的魏晋南北朝社会隔绝的政治、社会以及经济的特殊构造，从社会的角度来看，都城在某种意义上就成了一个孤立的空间，其结果是很容易就会将都城所体现出来的各种社会要素作为基准来分析这个时代的历史特征。然而，都城所具有的这些社会意义，很难说就能体现这个时代的普遍意义。因此不得不说，在魏晋南北朝史研究领域，都城的研究虽然取得了丰硕的成果，但能将之上升到分析和判断这一时期历史特征的成果却并不多。

[①]　为便于叙述，本文将一个政权的首都称为"都城"，首都以外的一般城市称为"都市"。

但是,进入本世纪以来,在魏晋南北朝史研究领域,毫不夸张地说,发生了巨大的变化,这种变化似乎是对既有研究的某种突破或超越。只是,这种变化与本文篇首提出的那几个疑问之间是如何对应的,这一点有必要再次进行确认。

本文的意图就是想将焦点集中在魏晋南北朝都城研究中,都城与其所处时代的历史特征是如何相互关联的这个问题上,在重新回顾学术史的同时,重申这一视角的可行性。

一、魏晋南北朝都城研究的现状

(一) 前近代中国都市研究的概观

据当代日本中国都市史研究中最值得信赖的斯波义信[①]的著作所言,"中国的都市是与农村难以割离的组合",在都市的形成过程中,通常都具有以下 3 个基本特征:(1) 人口的众多性;(2) 人口的密集性;(3) 都市性(都市所特有的异质性)。(见其著序言)

从这个意义上来说,中国都市的发展阶段及其历史特征,可以分成"唐以前"与"宋以后"这两个不同的时期。前者大致上可以说是经历了商、周、春秋、战国的邑制国家(即所谓的"都市国家")与秦、汉、魏、晋时期的郡县制国家(即所谓的"领土国家"),到东汉、三国、南北朝时,聚落形态上出现了差异,形成了作为农村的"乡村"与作为都市的"坊郭"的二元形态。唐代,包括市场制度在内的都市的各项制度已然成熟。唐代中后期,因商业的不断发展,都市经历了官市制崩溃、市镇不断成长的发展过程;到了宋代,都市的形态及面貌与唐以前相比发生了历史性的转变。(见其著第一章)

斯波在书中所说的"都市",唐以前将府州郡县城均涵盖在了其中,

[①] [日]斯波义信:《中国都市史》(中国都市史),东京:东京大学出版会,2002年。

而不单指长安那样的都城及大型都市。斯波提出的"都市"概念，在中国前近代的都市研究中具有极其重要的意义。斯波著作中的各种高论这里不再详细介绍，之所以提出斯波的"都市"概念，目的在于提醒我们，必须在商业经济的发展及时代演进的历史过程中思考都市与农村的关系。

也正因为如此，斯波的《中国都市史》大部分篇幅都在论述随着商业经济的不断发展，都市与农村的关系出现剧变后的宋代以降的都市问题。众所周知，这一部分的论述是极其详实的，但唐代以前的部分则大多止于粗略的概论。日本学者的都市史研究，大多与斯波的路径相类，在对宋代以后的都市的研究中，各个时代、各个地域、各个都城的研究成果非常丰富多彩，与之相对，对唐以前都市史的研究则黯然得多，说白了，就是在为数不多的几个主题中，在单调的研究思路下，做着些研究而已。具体的现象我们下文再谈，这里首先想指出造成这种现状的原因。

直率地说，唐以前都市研究的对象"都市"，均为以长安、洛阳为代表的各主要政权的首都，也就是说，是以"都城"为中心展开的，研究的主要内容也都集中在都城的外观形制与城内各种设施的空间分布上。而斯波的"都市"概念则与之完全不同，它不只限于都城，而是将考察对象扩展到了各个地域的政治、经济中心城市。我个人觉得，这正是招致唐以前都市研究如此单调的重要原因。

而且，这其实还与就整个历史研究中都市研究所具有的意义这个问题密切相关。斯波在其《中国都市史》的序言中，还给我们提出了这样一个深刻的问题："中国社会中的都市，在多大程度上与世界的具有共通的性质？又在哪些方面呈现出了中国的特色？"之所以提出这样的问题，其背后当然有着斯波本人通晓欧美都市研究现状这一学术积累的原因，也有其基于日本史、欧洲史中都市研究已突破单纯的都市本身，必须将都市与其所处时代的历史特征密切关联的学术视野。而且，这个问题还促使我们去思考一些更加宏大的历史问题——这就是将中国历史作为世界历史的一部分进行把握时，在认识到中国历史的普遍性和特殊性的基础上，中国都市研究又必须被赋予哪些意义。

在这样的状况下，一个很大的转机应该就是妹尾达彦主持的2009年"都市与环境的历史学"①国际研讨会。就像研讨会主题所显示的那样，这次会议的主要目的是尝试将都市置于与环境的关系中加以讨论，议题也超越了中国前近代史这个范围，将包括朝鲜、日本在内的农业与游牧业这两大生态环境与历史环境全盘纳入了考察的视野。这个尝试恢宏壮大，与会议论题的副标题"东亚的都市史与环境史——走向新世界"非常契合，大大超越了既有都市研究的框架。

参照上述研究现状，像斯波主张的那样将研究对象扩展到都城以外的都市，或者像妹尾主张的那样，将亚洲全体纳入考察视野的研究思路，对魏晋南北朝时期各政权都城林立、亚洲各民族在中国这个大舞台上交错登场的历史而言是非常有必要的，然而由于受到历史资料的限制，又显得困难重重。尽管如此，我们是否可以就都城级别的城市，突破由外郭城构成的都城内部空间，将视野扩展到郊外，并进一步将观察对象延伸到更广泛的周边地区，在这样的视域下重新思考都城的问题呢？我想，这样的努力应该具有相当的可能性。也就是说，由于一个政权选定了某座都市作为都城，那么，随着人口不断向都城及周边集中，一种新的社会形态就会出现，被称作"都市性"的特性就会由都城向周边地区渗透，都城也因此会成为社会与国家之间结成某种关系的纽带，并会在很大程度上规范那个时代的历史特征。这么想来，唐代以前的都市研究，就不会像之前那样，都城往往被视为"独立于社会的孤岛"，而是完全有可能将之视为构成中国社会特征的一大要素。以下在这样的考量下，我们来回顾一下魏晋南北朝都城研究所经历过的历程。

---

① ［日］妹尾达彦编集《都市と環境の歷史学》（都市与环境的历史学）第2集、第4集，东京：中央大学文学部东洋史学研究室，2009年。

(二) 魏晋南北朝都城研究的视角

关于上一节涉及的问题，这里想基于魏晋南北朝时期都城的研究，再次整理出其中能够展开议论的主要方面。

据笔者曾经做过的学术史梳理[①]，迄至20世纪末，魏晋南北朝都城研究主要是以长安、洛阳、建康、邺城、平城为中心展开的。而且，对上述各都城的研究，重点都还集中在都城的平面形制、都城内部宫殿区及各行政设施的具体位置与空间分布，市场与居住空间，都城自身的形态以及作为首都的地理位置、交通网络、战略地位等方面。而且，对以上都城各要素的研究，其实都还基于一个基本的出发点，这就是将魏晋南北朝时期各政权的都城视为具有东亚地区典型意义的唐长安城的先驱，力图从中找出构成唐长安城各要素的先驱形态向完善形态发展的轨迹。

这样的状况，在进入21世纪后的10余年间，研究的对象虽然依然集中在都城，然而不难发现，研究的趣旨却发生了质的变化。作为对之前研究史梳理的补充，这里试着将进入21世纪以后的研究状况整理如下。

这一时期公开发表的魏晋南北朝都城研究成果，内容上大致可分为以下三类。第一类，超越中国历史，或者说超越中国王朝的控制区域，将视野扩展到亚洲全域，在"环境"这个包摄自然与人文两种要素的视角下展开的广域且综合的都城研究。第二类，基于政治史观察的都城研究。其中又可分成三个小类别：一是将都城的设计与结构与当时的思想、学术现状相关联的研究；二是力图复原都城内宫城、宫殿、衙署等设施位置关系的研究；三是将宫城内部宫殿、门阙等设施的空间分布

[①] 中村圭尔：《日本魏晋南北朝城市研究史》（日本魏晋南北朝城市研究史），2004年初刊，后收入拙著《六朝政治社会史研究》第十八章，东京：汲古书院，2013年。

与当时皇帝的权威、皇帝政治的政治过程及其性质等相互关联的研究。然后第三类，不再将观察对象停留在都城，而是将视野扩展到都城周边地区，涉及生活空间与周边居民的研究。

在第一类研究中，最具代表性的是前文已经提及的妹尾达彦对东亚以及亚洲全域的俯瞰式的研究成果。妹尾的几篇近作[①]不仅将视野扩展到了东亚，而且还将整个亚洲包摄其中，将都城置于自然与人文的环境中加以认识，力图在如此宏大的构想中去接近都城的历史发展脉络。妹尾的宏大构想，本文只能涉及极少的一部分，即与本文相关联的这一部分。妹尾在近期的诸文中指出，东亚各地在七至八世纪的约两百年间，同时出现了不断涌现出国家与都城的现象，并把这种现象称为"东亚都城时代的诞生"。而基于"东亚都城时代"这一概念展开各都城之间的比较研究，就是妹尾诸文的目的。在着手展开这一研究之际，能够提供的思路或途径或许有两点，一是对都城内外建筑构造的可视化处理，二是对以都城为核心、连接周边地区的交通网的可视化处理。其中，第二点为本文的论述提供了很大的启示。

第二类研究中的三个不同方面，其趣旨其实是密切相关的。关于都城设计或都城布局问题，人们不再被《周礼·考工记》的理念束缚，将

---

① 妹尾达彦：《農業─遊牧境界地域と隋唐長安城─》（农业—游牧的边境地域与隋唐长安城），前引《都市与环境的历史学》第 2 集；《都市と環境の歴史学─本シンポジウムの議論を踏まえて─》（都市与环境的历史学——基于本次研讨会的议论），前引《都市与环境的历史学》第 4 集；《東アジア比較都市史研究の現在─都城の時代の誕生─》（东亚比较都市史研究的现状——都城时代的诞生），《中国：社会と文化》（中国：社会与文化）第 26 号，2011 年；《渡辺信一郎「六朝隋唐期の大極殿とその構造」コメント》（评渡边信一郎《六朝隋唐的太极殿及其构造》），载奈良女子大学 21 世纪 COE 项目编《都城制研究（2）宫中枢部の形成と展開：大極殿の成立をぬぐって》[都城制研究（2）宫中枢部的形成与展开——围绕太极殿的形成]，奈良：奈良女子大学 21 世纪 COE 项目，2009 年；《東アジア都城時代の形成と都市網の変遷》（东亚都城时代的形成与都市网的变迁），载中央大学人文科学研究所编《アフロ・ユーラシア大陸の都市と国家》（Afro・Eurasia 大陆的城市与国家），东京：中央大学出版部，2014 年。

视野扩展到了天文、阴阳思想、礼制秩序、儒家学说等各个层面对其展开综合探讨。基于这些思考,呈现出了一大批令人瞩目的研究成果。如在对建康的研究中,渡边信一郎认为,以太极殿为中心的宫城内部布局就是基于星象与阴阳思想来设计的,并且基于宫城布局、中华林园所具有的皇帝听讼及敕宥仪礼等功能,探讨了六朝时期皇权的特性。① 佐川英治着眼于郑玄、王肃的学说,关注连接太极殿与圜丘之间的中轴线与都城设计的关系。② 小林聪则力图究明位于太极殿周围内省的功能,并从当值内省等角度来探讨皇帝政治的具体运作模式。③ 内田昌

---

① [日]渡边信一郎:《宮闕と園林——3～6世紀中国における皇帝権力の空間構成》(宫阙与园林——3至6世纪中国皇帝权力的空间布局),《考古学研究》(考古学研究)第47卷第2号,2000年;《六朝隋唐期の大極殿とその構造》(六朝隋唐的太极殿及其构造),前引《都城制研究(2)宫中枢部的形成与展开:大极殿的成立をぬぐって》载。

② [日]佐川英治:《北魏洛陽の形成と空間配置》(北魏洛阳的形成与空间布局),《大阪市立大学東洋史論叢》(大阪市立大学东洋史论丛),2006年;《漢魏洛陽城の城郭構造——フィールドワークと最近の研究成果た参考に一》(汉魏洛阳城的城郭布局——以实地考察及最近研究成果为参考),《岡山大学文学部項目研究報告》第10卷,冈山:冈山大学文学部,2008年;《北魏洛阳城的中轴线及其空间设计试论》,魏晋南北朝史学会,武汉大学中国三至九世纪研究所编《魏晋南北朝史研究——回顾与探索》,武汉:湖北教育出版社,2009年;《「奢靡」と「狂直」——洛陽建設をめぐる魏明帝と高堂隆》("奢靡"与"狂直"——围绕洛阳建设的魏明帝与高堂隆),《中国文史論叢》(中国文史论丛)第6号,2010年;《漢魏洛陽城の研究と課題》(汉魏洛阳城研究的现状与课题),明治大学东亚石刻文物研究所编《洛阳学国际研讨会报告论文集——洛阳在东亚的地位》,东京:汲古书院,2011年;《中国古代の都城の空間》(中国古代的都城空间),载东京大学文学部下一代人文学开发中心编纂《文化交流研究:东京大学文学部下一代人文开发中心研究纪要》第24号,2011年;《汉六朝的郊祀与都城规划》,载余欣主编《中国古代的礼仪、宗教与制度》,上海:上海古籍出版社,2012年。

③ [日]小林聪:《晋南朝における宮城内省区域の展開》(晋南朝宫城内省区域的发展),《九州大学東洋史論集》(九州大学东洋史论集)第35号,2007年;《晋南朝における宮城の構造と政治空間》(晋南朝宫城的布局与政治空间),《森田武教授退官記念論文集 近世・近代日本社会の展開と社会諸科学の現在》(森田武教授退官纪念论文集 近世、近代日本社会的发展与社会诸科学的现在),东京:新泉社,2007年。

功从太极殿与东西堂的关系，即从朝堂东西并列的布局特征中，阐述了皇权在政治空间与私人空间中的并存。① 吉田欢则从建筑学的角度考察了太极殿与东西堂这一殿堂结构的形成。②

不难看出，上述第二类的课题研究正朝着越来越精细的方向发展。这一类研究的一个非常明确的目标就是探求作为具体施政场所的宫城、宫殿、门阙以及由这些设施组成的复合空间中展现出来的施政过程，并力图从中发现皇权的本质及其复合结构。这样的尝试可以说是近来魏晋南北朝都城研究的重要成果。

第三类研究中虽然有各种各样的论点，但依然存在着好几组具有相同趣旨的论文群。

第一是将视野扩展到都城及周边地区社会、居民问题的研究。佐川英治在考察北魏平城时，认为平城的鹿苑不单是宫城的附属设施，同时还具有连接游牧世界与农耕世界的功能。③ 盐泽裕仁在对平城的研究中，认为平城中轴线的西部与西北部是毡包林立的居住区，从而得出了北魏前期徙向平城附近的居民是游牧民的结论。④ 市来弘志也同样指出邺城周边地区的徙民主要从事畜牧业，从而支撑了邺城众多人口

---

① ［日］内田昌功：《魏晋南北朝の宮における東西軸構造》（魏晋南北朝宫中东西轴线的布局），北海道大学《史朋》（史朋）第37号，2004年。此外，作者在《北周長安城の空間構造》（北周长安城的空间布局）一文中称，北周长安的宫殿系按《周礼》的理念设计的，《秋大史学》（秋大史学）第55号，2009年。

② ［日］吉田欢：《日中宮城の比較研究》（日中宫城的比较研究），东京：吉川弘文馆，2000年。相关论述集中在该著的第一、第二章。

③ 佐川英治：《遊牧と農耕の間——北魏平城の鹿苑の機能とその變遷》（游牧与农耕之间——北魏平城鹿苑的功能及其变迁），《岡山大学文学部紀要》（冈山大学文学部纪要）第47号，2007年。

④ ［日］盐泽裕仁：《鮮卑の都城「平城」—その都市空間の樣相—》（鲜卑都城"平城"——其都市空间的模样），《法政史学》（法政史学）第68号，2007年。

的生活需求。①

第二是丰田裕章的着眼点。丰田将视野扩展到了都城以外的广大空间,试图发掘都城空间向周边地区的延展性,通过对洛阳、建康、成都的分析,提出都城由宫、城、郭这三重空间构成,而"郭"正是"连接宫城与周边广大农村地带延展性的中间空间"。②

关于这一方面的研究,近来最受瞩目的是盐泽裕仁关于"都城境域"的讨论,其议论的内容我们在下文中会详细介绍。

最后想介绍的是安田二郎的研究。安田撰写《围绕曹魏明帝的"宫室修治"》③一文的意图,在于通过严密的考证与史料批评,重新评价曹魏明帝的政治姿态,但在论及明帝的都城营建时,安田认为其带有明显的"公共事业"的性质。都城宫室的营建会给周边社会带来影响,这一想法给了我们很大的启发,也就是说,都城的存在与周边社会之间有着密不可分的关系。

那么,上述研究揭示出了魏晋南北朝都城怎样的历史特征,进而与认识魏晋南北朝的历史特征又有哪些关联呢? 如前所述,魏晋南北朝时期的都城给人的印象是孤立的,都城自身是一个成熟且封闭的独立体,似乎是游离于普通社会之外的特殊空间,而这个空间本身则是由都城的普遍要素构成的。这样一来,浮现在我们眼前的都城就难免具有某种单调的印象。当然,既往的研究中,如从唐长安城这座完整的都城

---

① [日]市来弘志:《魏晋南北朝時代における鄴城周辺の牧畜と民族分部》(魏晋南北朝时期邺城周边的畜牧业与民族分布),载[日]鹤间和幸编著《黄河下流域の歴史と環境》(黄河下游地区的历史与环境),东京:东方书店,2007年。

② [日]丰田裕章:《中国都城制の一考察》(关于中国都城制的一个考察),载网干善教先生古稀纪念会编《網干善教先生古稀記念考古学論集 下》(网干善教先生古稀纪念考古学论集 下),大阪:网干善教先生古稀纪念考古学会,1998年;《中国における都市城壁の問題について》(关于中国都市的城墙问题),《郵政考古紀要》(邮政考古纪要)第33号,2003年。文中的引文见其《关于中国都市的城墙问题》。

③ [日]安田二郎:《曹魏明帝の「宮室修治」をめぐって》(围绕曹魏明帝的"宫室修治"),《東方学》(东方学)第11卷,2006年。

的形成过程来认识魏晋南北朝都城,这本身就是对魏晋南北朝时代历史特征的一种认识。又如,在认识都城的普遍要素与其内部的空间分布或者所体现出来的宇宙观的相互关系时,通过对作为传统的礼仪(祭祀)性空间、政治性空间的分析,来认识这个时代政治权力的表现与实施过程,同样与认识这个时代的历史特征有着密不可分的关系。尤其是进入 21 世纪以来快速呈现出来的研究趋势,即将宫殿、门阙、苑囿等设施的空间分布与皇权、权威的性质以及政治制度的应有状态相互关联起来的精细分析,大大提升了南北朝史的研究水平。此外,将视野从都城扩展延伸到周边社会、周边人群,这同样显示出了从社会整体的研究中来定位都城研究的可能性。

从这个意义上说,魏晋南北朝史特有的政治上的分裂与地域性的增强、周边民族的内迁、社会的流动与大规模的人口迁徙、商品经济的相对停滞等等,这些迄今为我们熟知的现象与都城之间是如何相互关联的,也就是说,这些现象对魏晋南北朝时期的都城是如何产生影响的?反言之,都城的存在形式对上述现象又是如何产生影响的?这一系列的疑问,开始以越来越明了的势态成为研究的基干。

当然,在具体问题的研究上,也不能说就完全不具备上面所说的问题意识。如前文介绍的斯波义信,他认为在中国都市的发展过程中,东汉三国南北朝时期,聚落的形态出现了作为农村的"乡村"与作为都市的"坊郭"之别。他之所以意识到了这两者之间的区别,无疑是基于其一系列"乡村"与当时人口流动、聚落形态变迁等社会现象的研究之上的,而"坊郭"则基于其对平城、洛阳的居住空间的研究。此外,在具体研究中,与同时存在多个都城、都城的选址、人口朝都城及其周边集中以及徙民等问题相关的成果数量亦不在少数。

不过,综合之前的各种研究,是否就能够说已经达到了足以认识魏晋南北朝最基本的历史特征这个程度了呢?我觉得还有很大的差距,还需要我们今后不断地努力。尤其是都市与商品经济的关系,东方也好西方也好,都是历史学研究的重点,斯波义信也正是基于这一点对中国都市史展开叙述的。但是,就唐朝以前的情况而言,充分认识都城与国家、都城与社会的相互关系并非易事,在这种状况下,我们如何才能走出一条新的道途来,这正是包括认识其时代特征在内的魏晋南北朝都城研究的重要课题。

(三)"都城圈"与"都城境域"

就魏晋南北朝时期的都城研究而言,在最近出现的一些概念中,"都城圈"与"都城境域"这两者非常值得关注。

"都城圈"这个概念,近年来在日本中国考古学研究者中被阐发得越来越清晰。在 2010 年的日本考古学大会上,西江清高向与会者阐释了以下这样的思路:

> 城墙是都城的一个要素或一种功能,但与之相对,在城墙的有无之外,都城的各种功能有时是分散在一个广大的"地域"空间里的,而这个"地域"又不是无限扩展的,它必须是一个相对紧密的关系圈。

将这一观点付诸实践并将之可视化的是茶谷满关于汉魏洛阳的"都城圈"研究。① 茶谷满的这项研究,主要集中在对洛阳城的"可视境域分析",值得关注的认识及方法论上取得的成果不在少数。论文利用各种地图数据,通过图的形式,尝试对洛阳"都城圈"进行可视化展示。论文中,作者在盐泽裕仁一系列相关研究的基础上,以洛阳城为中心,将空间向外扩展至城郊的帝陵区,然后再扩展至周边诸县,以河南县、偃师县为中心,旁及河阴、谷城、新城、缑师、巩、平 8 县,并进一步扩展

---

① [日]茶谷满:《後漢洛陽城の可視領域と皇帝陵との空間関係——洛陽都城圈の様相に関する基礎的考察》(东汉洛阳城的可视境域与帝陵的空间关系——关于洛阳都城圈形态的基础研究),《年報 人類学研究》(年报 人类学研究)第 3 号,2013 年。该文经部分修订后再次在同一期刊 2015 年版刊出。

到周围的所谓"洛阳八关"。论文配有同心圆式的分布图,读者能够通过图表的形式认识到洛阳"都城圈"的基本面貌(茶谷满论文第 135 页)。其中,尤其值得关注的是将图示后的洛阳城"可视境域"(茶谷满论文第 134 页)作为"以洛阳城为中心的认知都市空间"所展开的议论,这就是"以皇帝为首的当时居住在洛阳城中的人的景观"(茶谷满论文第 126 页)。这里,茶谷满对都城的认识,已不止是将城墙等都城要素涵盖在内的认识了,而是对包括都城居民的所有具体日常生活空间范围的认识,也就是说,在他的都城认识中还有一个存在,这就是与都城密不可分的周边地区的地域社会。这个想法,似乎与前文提及的妹尾达彦论文中所说的"一天来回的交通圈"①有相通之处,与接下来要介绍的盐泽裕仁的洛阳研究也有许多共通之处。

"都城境域"是盐泽裕仁提出的概念。这个概念,在盐泽的新著②"前言"中有所阐述。为了准确地理解盐泽的基本想法,这里不嫌其繁,将相关段落抄录于下。

首先,有必要确认"都城境域"的基本概念。盐泽在"前言"的"3. 本研究的研究方法"一节中说:

> 将与都城的存立密不可分的地域空间用"境域"这个词来称呼,将由陵墓、苑囿、郊坛等分布的区域用"郊域"来称呼,将大城外侧居住区域的外缘——郭的可设置范围用"郭域"来称呼。这里所谓的"大城",是指包括内城、外城在内的都城核心区域。

可以说,就是从"郭域"到"郊域"再到"境域"这一同心圆式的空间扩展。还有一点值得注意,就是这不是都城本身,而是"与都城的存立密不可

---

① 前引妹尾达彦 2014 年论文(《東アジア都城時代の形成と都市網の変遷》),第 75 页。
② 盐泽裕仁:《後漢魏晉南北朝都城境域研究》(东汉魏晋南北朝都城境域研究),东京:雄山阁,2013 年。

分的地域空间",由于这个概念的导入,不再受都城空间限制的都城研究因此有了展开的可能性。

关于"都城境域"这个概念,盐泽在"前言"的篇首述及研究主旨时作如是说:①

> 作为王朝对国家实施经营的基础都市(大聚落)——都城,虽然有着自身的地域空间,但是,都城一旦离开其周边的地域社会,它是否还能够独立运作?以往的中国都市研究,都将焦点集中在由城郭包围起来的区域之内,缺乏将之与城郭之外的区域关联起来的视点。然而,以都城为中心形成的远距离流通网络,其重要性,在相对比较安定的王朝自不待言,即使是在社会长期动荡不安的时代,作为官僚及其家族以及大量战斗人员等非生产者集中居住的都城,缺少了来自周边地区的物资供给,同样也是无法正常运作的,这一点无需赘言。也就是说,围绕着都城周围的生产主体——卫星聚落群的存在,是都城能够存立的绝对条件。正是这些卫星聚落群与都城之间形成的地域空间……才是都城所具有的真正意义上的境域。本研究的主旨,正是探求支撑都城存立的空间。

关于"境域"空间的内涵,盐泽接下来在该著前言的第一目"何谓都城境域"中作了如此说明:

> 如果将都城作为大聚落……也就是说将之视为巨大的消费场所的话,那么就不得不去探寻与人的生活息息相关的各种要素,尤其是水、物流、墓葬、生活垃圾等与人类生活环境密不可分的要素。迄今为止的都城研究,几乎全部集中在都城的营建规划上,而将之

---

① 见前引盐泽裕仁著作"前言"。

作为人的生活场所这一视角非常欠缺。如果将都城视为一种物质形态,那么,通过城墙来认识这类物态的可能性是有的,但是,如果将之视为生态性的存在,那么,仅凭城墙以内的空间是无法维持都城的正常运作的,都城绝不是仅凭城内的空间就能够存立,这就需要我们去认识为了维持这个大聚落存立而必须具备的各种要素,这种要素中就包含了周边聚落的分布及其功能。只有将这些周边聚落的分布及功能同时纳入考察的视野,即把这个空间视为都城境域,才能找出维持都城正常运作的各种要素。基于人类生活环境的视角来分析都城,作为人类生活环境的遗存,也能为我们探讨现代都市环境所面临的各种问题提供相应的资料。也就是说,前近代历史中的都城生活环境问题,必须把它放在现代人类生活环境的诸问题之上来加以思考。思考前近代都城生活环境的现实意义,正是本研究所追求的目标。

盐泽在"本研究的目的"一目中还说:

> 本研究将沿着以下两个方向展开。一是从地理环境出发,将都城作为与周边地域密切相关的存在来理解都城的生态,在论证都城无法独自存立的同时,力图究明在特定的历史时期,都城与地域空间之间到底具有何种关系,以及地域空间是如何被都城的存立所活用的。……

盐泽的这些思考,已经超越了既往都市研究的主流,其观察问题的视角,已经从物态的都城中解放了出来,面向了地域空间,换句话说是面向了社会,这一点我个人觉得非常值得关注。不过,盐泽所说的"境域"空间,其四至或范围,在地图上是很难标识出来的。"与都城的存立密不可分的地域空间"这个概念,其大前提是"都城的存立"所必须的诸要素的定义,以及"不可分"在程度上的测定,回答这两个问题应该是非常困难的。然而,正因为如此,这里的"境域"才不是无限的,而是都城面向周边社会在一定程度上的空间延展,这样想来,"境域"就不再止于"境域",而是给我们留下了描绘都城与社会展开广泛接触这一构图的可能性。

这样一来,朝着周边社会不断延展的都城,如果进一步向更远的地方延伸,就会出现与其他都城发生连结的可能性。妹尾达彦曾经指出:"在都城营建之际,以都城为核心的行政都市网的扩展与完善是必不可少的,以各国都城为核心构建的都市网,经过不断的发展与完善,到了八世纪,包摄广大东亚地区的周密的都市网已然形成。"而交通线路与都市网之间的关系,妹尾以长安为例展开了具体的论述:"长安城内与城外的建筑构造以及土地的利用,由贯穿于都城的交通线路及其功能连结在了一起。"城内自不待言,"即使在城外,沿着连结城内外的干线,分布着众多的以长安居民为消费对象的农田、果园、庄园、别墅、葬地、寺观、猎场等各种设施。"①

如果按照这个思路继续思考下去的话,那么我们应该不难看出,沿着交通线路,来自都城的各种影响会像同心圆般地向四周传递。这个思路的出发点就在于,以都城为核心形成的社会,其实在都城的周边地区也广泛地存在着,而分析都城对周边社会的影响或作用,这种尝试,是否有可能超越传统的都城研究,开创出一片新天地来呢?这就是笔者撰述此文的目的。

二、"都城圈社会"及其研究瞄准的新天地

(一) 从都城到"都城圈社会"

在朝着上述方向推进研究之际,我想把都城的各要素及其影响朝着周边延展、与社会广泛接触的场所暂时命名为"都城圈社会"。这只

---

① 前引妹尾达彦 2014 年论文(《東アジア都城時代の形成と都市網の変遷》),第 75—76 页。

是一个试论性的概念。它没有明确的地理或空间上的界线，只是在以都城为中心，同心圆般向四周延展的空间之内展开的社会。处于这个空间里的社会，通过与都城的接触，都城的各种要素因此渗透了进来，宛如水波一样，涟漪层层向外传递。波及的程度有强有弱，这取决于其与都城之间地理上或其他方面的连结关系。一旦做出这样的假设，那么，我们就有了重新认识中国都城意义的可能，它不再是中国社会中的孤岛，而是构筑起中国社会的重要要素。

设定"都城圈社会"这个试论性概念并试图展开研究时，基于前文对既有学术史的理解，有必要重新确认都城与"都城圈社会"相互接续的逻辑。下文我们首先就来谈这一点。

这个逻辑的出发点就是不将都城本身作为前提概念，而是将都城作为扩大了的历史性和地域性空间来加以认识。都城，一般会将之理解为以宫殿和各类政府衙署为中心、集中了大量人口、四周筑有城墙、内部具有独自秩序的空间。但是，都城的这种形态或要素，并非从原初开始就是这样的成熟状态，应该有其历史进程，而且是在一定的地域条件下形成的。

其次，我们还必须这样理解，都城绝不是因为城墙的存在而与周边世界割离并独自存在的空间，而是由核心区域向周边不断延展的地理空间，随着向周边的不断延伸，与核心空间不同的要素也顺次被包摄其中。这个逻辑，与前述盐泽提出的从"郭域"到"郊域"，然后再到"境域"这一地理空间上的扩展构图，原则上是相通的。

因此，都城研究就不再局限于都城自身各要素的研究，可以将视野扩展到以都城为中心的周边地域或周边社会，如此，从与国家、社会的关系上来认识都城就有了可能。也就是说，从时间上的经历与空间上的扩大，从"宫城"到"都城"，再到"都城圈"，基于对这一连续过程的认识，都城与"都城圈社会"就产生了关联。换言之，就是不再把都城局限于都城本身，而是将之作为因都城的出现而在其周边形成的社会整体的一部分来把握，通过对这个社会的分析，来探求都城的历史意义。①

　　这样的研究志向,有可能成为克服前文所谈的魏晋南北朝都城研究瓶颈的契机,进一步还有可能因此构筑起全新的两汉至隋唐的都城史研究。斗胆地说句望蜀之言,我个人还期待其意义甚至可以扩大到整个前近代中国都市史的研究中去,都城研究不再止于都城本身,将研究的视野扩展到与都城有着密切关系的周边社会,从而使这一全新的都市史研究成为认识完整的中国前近代历史不可或缺的方面。

　　最后想明确一下"都城圈"与"都城圈社会"这两个概念的差异。"都城圈社会"这个思考,单从用词上来看,不用说是受到了"都城圈"研究的启发。不过,"都城圈"的主要着眼点是讨论以都城为中心向外延展的地理或空间的状况,以及对这一地理空间中与都城各要素之间的关联性展开俯瞰。与之相对,"都城圈社会"的重点则在"社会"二字,观察问题的重心点在于"都城圈"这一地理空间中"社会"的发展演变。因此,正像本节篇首所说,这里的空间范围是流动的,还有就是构成这一社会的要素,因其与都城之间的连结程度不同而呈现出多种差异。正因为如此,不能否定,与"都城圈"相比,"都城圈社会"这个概念显得更加模糊,并且还包含着研究者自身的随意性。也正因为如此,在使用"都城圈社会"这个概念时,一定要有这方面的意识和自觉。

(二)"都城圈社会"的俯瞰

　　那么,"都城圈社会"到底是一个什么样的存在呢? 前面已经说到,"都城圈社会"是基于对魏晋南北朝都城研究史的反思而导入的一个假设性概念,它的研究还处在"都城圈社会"形态具象化的尝试上,带有一种试论的性质。我们首先利用既有的都城研究成果,对"都城圈社会"的空间平面进行非常概略的俯瞰的话,那么可以得出以下一些认识。

---

①　这里的总结,受佐川英治近来研究成果的启发颇多。

首先，作为这一社会核心的都城，基本上是由城墙或具有同样功能的设施将之与周边地区区分开来的，在城内及附近区域规划出宫殿区、苑囿区、行政机构区、居住区、商业区、宗教设施区等空间，最主要的消费群体都集中在这里。

此外，部分宗教设施、帝王陵墓以及居民葬地等，通常安排在都城的近郊，这些地方在作为日常生活空间的同时，也具有划分都城区域的标识性功能。

以上所说的空间范围，如果按照盐泽的地域空间概念来对应的话，则相当于"郭域"与"郊域"。"郊域"之外就应该是"境域"了，这就是盐泽所说的"与都城的存立密不可分的地域空间"。这个空间，在当时通常都是农村社会。不过，"与都城的存立密不可分"这个条件，应该如何来具体设定，并且其"地域空间"是否又能作出具体的限定，正如我前面所说的那样，是相当困难的。其实，本文所说的"都城圈社会"也完全一样。

尽管如此，我们也不妨大胆地图式化一下。"境域"或"都城圈社会"，我们预设的是广大的农村社会，统辖这些农村社会的基层组织是乡和里，乡里的上层行政机构是县，县之上是郡。这些行政区划以及交通线路、关津等设施，成为这一地域地理上的边缘的标识。以洛阳为例描绘出这样一幅同心圆式构图的，是前文提到的茶谷满基于盐泽的相关研究并将之具象化了的洛阳都城圈图。

这样一个空间的内部，就其社会、经济关系，亦可做出以下这样的预设。都城近郊，通常会被设定为供给都城居民生活的经济区域。日常生活用品如粮食、燃料以及其他各种物资的供给源，也应该考虑设定在日常生活空间的范围内。因此，近郊的农业生产及各种食材的采集，物资的运送以及为销售这些产品而出现的小型商业行为等等，也都应该是在这个范围内进行的。

但是，在此之上更重要的是供给庞大人口生存的粮食生产。在都城近郊外围的广大地域范围内，伴随着大规模的水利建设而形成的国家直营农场经常出现。还有,周边地区的山林原野,即使不是经常性的,但作为保证都城及各种建筑物的营建、增广、修缮等所需建材的供给地,也是一个非常重要的要素。

然而,如果进一步留意的话,所谓的周边地域社会,是否只是单方面支撑都城的经济基地,或者说是维持都城正常运作而必须的各种物资的供给地,也就是说,周边地域社会是否只是单方面被都城收敛或盘剥的一种存在? 这么想来,都城与周边地域社会之间的双向互通关系就值得去探索了。

可以设想,都城对近郊及周边地域社会有着很大的影响力和控制力。不难想象,由于都城是政治、经济、文化的中心,对周边人口的吸引力以及因此而形成了人口集中,大量人口的集中,本身就会对社会产生巨大的影响,尤其是特权阶层的集中,会促使近郊及周边地区阶层的社会结构发生变化;为了应对拥有大量消费人口的都城的多样性生活,近郊农村的物资供给就会被赋予多种需求,这同样能促使近郊农村社会发生变化;由都城官民营造出来的特殊的文化风气或风俗习惯也会逐渐向周边渗透。凡此种种,与都城共同享有各种要素的社会,在都城近郊及周边地区就会慢慢形成。由此一来,都城近郊及周边社会,很大程度上就会与一般的普遍存在的地域社会之间出现差异。而且还不难想象,出现在不同地点的都城周边社会,又因其固有的自然、人文条件而呈现出多样性来。正是这一点,它已经超越了"都城圈"这一概念,成为"都城圈社会"概念的依据。

接着,在考虑"都城圈社会"与周边广泛存在着的农村的关系时,我们脑海中还必须要有一个这样的念头,这就是魏晋南北朝时期的"村"的问题。宫川尚志解释了"村"的含义,并将之作为对这一时期普遍存在的村落的称呼。[①] 其后,继续推进这一研究的是宫崎市定。宫崎将

---

① [日]宫川尚志:《六朝時代の村について》(六朝时代的"村"),载其著《六朝史研究 政治・社会篇》,东京:日本学术振兴会,1956年。

这个时代的农村与都市视为对立的关系，并从中来理解六朝社会的历史特殊性。① 针对宫崎关于都市与农村的分化、对立之说，谷川道雄提出了这样的疑问：都市与农村的关系，不应该是农村单方面地受到都市的统制，农村可以凭借其独自的力量存在，甚至应该反过来，是农村大大地影响到了都市。以这个疑问为出发点，谷川认真地论证了山东贵族的原住地均在乡村。② 这是谷川理解北朝贵族的一个非常重要的论点。当时存在着从农村向都市聚集的某种力量，这个观点确实是有可能成立的。在谷川这一观点的触发下，笔者也曾做过相关研究，认为在上流社会中，对都城以及居住在都城里的官僚，多少都存在着一些忌避感或嫌恶感。③

前贤提出了都市与农村所具有的分化与对立，那么，我们提倡的都城各要素向"都城圈社会"的波及这一设想是否就完全无法确立呢？我想不是这样的。其实，即使在上流社会中确实存在着对都市与官僚的否定甚至拒绝，但这同样应该以都城各要素向"都城圈社会"渗透时的优越感为前提来加以理解。像前文已经提到的那样，对如何理解被包摄在"都城圈社会"之内的农村的地位问题，我们也许能够获得一个新的认知方式。

---

① ［日］宫崎市定：《中国における村制の成立》(中国村制的确立)、《六朝時代華北の都市》(魏晋十六国北朝华北的都市)，前文于 1960 年初刊，后文于 1961 年初刊，后均收入《宫崎市定全集》第 7 卷，东京：岩波书店，1992 年。其关于都市与农村对立的思考，后文"成为行政官府的治所并拥有较大规模人口的城郭都市，与远离都市散布在田野里的村落形成对立的六朝社会"一句(第 65 页)，即可明确体会到。然而，这里使用的"对立"一词，其真实意义是什么，让人难以判断。

② ［日］谷川道雄：《六朝時代における都市と農村の対立的関係について》(关于六朝时期都市与农村的对立关系)，载唐代史研究会编《中国の都市と農村》(中国的都市与农村)，东京：汲古书院，1992 年。

③ 中村圭尔：《都市と官僚制》(都市与官僚制)，2007 年初刊，后收入前引拙著《六朝政治社会史研究》。

(三)"都城圈社会"的具体模样

如果对以上对"都城圈社会"的俯瞰基于史实将之具体化,那就是以下这幅图景。

都城周边人为划定的行政区划,对洛阳以外的魏晋南北朝时期主要都城长安、邺城、建康,可以作出如下的认识。就长安而言,长安城是三辅的中心,其周边散布着三辅管辖的各县,各县又管理着下属的乡里。在这个区域的四周,又分布着北地、弘农等郡及其管县。邺城是魏郡的中心,周边是魏郡的管县,四周则分布着广平、汲郡、上党等郡及其管县。建康是丹阳郡的中心,周边为丹阳郡的管县,四周分布着广陵、晋陵、义兴、宣城等郡及其管县。在人为设定这些区划的前提之中,包含着山川河流等自然环境以及交通线路、关津等设施的具体地点等要素。

作为支撑都城正常运作的经济基础,由王朝自身经营管理的粮食生产不可或缺。古代长安附近的郑国渠及成都附近的都江堰自不待言,许昌的屯田、邺城的天井堰以及建康、皖城与毗陵的屯田经营等等,都可以归结到这一点上。前引盐泽论及"都城境域"时曾经说过,"成为非生产者集中居住的都城,缺少了来自周边地区的物资供给,同样也是无法正常运作的,这一点无需赘言。也就是说,围绕着都城周围的生产主体——卫星聚落群的存在,是都城能够存立的绝对条件",正是对这种情况的阐述。其关于邺城天井堰等设施的探讨也非常值得关注。[①]

不仅是农田,周边地区的山林薮泽,也是都城及其附属设施营建、增广、修缮的重要物资供给源。这一点从孙权希望拆除武昌宫材

[①] 前引盐泽裕仁著作所见"邺城及天井堰的空间关系图"(第 235 页)等内容,非常有意义。

瓦改造建业太初宫时的议论,①孙皓时期新建昭明宫时的建材筹集,②石勒新建邺城时大雨从西山冲出大量木材③等故事中,都不难推测。木材之外的石材、砖瓦等其它建筑材料的开采和烧造当然也应该列于其中。

那么,都城与周边社会的双向交往又是如何互动的呢?这虽然是"都城圈社会"研究中最重要的课题,也是本研究瞄准的目标,然而,从现状来看,依然处在预设的阶段,很难作出明确的说明,不过也不是完全没有线索,下文我们将以建康为例来作一些尝试。

"都城圈社会"概念形成的具体出发点,是笔者关于建康与周边地区各种关系的一系列分析。④ 在这一系列论文中,笔者认为,拥有大量消费人口的建康,将周边广大地区卷入了消费经济的范畴,造就了包括奢侈品在内的多种生产、制造业与储藏、运输业的繁荣,使江南地区呈现出了与其他地域差异极大的特殊经济模式,江南社会也因此形成了特有的地域社会。而且,江南这种独具特色的地域社会,还深刻地影响到了其以后的历史。

这里,我们将这一认识再稍微介绍得详细一些。建康都城的近郊与周边,如果从行政区划上来说,管辖着建康都城以及近郊的,秦淮河以北是建康县,以南是秣陵县,其周边则分布着京邑丹阳郡所属的丹阳、湖熟、永世、句容、溧阳、江宁诸县及侨临沂县。但这些都是人为划定的界线。人为设定的行政区划,对以都城为中心的生产、流通等日常

---

① (晋)陈寿撰《三国志》卷四七《吴书·吴主传》赤乌十年三月条裴注引《江表传》,北京:中华书局,1959年,第1147页。

② 《三国志》卷四八《吴书·三嗣主传·孙皓》宝鼎二年夏六月条裴注引《江表传》,第1167页。

③ (唐)房玄龄等撰《晋书》卷一〇五《石勒载记下》,北京:中华书局,1974年,第2763—2737页。

④ 中村圭尔:《建康と水運》(建康与水运),1984年初刊;《建康と三吴地方》(建康与三吴地区),1992年初刊;《六朝时期会稽郡的历史作用》,1998年初刊。后均收入前引拙著《六朝江南地域史研究》,东京:汲古书院,2006年。

性的经济活动范围是否具有约束力？这是个很大的疑问。至少在南朝江南地区的一部分，以建康为中心，超越上述诸县，并且超越其上级行政区划丹阳郡，与邻近的晋陵、吴、吴兴、会稽等郡县有着广泛的经济往来。例如，丘陵地带的会稽郡、宣城郡，成为当时上流阶层拓殖事业的据点，那里屯、传、邸、冶及别墅广布，包括青瓷烧造、开陂养鱼、果园经营等产业在内，促使以建康为消费地的奢侈品生产取得了很大的发展。不难想象，两郡的社会经济关系也因此受到了影响。此外，因物流的繁荣，连接两郡与建康的交通干线周边地区，与仓储业、运输业相关的产业也因此隆盛，这给交通干线沿线的社会同样带来了不小的影响。也就是说，我们必须认识到，这张网络，在作为维持都城建康正常运作的前提的同时，也给邻近诸郡的社会经济状况带来了相当大的影响。要想深刻地认识处于这张网络与相互影响范围内的各个地区，"都城圈社会"这个概念应该是最有效的。

然而，我们还必须进一步思考，这样的关系应该不会止于经济方面。我们依然以建康与周边地域社会为对象，举数例试加说明。有东晋建国前后的一个故事①，说的是服膺元帝、王导、王敦威仪的江南豪族纪瞻、顾荣还有贺循等人，他们分别是丹阳、吴郡、会稽人，他们在建康收获的见闻马上就会传到各自的乡里，可见都城建康的形势变化一定会通过某种途径波及江南社会。可以说，正是因为这样的政治和文化上的威压出现在都城建康，东晋政权对江南的侵蚀才变得那么容易。下一个事例是东晋时期江南葬俗的变化。② 孙吴时期江南地区的墓葬继承了东汉时期的多室结构且规模较大，随葬丰富的陶瓷模型明器以及极具时代和地域特色的谷仓罐，但到了东晋初期，单室墓与极其洗练的日用青瓷明器的随葬成为主流。从这一变化迹象中，我们不难看出

---

① 《晋书》卷六五《王导传》，第 1745—1746 页。
② 中村圭尔：《江南六朝墓出土陶瓷の一考察》（江南六朝墓出土陶瓷的一个考察），1993 年初刊，后收入前引拙著《六朝江南地域史研究》。

因北人的南渡,中原地区经历了魏晋变革的丧葬礼俗,以居住在建康及周边地区的北方上层人士为媒介,逐渐渗透到了江南社会之中。中原传来的华北传统文化对江南的席卷,可以说就是从建康开始向周边波及的。还有就是谢灵运的始宁墅。始宁墅作为陈郡谢氏的一支谢灵运家族营建的庄园,位于会稽郡东部的上虞县。庄园范围内,除山林川泽外,还包含有道路、水路、良田、果园等,俨然成为一座生产各类产品的经济基地。庄园里生产的产品和物资,很难说与建康就没有任何关系。而且还不难推测,为庄园提供劳动力的不乏附近农村的居民。庄园内部谢氏族人的日常生活,也许是与附近的农村生活隔离的,但很难说若隐若现的庄园内部生活对周边居民就完全没有影响。对于争购王羲之所书竹扇的山阴蕺山人士来说[1],他们接受的正是从建康扩散而来的都城文化。这些从建康传向周边地区的文化、风俗,其最终的结果,便是《隋书·地理志》中所说的那样,广布在丹阳(旧京建康)周边的宣城、毗陵(晋陵)、吴郡、会稽、余杭、东阳诸郡"其俗亦同"。[2] 我想这绝非牵强之论。

在这样的状况下,建康给予江南社会的各种影响,以及在这种影响

---

[1] 《晋书》卷八〇《王羲之传》,第 2100 页。
[2] 《隋书》卷三一《地理志下》中的以下一段,非常具有启发意义,今录原文于下:

> 丹阳旧京所在,人物本盛,小人率多商贩,君子资于官禄,市廛列肆,埒于二京,人杂五方,故俗颇相类。京口东通吴、会,南接江、湖,西连都邑,亦一都会也。其人本并习战,号为天下精兵。俗以五月五日为斗力之戏,各料强弱相敌,事类讲武。宣城、毗陵、吴郡、会稽、余杭、东阳,其俗亦同。然数郡川泽沃衍,有海陆之饶,珍异所聚,故商贾并凑。其人君子尚礼,庸庶敦庞,故风俗澄清,而道教隆洽,亦其风气所尚也。豫章之俗,颇同吴中,其君子善居室,小人勤耕稼。衣冠之人,多有数妇,暴面市廛,竞分铢以给其夫。及举孝廉,更要富者,前妻虽有积年之勤,子女盈室,犹见放逐,以避后人。俗少争讼,而尚歌舞。一年蚕四五熟,勤于纺绩。……新安、永嘉、建安、遂安、鄱阳、九江、临川、庐陵、南康、宜春,其俗又颇同豫章,而庐陵人厖淳,率多寿考。然此数郡,往往畜蛊,而宜春偏甚。

下逐渐形成的建康"都城圈社会",显示出了其独特的性格。

三、魏晋南北朝"都城圈社会"研究与魏晋南北朝史

行文至此,有必要阐述以下这么一个问题,这就是上文所述"都城圈社会"的研究,与认识和理解魏晋南北朝历史之间具有何种关联？或者说,对于认识和理解魏晋南北朝历史,"都城圈社会"研究又具有何种意义？

正像本文第一部分所概述的那样,魏晋南北朝都市史的研究积累了丰富的成果。在既往的研究中,人们以洛阳、平城、邺城、建康等都城为中心,重点对其地理形势、政治及军事上的战略地位、交通及都城形制、城内空间分布等问题展开了探讨,但基于这些视角并依据文献记载的研究,不得不说已经几乎接近了界限。作为今后进一步展开研究的可能性,最新考古调查发掘资料的获取非常值得期待。

其实,期待考古资料来推进研究本身就是一个挑战。因为,考古资料的出现,使得我们必须更加精细地去认识那些各主要都城单凭文献资料无法认知到的更具体、更基本的侧面。例如,有关郊祀与圆丘的位置问题,不仅能够提升我们对都城概念、都城空间等相关问题的研究层次,而且还能为究明与王朝郊祀制度密切相关的正统论尤其兴盛的魏晋南北朝的历史特征提供很多帮助。此外,宫殿、门阙等遗址的确定,不仅能够帮助我们更加精准地复原宫城的平面形制,而且还能够基于这样的复原,进一步提升与政治空间及具体政治过程相关的研究水平,也为进一步认识和理解魏晋南北朝时期的政治体制提供了可能性。

然而,在为探求魏晋南北朝的历史特征而展开的都城研究中,有一种现状可以说是大大地制约了其向纵深的发展,这就是都城与魏晋南北朝社会的关系问题。

这里笔者想再次提示对既往研究的一个看法,这就是在上述主要都城研究中得出的都城印象,基本上都是自我封闭的、游离于一般社

之外的特殊空间。而且，魏晋南北朝正处于分裂时期，各种势力在不同地域建立的都城，其研究，从整体上来说受到了历代都城研究框架的束缚，即使能够对其选址以及都城的基本要素有个大致的认识，但对其与都城所在地周边地域特征的关系，不得不说，认识还是不充分的。

例如，关于都城的选址，过去的研究往往把重点放在探讨其自然地理环境的优越性及战略地位的重要性等方面。自然因素固然重要，但其他方面的关注也是非常重要的，例如定都以后都城给周边社会带来了怎么样的变化？都城周边社会又是如何逐渐变成有别于其他地域社会的？也就是说，都城在保持都城普遍特征的同时，因其选址、形制、空间配置以及拥有的大量人口，一定会给周边社会带来某种影响，使得周边地域逐渐形成一种有别于其他地域的特征，亦即特殊的地域特征。基于这样的思考，都城就不再是社会的孤岛，而是与社会密切关联的存在。这样的思考，如果再将之进一步推延到都城周边以外的地区，那么，即使无法因此而把握当时中国社会的整体面貌，但我们至少能因此在一定程度上把握住主导一个时代历史特征的核心区域面貌的可能性。通过这样的把握，从都城史的角度，或许能更加鲜明地认识魏晋南北朝历史的基本特征。反过来，也能将魏晋南北朝时期都城所发挥的作用，在魏晋南北朝历史的整体框架下更加合理地作出评价。

说到魏晋南北朝的历史特征，其最核心的部分是历史分期问题，在本文的最后，想简要地讨论一下这个问题。本文篇首谈到了斯波义信关于中国都市史的分期问题，斯波的分期，与其将宋代以后视为中国的中世纪这一认识是一致的，这似乎不难理解。此外，斯波的分期，依据的是处于商品经济关系下的都市面貌，这与日本及欧洲历史中对中世纪都市的界定在原理上是一致的。若以此为认识前提，那么唐代以前尤其是魏晋南北朝时期，又该如何来确定其历史地位呢？

就唐以前的都市，斯波将之分成商周春秋战国、秦汉、东汉三国南北朝和唐四期，并且分别赋予其邑制国家、郡县制国家、聚落的差异、包含市制在内的都市制度的历史特征。斯波的分期以及赋予的时代特征,并没有一个统一的标准,第二期与第三期中的魏晋时期也有不少重叠。概念上尽管有些模糊,但依然具有相当的说服力。

然而,在中国都市史分期中引入商品经济指标这一做法,仅就汉唐之间的历史状况而言,将之分为汉、魏晋南北朝、唐这三个阶段,从既往的研究角度来说,确实具有相当大的差异,这一点是明白无误的。特别是魏晋南北朝时期,通常都被认为是一个商品经济相对停滞的时代,而且商品经济相对停滞这一观念,还是我们用来认识和理解魏晋南北朝历史特征的一个重要方面。如果重视都市与商业密不可分这一关系,就会发现,魏晋南北朝的都城与魏晋南北朝的历史特征之间,是难以分割的重要问题。

如果都市史与不同社会历史特征相互关联的研究方向能够成立的话,那么不得不说,既往的魏晋南北朝都城研究的水准还很难与我们当前的议论匹配。其中最基本的问题,也许就在于笔者再三陈述的那样,没有将都城与社会联系在一起加以思考。将都城与社会进行有机的结合,并在此基础上展开综合研究,才有可能合理地认识和理解魏晋南北朝都城在历史上的意义。进一步说,对都城的认识,或许还能为魏晋南北朝史的研究瞄准一片新天地,打开一扇新窗口。

结　语

本文提出"都城圈社会"这一试论性的假设,目的在于为探索魏晋南北朝时期都市、都城研究与魏晋南北朝社会研究之间的可能性提供一个方案。

在这个假设中,就魏晋南北朝时期的都城问题,将以都城为中心、在都城的影响下逐渐形成的周边地域称为"都城圈社会",利用地理文献、地方志、杂传等文献史料及考古学成果,从不同角度对"都城圈社会"中因与都城的关联而形成的独特的政治、经济、社会等各种关系的社会构造展开分析,描绘都城与地域社会特征的具体样貌,并在此基础上分析都城在魏晋南北朝时期中国社会中所具有的意义。这个目的，同样也是我申请"与魏晋南北朝时期主要都城的'都城圈社会'相关的地域史研究"项目的出发点。

然而，本文探讨的话题，从结果上来说，针对这样一个大课题，不得不说显得有点冒进了，推论与猜测的成分依然不少。说到底，这样的假设，在研究史上是否果真具有其合理性，这是根本问题所在，因此，目前基本上还处在急于提倡一种可能性的阶段，缺乏严密的实证研究。

从实证的意义上来说，本文提及的都城也仅指长安、洛阳、邺城、建康，即使针对这几个都城，也很难说就已经实现了"都城圈社会"预设的实证过程，每思及此，颇令人心中不安。对上述都城之外的更多的魏晋南北朝时期的主要都城，成都、平城、盛乐、姑藏、襄国、武昌等等，目前都还无缘涉及。

将以上这些问题作为课题，期待这个假设的可能性在今后的不断研究中会有所提高。

【附记】

本文是在 2014 年 12 月 6 日阪南大学举行的"魏晋南北朝主要都城与都城圈社会"国际研讨会论文集所载拙稿《魏晋南北朝时期"都城圈社会"研究的意图》一文的基础上大幅度修订而成的。

会议的论文集中，除拙稿外，还收录了以下诸篇：

王小蒙（陕西省考古研究院副院长）
  《秦—唐长安地区砖瓦建材的生产与供应》
陈　力（阪南大学）
  《从汉长安城到茂陵邑》
周科华（四川省文物考古研究院副院长）、陈卫东（四川省文物考古研究院研究员）
  《魏晋南北朝时期四川墓葬考古》
刘　涛（中国社会科学院考古研究所研究员）

《汉魏洛阳城近年来的考古收获》

佐川英治(东京大学)

《(参考资料)中国中古的都城设计与祭天》

小尾孝夫(大手前大学,现大东文化大学)

《建康的性格与都城圈的形成》

张学锋(南京大学)

《六朝建康城都城圈的东方——以破冈渎的探讨为中心》

此外,这次国际研讨会是由平成24—26年度科学研究费补助基金基础研究(B)"与魏晋南北朝时期主要都城的'都城圈社会'相关的地域史研究"(课题负责人:中村圭尔)主办的,报告人由上述会议论文集所列的8位作者构成,他们均为本课题的承担者、海外兼职研究人员及其推荐人员。会议报告结束后,盐泽裕仁(法政大学)对报告内容进行了综合评议。

本书所录小尾孝夫的论文,是在上述会议论文集文稿的基础上增订而成的,鉴于其内容与本书的关联性,特此予以收录。

"都城论"与"都市论"之间

——关于东亚坊市制都市的若干思考[①]

[日]佐川英治

刘萃峰 译

一

本书由两篇洞察当前中国都市史研究动向并力图指明今后研究方向的总论,以及十篇与汉代到清代都市相关的实证性研究论文构成。从历史的发展进程中探讨中国都市史,其意义何在?还有,具体地说,在哪些方面可以展开探讨以及目前能够深入到何种地步?在本书中,国内外一线学者从理论和实证这两个方面给予了阐释,从而向读者展示了当下中国都市史研究的水准。

本来,评议人的任务应该是在介绍各文内容的基础上,对全书的意义及实证研究的得失展开评论,然而,由于本书所收论文涉及范围甚广,各文的内容又高度专业且实证性极强,因此,准确评论全书的内容实非笔者力所能及。我想立足于本书所收中村圭尔《魏晋南北朝都城研究的另一种可能性》和平田茂树《基于"科举社会"的视角探索宋代都

---

① 本文是佐川英治先生为《中国都市論への挑戦》(中国都市论的推动),(东京:汲古书院,2016年)撰写的评论文。标题及文中所言"都城"系指历代王朝的都城,"都市"系指包括历代都城在内的各类大小城市,与"都会"意同。日文的"都市史"译成中文可以是"城市史",但考虑到原著标题及论证过程中"都城"与"都市"是一对关联密切的概念,本文保持"都市论"和"都市史"的用法。——译者注

市社会史的一种新的可能性》这两篇总论所提出的问题,同时,围绕介于魏晋南北朝都城与宋代都市之间的六、七世纪东亚坊制都市展开若干考察。

本书的两篇总论(以下称"中村论文"和"平田论文")立足于当今最新的研究动态,对各自时代的都市研究进行了回顾与展望,是本书标题所称"中国都市论的推动"这一积极尝试的代表之作。

中村论文深刻地认识到,既往的都城研究不同于宋代以后的都市研究,最大的问题在于隔绝了都城与社会之间的关联,有鉴于此,中村论文提倡必须将传统的都城研究朝着"都城圈社会"研究的方向拓展,进而将之发展成可与宋代以降展开比较的都市研究。中村论文提倡的"都城圈社会",按笔者的理解应该就是,作为国都的都城,即使其政治、经济、文化的影响广被四方,但依然存在着一个具有相对地域性的社会空间,或者说就是以都城为中心形成的地域社会。这个地域空间,与由祭祀、军事、水利、生产设施等要素构成的有机性结构空间,即支撑都城日常运作所不可缺的"都城圈"之间,又是一种不同的空间概念。

"都城圈社会"这一概念,首先从方法论上把都城作为地域社会的中心,通过对都城与地域社会关系的分析,力图把握这个时代都市的历史特征。其中似乎依然存在着一些问题,例如如何来把握地域性与地域社会,又能够从哪些方面发现魏晋南北朝时期的历史特征,等等。尽管如此,就像中村论文所推断的那样,随着地理信息、考古资料的不断增加,将都城置于地域的具体背景中加以分析,正在成为今天都城研究的明显趋势,不难想象,今后这个领域中以"都城圈"与"都城圈社会"为课题的研究将会不断增多。本书所收论文中也已经有了这样的研究,如陈力的论文讨论了与西汉都城选址相关的地缘性党派集团,永田拓治的论文以襄阳为中心对地域意识展开了探讨,小尾孝夫的论文则从军事层面仔细分析了建康的地理空间,并对"都城圈"的扩大展开了研究。

平田论文在定义宋代以降为"科举社会"的前提下,力图对都市空间进行重新审视,指出宋代以降的都市空间是创造社会秩序、文化、学问的人与人之间的关系场域。平田论文对这样的关系场域进行了系统性、网络式、空间化的分析,认为宋代的都市在作为体系的科举制度中,以秩序井然的科举为媒介,结成了纵横相错的人际关系网络,而产生这种人际关系网络的结点,就是都市中的某种"公共空间"。在关注"明末清初变革论"及"传统社会形成论"等新的历史分期学说的同时,主张明清时期作为体系的科举制度得到了充实,以科举为媒介的网络不断得以强化,在这样的背景下,都市的变化与繁荣也愈发明显。平田论文很好地把握了近年来都市研究中关注都市内部"公共空间"发展的动向,为我们指明了今后宋代都市研究的方向。本书各分论中,侯旭东的论文讨论了汉代郡国的邸到六朝的邸的转变,山崎觉士的论文讨论了唐五代城市中具有构筑节度使与兵士关系职能的毬场,范金民的论文讨论了清代前期苏州工商店铺的品牌及意识。这些论文的主线索都与都市中人际关系的场域有关。

如上所述,中村论文与平田论文均试图从新的都市研究路径出发,探索各自所关注的魏晋南北朝与宋代社会的历史特征。因此,接下来笔者也想以都市所体现的中国社会的历史演进为题,对与"唐宋变革论"密切相关且较多论及的坊制都市的特征展开若干考察。平田在其论文的序言中已经提到,在日本的中国史研究中,往往将坊制与市制的崩溃与"商业革命""城市革命"联系起来,将之视为"唐宋变革"的重要标志。当然,坊市制日趋崩溃,同时商业主义有所发展,这些问题已为诸多实证研究所证实,无须怀疑。不过,由于坊市制的崩溃被认为是超越了国家的控制,是社会自我发展的过程,因此坊市制被自然地认为是规范社会的手段,而对于其性质似乎并没有展开过充分的讨论。

这时必须首先留意的是,中国严格意义上的坊制都市首见于六世纪的北魏洛阳城,日本和新罗则在七世纪后半期才逐渐引进了这一都城制度。也就是说,坊制城市是在都城发展到一定阶段才开始出现的都市制度,并不是古代都城的普遍形态,也很难说是都市的一般形态。

另外，在以往的认识中，中国的都市原本都是由城墙围起来的被称为"邑"的空间，经由汉代的"里"，这种形式为北魏所继承，形成了坊制。然而，提出这一观点的宫崎市定也认为，里制在西汉中期就开始名不副实，进入东汉到魏晋，更是走向全面崩溃。① 与中国历史背景迥异的日本和新罗也引进了坊制，不难看出，坊制也许是与里制没有直接关联的一种新制度。妹尾达彦就曾经指出，虽然坊制应该与"网格规划"②严格区分开来考虑，但至少就网格规划这一点而言，从世界各地的古代都市来看，随着军人等移民的不断增加，在新统治区域建设都市时却经常采用。③ 还有观点认为，坊制与北魏特有的游牧民族的统治相关，但考虑到日本和新罗都城也引进了坊制，那么这就无法充分说明坊制都市的特性了。

因此，为何六七世纪东亚都城会引进坊制再次成为问题，这里想以统一新罗的王京为例加以说明。笔者在对中国古代都城展开研究时，对古代朝鲜的都城也产生了兴趣，最近作为首尔大学历史研究所客座研究员，获得了在外研究的机会，因此认识到将新罗王京视为东亚古代都城来展开研究是一个有非常意义的课题。这是因为，新罗王族的根据地庆州是千年之都，又是贯穿整个新罗时代的首都，是东亚世界中难得的一座都市。而这期间，虽然也经历了上文所说的坊制的设置及逐渐崩溃的过程，也就是说，是在维持着一定的社会基础的同时完成了都市的转型，那么，这又是一种什么样的过程呢？

与新罗王京相关的文献记载原本极其有限，作为重要的研究对象，探明其历史演进因此也受到很大的制约。然而，现在由于金石文字的

---

① 宫崎市定：《漢代の里制と唐代の坊制》（汉代的里制与唐代的坊制），《東洋史研究》（东洋史研究）第 21 卷第 3 号，1962 年。后收入《宫崎市定全集七·六朝》，东京：岩波书店，1992 年。
② 网格规划，是"grid plan"的汉译。——译者注
③ 妹尾达彦：《長安の城市計画》（长安的都市规划），东京：讲谈社，2001 年，第 130—134 页。

发现以及考古调查和发掘,全面追寻新罗王京的历史已然成为可能。在这一背景下问世的新罗史研究权威之作,当属全德在的《新罗王京的历史》(首尔:新文社,2009年)。全氏此著在韩国受到高度评价,因此笔者想以其内容为参考,对新罗王京坊制都市的出现及其背景展开考察。

二

讨论之前想介绍一下全著的基本框架。首先是序论,对相关学术史进行了回顾,并提出了该著的研究课题。接下来,第一章"王京与王都的特性",第二章"新罗六部名称的语义及其位置",第三章"神文王时代王京范围的缩小及其背景",第四章"里坊制的施行及其特征",第五章"王宫的构造及其变化",第六章"王宫的空间构成及其变迁",最后是"结论"与补论"无法逾越的关系:王京与地方"以及参考文献、全书索引。这里,笔者想以第六章和"结论"部分为中心,循着新罗王京的都市化发展轨迹,基于全氏的观点,来观察新罗王京演变成坊制都市的历史背景及其变化与走向。

尽管全氏的研究集中在新罗王京的历史,但他立于对既往的都城研究采取批判性继承的基础上,表明了以下立场。新罗王京研究的先行者是日据时期的日本学者,他们关心的对象主要有两个方面,一个是新罗王都、王京、王畿的范围,另一个是出于与日本古代都城进行比较的新罗王京的都市规划。然而,关于新罗王都、王京、王畿的范围问题,都是基于新罗的历史展开解释,王都、王京、王畿的概念界定并不确切,而且对其不同历史发展阶段的考察也说不上充分。关于新罗王京的都市规划,从20世纪70年代到21世纪初,基于都市规划的视角,在新罗王京的建设及构造等相关研究上做出了很大成绩,不过也存在着明显的问题,这就是均将实施都市规划的庆州盆地作为考察对象,而对王京范围变迁的历史考察明显不足。

这些问题还受到了新罗史史料不足的制约。但是，随着以迎日冷水新罗碑、蔚珍凤坪新罗碑为代表的碑文与砖瓦铭文等金石文字以及月城垓子、雁鸭池（月池）等都城遗址出土的墨书木简的发现，加之目前正在进行的考古调查的成果，基于新罗历史，对王京、王都的概念与都城结构及其历史发展的探讨逐渐成为可能。因此，全著的视野并不局限于都城，而是力图依据新罗的历史，明确王京的概念，并阐明其变迁的过程。该书标题"新罗王京的历史"就是这一意义下的"王京"历史，而不是单纯追求作为城郭都市的都城历史。笔者愚见，这种理解"王京"的方式，与中村论文所言"都城圈社会"应该有共通之处。

在进入正题之前，请通过《新罗王京复原图》来简单了解一下庆州的地理形势。全氏写作时因当时的资料所限，放弃了重新绘制王京复原图的念头，直接利用了 2013 年出版的朴方龙《新罗都城》中的插图（参见图 2-1）。庆州位于横贯韩国东部的太白山山脉的东侧、流经半岛东南部的兄山江的中游。沿兄山江往东北方向可抵面向日本海迎日湾的海港城市浦项，经东南著名的佛国寺南下，亦可辗转抵达日本海沿岸的城市蔚山。另一方面，向西进入丘陵地带，经永川可达庆尚北道的中心城市大邱，从大邱沿琴湖江可到洛东江中游的高灵。高灵本为大加耶的根据地，时至今日仍留有规模庞大的古墓群。下文还将叙述，在新罗漫长的历史中，仅神文王在位期间有过一次迁都大邱的念头。

庆州为四面环山的盆地，西侧是与太白山山脉相连的绵延群山，南边是今天仍留有大量佛教遗迹的南山。东边是明活山，山上筑有坚固的山城，围以石垣，起着军事防卫的作用。北边是小金刚山，山上也分布着不少佛教寺院。西川（即兄山江）自南向北贯穿群山环绕的庆州盆地，南江与北江两条河流从东面汇入西川，三川围成的平原即为庆州的中心地带。

新罗的核心势力是被称作"六部"的六个地域集团构成的。公元六年前后，喙部集团作为中心，联合周边的几个部落建立了斯卢国，至迟在三世纪后半期之前，六部已经全部形成。当时斯卢国的领土范围覆

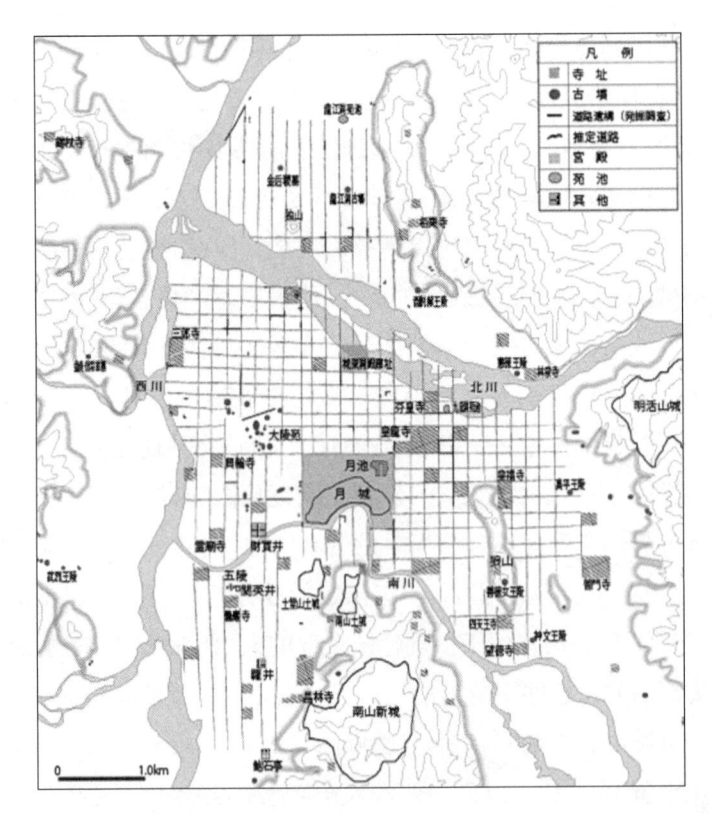

图 2-1 新罗王京复原图

(引自[韩]朴方龙:《新罗都城》425-6 插图,首尔:学研文化社,2013 年)

盖了今安康邑之外的庆州市一带以及蔚山广域市北区农所洞、蔚山郡斗东面和斗西面地区。今庆州市区的大部分区域原来都是喙部的地盘,不过,四世纪中后期以前,在王被称作"尼师今"的时代,六部作为相对独立的政治体,保持着相当的自治权,同时也参与到斯卢国的政治运行中,因此,庆州的中心区域作为政治、经济的中心地位并不十分突出。

四世纪中后期,进入王被称作"麻立干"的时代,斯卢国中心区域的空间构成出现了一些变化。从这一时期开始,麻立干利用面向南江的丘陵地带,选定了月城作为自己的住处。今庆州市区分布密集的带有高大坟冢的积石木椁墓,均为新罗在四世纪后期到六世纪初麻立干时期喙部和沙喙部王族及贵族的墓葬。从月城通往南山一带的区域属于沙喙部的管辖范围。在此之外能所见到的新罗积石木椁墓,只有被推定为牟梁部(岑喙部)墓葬的庆州市乾川邑金尺里古墓群。不过,金尺里古墓群的规模以及随葬品的质量都比不上庆州市区的古墓。因此我们可以推断,这一时期的新罗各部中,喙部和沙喙部的势力占压倒性优势。

麻立干时期,喙部的金氏王室掌握了沙喙部的统治权。如此一来,六部之间的牵制关系发生了大变,喙部的政治影响力大大增强,而其他部的政治影响力则相对缩小。此外,喙部对地方的附属小国和邑落集团的统治力也愈加强化,对外则开始使用"新罗"的国号,用以取代原有的"斯卢国"。慈悲麻立干时代(458—479),对六部的聚落等组织进行了重组并确定了里名,在这一过程中,大大限制各部原有的自治权,扩大自身影响力,逐渐形成了中央集权式的领土国家体制。通过这些举措,此前的六部式政治体形式逐渐转变为王京的行政区域,地方的附属小国和邑落集团被编成州、郡、村。法兴王时代(514—540)设置的十七官阶后来被称作"京位",原则上只授予六部之人。这样一来,六部地区演变成了里,地方则编成了州、郡、村,为了与地方形成对比,旧斯卢国的领土开始称作"都"。虽然也有观点认为,只有王京的一部分才能被称作"王都",但两者并无概念性的区别,因为新罗没有实行王畿制,新罗上古时期的六部地区就是王京,亦即王都,观念上的也可以称为王畿。

自法兴王时期始设兵部以来,中古时期以执事部为始,设置了诸多中央衙署。一部分衙署位于月城之内,但大部分衙署都被集中安排在月城以北。中古时期,随着月城成为官衙区域,月城也作为名副其实的中央集权国家新罗的政治心脏,发挥着各种应有的功能。《三国史记》卷五《新罗本纪》真德王五年(651)春正月朔日条云:"王御朝元殿,受百官正贺,贺正之礼始于此。"朝元殿应该就是月城内模仿唐朝太极殿而建的正殿。

中古时期新罗王京中心区域的空间构造,随着法兴王十四年(527)

对佛教的接受而发生了重大的变化。首先，六世纪前期，新罗的墓葬形制从积石木椁墓演变为横穴式石室墓，同时，环绕庆州市内的群山脚下开始出现了墓葬的分布。这些习俗产生的原因有二：第一，随着庆州中心区域的都市化进程发展，墓地已很难如早先那样得以确保；第二，受佛教来世观的影响，逐渐摒弃了那种必须在居住地附近营造墓地的旧有观念。

接受佛教以后，王京中心区域空间构成的一大特征便是大规模营建佛教寺院。我们可以确认，当时创建或存在的寺院有如下一些：真兴王时期（540—576）的兴轮寺、永兴寺、皇龙寺、实际寺和祇园寺，真平王时代（579—632）的三郎寺、天柱寺、东泉寺、神元寺和安兴寺，善德女王时代（632—647）的芬皇寺和灵庙寺，真德女王时代（647—654）的皇福寺。这些中古时期的寺院有一个共同的特征，这就是多建于河边或沼泽地带，考古调查也揭示，位于月城东北的皇龙寺境内原本也有面积很大的沼泽地。上古时期，庆州地区河川泛滥成灾的记载不绝于书，进入中古时期以后，这类记载几乎完全消失。不难看出，中古时期寺院的建设，与土木技术的发展及庆州中心区域的开发有着密切的关系。新开发的区域中不仅有佛教寺院，还应当有很多民居。我们可以以永兴寺为例，永兴寺虽然位置不明，但史载其建于"三川岐"，即三条河流交汇之处，真平王十八年（596）的一场火灾，延烧周边民居三百五十家。由于河川边、沼泽地以及农耕地被不断开发成寺院或居民区，王京中心区域的闲地或耕地所占的比例应当大幅度减少。

太宗武烈王时期（654—661）任用金庾信以图构建强有力的王权，其中应该包含了废止原有的食邑制、禄邑制，强化国家的统治力，对地方组织机构进行系统整顿，以及制定律令格式的前期准备工作。以此为基础，其子文武王在位时期（661—681）实现了三国统一，并在此过程中对六部出身的"真骨"贵族予以整治。文武王十四年（674）废除了"外位"，并将"京位"对六部以外的地方势力开放。

随着中央集权体制的强化，《三国史记》卷七《新罗本纪》载，文武王十九年(679)二月重修宫阙，颇为壮丽。当年八月初创东宫，始定宫阙内外诸门额号。同年，还营建了四天王寺。庆州市区的多处遗址出土了带有"仪凤四年皆土"的铭文瓦当("仪凤"是唐朝年号，四年为公元679年)，昭示着当年文武王在王京的广大区域内进行了大规模的基建事业。

为进一步推进文武王的中央集权化政策，作为举措之一，神文王九年(689)制定了迁都达句伐(今大邱)的计划。但是，《三国史记》卷八《新罗本纪》称："王欲移都达句伐，未果。"迁都计划未能实现，其理由可能是真骨贵族们的抵抗与过于庞大的费用。庆州全面实施坊制很可能也就在此时。考古调查显示，皇龙寺的境域范围与寺址东侧坊的规格并无相关性。皇龙寺内九层塔的修建是在善德女王十四年(645)，因此皇龙寺东侧的坊应该是在善德女王十四年之后的某个时期建设的，在建设时并没有考虑皇龙寺的境域，而是将之作为空地规划设计的。此外，《三国史记》卷三四《地理志》载："王都长三千七十五步，广三千一十八步，三十五里，六部。"据此，王都的范围被规定在了南北长3 075步(5 424米)、东西宽3 018步(5 323米)，将之与以直线道路为中心的所谓王京遗址范围相叠加可以看出，其西侧界限为西川，东侧界限为明活山，北侧界限为隍城洞与东川洞及小金刚山地区，东南侧界限为东方洞与排盘洞(图2-1中的四天王寺与望德寺一带)，西南侧界限为鲍石亭附近。这个范围，与以六部地区全境作为王京的上古时期相比，其空间范围已经大大缩小。此外还可以推测，神文王时期掌管六部的六部少监典改称"典邑署"，王京以外的六部旧地设置了大城和西兄山(商城)等郡，庆州市以外的区域从王京中分离了出去，都邑成为管理六部之人的空间。综上所述，虽然神文王不得不放弃迁都达句伐的想法，但他并没有放弃都城建设的理想，通过压缩王京的空间范围，重新设定六部和里的区划，同时接受唐朝的坊制，在里之下设置基层行政单位——坊，通过坊制来管理六部旧人。

从新罗中期到后期，王京的空间构造也在发生着变化。据考古调查结果，皇龙寺境域的扩张达到最大化的时候，原本与皇龙寺东墙相连的坊，其西侧的南北向道路被皇龙寺占据，并在那里建了院墙。这个时间应该是改建皇龙寺九层塔的景文王时期（861—875）。此外，直线道路修好后又遭废弃，道路的宽度大幅度缩小的现象也时有发现。

《三国遗事》卷一《纪异第一》"辰韩"条载："新罗全盛之时，京中十七万八千九百三十六户，一千三百六十坊，五十五里，三十五金入宅。""金入宅"，原注为"言富润之大宅"。这里所说的新罗全盛期，应当是指宪康王在位的时代（875—886）。《三国史记》卷三三《杂志第二》"屋舍"条中留下了诸多对当时建筑规模和形式的规定，如与真骨等身份相应，住宅的家屋在长宽上有一定的限制，以及禁止使用唐式瓦、禁止使用重檐，禁止使用金银装饰，等等。兴德王时期（826—836），为抨击社会上的奢侈之风、敦促遵守旧章，曾出台了严厉的文诰，由此可知，这一时期已经出现了不守规制的富裕贵族家庭用金银装饰邸宅的行为，即所谓的"金入宅"。而且据文献可知，这种金入宅不仅建于庆州市区，庆州周边地区也有这样的现象。同时，坊也越过了庆州市区，设置到了市区外东邑的挂陵里地区。《三国史记·地理志》中"王都……三十五里，六部"的记载应该是新罗中期王京的情况，后期的全盛期增至五十五里，这显示出随着人口的增长，王京的范围已扩展到了庆州市区的周边。"一千三百六十坊"之数，应该是已扩大的王京的坊数。

截至目前，新罗后期扩张后的王京遗址中，还没有发现用直线道路来区划并围以墙垣的坊的遗迹，用直线道路进行区划的标准的坊，只见于中期王京的范围之内。后期人口剧增，王京也因此无规划、无秩序地膨胀了起来。都市无秩序、不规则的膨胀现象被称为"都市 sprawl 现象"[①]，这种现象可见于后期新罗王京。新罗后期虽政治上非常混乱，但王京却达到了前所未有的繁荣。宪康王时代（875—886），从都城到

[①] "都市 sprawl 现象"，指城市无规划地扩展或延伸，并导致了城市的无序，可译作"城市蔓延现象"。——译者注

海岸,瓦舍之家连甍接栋,风乐歌声不绝于道。然而,人口的剧增以及因此而催生的街市的扩大,也导致了贫民的大量流入等深刻的城市问题。

随着935年新罗的灭亡,新罗王京也急速衰落。尤其是敬顺王(927—935在位)投降之后,新罗的王族和贵族大举迁往开京,王京人口锐减,都市形态也因此急剧遭到破坏。在这种形势下,高丽在940年更改六部名称的基础上,将位于王京周边的大城等郡并入庆州,恢复了新罗统一三国以前的王京的范围。又在月城之外的庆州邑城中设置了庆州府官衙,逐渐以庆州府官衙为中心形成了新的都市中心,这种状态一直延续到了朝鲜时代。

三

以上,依据全氏著作的内容对庆州的都城发展历程作了非常简单的概观。笔者本是韩国史的门外汉,只是按照自己关注的问题进行了粗略的归纳,因此可能无法完全准确无误地反映全著的主旨,然而通过以上的概观,还是能够捕捉到一些新罗王京发展的脉络,这就是,新罗的王京原本为包含整个六部区域在内的概念,但在庆州的平原地区成为政治上的中心区域、在六世纪以后营建王宫和官衙的过程中,其周边的人口逐渐密集,七世纪后期转变成坊制都市,而这个中心区域就此被定义为王京(王都)。不过,进入九世纪以后,随着都市的不断繁荣和持续扩展,坊制逐渐走向了崩溃。

那么,在七世纪后期这样一个时代里,引进并推行坊制的意义又是什么呢?关于这一点,全氏总结了新罗王京推行坊制的两个目的。第一,弱化真骨贵族的势力基础,确立强有力的王权。以直线道路为中心对王京进行重新规划,借助王权对直线道路进行有效管理,将王京的居民置于政府的监控之下。第二,预防都市的犯罪行为,抑制地方民众无序涌入都市。不过,以上两点看起来似乎非常类似,其实在对坊制的利用方式上却有着巨大的差异。前者从抑制真骨贵族这一政治立场表现出坊制的功能，后者则从维持都市秩序的社会立场利用了坊制。就笔者所见，全氏将前者作为首要意图，在著作中对这一点的论证倾注了大量心血。

然而，并无直接证据可以证明坊制的采用与政治上抑制真骨贵族有关，论证多停留在推论层面。其实，目前也没有直接证据显示坊制的施行是由神文王全面推动的。又如全氏所述，迄今发现的道路方向也并非完全平行，道路与道路之间的距离亦不固定。因此也有观点认为，都市规划的施行其实是分好几个阶段展开的①。此外，即便是神文王时期坊制已经推行，但这项举措与全氏所谓缩小王京范围（将六部故地与王京分离）的目的在于削弱真骨贵族势力之间，尚缺乏明确的证据。认为通过直线道路将都城分割成诸多个坊，就能发挥监控功能这个设想，成为全氏推论新罗王京采用坊制的前提。

全氏所持坊制的政治控制功能这个观点，也受到与中国坊制类比而来的影响。全氏认为，北魏复活了汉代的里制而建设了坊制都市，其目的主要是为了严格管理都城洛阳城中的居民。这样的理解，可供参考的是宫崎市定的研究②。宫崎认为，北魏洛阳城施行坊制的意图无非就是警戒以达到维持治安的目的，同时就北魏施行坊制的出发点来看，拓跋氏建立的北魏治下除汉族之外还有很多非汉民族，分而治之更有利于政府的管理。从北魏到隋唐，非汉民族逐渐汉化，治安状况有所改善，逐渐完成了从军事国家向财政国家的转变，坊制也因此逐渐走向解体。

关于北魏洛阳城施行坊制的原因，《魏书》卷一八《广阳王嘉传》云：

---

① Hwang In-ho, *Changes in the Silla Capital's Road and Urban Structure*, *International Journal of Korean History*, 14, 2009.

② 前引宫崎市定《漢代の里制と唐代の坊制》。

嘉表请于京四面,筑坊三百二十,各周一千二百步,乞发三正复丁,以充兹役,虽有暂劳,奸盗永止。诏从之。

其维持治安的目的十分明确。《魏书》中也有其他地方长官维持地方治安的的相关事迹,如"为政清简,明于折狱,奸盗止息,百姓称之"(《魏书》卷四六《李䜣传》),"宰守因此绾摄有方,奸盗不起,民以为便"(《魏书》卷七八《张普惠传》),可知维持治安、确保社会安定是民众的强烈诉求。当然,任何时代都一样,仅凭这一点并不能说明北魏洛阳城大规模施行坊制的目的。因此,宫崎市定通过拓跋氏统治非汉民族这一特殊情况来进行解释,而现在将七世纪后期新罗和日本出现坊制都市的现象纳入考察的视野,应该就能够发现其中更加普遍的原因了。

笔者认为,北魏洛阳城施行坊制的理由之一,是这座都城是中国历史上从未有过的人口密集型都市。下面来就看一下人口向都城集中的趋势。佐藤武敏认为,西汉都城长安的人口,极盛时包括城外长安县在内,为246 200人,而城内人口约160 000人,作为都城的长安,人口之所以较少,原因在于长陵、茂陵等陵邑作为卫星城市,共同构成了长安首都圈。①

东汉洛阳的人口不很明确,但永和五年(140)河南尹的户数为208 486户,人口为1 010 827人(参见表2-1)②。这是河南尹所属21县的总人口。西汉时期洛阳占河南郡全体户数的比重约为19%,按这个比例对应东汉,其约有4万户,即20万人口的规模。不过,洛阳作为都城,从其他地区迁徙而来的人口当不在少,其人口数应当高于此数。这里再尝试用另一种方法来计算。除三辅(京兆尹、左冯翊、右扶风)外,河南、河内、河东、弘农四郡人口数合计为2 582 301人,每县平

---

① [日]佐藤武敏:《长安》,东京:讲谈社,2004年。
② 以下人口数据参照梁方仲编著《中国历代户口、田地、田赋统计》(上海:上海人民出版社,1980年)中对各时期的统计。

均口数为37 975人,假定河南尹21县除洛阳县之外的20县平均人口数与此相等,则其人口数为759 500人。而河南尹总人口数为1 010 827人,减之可得251 327人,这应该就是洛阳县的基本人口。如果这一推算不误的话,可以想象东汉时期的洛阳县与西汉时期的长安县有着同样规模的人口数。不过,因为洛阳周边不存在长安陵邑那样的卫星城市,西汉极盛时,三辅人口数超过2 400 000人,而与之相对,东汉永和五年河南尹总人口数达到1 010 827人。也就是说,即便都城属县的人口没有变化,仍能看出人口正在相应地向都城集中。

表2-1 东汉永和五年司隶分郡户口统计(依口数排序)

排序	郡名	县数	户数	口数	一户平均口数	每县平均户数	每县平均口数
1	河南尹	21	208 486	1 010 827	4.8	9 928	48 135
2	河内郡	18	159 770	801 558	5.0	8 876	44 531
3	河东郡	20	93 543	570 803	6.1	4 677	28 540
4	京兆尹	10	53 299	285 574	5.4	5 330	28 557
5	弘农郡	9	46 815	199 113	4.3	5 202	22 124
6	左冯翊	13	37 090	145 195	3.9	2 853	11 169
7	右扶风	15	17 352	93 091	5.4	1 157	6 206
	河南等四郡	68	508 614	2 582 301	5.1	7 480	37 975
	合计	106	616 355	3 106 161	5.0	5 815	29 303

经过东汉到三国的动乱时代,西晋掌握的户口数骤减到东汉极盛时的约四分之一。其中必须注意的是,河南郡所属的司州,户数跃居各行政区的首位。从晋太康年间(280—289)的户口统计来看,河南郡有12县,户数为114 400户,每县平均户数为9 533户。这与东汉时期河南尹的平均户数基本持平。也就是说,尽管西晋时期全体户口锐减,但似乎由于河南郡坐拥都城洛阳,才能维持与东汉时期同等程度的人口水平。

首先用推算东汉洛阳县人口的方法来推算西晋洛阳县的户数(参

见表 2-2)。西晋将东汉时期河南尹的东部分置荥阳郡,分河内郡的东部置汲郡,分河东郡的北部置平阳郡,分弘农郡的南部置上洛郡。这新 8 郡的户数合计为 352 900 户,分摊到所辖的 65 个县,每县平均户数为 5 429 户。假定调整以后的新河南郡除洛阳之外各县的人口也缩减到这种规模,再将之乘以 11,则为 59 719 户。这就是除洛阳县以外新河南郡的户数,114 400 户减 59 719 户得 54 681 户,即洛阳县户数。姑且假定一家 5 口,可推定其人口为 273 000 人。

表 2-2 西晋太康年间(280—289)司州分郡户口统计(依户数排序)

排序	郡名	县数	户数	每县平均户数	户数×5 人
1	河南郡	12	114 400	9 533	572 000
2	河内郡	9	52 000	5 778	260 000
3	阳平郡	7	51 000	7 286	255 000
4	河东郡	9	425 000	4 722	212 500
5	平阳郡	12	42 000	3 500	210 000
6	魏 郡	8	40 700	5 088	203 500
7	汲 郡	6	37 000	6 167	185 000
8	广平郡	15	35 200	2 347	176 000
9	荥阳郡	8	34 000	4 250	170 000
10	上洛郡	3	17 000	5 667	85 000
11	弘农郡	6	14 000	2 333	70 000
12	顿丘郡	4	6 300	1 575	31 500
	旧河南尹八郡	65	352 900	5 429	1 764 500
	合计	99	486 100	4 910	2 430 500

如果这一推算不误的话,则可说明,尽管国家的总人口在锐减,但西晋洛阳县拥有的人口与西汉长安县和东汉洛阳县的规模仍然相当,甚至略有上浮。而总户口数锐减,但洛阳县的人口规模却能与汉代持平,其原因除都城外别无他由,也就是说,可以看到人口正在向都城周边集中。事实上,从《洛阳伽蓝记》等记载中可以得知,西晋时期的洛

阳,都城周围的城区正在形成。

通过以上论证,我们推断,从汉代到西晋,人口正逐渐向都城周边集中,但都城属县的人口通常稳定在25万左右,人口向都城周边集中的态势依然比较缓慢。但是,到了六世纪以后,中国历史上规模空前的人口密集型城市出现了,这就是北魏都城洛阳和萧梁都城建康。据《洛阳伽蓝记》卷五,洛阳的户数为十万九千余,按一户五口计算,约合55万人。东西二十里、南北十五里的郭内容纳了西汉长安(含长安县)两倍以上的人口,这个规模同时亦可与西晋河南全郡人口相匹敌,这是中国最早的人口密集型都市。同一时期梁朝都城建康的人口,据《太平寰宇记》卷九〇《江南东道》"昇州"条引《金陵记》云:"梁都之时,城中二十八万余户。西至石头城,东至倪塘,南至石子冈,北过蒋山,东西南北各四十里。"[①]虽然有学者认为,二十八万余户的数字不是户数而是口数[②],然而,如果这一户数不误,则其人口将超百万,即便算作二十八万人,较之西晋以前的任何一座都城,其规模仍有大幅上升。

这种都城中人口密集的状况,在迁都洛阳以前的北魏都城平城就已经能够看到端倪。平城本为汉代的一个县城,北魏开国皇帝道武帝定都于此,第二代明元帝修筑了周回三十二里的外郭。第三代太武帝时期,外郭之内仍有较多的闲地,不过,到了孝文帝时期已经出现了"里宅栉比"(《魏书》卷一一四《释老志》)、居宅林立的现象。平城及其周边地区的人口规模,仅经过世祖时期的大规模移民就已增加了五十万左右[③],孝文帝时期达到了百万人[④]。于是,"其郭城绕宫城南,悉筑为坊,坊开巷。坊大者容四五百家,小者六七十家。每南(闭)坊搜检,以

[①] 同样的记载还见于《资治通鉴》卷一六二"梁武帝太清三年五月"条胡三省注引。

[②] 卢海鸣:《六朝都城》,南京:南京出版社,2002年,第195—196页。

[③] [日]前田正名:《平城の歴史地理学的研究》(平城历史地理学研究),东京:风间书房,1979年,第89页。

[④] 任重:《平城的居民规模与平城时代的经济模式》,《史学月刊》2002年第3期。

备奸巧"(《南齐书》卷五七《魏虏传》)。平城外郭内皆行坊制,从上述记载可知,其目的当然在于对治安的维持。不过坊的大小有明显差异,从这一点来看,与其说坊制是因特定目的而一下子施行的,不如认为它是伴随着人口密集化而逐渐构筑,并最终遍布郭内的。

即便依据《金陵记》的记载,建康的人口超过百万,其东西南北各四十里的都城区与北魏洛阳城相比,空间也要广阔得多。究其原因,应当是北魏洛阳城乃因迁都而短期内修建的都城,与之相对,建康则是自孙吴以来经过长期的人口增长与都城空间的扩大而最终形成的都城。因此,建康没有实行坊制。尽管如此,建康从宫城到朱雀航的御道两侧也营造出了"屯营栉比,解署棋布"(《吴都赋》)的棋盘状街区。

综上所述,中国六世纪北魏洛阳城中诞生了坊制,成为真正的坊制都市。其背景是人口前所未有地向城市急剧集中。关于施行坊制的目的,北朝史料《魏书》与南朝史料《南齐书》都归为维持治安。当然,优先考虑维持治安的话,也会对民众生活的自由进行限制,但对民众来说,维持治安依然是紧迫的课题。魏晋南北朝时期因迁都、战争、徙民,大规模的人口移动连绵不断,人口向都城集中的趋势也空前高涨,因此也是都城治安问题加重的时期。对此,实行坊制就是细分空间的物理应对方法,坊制都市的出现,标志着都城进入了人口密集型城市的新阶段。

四

再来看新罗王京的情况。自六世纪后期开始,因土木技术的发展,驾驭河川与开发沼泽逐渐成为可能,容纳大量人口的条件也日渐成熟。全氏将这一时期的寺院建设与城市开发联系起来,这一观点引人注目。城市中寺院林立,也是六世纪洛阳和建康的共同之处,这一点,《洛阳伽蓝记》与《建康实录》中有详细记载。寺院还应该是都市这个新空间中人与人交际的场域,北魏洛阳城中,官僚与宦官、宿卫士兵与粟特人等共同建立寺院的事例可见于《洛阳伽蓝记》。如此,将寺院视为都市中产生的新的公共空间也应是可能的。如果这样可以的话,那么,与其说都市的公共空间诞生于坊制都市的解体之中,还不如说诞生于坊制都市的建设过程之中。

七世纪后期,新罗在统一三国的战争中强化了王权,庆州的都城功能大幅度提高。接收了百济和高句丽遗民后,新罗的疆域和臣民范围更加扩大,在这一过程中,庆州是否有大量人口流入,全著中并未论及,笔者亦不得而知,但较多"仪凤四年皆土"铭瓦的出土,象征着土木工程在广阔的范围内展开,也昭示着这一时期都市改造的炽盛,可见,全氏认为都市改造与坊制的引进密切相关的观点颇具说服力。在都城人口密集化的背景下推行坊制,这一情况对新罗王京应当也是适用的。

不过,皇龙寺东侧坊的南北向道路,中线之间的距离为172.5米,东西向道路,中线之间距离为167.5米,其规模与边长超过500米的唐朝里坊相比要小得多。在不大的坊内,曾发现了18座房屋遗存,坊的周围虽然建有坊墙,但坊内并无"十"字形道路,面向道路的住宅均朝路开门。鉴于这种情况,似乎很难认为,推行坊制或以坊为单位,目的在于对坊内居民实施强有力的管理和控制。新罗规定了与身分相应的住宅房屋的规模,这样的规定在九世纪似乎发挥了一定的效用。如此一来,新罗王京坊制的作用,更大的可能性在于有效分配有限的都市空间,从而完成了都市区划的整顿。

进入新罗王朝后期,坊制松弛,同时都市逐渐超出此前王京的范围。全氏推测其背景为人口的进一步增加。《三国遗事》载,新罗全盛时期王京的户数为178 936户,同书记载,坊数为1 360,因此单纯以户数除以坊数,一坊约当132户。对应坊的大小,这个户数显得太多。全氏认为,17万户作为当时庆州的户口,显得太多,户数当为口数之误。不过,当时既然已经出现了道路的废弃现象和道路宽度缩小的情况,那么当时坊的规模是否皆如皇龙寺东侧坊那样大小,则不得而知了。还有一点需要一提的是,全氏采用了《三国遗事》1 360坊的说法,但同样是《三国遗事》,在卷五《避隐第八·念佛师》中却记为"三百六十坊,十七万户"。上述两组数据,对错暂且不论,但有一点是可以明确的,这就是在坊制都市中,道路的废弃、路幅的缩小、坊的设置超出郭城向周边扩展,这些现象的背景之一就是巨大的人口压力,中国坊制都市的崩溃,其背后也许存在着同样的原因。

以上,作为中国都市史研究的一种可能性,在参考全著的同时,笔者尝试考察了新罗王京的历史到东亚坊制都市的特征。文中不揣浅陋,对全氏的见解提出了些许疑问,但如上所述,新罗王京的历史演进,为了解东亚古代都市的发展历程提供了一个珍贵的事例,全氏的研究,无疑是将新罗王京的历史演进呈现在我们面前的优异成果。

历来认为,坊制隔离了人群,限制了交通,这是将坊制视为旨在对民众加强统制的政治制度,是将坊制都市作为都城来加以认识的结果。但是,如果超越中国王朝的都城,将坊制都市作为六七世纪出现在东亚的大规模都市来看,可以将坊制视为应对人口空前向大都市聚集后为维持治安或分配宅地的一种制度,亦未尝不可。其中,迁都、征服、官僚机构的整顿等政治因素起到了很大的作用,坊制都市因此在很大程度上呈现出了政治都市的特征,然而,在坊制都市是规模空前的人口移动与交通扩大的背景下诞生的都市这一点上,坊制都市的施行昭示着都市的发展在历史上迎来了一个崭新的阶段。

笔者将中国历史研究中的都城论与都市论相结合,在此基础上,阐述了将中国都城置于东亚视野中加以考察也同样有效的私见,姑且将之作为对本书的评议。

【附记】

本文系平成 24—26 年度科学研究费补助基金基础研究(B)"与魏晋南北朝时期主要都城的'都城圈社会'相关的地域史研究"(课题负责人:中村圭尔)以及首尔大学历史研究所海外研究的阶段性成果。海外研究期间,接受了来自公益财团法人村田学术振兴财团对赴海外派遣研究者的援助。

从汉长安城到茂陵邑和平陵邑
——汉长安首都圈研究中的一个可视化尝试

陈　力

杨宽在20世纪80年代提出了关于汉长安城布局的"坐西朝东"说。虽然现在中国的考古学者多对杨宽的学说持否定的态度，但是那场论争让很多研究汉长安城的学者将目光从汉长安城内转向其周围地区，甚至将研究范围扩大到渭水北岸的陵邑地区。20世纪80年代中后期，葛剑雄等学者将西汉诸陵邑看作汉长安城的"卫星城市"，开始了关于西汉首都圈的研究。在日本史学界，佐藤武敏早在20世纪70年代就提出了"大长安"的概念，发表了以西汉首都圈整体为研究对象的成果。

此类研究中，附有精确复原图的可视化研究不多。1956年，黄盛璋将踏查、考古资料和文献资料相结合，研究了汉长安城西南方向的古代水系，并发表了复原图①。20世纪80年代的汉长安研究中，提供各种复原图等可视化资料的虽然不多，但是有很多非常重要的基础研究中附有简图。如1989年辛德勇研究了西汉长安城西部地区的水道与道路②，1990年吕卓民发表了探索交水及潏水历史变迁的研究③，马正林

---

① 黄盛璋：《关于〈水经注〉长安城附近复原的若干问题》，《考古》1961年第6期；《西安城市发展中的给水问题及今后的水源利用与开发》，《地理学报》1958年第4期。后均收入《历史地理论集》，北京：人民出版社，1982年。
② 辛德勇：《汉唐期间长安附近的水路交通——汉唐长安交通地理研究之三》，《中国历史地理论丛》1989年第1期。
③ 吕卓民：《西安城南交潏二水的历史变迁》，《中国历史地理论丛》1990年第2期。

于1994年发表了西汉长安城西部和南部的河流和运河的复原研究[①]。从20世纪90年代起,李令福发表了多篇关于西安周围的河流、运河和渠道的研究[②]。以上研究成果中都给出了详细度不等的复原图。对汉长安城西部道路的研究,具有代表性的除上述辛德勇的研究之外,还有后述李之勤的研究。另外还有很多学者关注西汉时期渭河三桥的位置问题,发表了不少示意图[③]。考古学调查发掘的成果,可以列举昆明池、建章宫、直城门、沈水古桥、沙河古桥、西渭桥等方面的研究,这些研究也均有各种遗址图或示意图。

关于茂陵、平陵周围,20世纪70年代,李健超对成国渠进行了详细的研究,发表了广域遗址图。20世纪90年代出版的《西安历史地图集》中也有对这个地区的复原图。另外,咸阳文物考古研究所出版了《西汉帝陵钻探调查报告》,发表了很多详细的遗址图。本文中关于西汉长安西部以及茂陵、平陵周围的可视化探索,就是基于以上各种研究成果进行的。

关于中国古代城市复原的可视化工作中,有著名的新加坡国立大学王才强利用计算机进行的可视化复原。这与本文所做的可视化复原的研究目的不同。本文所说的"可视化",是指以西汉首都圈中汉长安城和茂陵、平陵的空间联系的图面复原。具体的方法是将文献史料、考古资料以及先行研究的成果标注在20世纪前期制作的大比例尺地图以及20世纪60年代前后的卫星照片上,作为将来研究的基础资料,而

[①] 马正林:《汉长安城总体布局的地理特征》,《陕西师范大学学报(哲学社会科学版)》1994年第4期。

[②] 李令福:《汉昆明池的兴修及其对长安城郊环境的影响》,《陕西师范大学学报(哲学社会科学版)》2008年第4期,等。

[③] 辛德勇:《西汉至北周时期长安附近的陆路交通——汉唐长安交通地理研究之一》,《中国历史地理论丛》1988年第3期;李之勤:《"沙河古桥"为汉唐西渭桥说质疑——读〈西渭桥地望考〉》,《中国历史地理论丛》1991年第3期;王自力等:《汉长安城沈水古桥遗址发掘报告》,《考古学报》2012年第3期;梁云等:《汉渭河三桥的新发现》,《中国国家博物馆馆刊》2013年第4期;等。

非一个城市的图像化复原。迄今为止已经有一些与本文相似的研究，比如《西安历史地图集》，就使用考古资料与文献资料相对照的方法。

在进行古代城市的可视化研究中，遗址分布图、大比例尺地图、航空照片以及卫星照片都是不可或缺的。本文中的遗址位置信息来自《中国文物地图集·陕西分册》。汉长安首都圈地区的卫星照片中，美国间谍卫星科罗纳（CORONA）在 20 世纪 70 年代前后拍摄的卫星照片使用起来较为方便。另外，台湾地区侦察机拍摄的航空照片也很有参考价值，可惜这部分航片尚未对大陆学者开放。这个地区的大比例尺地图也有不少，但是一些精确的地图因为种种原因尚不可在一般性研究中使用，基于这个原因，本文中主要使用了旧日本陆军测量部绘制的 5 万分之 1 地图，并使用旧苏联绘制的 10 万分之 1 地图进行相互校正。

上述旧日本陆军测绘部地图，很多都是在 20 世初绘制的。这些地图具体是用什么方法绘制的尚不太清楚，也许是在 20 世纪初用步行测量绘制了底图，因此其精度有着各种各样的问题。通过和上述旧苏联 10 万分之 1 地图以及科罗纳卫星照片做对比后可以发现，作为研究古代城市的资料，其精度是够用的。另外，科罗纳卫星照片变形较严重，大比例尺地图在各种地图的复制以及对接等工作中也会发生很多变形，要求古代城市周边地区的复原图有很高的精度是不容易实现的。因此本文中的地图，可以认为是一种位置关系稍微正确的复原图，而非精密的地图。最近一些学者使用遥感等技术对汉长安城进行了测量，给汉长安城周围地区的可视化研究提供了精确的数据。

一、汉长安西部河流、湖池、人工水道的可视化

如上所述，关于汉长安西部地区的河流、湖池和人工水道，黄盛璋、李健超、吕卓民、辛德勇、马正林都绘制了大范围的复原图。刘庆柱根

据考古发掘资料对建章宫附近的水流进行了复原。① 数年前，中国社会科学院考古研究所西安研究室对昆明池进行了详细的考古调查。

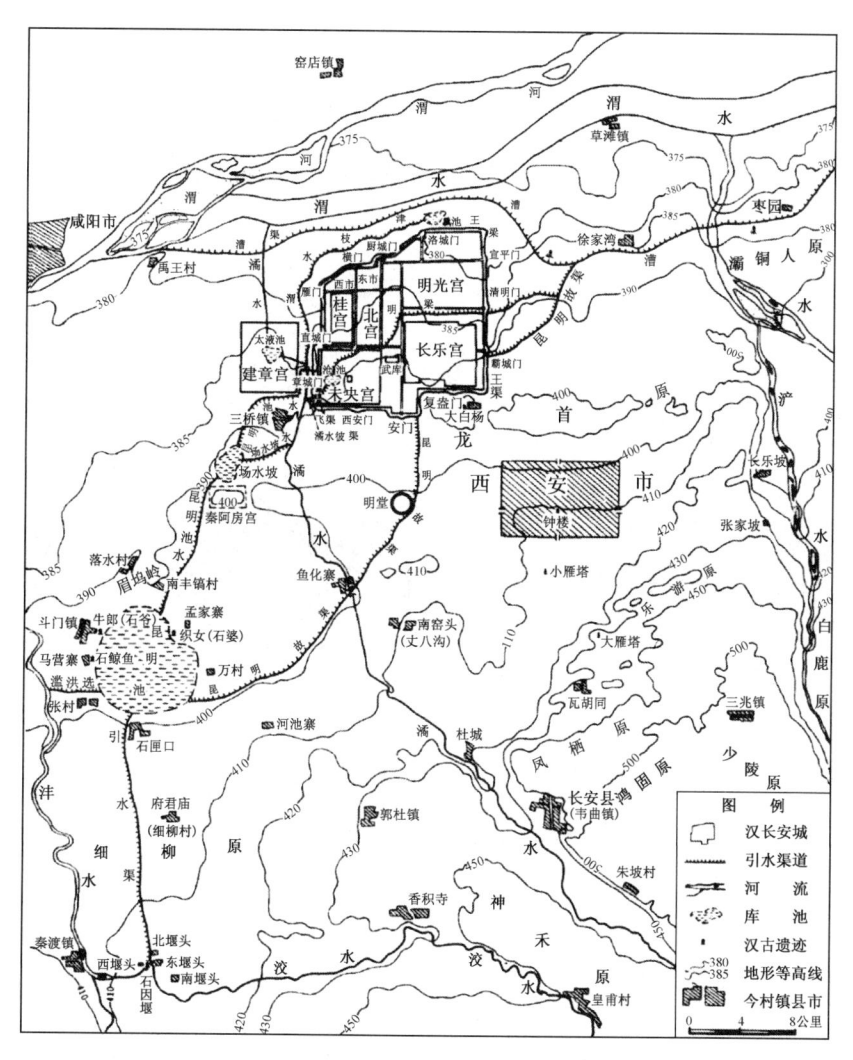

图 3-1　汉长安城附近地势与城市引水工程示意图

（引自马正林《汉长安城总体布局的地理特征》，
《陕西师范大学学报（哲学社会科学版）》1994 年第 4 期）

---

① 刘庆柱、李毓芳：《汉长安城》，北京：文物出版社，2003 年。

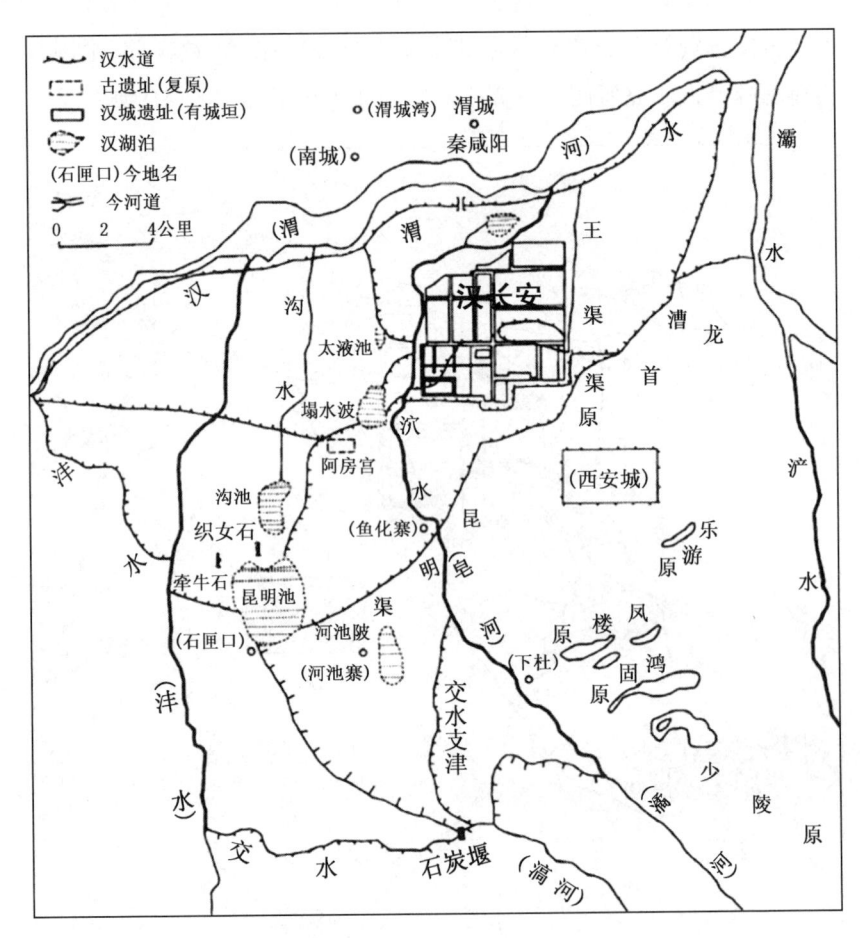

图 3-2　昆明池及其上下游环境图

（引自李令福《汉昆明池的兴修及其对长安城郊环境的影响》）

（一）河流的复原

关于汉长安西部、南部的自然河流的流向，比如滈水在漕池以南部分的方向和位置、昆明池完工后滈水上游的状况等问题，学者间的意见有不少不同之处。李令福认为，在修建昆明池以前，滈水上游在漕池和镐池以南，滈水与潞池汇合，这个部分在昆明池工程完成后依然存在。①另外，关于所谓沙河古桥是架设于沣水故道上的桥梁还是所谓西渭桥的遗迹，学者间曾有很多争论，现在一般认为此桥为沣水故道上的桥梁，或者是位于漕渠上的桥梁。即，汉代长安西部的渭水并非位于沙河古桥遗址附近，而应位于今两渡寺与文王咀之间。近年在今马家寨附近发现了西渭桥的遗迹，使这个争论有了结果。通过这个争论，得以确认了很多汉长安西部的关键地理节点，因此有重要的意义。

（二）人工湖泊、渠道和运河的复原

关于湖泊、渠道和运河，学者间的复原意见有很大差异。其中对本文比较重要的内容有以下几点：首先，关于昆明池的水源和进水口，黄盛璋认为，其水源主要是在昆明池南方的南堰头附近引交水北上，流入昆明池。马正林的意见也大约如此。吕卓民以及李令福反对这种看法，他们认为昆明湖之水是从交河上游的石炭堰附近开始，顺挖掘的西北方向的水道引来的。上述社科院考古所西安研究室的钻探结果与吕卓民、李令福两人的意见相似。但笔者认为，这并非可以完全否定黄、马两位先生的复原，详细情况还需要更多的考古资料来证明。

此外，关于漕渠的复原意见也大相径庭。关于漕渠的位置的意见，可以归纳为"北路说"和"南路说"两种。马正林认为，漕渠基本贴近渭水②。而辛德勇认为，漕渠从两渡寺附近的渭水东岸向东南方流，在汉长安城附近流入揭水陂，其后进入汉长安城南面的城壕向东

---

① 李令福：前引《汉昆明池的兴修及其对长安城郊环境的影响》；《论西汉长安城都市水利》，《中国古都研究》第十九辑，2002年。关于昆明池的考古调查，可参见中国社会科学院考古研究所：《西安市汉唐昆明池遗址的钻探与试掘简报》，《考古》2006年第10期。

② 马正林：《渭河水运与关中漕渠》，《陕西师范大学学报（哲学社会科学版）》1983年第4期。

流去①。李令福也持有大致相同的意见②。通过对当地高程的分析，笔者倾向于同意辛德勇、李令福的意见。但是漕渠的具体走向仍旧不明。由于有了确实的考古调查资料，再结合以上文献研究成果，笔者对昆明湖地区的水路做了如图3-3的复原，图中漕渠的具体位置存疑。

二、道路的复原

关于汉长安城附近道路的研究有很多，附有示意图的研究主要有辛德勇的研究③、《西安历史地图集》的研究以及李之勤、王子今等人的研究。④ 喻曦、李令福关于长陵周围交通的研究中给出的复原图也十分重要⑤。综合学者们的研究成果，可以推测汉武帝前后长安西南部的道路大致如下：

首先，从汉长安城取西渭桥西行有两条主要道路。一条从雍门（汉长安城西城北头第一门）向西方延伸，另一条是从章城门（汉长安城西城南头第一门，又称便门）向西延伸的道路。这两条道路在汉长安城西郊的某地汇合后继续向西延伸，在便桥（西渭桥）过渭水，然后连接渭北道。

在汉长安城西方的南北向道路，首先在便桥附近有一条道路，沿渭水东岸南下过沙河古桥渡沣水，然后经过户县和周至，再过《石门颂》中记录的"围谷道"（后来的骆谷道），最后到达汉中。

---

① 辛德勇：前引《汉唐期间长安附近的水路交通——汉唐长安交通地理研究之三》，后收入《古代交通与地理文献研究》，北京：中华书局，1996年。
② 李令福：《论西汉关中平原的水运交通》，《唐都学刊》2012年第2期。
③ 辛德勇：前引《西汉至北周时期长安附近的陆路交通——汉唐长安交通地理研究之一》，后收入前引《古代交通与地理文献研究》。
④ 上引李之勤《"沙河古桥"为汉唐西渭桥说质疑——读〈西渭桥地望考〉》。
⑤ 喻曦、李令福：《西汉长陵邑的设置及其影响》，《陕西师范大学学报（哲学社会科学版）》2012年第3期。

据考古资料,在建章宫以东而位于直城门西南的双凤阙间发现一条宽达40米的南北向大道①,而近年发现的沇水古桥遗址②正好位于这条道路的正南,可以推测,在凤阙和沇水古桥之间有一条南北方向的大道。

众所周知,汉长安的西郊是广阔的上林苑。上林苑"缭以围墙,四百余里"(班固《西都赋》)。查检文献记载并结合《中国文物地图·陕西分册》中公布的遗址分布状况可以推测,上林苑中没有一般意义上的普通居民居住区,其中的居住遗址都有一定的官方性质。这个看法是本文进行复原的一个重要的依据。

从雍门以及章城门向西的道路都要经过上林苑内部,利用这些道路的人不能随意进入道路两侧的上林苑内。根据简牍等资料可知,通过上林苑中的道路两侧也许有墙壁。

除上述两条东西方向和两条南北方向的大道以外,还有一条位于汉长安西南郊的道路尚未被学者们所重视。《九章算术·均输》中记载:"今有程传委粟(输),空车日行七十里,重车日行五十里。今载太仓粟输上林,五日三返。问:太仓去上林几何?答曰:四十八里十八分里之十一。"另外,《史记》卷三〇《平准书》裴骃《集解》曰:"《汉书·百官表》:'水衡都尉,武帝元鼎二年初置,掌上林苑,属官有上林均输、钟官、辨铜令。'然则上林三官,其是此三令乎?"另《汉书》卷一九上《百官公卿表上》记载:"水衡都尉,武帝元鼎二年初置,掌上林苑,有五丞。属官有上林、均输、御羞、禁圃、辑濯、钟官、技巧、六厩、辩铜九官令丞。"前引《史记·平准书》认为,均输是上林三官之一,陈直认为不准确,而将钟官、辨铜和技巧作为上林三官③。一般认为,在今户县兆伦村西(钟官)

---

① 前引刘庆柱、李毓芳《汉长安城》。
② 西安市文物保护考古研究院:《汉长安城沇水古桥遗址考古发掘报告》,《考古学报》2012年第3期。
③ 陈直:《汉书新证》,天津:天津人民出版社,1981年。

以及窝头寨、相家巷的几个遗址是水衡都尉所属诸官的所在地①。从上引《九章算术》可知，位于上林苑中储藏粟的仓库大约属于均输，而从太仓到这个仓库有"四十八里十八分里之十一"的路程。又据《三辅黄图》卷六："太仓，萧何造，在长安城外东南。"以汉长安城东南为起点计算，如果把相家巷遗址作为均输则太近，而户县兆伦村则过远，均不符合上述四十八里余的记载。根据旧日军测量部地图，从长安城东南到窝头寨遗址大约相当于汉里四十里，加上后述的道路的曲折部分，约略与《九章算术》中记载的距离相符。因此有可能窝头寨遗址是水衡都尉属官均输的所在地。如果这个推测正确，那么从太仓到窝头寨之间，有相互连接的大道。这条可以运输粟的大道不太可能经过汉长安城内，因为汉长安城内的道路使用起来规则繁杂②，这大道最可能是沿着汉长安城南城外侧西去。另外，为了避开汉长安西南的郎池宫和昆明池水下游的湖泊，这条道路也许会在汉长安城西南角北上再向东延伸至窝头寨遗址。

三、汉长安城西南郊外的可视化复原

将上述考古资料以及文献研究的成果依据考古资料分析定位，笔者尝试对汉长安城西南郊做出如图3-3所示的复原。

---

① 陕西文保中心兆伦铸铁遗址调查组：《陕西户县兆伦汉代铸钱遗址调查报告》，收入中国钱币学会编《中国钱币论文集》第四辑，北京：中国金融出版社，2002年，第240—244页。

② 据《汉书》卷一〇《成帝纪》，还是太子时期的成帝，"初居桂宫，上尝急召，太子出龙楼门，不敢绝驰道，西至直城门，得绝乃度"。太子尚且如此，一般车辆的交规应更加繁杂。

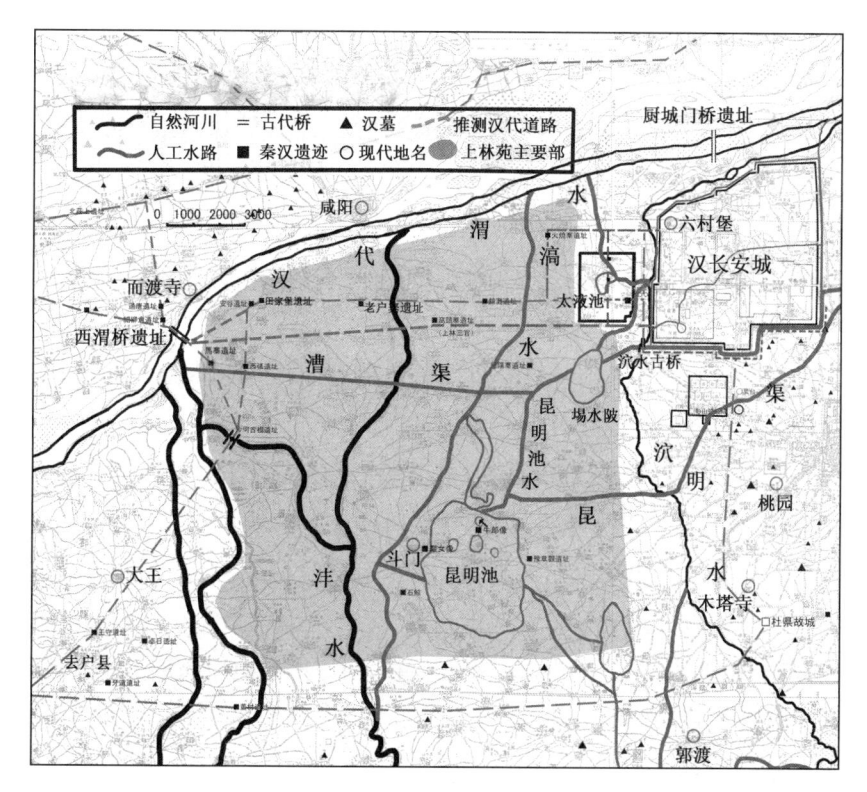

图 3-3　汉长安城西南郊

（一）雍门道的复原

辛德勇在前引论文中指出：从汉长安城到茂陵，因章城门正对便桥，出入最为便利，但章城门内正对未央宫，对交通有所阻碍。所以一般平民利用汉长安城西城北头第一门的雍门向西出行的较多。由于这个原因，雍门又被称为"西城门"。本文为行文方便，将雍门外的大道称为"雍门道"[①]，将章城门联接西渭桥的大道称为"便门道"。

虽然雍门道对于汉长安城通向西方的交通网十分重要，但是关于上述雍门道的具体走向等问题，由于相关史料记载很少，学者们并没有

---

① 史料中也有这种称谓，见《三辅黄图》引《三辅旧事》。

进行详细的论述。笔者在这里打算用不多的文献资料结合考古资料进行一些推测。

由于雍门位于西渭桥的东北方向,而汉长安西部地区只有西渭桥可以便捷渡河,可以认为,雍门道并非一条从头至尾呈东西方向的大道,该大道的有些路段应该有向南的曲折或倾斜。出雍门西行,首先有著名的"函里",再向西行有少昊白灵蓐收畤(王莽时期名称,宣帝时期称之为"太白"),是一个重要的礼制场所。姜波认为其位于雍门外,今坡上村和二府村南面①。这个重要的礼制建筑应该有大道通向城内。也许雍门道就路过这个礼制建筑附近。

《三辅黄图》引《三辅旧事》曰:"又于(建章宫)宫门北起圆阙,高二十五丈,上有铜凤皇。"又引《关中记》曰:"建章宫圆阙,临北道。"这个"北道"应该就是出雍门的大道。"圆阙"应该是建章宫的北阙,大约位于神明台附近(《汉书·东方朔传》曰:"今陛下以城中为小,图起建章,左凤阙,右神明。")。神明台位于今孟村,所以圆阙也应该离这里不远。这个位置在章城门的西北,所以史料中的"北道"绝非偏南的便道,而应该是雍门道。

雍门道过建章宫北侧向西延伸。今火烧寨曾经发现一个西汉遗址,面积大约为 90 平方米,位于雍门正西。调查者没有推测这个遗址的性质②。雍门道至少从雍门向西直线延伸至此。此后的详情不得而知。从地形看,雍门附近的海拔为 381 米,西渭桥附近为 388 米,火烧寨附近为 380 米,而火烧寨以西的海拔达到 397 米,这个地区古来地形没有巨大的变化,因此如果道路从火烧寨附近南折的话,会起伏较少,而古代道路一般都是宁可绕远也要修建于起伏较少的位置,这样看,雍门道在火烧寨附近南折也并非没有可能。

---

① 姜波:《汉唐都城礼制建筑研究》,北京:文物出版社,2003 年,第 20、65 页。

② 国家文物局主编《中国文物地图集 陕西分册(下)》,西安:西安地图出版社,1998 年,第 366 页。

火烧寨西南曾发现碱滩遗址。建章宫的东南西北都有宫门(司马门),而建章宫东门和西门之间有一条大道。从位置关系上看,虽然稍微有偏差,但是可以说碱滩遗址约略位于一条东西向直线上,而且在这个直线上还有老户寨、田家堡遗址。这些遗址位于一条东西向直线上,绝非仅用偶然可以解释。也许连接这几个遗址的道路就是南折后西行的雍门道。

(二) 汉长安西部的道路与亭

将考古资料以及历史地理的研究成果可视化后,我们可以发现一个有趣的现象,就是上述遗址中,有一些遗址呈直线状分布。图3-4中,连接雍门和火烧寨遗址,可以形成一条几乎是正东西方向的直线,姑且称之为"线1";而建章宫前殿遗址与碱滩遗址、老户寨遗址、田家堡遗址,虽然多少有些偏差,但也差不多在一条正东西方向的直线上。安谷遗址也约略位于此线上,这里姑且称之为"线2";纪阳寨遗址、西张遗址、马寨遗址,虽然多少有些偏差,这些遗址也约略位于一条东西向直线上,姑且称之"线3"。各个遗址约略看来竟然如此有序(图3-5),这是一个有趣的

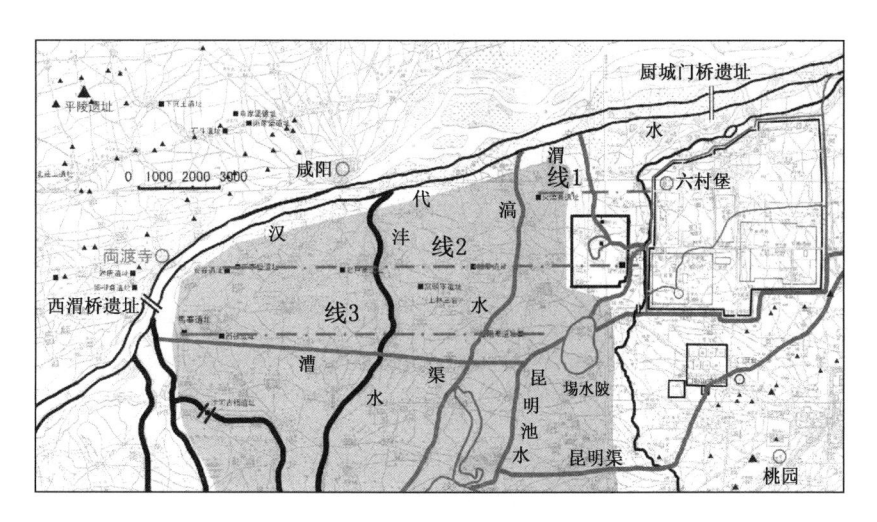

图3-4 汉长安城西部的汉代遗址分布

现象,不由地让人想起日本学者古贺登的研究①。对于古贺的研究,日本学界评价为"独得",这个词不大容易翻译成汉语,也许应该理解为"有个性"的研究。古贺关于汉长安城的研究涉及许多古代制度,其中与本文有关的内容可以简单地归纳为:古贺认为,汉长安城以及其近郊存在着一套十分严密的县、乡、亭、里制度,乡、亭的规划十分均匀,汉长安城的街道城门等就是依据这套乡亭规划决定其位置的。

关于汉长安城内部的亭,《汉官旧仪》卷下曰:"长安城方六十里,经纬各十五里,十二城门,积九百七十三顷,百二十亭"。但这是关于城内的亭的记载。文献中也散见"白亭""交道亭"等记载。现在,学界一般认为,西汉时期的亭有都亭和乡野之亭以及边境的亭②,秦汉时期乡野之亭大约沿道路每十里设立一亭,这已经为简牍资料所证明③。

如前所述,上林苑是皇家苑囿,只有在特定的时间才会允许平民进入,这已经被文献史料所证实。因此可以认为,上林苑内没有一般性的百姓居住区,碱滩、老户寨、田家堡、安谷、火烧寨等遗址都位于上林苑内,属于官府设施的可能性更大。如前所述,碱滩遗址、老户寨遗址、田家寨遗址基本位于一条东西方向的直线上(安谷遗址稍稍偏南),这条直线约略与建章宫东、西司马门间的大道重合④,这绝非偶然。而且,这些遗址间的距离也比较均衡。从建章宫西门的推定位置到碱滩遗址,碱滩遗址到老户寨遗址,老户寨遗址到田家堡遗址间的距离,都在4 000米左右,而雍门到火烧寨遗址的距离,也大约为4 000米,这种位置上的相应与距离上的均一绝非偶然。虽然略有出入,但4 000米约

---

① [日]古贺登:《汉长安城与阡陌、县乡亭里制度》,东京:雄山阁,1980年。
② 张继海:《汉魏时期的都亭与城市交通》,收入《北大史学》第11期,北京:北京大学出版社,2005年。
③ 高敏:《论秦汉时期的亭》,收入中华书局编辑部编《云梦秦简研究》,北京:中华书局,1981年。
④ 李遇春:《汉长安城建章宫东阙及宫阙研究》,《中国文物报》2002年3月8日第7版。

合汉里十里，可以推测，这些遗址的分布状态也许与乡野之亭"十里一亭"的制度有很大的关联。

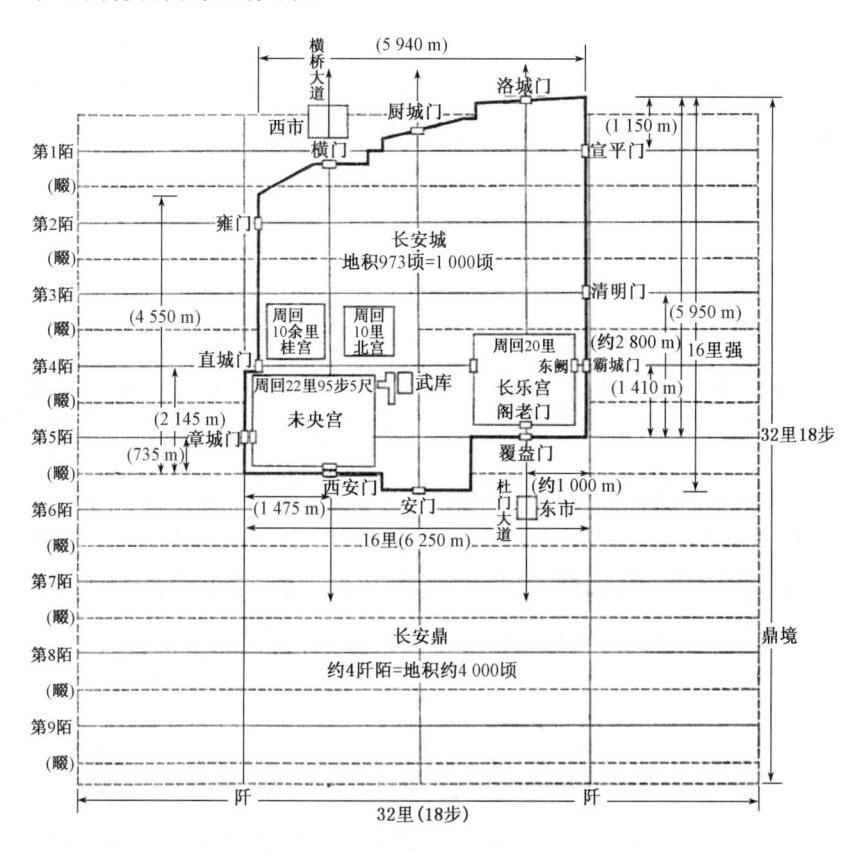

图3-5 古贺登对汉长安城的理解

安谷遗址一般认为是文献中的"交道亭"。据《太平御览》卷八二七《资产部七》引《汉宫殿疏》曰："交门市（在渭桥北头也）、孝里市（在雍门东）、交道亭市（在便桥东）、细柳仓市（在细柳仓）。"所谓"交道亭"，一般认为是经沙河古桥通往户县、周至的汉代西南路与便门路的交汇地点，故称"交道亭"。但是这个认识没有史料等的佐证。安谷遗址在章城门与西渭桥连成的直线北侧，由章城门经便门道去西渭桥，如果要经过交道亭（安谷遗址）的话，就要向北绕一个大圈，这就不能称为便捷之路了。所以交道亭也许并不在安谷遗址。

关于便门道和雍门道的性质，根据辛德勇的研究以及本文可视化的标注，我们可以作一个推测，文献中所谓的"北道"，也就是雍门道，可能是一条平民经常利用的道路，而"便门道"确如辛德勇推测的那样，对于普通百姓来说并不方便，史料中称其十分便捷，或仅以皇帝及官僚方便而言，这条道路包含更多的祭祀和官方的要素。

四、平陵和茂陵地区的可视化复原

据文献记载，西汉中期以后，西汉首都圈中人口最多的地区是茂陵和平陵地区。关于茂陵的人口，诸记载中的数字有所不同。据《三辅黄图》，其户口为一万六千户，一般认为这是六万一千户之误写。《汉书》卷二八上《地理志上》记载为"户六万一千八十七，口二十七万七千二百七十七"，而长安县的户口为"户八万八百，口二十四万六千二百"，户数虽多，但人口数少于茂陵。从这些文献记录的数字来看，茂陵和平陵是西汉首都圈中非常重要的地区。

咸阳文物考古所通过长年的钻探，已经探明咸阳塬上各陵邑的位置[1]。将陵邑以及其他聚落和墓葬信息标注在科罗纳卫星照片上，我们可以发现，咸阳塬西部的茂陵邑、平陵邑地区和东端的长陵邑、安陵邑地区是人口集中的居住地区，而两者之间的地区，居住遗址分布很少而各种墓葬遗址分布很多，这个地区属于农园和墓葬区。出现这种空间分布的原因，笔者曾撰文探讨，认为这与当地的水资源状况有关。

汉长安城与西部的联系，主要有两条道路，一条是从汉长安城横门北上渡渭桥然后北行的道路，另一条是上述从汉长安城西侧城门出发，在今两渡寺西南过西渭桥，经细柳仓后向北、向西的道路。王子今、辛德勇等学者对于汉长安城到西渭桥以及咸阳塬上的交通状况多有论

---

[1] 咸阳市文物考古研究所：《西汉帝陵的钻探调查报告》，北京：文物出版社，2010年。

述,而从长安出来的道路从何地上塬,学者们似乎没有详细的论述。

据《汉书》卷八一《张禹传》,成帝时,太傅张禹"好平陵肥牛亭部处地,又近延陵,奏请求之"。关于"肥牛亭部"的位置,《西安历史地图集》标注在今312国道(西兰公路)与咸宋公路的汇合处。据该文献记载,肥牛亭是平陵庙寝衣冠出游时道路所经过的地区,而张禹墓在今苏家寨(又称苏家村)①。平陵东向主干道的位置是比较清楚的,在此主干道向东的延长线上存在一条路沟,这个路沟无论是在20世纪初期的地图还是拍摄于20世纪60年代科罗纳卫星地图上,都可以观察到。在这个路沟附近,有大量的陪葬墓以及居住遗址,并且这条路沟延伸到平陵邑东壁的南部附近结束(图3-6)。这条路沟应该是西兰公路修建前上咸阳塬的重要孔道,而平陵东面的司马道正对此路沟,因此在西汉时期,这附近也可能是汉长安城赴平陵上塬时的重要孔道。此处一道塬与二道塬之间有连绵的黄土崖,两塬的高度差在50米左右,如无这种路沟则往来不易。这种缓慢倾斜的路沟在古代交通上十分重要,值得重视。如果这附近在西汉时期是重要的交通孔道的推测不错,那么平陵邑去汉长安城较易行的道路应该在此处下二道塬,在今咸阳市吴家堡附近下一道塬,沿渭北道东行至窑店西部继续南下,渡渭桥从横门进入汉长安城。从平陵邑去长安城也许还有一条径直南下的道路,在两渡寺附近与茂陵邑去长安城的道路汇合。这两条道路去长安城的距离相差不多。

根据文献记载,茂陵与汉长安城间的往来多利用西渭桥。此道路过西渭桥后与东西向的重要道路渭北道汇合。又有北上的分支连通茂陵邑。茂陵邑附近的上塬道路,应该在今姜家村附近。与平陵地区的状况十分相似,这里也有巨大的路沟,并与茂陵东司马道相交汇。但是关于这个地区的文献记录较少,此路沟与茂陵及茂陵邑道路的关系,还有待依据更多的资料来考证。

---

① 前引《西汉帝陵的钻探调查报告》,第77页。

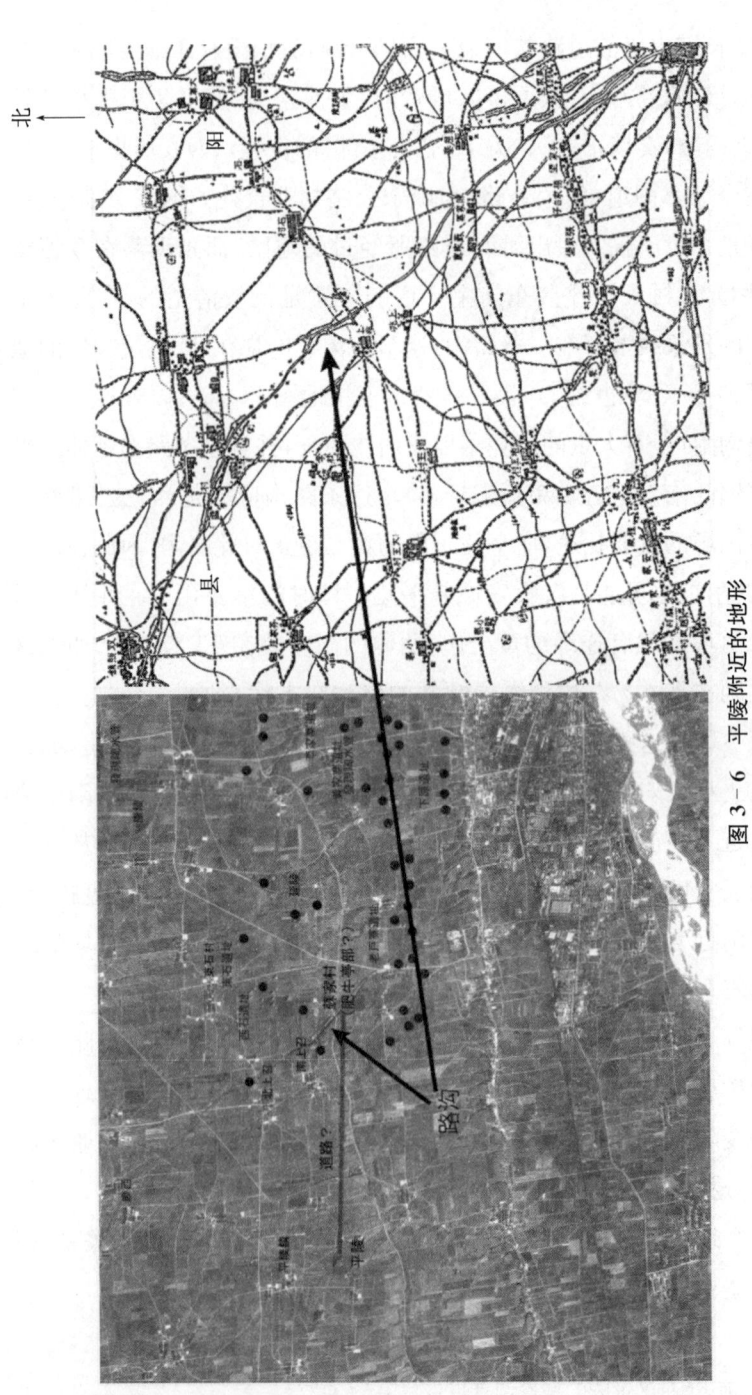

66　"都城圈"与"都城圈社会"研究文集——以六朝建康为中心

图 3-6　平陵附近的地形
(左:CORONA 卫星照片　右:旧日本陆军测量部 1903 年绘制地图)

本文将考古资料、既往的研究成果与研究文献史料的记载标注在卫星地图和大比例尺地图上,并用这个方法可视化地探寻汉长安首都圈西部几个重要遗址之间的空间联络关系。这种做法仅仅是一种尝试,由于地理资料信息公开十分有限,本文制图的精度不高。期望在不远的将来,有关部门能公布该地区更详细的地理信息,以便古代城市研究中的可视化尝试能取得更好的成果。

所谓"中世纪都城"
——以东晋南朝建康城为中心

张学锋

进入 21 世纪后,随着南京城市建设的大规模展开,沉睡于地下一千四百余年的六朝建康城遗址逐渐露出了真容。完整的考古资料虽然尚未公布,但媒体及发掘人员的近著中已披露了部分资料,笔者也多次受邀参访发掘现场,获得了许多直观的认知。这些资料虽是冰山一角,但对建康城复原研究工作的价值已经充分显示了出来。为便于考古资料全面公布后建康城遗址研究的全面展开,笔者曾撰《六朝建康城的发掘与复原新思路》[①],对 20 世纪以来建康城研究的学术史进行了初步梳理,肯定其成果,指出问题之所在,并提出了建康城复原的新思路。

拙稿发表后,中外学术界均给予了较大的关注,以建康城为题,曾先后受邀于国立奈良文化财研究所、奈良女子大学、"六朝建康都城学术研讨会"、东京大学、山口大学等学术机构及学术会议进行宣讲。经过多次增订的论稿,由小尾孝夫译成日文,以"六朝建康城の研究——発掘と復原"(六朝建康城研究——发掘与复原)为题,载《山形大学歴

---

① 拙稿《六朝建康城的发掘与复原新思路》,《南京晓庄学院学报》2006 年第 2 期,第 26—38 页。增订后的中文稿,以《六朝建康城的研究、发掘与复原》为题,先后收入《蒋赞初先生八秩华诞颂寿纪念论文集》(北京:学苑出版社,2009 年,第 276—292 页)及拙著《汉唐历史与考古研究》(北京:生活·读书·新知三联书店,2013 年,第 283—309 页)。

史・地理・人類学論集》(山形大学历史・地理・人类学论集)第 13 号[①],后又被收进由新宫学主编的《近世東アジア比較都市史の諸相》(近世东亚比较都市史的诸相)中[②],获得了东亚古代都城研究界的普遍认可。以上诸文(以下简称"旧稿")的重点在于对学术史的整理和对东晋南朝建康城的基本问题展开思考,本文想在旧稿基本观点的基础上,重点对建康城对孙吴建业城的改造,以及杨吴、南唐宫城对建康城的再利用问题略述管见,以求方家指正。

一、旧稿提示的基本观点及新证

旧稿的论述主要集中在以下三个方面:

第一,对近代以来的研究进行网罗式的收集,从学术史的角度对其展开了评述。指出以 1993 年郭湖生《六朝建康》发表一文为契机,建康城的研究可分成前后两个阶段。前一阶段的各项研究,基本上都没有突破 20 世纪 30 年代朱偰《金陵古迹图考》的框架,将建康宫城的位置设定在今东南大学四牌楼校区一带。朱偰在建康城研究上取得的先驱性成果功不可没,但是他过度相信后世的南京地方文献及传说,没有从六朝隋唐文献出发来严密论证有关问题,从而忽视了历史研究中史料学的基本原则。朱偰之后的半个世纪,研究者们依然没有从史料学的基本原则出发,更多的是继承前说,略作修改而已。

1993 年郭湖生的《六朝建康》基于对六朝隋唐史料的考辨,第一次将建康宫城的位置设定在今大行宫民国总统府一带,这在建康城研究史上具有划时代的意义。此后,风向为之一变,各种论著几乎都将建康宫城的位置放到了大行宫一带。然而,由于文献史料的断片零碎,加之

---

① 山形大学历史、地理、人类学研究会编《山形大学歴史・地理・人類学論集》(山形大学历史・地理・人类学论集)第 13 号,2012 年 3 月,第 55—79 页。
② [日]新宫学主编《近世東アジア比較都市史の諸相》(近世东亚比较都市史的诸相),东京:白帝社,2014 年 2 月,第 195—220 页。

鲜有考古发掘资料的验证，研究依然存在着各种问题。如将都城、宫城想当然地设定为正方形，忽视限定建康城空间范围的东、西、北三面青溪、运渎和潮沟的实际位置，过分相信早年关于南京古水道的钻探资料，等等，因此，虽然大家都将建康宫城设定在大行宫一带，但复原出来的建康城图却大相径庭。

不过，发表于1998年的外村中《六朝建康都城宫城考》，基于对文献史料的考辨，独辟蹊径，绘制了"六朝建康都城宫城复原图"，将建康城复原为中轴线方向北偏东、南北长东西窄的狭长形都城，从结论上来说，是最接近建康城原貌的形状。① 笔者2005年考虑建康城的问题时，并未读到外村中的论文，撰文过程中，偶然从爱宕元、富谷至主编的《中国の歴史》（中国历史）上看到了对外村中复原图的转引②，随即拜读原文③，发现自己的思路和复原出来的建康城形状与其大致相同。

第二，结合文献记载和发掘资料，对东晋成帝咸康年间规划建设的建康城空间范围进行了复原。首先，通过文献资料确定建康城四界的自然因素，即"东皆不出青溪"，宫城正门大司马门南二里为都城正门宣阳门，宣阳门南五里为朱雀门，西为运渎，北以潮沟为宫城"城北堑"，明确四界的今地，将周回"二十里一十九步"④的都城和"周八里"的宫城安排到这个空间范围内。同时依据今大行宫地区新浦新世纪大厦、南京图书馆新馆等工地发现的遗迹现象，基于天阙山、南郊、北郊等与礼制建筑相关的地点的文献记载，确定大行宫各工地发现的北偏东24.6度的砖铺道路正是建康城的中轴线。在以上考证的基础上，笔者以

---

① 以上涉及的各家观点及复原图，参见笔者旧稿。
② ［日］爱宕元、富谷至主编《中国の歴史》（中国历史）上册《古代—中世》，东京：昭和堂，2005年，第233页。
③ ［日］外村中：《六朝建康都城宫城考》，载［日］田中淡编《中国技术史の研究》（中国技术史研究），京都：京都大学人文科学研究所，1998年，第247—305页。
④ 关于建康都城的周回，《建康实录》卷二《太祖下》称："其建业都城二十一里十九步。"同书卷七《显宗成皇帝》"咸和五年"条引《地舆志》（或为《舆地志》之误）称："都城周二十里一十九步。"本文采用《实录》所引《舆地志》的说法。

《2006年南京市城市交通图》为底图,绘制了初步的复原示意图。这次,在增补部分新资料、完善旧说的基础上,以东晋成帝初创时的规制为本,在准确的南京地理信息底图上,对建康城的规制再次进行了复原示意(参见图4-1)。

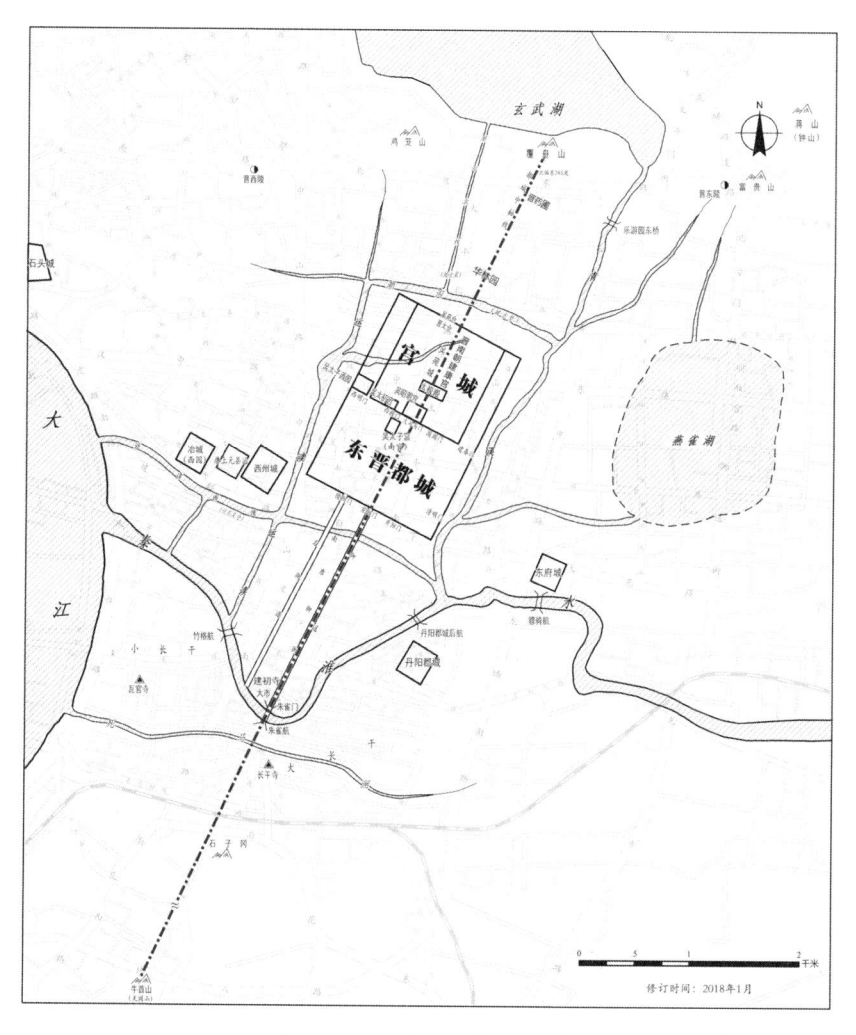

图4-1 东晋建康城示意图

如图所示,东晋初创时期的建康城,南以牛首山为天阙,背倚覆舟山,形成了都城的中轴线,北偏东24.6度。都城正南的象征性建筑朱雀门,位于今中华路镇淮桥稍北;往北五里为都城正门宣阳门,位于今太平南路与马府街交界处偏西;自此往北二里为宫城正门大司马门,位于今太平南路与文昌巷交界处偏东,游府西街、文昌巷一线基本上是宫城南墙;宫城北墙在今珠江路南侧潮沟遗迹以南。都城、宫城的东西墙则按文献记载的里数减去南北长度得出。

如此一来,出现了一个意外的现象——若要将宣阳门之后"二十里一十九步"的都城妥当地安排到青溪和运渎之间的狭长空间中去,那么,潮沟以北的广大空间就必须包含在都城范围内。其实,这与孙吴郡俭所开潮沟"在苑城后,晋修苑城为建康宫,即城北堑也"的文献记载是一致的[①]。孙吴苑城和东晋南朝建康宫城均以潮沟为北界,今珠江路南侧的河道基本上就是潮沟遗迹。《建康实录》(以下简称《实录》)作者许嵩生活的八世纪前中期,潮沟的东段已经基本湮塞[②],杨吴、南唐修筑金陵城时,重新疏通潮沟,部分改变了东段河道的流向,将之作为都城金陵的北城濠,今遗迹尚存。潮沟以北(即宫城以北)的空间范围内,据文献记载先后有山简墓、药圃、华林园甚至北郊坛、权贵宅邸、市场等设施,但文献记载本身相互舛驳,且时代不明确。笔者认为,东晋成帝时期重新规划建康城后,潮沟以北的这个宽广的空间被包进了都城范围内,作为皇家苑囿——华林园,对其它设施便具有了排他性。而这样的结构,也正是中世纪都城所具有的重要特征。

迄今为止,至少已经有 9 处发掘资料可以证明本文所示复原图的可信性,它们分别是:新浦新世纪广场(砖铺道路、侧沟等)、南京图书馆

[①] (唐)许嵩撰《建康实录》卷二《太祖下》,张忱石点校,北京:中华书局,1986年,第 49 页。原文作"在苑陵后晋修苑城为建康宫即城北堑也",张校本句读为:"在苑陵,后晋修苑城为建康宫,即城北堑也。"句读、文字均有误。孟昭庚、孙述圻、伍贻业点校本《建康实录》(上海:上海古籍出版社,1987 年,第 36、46 页)此句据清武昌徐氏抄本校改为:"在苑城后,晋修苑城为建康宫,即城北堑也。"是。

[②] 《建康实录》卷二《太祖下》:"自归善寺门前东出至青溪者,名曰潮沟。其沟东头,今已湮塞,西头则见通。"张忱石点校本第 49 页。

（砖铺道路、侧沟、殿基、墙基、水井、水道、木桥等）、警察博物馆（砖铺道路、侧沟）、江苏美术馆工地（砖铺道路）、旧汉府街长途汽车站（城墙夯土及城濠）、利济巷西侧（城墙夯土及城濠）、游府西街小学工地（城墙夯土遗迹及砖砌地下给排水系统）、长江后街南侧（大型夯土台基）、南京第六中学（城墙夯土遗迹）。其中，旧汉府街长途汽车站北偏东约25度的夯土城墙及城濠，据笔者提示的复原示意图应是建康都城东墙及城濠的偏北部遗址，南京六朝博物馆即依托该遗址建成；利济巷西侧工地发现的夯土城墙及城濠，应为宫城东墙及城濠偏南部遗址，与旧汉府街长途汽车站发现的夯土墙和城濠之间的空间则是东晋晚期及南朝时期的东宫所在；游府西街小学发现的部分东西向夯土遗址，则为宫城南墙的偏西部分；而2011年5、6月间在南京第六中学（秦淮区白下路193号）建设工地发现的夯土城墙遗址，据原南京市博物馆研究员王志高（现南京师范大学社会发展学院文博系教授）在韩国瓦学会第八届定期学术大会上发表的《六朝建康城遗址出土陶瓦的观察与研究》，应为南朝萧齐以后建康都城南墙的偏东部分[①]。以上四个地点，分别与笔者复原的都城东墙线、宫城东墙线、宫城南墙线及都城南墙线基本重叠，成为笔者所示复原图可信性的确证。

尽管如此，建康城10余年的发掘资料尚未正式发表，以上的复原研究是在不完整的资料基础上展开的，为了验证以上工作的可信性，也为了研究工作的进一步深入，期待发掘资料早日面世。

第三，从广阔的历史视野，对建康城布局特征展开了初步的探讨。对历来受到重视的因蒋少游出使南齐，模写建康宫掖，从而认为北魏洛阳城的城市宫庙布局模仿了建康宫城兴建而成的观点进行了辩证，指出建康城与北魏洛阳城内城之间的相似性，并不是谁模仿谁的问题，而是

[①] 王志高：《六朝建康城遗址出土陶瓦的观察与研究》，收入韩国瓦学会第八届定期学术大会论文集《瓦的生产与流通》，2011年11月，高阳：韩国瓦学会，第7—35页。

中国中世纪都城所具有的共性①。关于这一点，下文拟再次展开讨论。

二、孙吴建业城：古代都城的终焉

历来讨论六朝建康城时，虽然认识到了孙吴太初宫、昭明宫等不同宫殿的存在，但在都城的空间问题上，却几乎都将孙吴建业城和东晋成帝咸和年间重新规划建设的建康城视为前后相续的城池，这源于《实录》作者许嵩的叙述及其对《舆地志》等古文献中都城"二十里一十九步"的引用。

《实录》卷二《太祖下》黄龙元年（229）条载："秋九月，帝迁都于建业。冬十月至自武昌，城建业太初宫居之。宫即长沙桓王故府也，因以不改……初，吴以建康宫地为苑，其建业都城周二十里一十九步。"②《实录》卷七《显宗成皇帝》咸和五年（330）条载："九月，作新宫，始缮苑城，修六门。案，苑城，即建康宫城。六门。案，《地舆志》：都城周二十里一十九步，本吴旧址，晋江左所作，但有宣阳门。至成帝作新宫，始修城开陵阳等五门，与宣阳为六。今谓六门也。"③许嵩所谓"其建业都城周二十里一十九步"成为孙吴时期已经存在"周二十里一十九步"都城的依据。然而，据南朝史料《舆地志》的说法，"都城周二十里一十九步，本吴旧址"，很明显这句话中的主语是"东晋都城"，而东晋都城只是利用了孙吴都城的"旧址"，看不出孙吴已有"周二十里一十九步"都城的意思来。其实，从覆舟山南与潮沟之间东晋前期还存在山简墓、药圃、

---

① 本文采用内藤湖南及其后继者的中国史分期学说，即有史以来至东汉为古代社会，魏晋南北朝隋唐为中世纪社会，五代宋以后为近世社会。主要观点可参照［日］内藤湖南《概括的唐宋时代观》（刘俊文主编《日本学者研究中国史论著选译》第一卷，北京：中华书局，1992年，第10—18页）、《中国上古史》（夏应元监译《内藤湖南博士中国史学著作选译·中国史通论》，北京：社会科学文献出版社，2004年）。
② 《建康实录》卷二《太祖下》，张忱石点校本第38页。
③ 《建康实录》卷七《显宗成皇帝》，张忱石点校本第179—180页。

北郊坛等现象来看,这一区域在成帝咸和年间规划新都之前,还不在都城范围之中。

在黄龙元年(229)九月孙权决定迁都建业之前,这里的居民大多沿秦淮水而居,尤其是秦淮水南岸的大小长干,更是人烟稠密的区域。黄龙元年十月,孙权自武昌到达建业,最初利用的只是长沙桓王孙策的旧将军府,一个远离居民区的军营。此后,孙氏政权在秦淮水北六七里的空旷土地上前后建设了多座宫殿和苑囿。黄龙元年十月,"城建业太初宫居之";"吴苑城,城内有仓,名曰苑仓"①;赤乌十年春"适南宫。案,《舆地志》:南宫,太子宫也……吴时太子宫在南,故号南宫"。②后主孙皓宝鼎"二年夏六月,起新宫于太初之东,制度尤广。二千石已下皆入山督摄伐木……又开城北渠,引后湖水激流入宫内,巡绕堂殿,穷极伎巧,功费万倍"。③新宫又称"昭明宫"。加之太初宫西的太子西园(西池)、冶城、石头城等,孙吴时期的建业是由多所不同性质的宫殿城垒构成的。虽然《实录》中也述及孙吴时期由苑城南门经宣阳门至朱雀门的这条都城轴线,但因是后代文献,恐与"都城周二十一里十九步"一样,并不确切。《世说新语·言语篇》保留着这样一则故事:"宣武移镇南州,制街衢平直。人谓王东亭曰:'丞相初营建康,无所因承,而制置纡曲,方此为劣。'东亭曰:'此丞相乃所以为巧。江左地促,不如中国。若使阡陌条畅,则一览而尽;故纡余委曲,若不可测。'"④这则故事曾为研究者所用,被认为是东晋南朝建康城形制不规整且御道纡曲的证据⑤。然而我们或许可以从另外一个角度来理解这则故事。东晋在苏峻之乱

---

① 《建康实录》卷二《太祖下》,张忱石点校本第45页。
② 《建康实录》卷二《太祖下》,张忱石点校本第54—55页。
③ 《建康实录》卷四《后主》,张忱石点校本第98页。
④ (南朝宋)刘义庆撰《世说新语校笺》,徐震堮校笺,北京:中华书局,1984年,第87页。
⑤ 如郭黎安著《六朝建康》,香港:天马图书有限公司,2002年,第27页及所附"南朝萧梁建康城推拟图"。

后重新规划建设建康城时,丞相王导虽然还在,具体负责建康城建设的也是同为琅邪王氏的王彬,但咸康五年(339)王导死去时,都城建设尚未完成,因此,王导时代的建康城基本上是孙吴建业城的规制,"制置纡曲""纡余委曲"的形制正是孙吴多宫制的体现。王导之孙王东亭"若不可测"的说辞很明显是为自己的祖先诡辩。当然,即使东晋重新规划建设了新都,孙吴以来的宫殿建筑恐亦很难一下子全部消除,新都未能像中原这样"街衢平直""阡陌条畅"也在想象之中,这同样是孙吴建业多宫制的痕迹。因此,太初宫、苑城、昭明宫、太子西园、太子南宫这几处宫苑之间并不存在着明确的中轴线迹象,孙吴建业的都城建设应该还是对两汉"多宫制"的继承。

中国古代的都城,可以从两个不同的层面来思考,一是《考工记·匠人营国》体现出来的王城观念,一是秦汉统一帝国形成后呈现出来的具体形制。

成书于战国中期以后的《考工记》,是一部纪录和总结中国先秦时期手工业技术发展的文献,其中谈到了王城的营建问题:"匠人营国,方九里,旁三门,国中九经九纬,经涂九轨,左祖右社,面朝后市。"[1]即理想中的君王之都,方九里,每边三门,每门三个门道,城中形成南北向和东西向的道路各九条,左边设置宗庙,右边设置社稷坛,朝廷在前,市场在后。《考工记》中所说的形制不排除有某些理想的因素,但作为一种营造都城的技术总结,应该有比较现实的一面。事实上,根据文献复原的战国时期鲁国都城、燕国都城、宋国都城等,在很大程度上都与《考工记》的理想相符[2]。从依据文献记载和考古资料复原的西汉都城长安图中也可以看出,都城虽然受到渭河及其支流皂河流向的影响而没有形成规则的方形,但在"旁三门""左祖右社,面朝后市"这些基本要素

---

[1] 见《周礼·冬官考工记第六》,新世纪万有文库本,沈阳:辽宁教育出版社,1997年,第85页。

[2] 参见曲英杰《先秦都城复原研究》,哈尔滨:黑龙江人民出版社,1991年。

上,与《考工记》依然是一致的。

秦汉帝国形成以后,秦的都城形制目前还不是非常清晰,但西汉长安城的平面布局已基本得以复原。汉长安城有一个非常明显的特征,就是城内的大部分空间被名称各异的宫殿所占据,不同功能的宫殿、武库、市场等设施分布于都城的不同部位,宫殿没有像魏晋以后那样集中在一个宫城之中,这是典型的多宫制都城。由于文献资料的缺乏,加之考古成果尚未充分,先秦周天子的王都和各诸侯国的都城采用的是否是多宫制,这一点目前还没有形成明确的结论,但推测多宫制的可能性非常大。秦统一后,计划在原咸阳宫外另建阿房宫,其实这也是多宫制的思路。东汉洛阳城中,能够确认的独立宫殿区至少也有南宫、北宫和永安宫,这种形制无疑也属于多宫制。因此可以说,《考工记·匠人营国》所体现出来的王城理念及秦汉都城的现实,是中国古代都城的典型。

促使我们将古代都城设定为多宫制的理由,除了先秦秦汉都城的现实之外,还有一点,就是中国古代社会的这一大历史背景。因篇幅所限,本文无法展开详述,有关历史背景方面的内容,请参见宫崎市定有关中国古代的社会性质及聚落形态的各种论述[1]。简言之,中国古代社会,尤其是夏商周时期的都市国家(polis,又译成"城邦国家")性质,对古代各国都城的多宫制形制产生了重要影响。

综上所述,建于3世纪30年代以后的孙吴建业城,缺少明确的城市中轴线,太初宫、昭明宫、南宫、太子西园等的宫殿各自筑城,分布在城市的不同区域,这种形制明显具有古代都城的特点。而稍早于孙吴建业的曹魏邺城,已经开启了中世纪都城的新风,并对此后数百年间中

---

[1] 宫崎市定:《中国古代史概论》《中国聚落形态的变迁》《中国城郭起源异说》《中国上古是封建制还是都市国家》《中国上古的"都市国家"及其墓地》《战国时期的都市》《东洋的古代》等,载其《亚洲史研究》(4卷,京都:东洋史学会,1957—1964年)、《宫崎市定亚洲史论集》(3卷,东京:朝日新闻社,1976年),或《宫崎市定全集》(24卷,别卷1卷,东京:岩波书店,1993—1994年)。

国和东亚的都城规制产生了深远的影响。从这个意义上来说,孙吴都城建业其实是中国古代都城的最后一例。正像魏汉吴三国中,孙吴在制度、观念、学问上更多地继承了汉朝正统一样,其都城建设同样也选择了对汉代传统的继承,而同时的曹魏王朝,已经迎来了中世纪的时代。

三、东晋建康城:江南的中世纪都城

本文所谓"中世纪都城",是指都城有明确的中轴线,把原本各自相对独立的宫城集中到一起,建筑单一的宫城,并将之安排在都城中轴线的北端,为加强宫城的防卫,在宫城之北设置广大的苑囿,主要衙署位于都城之南的中轴线两侧,居民所居住的里坊按一定的区划安排在宫城之南的郭城之内。中世纪式都城的最早实例就是曹魏邺城。

曹魏邺城位于今河北省临漳县,东汉末年曹操被封为魏王后开始经营,是曹氏集团的政治中心。曹丕代汉建立魏王朝后,继续起着曹魏政治中心的作用。基于考古调查和发掘复原出来的曹魏邺城,目前看来,无疑是一座经严密设计而建造的城市,外城东西长七里,南北五里,平面呈横长方形。东墙建春门和西墙金明门之间的大街是曹魏邺城唯一的东西向大街,它将邺城分成南北两个部分。北部正中是宫殿区,东部是贵戚居住的戚里,西部是苑城铜爵园,园内置武库、马厩、仓库,与城西北部的金虎、铜雀、冰井三台相连,这一部分既形成苑囿区,又构成了都城的防御区。南部从东往西分成长寿里、吉阳里、永平里、思忠里四大居住区。正中有南北向大街从宫城门通往南墙的中阳门,大街两侧分布着各级衙署。这种都城形制可称为"邺城模式"。

曹魏的另外一个都城洛阳,后来被西晋利用,统称魏晋洛阳城。虽然魏晋洛阳城沿用的是东汉都城,总体形制一下子很难改变,但东汉时期的南宫在魏晋时期消失了,宫殿建筑全部集中到了东汉时期的北宫之中,在宫城与都城北墙之间设置广阔的苑囿(芳林园,后避齐王曹芳讳改称华林园),并在城西北角增筑了金墉城,加强了北边的防御。至于都城之外是否还存在着整齐的外郭城,目前暂时还没有找到考古学上的证据。十六国后赵对邺城的改造,将都城中轴线西移,更加增强了中世纪都城的特征。依据文献记载及考古发掘资料,北魏平城"外郭城绕宫城南,悉筑为坊,坊开巷。坊大者容四五百家,小者六七十家。每南(或为"闭"之误——笔者)坊搜检,以备奸巧"[1],可见也是一座宫城在北、郭城里坊绕其南的中世纪都城。北魏洛阳继承了魏晋洛阳城的规制,宫城位于都城中轴线的北端,宫城之北是苑囿,宫城与都城之间用东西向横街隔开,沿南延的御道铜驼街两侧则安置大小衙署和佛寺,并在汉魏以来的外城之外加筑了东西二十里、南北十五里的外郭,外郭被划分成整齐的里坊和市场(即所谓"坊市制")。在六、七世纪的隋唐都城长安的规划设计中,更是将官衙集中到了宫城南侧,修筑城墙形成皇城,工商业区、居民区和佛寺集中在宫城、皇城的东、南、西三面,形成外郭城,使自曹魏邺城以来的中世纪都城形制达到了完善。

孙吴建业(西晋改为"建邺")诸宫,在西晋末年石冰之乱时几乎被焚烧殆尽,陈敏平石冰后占据建邺,"因太初宫故基创造府舍"。元嘉元年(307),安东将军、都督扬州江南诸军事、琅琊王司马睿"用王导计渡江,镇建邺。讨陈敏余党,廓清江表,因吴旧都城修而居之,以太初宫为府舍"。[2] 直到晋成帝咸和年间苏峻之乱,南渡的晋室均以修缮过的吴太初宫为宫掖。成帝咸和年间,太初宫亦在苏峻之乱中被焚毁,乱平之后,东晋在王导的主持下开始规划建设新都。

具体负责规划建设建康城事务的是王导的堂兄弟、将作大匠王彬。王导、王彬均出自琅邪王氏,永嘉以后南渡,由他们负责规划的建康城,虽然在一定程度上受到建康自然地理环境的影响,但他们营建都城的

---

[1] (南朝梁)萧子显撰《南齐书》卷五七《魏虏传》,北京:中华书局,1972年,第985页。又可参照李凭著《北魏平城时代》附篇一《北魏平城畿内的城邑》,北京:社会科学文献出版社,2000年,第291—304页

[2] 《建康实录》卷五《中宗元皇帝》,张忱石点校本第122页。

理念,一定会受到曾经生活并熟悉的华北都城的影响,具体说来,受到邺城、洛阳的影响。新规划的东晋建康城,宫掖集中在宫城之内;宫城正门之南的御道两侧集中政府官署;宫城与都城北墙之间设置广阔的苑囿;在都城周边,用56个篱门围成观念上的外郭城①。这种布局,不用说是邺城模式或洛阳旧都在江南的重现。

本节标题及前文提到了"中世纪都城""邺城模式"这两个概念,笔者将始于邺城、终于隋唐长安城的都城归为"邺城模式",其性质则为"中世纪都城"。那么,"邺城模式"或"中世纪都城",其渊源又是什么?这是一个非常有意义的学术问题。

在迄今为止的建康城研究中,基本一致的观点如,建康城继承了魏晋都城旧制,传承了华夏文脉,代表着中华正统,对同时代以及隋唐都城建设产生了积极的影响。又如,这一总体布局,开我国都城布局特有风格的先河,对后世都城规划有重大影响②。在谈论到这一类的都城时,又通常认为它是对中国古代都城制度的继承和发展。作为中国历代都城发展史上的一环,继承前代的传统是不言而喻的,但如果将包括建康城在内的魏晋南北朝隋唐都城,即"邺城模式"放到当时的大历史环境中去考察,可以发现,在传统之外,还有来自遥远的草原帝国的文化因素。

先秦是中国固有传统文化形成、发展的阶段,《考工记》中关于"匠人营国"的技术总结,是这一固有文化在都城形制上的反应。秦汉统一

---

① 关于建康的外郭城,(宋)李昉等撰《太平御览》卷一九七《居处部·藩篱》引南朝《宫苑记》云:"建康篱门,旧南北两岸篱门五十六所,盖京邑之郊门也。如长安东都门,亦周之郊门。江左初立,并用篱为之,故曰篱门。南篱门在国门西;三桥篱门在今光宅寺侧;东篱门本名肇建篱门,在古肇建市之东;北篱门[在]今覆舟山东头玄武湖东南角,今见有亭,名篱门亭;西篱门在石头城东,护军府在西篱门外路北;白杨篱门外有石井篱门。"(北京:中华书局,1960年,第950—951页)证明建康外郭(至少是观念上的外部)的存在。

② 如卢海鸣《六朝都城》第二章《建康的规划、营建与布局》,南京:南京出版社,2002年,第66页。

国家形成以后,中国固有文化的发展达到了顶峰,并向外波及,对周边地区的社会发展产生了强烈的推动作用。东汉以后,长期接受中国文化熏陶的周边族群开始觉醒,以东汉晚期国力的衰落、五部匈奴等强健被征发为雇佣军等为契机,宛如日耳曼人越过阿尔卑斯山侵入罗马帝国的中心地带一样,反过来越过长城侵入到中国文化的核心地区——中原,在这里建立起自己的政权,中国历史进入了魏晋十六国南北朝时期,隋唐帝国则是这一历史潮流的延长。从大历史的发展角度来看,这就是中国的"中世纪"。中世纪的社会与文化,是中国固有的传统文化与周边文化尤其是来自于北方草原的游牧文化相互融合。隋唐以后,匈奴、鲜卑、羯、氐、羌都不见了踪影,融合了各种文化因素以后的中国文化,以一种崭新的面貌出现在隋唐时期,成为中国中世纪文化的巅峰。

形制新颖的曹魏邺城,就是在这样的大背景下出现在中原大地上的。两汉以来与匈奴的交往,东汉末年曹操对匈奴、乌丸的争战和利用,鲜卑等大量游牧族群移居内地等等,都将草原上的居住格局带到了中原。以匈奴为代表的草原强悍族群,其部落形态、政权性质、生活方式影响到了他们的居住格局。根据匈奴的制度,大单于居中在北,面南分左右两翼,以左贤王、左谷蠡王为首的左翼居东为上,以右贤王、右谷蠡王为首的右翼居西为次。在匈奴大单于王庭的布局中,大单于的帐幕最大,居中居北。左翼诸王的帐幕居东,按高低自北往南排列。右翼诸王的帐幕居西,也按高低自北往南排列,并各自拥有自己的部落。匈奴之后的草原大帝国在进入农耕地区之前,恐亦是如此。即使到了后期,清人入关前营造的沈阳故宫也好保留着草原帝国的痕迹。沈阳故宫的西侧是努尔哈赤、皇太极时代的居所,东侧的十王亭是满洲部落联盟的议政场所。联盟首领努尔哈赤的龙庭居中居北,往南东西两侧按序为各旗亭。曹魏邺城和洛阳城、东晋建康城、北魏洛阳城、隋唐长安城的规划设计,与草原帝国单于王庭的布局有着千丝万缕的联系:都城最北的苑囿有似广袤的草原,起着在背后保护王庭的作用;宫城居中居北,都城在其南;沿都城中轴线两侧分布的各级衙署,宛如左右两翼;外郭城中的里坊,则是各部落民聚居的象征。

包括东晋建康城在内的魏晋南北朝隋唐时期都城,动辄被视为中国传统都城的典范,但从上述内容中不难看出,其实是在接受匈奴、鲜卑等草原文化基础上的发展,是中国中世纪都城特有的形制。处于中世纪发展巅峰的隋唐长安城,则是中国社会及文化从东汉末年走向分裂后再生的结果。偏处于江南的东晋建康城,即使远离中原,由于人员的流移,也没有逸脱出历史的发展潮流,成为中世纪都城发展史上的关键一环,也是中世纪都城在中国南方的唯一体现。而受中国中世纪都城影响而出现的日本藤原京、平城京、平安京,以及新罗王京和渤海上京龙泉府,则是"中世纪都城"对东亚的影响。从这个意义上说,始于曹魏邺城的中世纪都城又具有广泛的东亚性。

综上所述,所谓中世纪都城,具有以下一些主要特征:① 有明显的城市中轴线;② 宫城位于中轴线北端;③ 政府衙署分列于宫城之南的中轴线两侧;④ 宫城之北设有广阔的苑囿;⑤ 宫城及政府衙署所在地的东、南、西三面规划整齐划一的里坊;⑥ 城市管理上实行宵禁制。在华北地区,中世纪都城始于曹魏邺城,以后的北魏平城、北魏洛阳、东魏北齐邺南城、隋唐长安城、洛阳城均踵其迹。中世纪都城有别于古代都城的多宫制形式,是中国古代都城观念与北方草原民族居住形式相结合的产物,它的出现,与中国从 3 世纪开始进入中世纪社会的步调一致。

然而,中世纪都城又有大而不当及过于封闭性的缺点,因此,当社会迈入近世以后,人们在利用中世纪都市的同时,无一例外地对其进行了整改,抛弃了封闭的坊市,城市的空间范围大大缩小,长安、洛阳如此,新罗王京(今庆州)、日本平安京(今京都)也是如此。总之,近世都市正在朝着更加开放、更加合理化的方向发展演变。

论六朝建康在中国古代都城史上的地位

[日]佐川英治

前 言

自孙权定都的黄龙元年(229)迄隋灭陈之祯明三年(589)的360间,孙吴、东晋、南朝宋、齐、梁、陈皆定都于建康。建康地处长江以南,其地理环境异于长安、洛阳,不同于秦汉以及魏晋时期的都城。同时,它作为对抗华北少数民族王朝的汉族王朝都城,其汉族王朝的传统意识较为强烈。在探讨建康的都城性格这个问题的时候,上述两点是其最重要的历史背景。

本稿将着眼于以上两个历史背景,主要从都城制度这一侧面来考察建康的发展方向及其在中国古代都城史上的定位问题。在南北对立时期,从巩固政权的角度来看,王朝的正统性是最重要的一个问题。而确保王朝正统性的具体措施,则充分地体现在都城的设计规划上。

纵观目前的都城史研究领域,建康的都城制度问题未被立于一个相对的高度来对待。我们视唐长安城为中国古代都城制度发展过程中的一个里程碑,唐长安城则循例于北魏洛阳城。即便是较早就关注北魏洛阳城的日本学者那波利贞,也不曾留意建康[①]。陈寅恪在《隋唐制度渊源

---

① [日]那波利贞:《支那首都計劃史上より考察したる唐の長安城》(中国都城规划史上所见唐长安城),载桑原博士还历记念祝贺会编《東洋史論叢:桑原博士還暦記念》(东洋史论丛:桑原博士还历记念),东京:弘文堂,1931年,1203—1269页。

略论稿》一文中阐述北魏洛阳城划时代的性格之时，也着眼于河西文化而未曾提及江南文化的影响[①]。杨宽在从"城"和"郭"的布局的角度来论述中国古代都城六千年的发展史之时，对建康的表述也是一笔带过[②]。

那么，在都城制度方面，建康究竟是否具有划时代的都城性格呢？笔者将结合目前有关建康城研究的成果，就建康的都城制度的阶段性历史特征及其历史地位重新进行考察。

一、建康与北魏洛阳之比较

立足都城发展大局的学者们皆无视或者轻视建康的存在；而在研究建康的学者当中，有人指出，北魏都城受到建康的都城制度的影响。郭黎安在《魏晋南北朝都城形制试探》中分析了曹魏邺都、南朝建康、北魏洛阳的都市规划，指出三者的共通点在于：宫殿前横街和御道构成"T"形街道，建筑布局以宫殿为中心呈左右对称，居民区向宫城以南扩大及至城外。对陈寅恪提出的北魏洛阳城循例于河西姑臧城这一观点，郭黎安也提出了不同看法，认为："北魏洛阳的形制也就间接含有姑臧因素在内，但穷其渊源，仍是魏晋以来中原和江东汉族都制的规划、结构与体系。"[③]刘淑芬在《六朝建康与北魏洛阳之比较》中指出：建康以前的都城皆有若干个宫殿区，而建康和洛阳只一个独立的宫苑，且都城整体偏北，并在城区规划中首次产生了中轴线的概念。就建康和洛阳的关系，她认为："事实上，洛阳的营建几乎全受建康的影响，它不只模

---

① 陈寅恪：《隋唐制度渊源略论稿》，香港：中华书局香港分局，1974年。原书于1946年由商务印书馆在上海出版。
② 杨宽：《中国古代都城制度史研究》，上海：上海古籍出版社，1993年。此书前半部分于1987年译成日文出版，未含论述建康的章节。［日］尾形勇、高木智见译《中国都城の起源と発展》（中国都城的起源与发展），东京：学生社，1987年。
③ 郭黎安：《魏晋南北朝都城形制试探》，《中国古都研究》第二辑，杭州：浙江人民出版社，1986年，第56页。

拟南朝的宫殿,在几个规划的大原则上,甚至是建康的翻版。"①日本学者中村圭尔在继承以上两位学者观点的基础上,对官府集中安置在御道两侧以及都城北壁临近宫城北壁这两方面进行了更为缜密的考证工作。②

以上三位学者的观点皆有可取之处,他们明确指出建康和北魏洛阳是具有同时代的历史性格的都城。但是陈寅恪所言"夫北魏洛都新制其所以殊异于前代旧规之故,虽不易确知,然东魏邺南城及隋代大兴即唐代长安之都邑建置全部直受北魏洛都之影响"也不无道理。③

建康的御道是大司马门经宣阳门至朱雀门长约七里之路,道路两侧府寺林立。《建康实录》卷七注引《舆地记》中有如下记载:

> 次正中宣阳门,本吴所开,对苑城门,世谓之白门,晋为宣阳门,门三道,上起重楼,悬楣上刻木为龙虎相对,皆绣栭藻井,南对朱雀门,相去五里余,名为御道,开御沟,植槐柳。

《文选》卷五左思《吴都赋》中描述"列寺七里,侠栋阳路。屯营栉比,解署棋布",晋朝刘逵注曰:"吴自宫门南出苑路,府寺相属,侠道七里也。"

刘逵所云"七里"指的是大司马门到朱雀门的距离,而大司马门至宣阳门为二里④,宣阳门至朱雀门为五里⑤。《建康实录》卷七注引《地图》曰:

---

① 刘淑芬:《六朝建康与北魏洛阳之比较》,见其《六朝的城市与社会》,台北:学生书局,1992年,第187页。原载《台湾大学建筑与城乡研究学报》第2卷第1期,1983年。

② 中村圭尔:《建康における伝統と革新》(建康的传统与革新),见其《六朝江南地域史研究》,东京:汲古书院,2006年,第513—554页。原载《大阪市立大学东洋史论丛》别册《中国都市の時空世界》(中国都市的时空世界),2005年。

③ 前引陈寅恪《隋唐制度渊源略论稿》,第70页。

④ 《建康实录》卷七注引《修宫苑记》曰:"南面正中大司马门,……南对宣阳门,相去二里。"张忱石点校本第181页。

⑤ 《景定建康志》卷二〇《今城郭·建康府城》载:"六朝旧城,在北去秦淮五里。"

朱雀门北对宣阳门,相去六里,名为御道,夹开御沟植柳。朱雀门南渡淮,出国门,去园(国)门五里,吴时名为大航门,亦名朱雀门。

即宣阳门至朱雀门为六里。出了朱雀门沿秦淮河南下有一篱门曰"国门",朱雀门至国门为五里。这样算起来,大司马门和国门的距离大约在十二里到十三里之间(图5-1)。

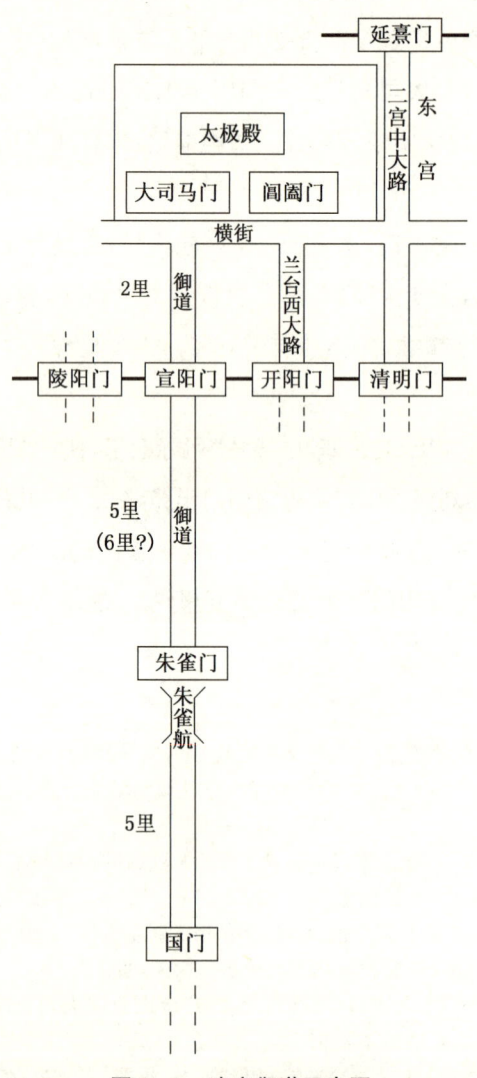

图5-1 建康御道示意图

根据东魏杨衒之《洛阳伽蓝记》中对北魏洛阳城御道的详细描述，笔者尝试复原了洛阳城的御道示意图，如图5-2所示。在示意图中我们可以看到，太极殿的宫门阊阖门正对都城的宣阳门，阊阖门至宣阳门的御道向南延伸经洛水直达伊水北岸的圆丘。由于今天的洛水已经流向汉魏洛阳故城的南垣，所以我们无法确定宣阳门的正确位置，但是根据实测图可知，阊阖门至宣阳门大约为四里（汉里）。而阊阖门至伊水北岸约为5.6公里，即十四里（汉里），这和建康城大司马门至国门的距离基本一致。而且，北魏洛阳城阊阖门和宣阳门之间的铜驼街两侧亦是府寺林立。如此看来，北魏洛阳城与建康城在框架设计上确有相似之处，因而有学者据此得出北魏洛阳城乃受建康城影响的结论①。

就建康和北魏洛阳的御道而言，它们确有共通之处，但从都城的整体布局来看，两者之间还是存在较大差异的。北魏洛阳的御道始于宫城，向南一直延伸，是唯一贯穿都城内外的一条道路；而建康却并非如此。

若我们向前追溯，东汉洛阳城的南垣自西向东依次有津门、小苑门、平城门、开阳门四门，而平城门是正门。之所以设平城门为正门，是因为此门与南宫相接，设为正门便于郊祀法驾的出行。《续汉书·五行志》引蔡邕之言，曰："平城门，正阳之门，与宫连，郊祀法驾所由从出，门之最尊者也。"②另，这条法驾通行道也称"南北郊路"③。

曹魏明帝致力于洛阳城的改造工程，在太极殿和阊阖门建成之后改小苑门为宣阳门、平城门为平昌门。虽然自此正门的任务就交给了宣阳门，但平昌门仍尽其职能。如《三国志》卷九《曹爽传》曰："大司农

---

① 贺业钜：《中国古代城市规划史》，北京：中国建筑工业出版社，1996年，第468页。

② （晋）司马彪撰《续汉书·五行志一》，收入（南朝宋）范晔撰《后汉书》，北京：中华书局，1965年，第3274页。

③ 《后汉书》卷七八《宦者列传》"张让"条，第2537页。

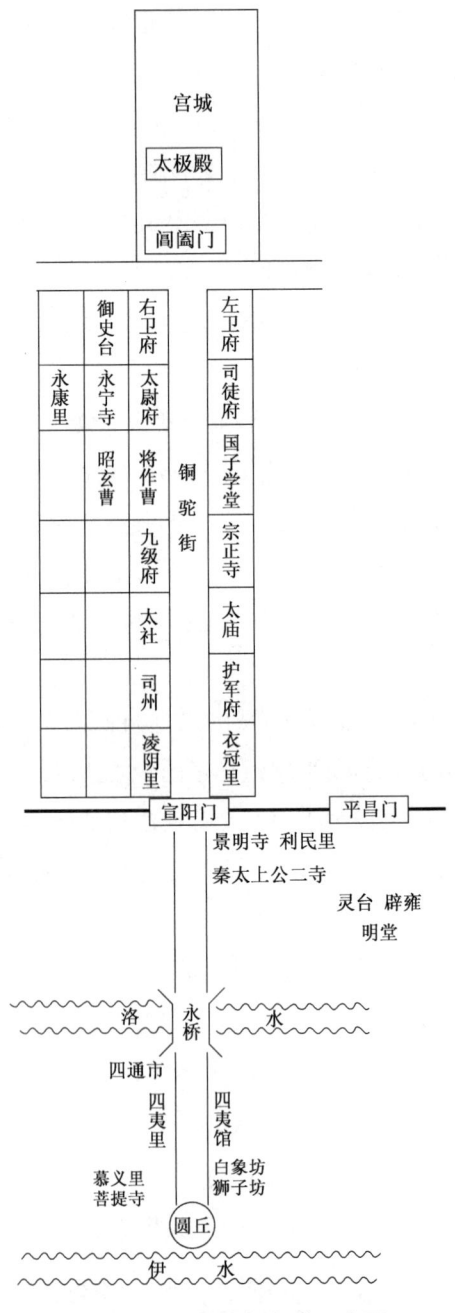

图 5-2　北魏洛阳御道示意图

沛国桓范闻兵起，不应太后召，矫诏开平昌门，拔取剑戟，略将门候，南奔爽。"东汉时期，平城门享受宫城门待遇，归卫尉的屯司马管辖，到了曹魏时，平城门的地位虽有所下降而改归一般的门候管辖①，但从设立门候来管辖一事也说明，平城门仍在发挥作用。《晋书》卷一〇二《刘聪载记》在提到西晋末年王弥、刘曜等人攻打洛阳之事时，说："攻陷平昌门，焚东阳、宣阳诸门及诸府寺。"根据这段记载中攻陷平昌门之后烧毁诸府寺建筑的描述，我们可以推测，西晋时期平昌门内也存在若干府寺②。

北魏弃汉时的南宫不用，在汉北宫所在地单独建造了宫苑。当时，对都城南墙的城门进行了两项重大的改造工程。一是《水经注》"谷水"条中所载："谷水又东，径宣阳门南，故苑门也。皇都迁洛，移置于此，对阊阖门，南直洛水浮桁。"即将宣阳门从原来东汉小苑门的位置移到略偏西的位置上，使其正对南面洛水上的浮桥。另一个则是"门左即洛阳池处也，池东，旧平城门所在矣，今塞，北对南［洛］阳南宫"。即封了东汉的平城门和西晋的平昌门。这两项举措与曹魏放弃东汉南宫一事有直接的关联。除此以外，虽然西有开阳门、东有津阳门（津门），但根据考古调查复原的道路遗址来看，经此二门的道路皆只从宫城的外侧通过而不通向宫城（图5-3）。换言之，北魏洛阳城贯穿宫城、都城、外郭唯一的直线道路就是连接太极殿、阊阖门、宣阳门、洛水浮桥、圆丘的御道。同时，从城区的全体布局来看，这条御道明显就是都城设计的中轴线③。

接着，我们来看建康。建康城宫门的数量，先是《建康实录》卷七注

---

① 段鹏琦：《汉魏洛阳城故城》，北京：文物出版社，2009年，第65页。
② 王弥等人攻下宣阳门之后抵达太极殿。同传中第2659页有"宣阳门陷，弥、晏入于南宫，升太极前殿，纵兵大掠，悉收宫人、珍宝"的记载。由此可知，烧毁的诸府寺非宣阳门内的诸官署。
③ 杜金鹏、钱国祥：《汉魏洛阳城遗址研究》，北京：科学出版社，2007年，第507页。原载《考古》1973年第4期。

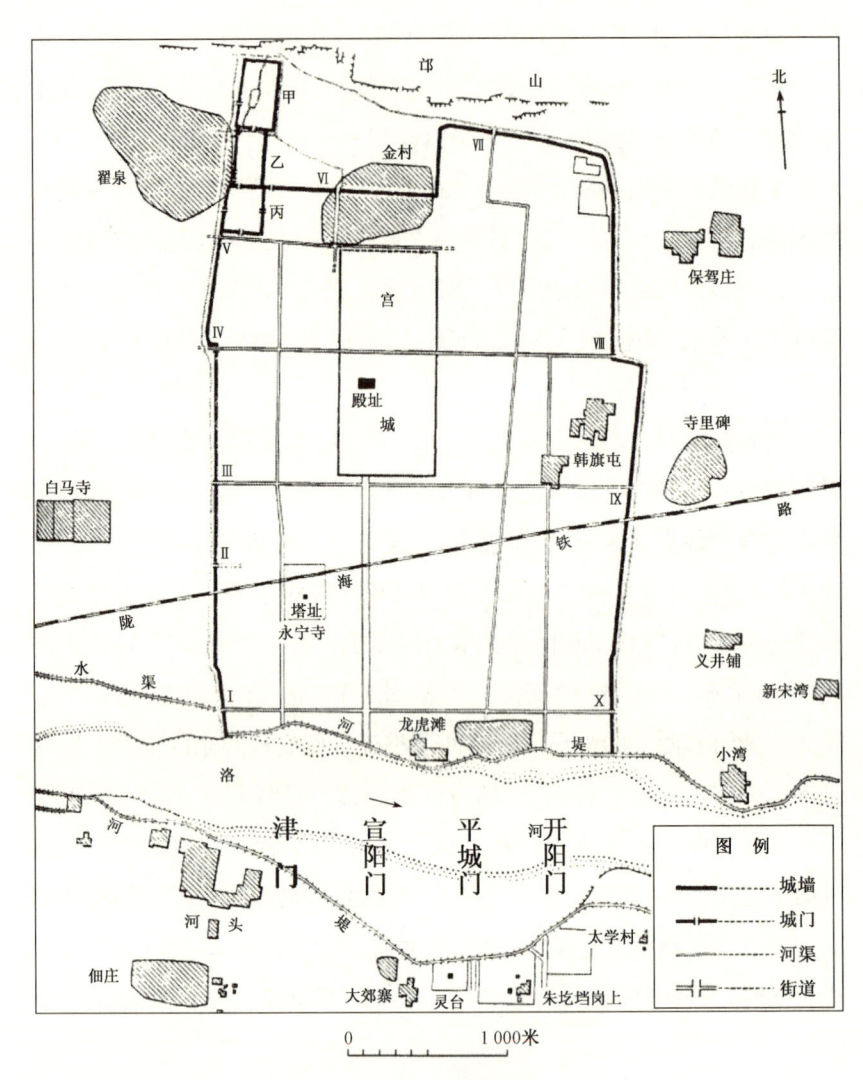

90 "都城圈"与"都城圈社会"研究文集——以六朝建康为中心

图 5-3 汉魏洛阳城平面实测图

引《地舆(舆地)志》中记载的六门,而后是《景定建康志》卷二〇引《宫苑记》中记载的十二门。在六门阶段,南面自西向东分别有陵阳门(后改为广阳门)、宣阳门、开阳门,而十二门阶段中则为陵阳门(后改为广阳门)、宣阳门、开阳门(后改为津阳门)、清明门。其中最西面的陵阳门(广阳门)的具体位置不详。最东面的清明门,在六门阶段位于东墙的南面，在后来增设到十二门的时候改建到了南墙的东面①。建在南墙上的清明门正对北墙的延熹门，二门之间为"二宫中大道"，即宫城与东宫之间的道路②。（图5-1）

接着来看宣阳门和开阳门（津阳门）。宣阳门正对大司马门，连接二门的是御道，此御道与连接西墙正门西明门和东墙正门建春门的横街构成"T"形道路。另，开阳门（津阳门）正对宫城的阊阖门（南掖门、端门），连接二门的兰台西大路与阊阖门前的横街也构成"T"形道路。如此看来，与其说建康宫城前的道路设计方案是呈"T"形，倒不如说是呈"TT"形更为确切。

东晋初年，都城仅设宣阳门，到了成帝咸和五年（330）增设五门，共计六门，宣阳门地位之重要不言而喻。在《舆地志》所载六门阶段时，唯有宣阳门是"门三道"。而到了《宫苑记》十二门阶段时，"次东曰开阳门，后改为津阳门，门三道，直北对端门"，即开阳门（津阳门）门道也增设至三道。

曹魏明帝营建太极殿之时，汉魏洛阳城太极殿的宫门称"阊阖门"，其原本地位之高可想而知。即便在建康城，据《宋书》卷七四《臧质传》所称，"薛安都、程天祚等亦自南掖门入，与质同会太极殿庭"，可知通过此门可以进入太极殿。此门的三道之说，在《建康实录》卷七注引《修宫苑记》中亦有记载："南面近东阊阖门，后改为南掖门，门三道，世谓之天门，南直兰宫西大路，出都城开阳门。"在《晋书》卷七《康帝纪》咸康八年秋七月条里也有记载："丙辰，葬成皇帝于兴平陵。帝亲奉奠于西阶，既

---

① 郭黎安：《六朝建康》，香港：天马图书有限公司，2002年，第38页。
② 《景定建康志》卷二〇引《宫苑记》中载："最东曰清明门，直北对延熹门，当二宫中大路。"

发引，徒行至阊阖门，升素舆，至于陵所。"可知此门与丧葬礼有关①。《修宫苑记》中亦有关于大司马门的描述："南面正中大司马门，世所谓章门，拜章者伏于此门待报，南对宣阳门，相去二里，夹道开御沟，植槐柳，世或名为阙门。"笔者推测，大司马门与阊阖门应该是分别承担着某种职能，而具体的职能内容目前尚不清楚。

建康虽然是一座以太极殿为中心、设置单一宫殿区的都城，但起自宫城、南北走向的道路有两条，这应该是继承了秦汉时期若干宫殿区列于东西这一特点。而北魏的洛阳城则完全不受此特点的影响，起自宫城、南北走向的道路仅一条，并无其他并列平行的道路，明确地担负着中轴线的作用。由此可见，建康和北魏洛阳城之间，明显存在着一段飞跃性的距离。那么，两者之间为什么会产生这样的差异呢？为了解答这个疑问，笔者将在下一章节中，深入到建康都城制度的内部来进行探讨。

二、建康都市设计精神
——传统与革新的矛盾统一

北魏洛阳的御道起自太极殿，止于伊水北岸的圆丘。太极殿相当于天上的北极，代表的是地上的中心；圆丘是皇帝祀昊天上帝、接受天命的地方。两者都是皇帝祭祀活动的重要场所，这就说明北魏的御道带有强烈的礼制色彩，而且整个都城的设计也与此密切相关。北魏洛阳的都城空间沿御道被严格地分割开来，具体的相关问题笔者曾专门

---

① 杨国庆、王志高：《南京城墙志》，南京：凤凰出版社，2008年，第59页。(唐)李延寿撰《南史》卷一一《后妃传上》"孝武宣贵妃"条载："及葬，给辒辌车、虎贲、班剑。銮辂九旒、黄屋左纛、前后部羽葆、鼓吹，上自于南掖门临，过丧车，悲不自胜，左右莫不掩泣。"北京：中华书局，1975年，第323页。

撰文论述①，此处不再讨论，仅结合图5-2作一个简单说明。

"太极"即天极，乃天上紫微宫的中心，紫微宫宫门的星座是阊阖。阊阖门内代表的是上天，是仅限少数人知晓的、神圣的皇帝空间；阊阖门至宣阳门间府寺林立，属于百官公卿的空间；宣阳门至洛水浮桥之间的一般里坊，是贵族、士兵、平民的生活空间；洛水浮桥和圆丘之间则建有四夷馆、四夷里，是归化人的空间。北魏洛阳城虽然如此这般地沿着御道被分割成四大空间，但实际上如果将圆丘之外也视作一个空间的话，洛阳城的空间结构就相当接近《禹贡》中描述的天下空间结构——甸服、侯服、绥服、要服、荒服，可以认为这是在中轴线上体现以皇帝为中心的天下秩序的设计方式②。总之，中轴线（御道）上的空间象征着皇帝应执行礼数的秩序，因而必须将严格分割空间这项工作落到实处。

接下来看建康。《初学记》卷二四《道路》引环济《吴纪》曰："天纪二年，卫尉岑昏表修百府。自宫门至朱雀桥，夹路作府舍，又开大道，使男女异行，夹道皆筑高墙，瓦覆，或作竹藩。"吴在亡国前夕开始加强对御道的管理，在其两侧建府舍等。然而，东晋之后的建康城是否继承了吴的这种管理方式则不得而知。《梁书》卷九《曹景宗传》称："景宗军士皆桀黠无赖，御道左右，莫非富室，抄掠财物，略夺子女，景宗不能禁。"据此可知，御道两侧不仅有官舍，还建有居民住宅。而《隋书》卷七《礼仪志二》引天监三年（504）诏书中亦有"六门之内，士庶甚多"的记载，可知都城内是士庶混居的空间。

---

① 参见拙稿《北魏洛阳城的中轴线及其空间设计试论》，中国魏晋南北朝史学会、武汉大学中国三至九世纪研究所编《魏晋南北朝史研究——回顾与探索》，武汉：湖北教育出版社，2009年，第724—733页。修订后的日文稿载拙著《中国古代都城の設計と思想》（中国古代都城的设计与思想），东京：勉诚出版社，2016年，第169—196页。

② 《尚书·禹贡》："五百里甸服；百里赋纳总，二百里纳铚，三百里纳秸服，四百里粟，五百里米。五百里侯服；百里采，二百里男邦，三百里诸侯。五百里绥服；三百里揆文教，二百里奋武卫。五百里要服；三百里夷，二百里蔡。五百里荒服；三百里蛮，二百里流。"

吴时，建康的御道是连接宫门和秦淮河渡口大航桥的道路，带有浓厚的经济色彩。因此，建康的御道也就不存在类似于北魏洛阳圆丘这样的终点。朱雀门也好，国门也罢，都只单纯是"门"，并不具有礼制上的意义。只有起点而没有终点的一条道路，其距离也是不可测的，而没有距离的概念也就无法分割空间。建康的御道和北魏洛阳的御道虽然表面上看起来如出一辙，但在建康的御道上不存在相当于北魏洛阳圆丘这样的终点，两者的设计由此呈现出了很大的不同。建康御道两侧的居民区分规则，与其说是政治上的一种体现，倒不如说是刘淑芬指出的"御道左右，莫非富室"那样，是经济上阶层划分的一种表现。

不过，宋孝武帝时期的建康曾在中轴线上置南郊。此举的意义虽然还未被探讨，笔者认为，这和建康都城制度的关系颇深，所以有必要在此作一些说明①。《宋书》卷一四《礼志一》有以下记载：

> 宋孝武大明三年九月，尚书右丞徐爰议："郊祀之位，远古蔑闻。《礼记》'燔柴于泰坛，祭天也'。'兆于南郊，就阳位也'。汉初甘泉河东禋埋易位，终亦徙于长安南北。光武绍祚，定二郊洛阳南北。晋氏过江，悉在北。及郊兆之议，纷然不一。又南出道狭，未议开阐，遂于东南巳地创立丘坛。皇宋受命，因而弗改。且居民之中，非邑外之谓。今圣图重造，旧章毕新，南驿开涂，阳路修远。谓宜移郊正午，以定天位。"博士司马兴之、傅郁、太常丞陆澄并同爰议。乃移郊兆于秣陵牛头山西，正在宫之午地。世祖崩，前废帝即位，以郊旧地为吉祥，移还本处。

宋武帝新建了建康原本没有的明堂，是一位醉心礼制改革的皇帝。

---

① 据笔者所知，仅下仓涉注意到这一点。参见[日]下仓涉：《南北朝の帝都と寺院》(南北朝的帝都与寺院)，东北学院大学学术研究会《東北学院大学論集歴史と文化》(东北学院大学论集 历史与文化)第 40 号，仙台：东北学院大学学术研究会，2006 年，第 197—212 页。

近年,日本学者户川贵行对这段历史背景进行了分析,指出,在以恢复中原为天下观的东晋向视建康为天下中心的南朝转换之时,宋孝武帝的礼制改革意在将建康规划成名副其实的天下中心[①]。

引文所载郊祀改革中的若干举措,确与上述天下观有相关之处,不过,这些改革并非仅限于意识形态的问题。实际上,六朝时期都市空间的发展与社会经济的发展也是密不可分的。

徐爰如是说,经书上并没有对郊兆位置有过明确规定,都城的南北二郊制始于西汉长安,定于东汉洛阳。东晋迁都建康之后失去了长安、洛阳,因而郊祀问题出现了纷争。由于当时建康城向南延伸的御道较为狭窄,所以将南郊丘坛置于东南巳地,刘宋沿袭此制。但此地被民居包围,谈不上是"邑外"。宋孝武帝当时正在建立新的制度,计划拓宽南路,于是建议顺便将南郊移至正午之地,这可是出于定天位的考虑。于是,刘宋南郊坛就被安置到了秣陵县牛头山之西了。

徐爰的"移郊正午"论,比北魏洛阳的圆丘设置规划早了半个世纪。那么,徐爰为什么会发表这番议论呢？要解其意,我们需要补充以下几点。

"今圣图重造,旧章毕新,南驿开涂,阳路修远",指的是宋孝武帝建设驰道一事。《宋书》卷六《孝武帝纪》大明五年(461)闰月条载:"丙申,初立驰道,自阊阖门至朱雀门,又自承明门至于玄武湖。"可知驰道建设工程在徐爰提议两年后就完成了。此道始于阊阖门,直通朱雀门,异于

[①] [日]户川贵行:《劉宋孝武帝の礼制改革について—建康中心の天下観との関連からみた—》(刘宋孝武帝的礼制改革——基于以建康为中心的天下观的考察),《九州大学東洋史論集》(九州大学东洋史论集)第36号,2008年;《東晋南朝における天下觀について—王畿、神州の理解をめぐって—》(东晋南朝的天下观——围绕王畿、神州的理解),《六朝学術学会報》(六朝学术学会报)第10卷,2009年;《東晋南朝における建康の中心化と国家儀礼の整備について》(东晋南朝的建康中心化与国家仪礼的建设),《七隈史学》(七隈史学)第13号,2011年。以上诸文后均录入其著《東晋南朝における伝統の創造》(东晋南朝的传统与创造),东京:汲古书院,2015年。

原本的御道。从阊阖门出发意味着走兰台西大路出开阳门（津阳门），估计开阳门门道拓宽成三道就在这个时候。在已然有一条御道的现状下，仍建造这条驰道的理由是"南出道狭，未议开阐"，即原本的御道太过狭窄。这条御道是孙吴时期建邺的主干道路，后来应该是随着经济的发展渐渐人满为患。就在孙吴亡国前的天纪二年（278），岑昏主张重建官厅街，却因遭晋灭国未能付诸实施。而东晋虽也定都建康，但并未对道路进行整修，有《世说新语·言语》篇为证：

> 宣武移镇南州，制街衢平直。人谓王东亭曰："丞相初营建康，无所因承，而制置纡曲，方此为劣。"东亭曰："此丞相乃所以为巧，江左地促，不如中国，若使阡陌条畅，则一览而尽，故纡余委曲，若不可测。"

恒温（宣武）扩建的姑熟为阡陌纵横型道路结构的都市，而建康的街道并不是笔直的大道。王珣（东亭）为了替因此而遭责难的祖父王导（丞相）开脱，辩称这是王导的深谋远虑。看他上述的解释，不过是一种辩白而已。《景定建康志》卷一六《朱雀街》考证引用上述记事称："今台城在府东北，而御街迤逦属之朱雀门，则其势诚纡回，深远不可测矣。"很明显连御道都不是笔直的。大部分学者都在建康的复原图上把宣阳门至朱雀门的御道视为一条笔直的道路，而实际上我们在进行御道复原的工作时应更为慎重一些。

按照徐爰的说法，建康把南郊置于东南巳地是受狭窄御道的制约所致。但这是他为了将南郊移到正午之地而作出的牵强附会的说明，并非正确的论点。徐爰振振有词，似乎南郊是非置于正午之地不可的。诚然，东汉洛阳的南郊确实位于通南宫的平城门以南，以"南北郊路"相连。因此，近年来在日本的研究者中，也有持南宫和南郊应该是正对关系看法的①。然而,就当时的空间概念而言,这种看法未必就是正确的。《续汉书·祭祀志上》记录了光武帝建武二年(26)在洛阳城以南七里处首次建造圆丘一事:

> (建武)二年正月,初制郊兆于洛阳城南七里,依鄗。采元始中故事。为圆坛、八陛,中又为重坛,天地位其上,皆南乡,西上。其外坛上为五帝位。青帝位在甲寅之地,赤帝位在丙巳之地,黄帝位在丁未之地,白帝位在庚申之地,黑帝位在壬亥之地。

记事中明确了五帝在圆坛上的位置。值得注意的是赤帝之位非正南而是"丙巳之地",即东南微南。《礼记正义·郊特牲》孔颖达疏曰:"其祭天之处,冬至则祭于圆丘。圆丘所在虽无正文,应从阳位,当在国南。"可知经典并未对圆丘的位置作出明文规定。但孔颖达在疏中引用郑玄《驳五经异义》所载"明堂在国之南丙巳之地,三里之外,七里之内,其圆丘之祭",认为明堂在国都的"丙巳之地",而三里至七里之间则是圆丘祭祀的场所。这里所说的"三里至七里之间"是指平城门到明堂有二里②,圆丘在七里之处,这之间的三里至七里的地方是圆丘祭祀之地。从上面引用《续汉书·祭祀志》的记事以及《后汉书》卷一上《光武帝纪上》建武二年春正月条注引《续汉书》"制郊兆于洛阳城南七里"的记载,圆丘建在七里之地一事是毋庸置疑的。而"七里"这个数字其实跟五行是有关联的,参看《魏书》卷五五《刘芳传》里刘芳就郊祀的定位一事引用诸儒的论点就能一目了然:

> 卢植:"南郊,七里郊也。"贾逵云:"南郊,火帝炎帝,七里。"许

---

① 前引下仓涉《南北朝の帝都と寺院》,第200页。
② 《后汉书》卷一下《光武帝纪下》中元元年条李贤注引《汉官仪》:"明堂四面起土作堑,上作桥,堑中无水。明堂去平城门二里所,天子出,从平城门,先历明堂,乃至郊祀。"

慎:"南郊,七里郊也。"郑玄:"南郊,去都城七里。"高诱云:"南郊,七里之郊也。"王肃云:"南郊,七里,因火数也。"此又南郊七里之审据也。

遗憾的是,有关东汉洛阳南郊位于"丙巳"的记载未见于史料。不过,从《后汉书·光武帝纪下》中元元年(56)条注引《汉官仪》"北郊坛在城西北角,去城一里所"可知,北郊不在正北处,而是位于《续汉书·祭祀志》所载"黑帝位在壬亥之地",即北偏西。同理,推测南郊位于"丙巳"亦无问题。

建康之所以把郊祀放在"巳地",并非如徐爰所言是因为南道过于狭窄,而是因为建康继承了东汉、西晋洛阳的都城制度。《晋书》卷一九《礼志上》载:

元帝渡江,太兴二年始议立郊祀仪。尚书令刁协、国子祭酒杜夷议宜须旋都洛邑乃修之。司徒荀组据汉献帝都许即便立郊,自宜于此修奉。骠骑王导、仆射荀崧、太常华恒、中书侍郎庾亮皆同组议,事遂施行,立南郊于巳地。其制度皆太常贺循所定,多依汉及晋初之仪。

东晋于元帝太兴二年(319)始立南郊,采用依汉晋礼仪的贺循之说建于"巳地"。然而,《建康实录》卷五太兴二年条有不同的记载:

是岁,作南郊,在宫城南十五里①,郭璞卜立之。

其注又引《图经》曰:

---

① 各版本皆作"南北五里",今从校勘记改为"南十五里"。

在今县东东南十八里长乐桥东,篱门外三里,今县南有郊坛村,即吴南郊地。

这和《晋书》的记载有很大的出入。又,《景定建康志》卷四四《古郊庙》考证中引《晋书》和《建康实录》的记载后称:

《唐会要》:晋元建武二年定郊兆于建邺之南,去城七里。一坛之上,尊卑杂位千五百神。

《唐会要》版本众多,而今天常用的宋人王溥所撰《唐会要》卷八《郊议》、卷九《杂郊》、卷一〇《亲拜郊》等卷乃后世补写,因而上述记事在此版《唐会要》中没找到,但《景定建康志》所言,其依据或许在《唐会要》中有所记载。据此,东晋的南郊果然就是继承东汉洛阳的制度,位于城南七里处。

以上各种文献的记载虽有矛盾之处,但笔者估计,在元帝初年存在两个南郊。一是郭璞占卜定位、继承孙吴传统的南郊,另一就是由贺循定位、仿汉晋洛阳之仪、于距都城七里巳地建造的南郊。而徐爰口中的"东南巳地"的南郊,指的是后者。为什么这么说呢?因为宋孝武帝时期南郊被围在居民区内,而地处如此闹市的南郊,绝非郭璞占卜定位于篱门外的南郊,必是靠近秦淮河的那个七里南郊无疑。

郊祀本当在郊外举行,徐爰所言"非邑外之谓"的"邑外"即是郊外之意。刘芳探讨先儒各大家的观点,并引用纬书的注释书《宋氏含文嘉注》中东郊八里,南郊七里,西郊九里,北郊六里,中郊西南未地五里的记载。这里的距离,如刘芳引用郑玄"南郊,去都城七里"之说,指的是至都城的距离。但是,"郊"原本并非指这么近的距离。正如刘芳引用《宋氏含文嘉注》所称:"周礼,王畿千里,二十分其一以为近郊。近郊五十里,倍之为远郊。迎王气盖于近郊。汉不设王畿,则以其方数为郊处。""郊",指的是距离都城五十里或者一百里的地方。而东汉则定都城外方圆十里为"郊"的范围。"郊"之谓，究其实态，乃产生于都城之外的新空间。

然而，进入五世纪以后，中国的都城朝着超越"郊"的束缚的方向不断向外延展其空间，南朝和北朝的为政者都很关心的一件大事就是，在都市空间持续发展中确立怎样的规范。"徐爰论"出现半个世纪以后，北魏在洛阳建都之时，定东郊和西郊于都城三十里处。对此，南朝的流亡贵族刘芳持反对意见，说"至如三十里之郊，进乖郑玄所引殷周二代之据，退违汉魏所行故事"（前引《魏书·刘芳传》）。宋孝武帝的驰道建设和徐爰的南郊移筑可说是走在了历史的前沿。《建康实录》卷七注引《地记》描述牛头山的记载，说"至今此山名天阙山，自朱雀南出，沿御道四十里到此山"。牛头山距朱雀门四十里，两者间建有御道。顾名思义，"驰道"应该是相对笔直的一条道路。根据南郊"正在宫之午地"一说，始于朱雀门的御道亦当是规划成直线无疑。徐爰的南郊移筑是在宋孝武帝驰道建设之上进行的扩大延伸的举动。如果徐爰的都市空间构想得以实现，那么建康就会成为拥有北魏洛阳那样城郭的都城。

可惜，这个构想没能实现。徐爰的传记中说："世祖崩，前废帝即位，以郊旧地为吉祥，移还本处。"即孝武帝死后，南郊迁回原地。此外，还有一个可能性就是——据徐爰所言，建康城除御道外，原本还有一条"郊路"连接都城和南郊。

徐爰的南郊论之所以未能固定下来，应归咎于南朝受传统束缚严重这一点。北魏洛阳定圆丘为中轴线的基点是立足于东汉大儒郑玄之说，曹魏明帝时期，高堂隆首先在洛阳以南二十里处的委粟山上设置了圆丘，明显是为了与东汉的南郊划清界线[①]。这个圆丘在北魏孝文帝治下被重新启用，接着北魏宣武帝在建洛阳外郭之时将其移至正对太

---

① 见拙稿《汉六朝的郊祀与城市规划》，载余欣主编《中古时代的礼仪、宗教与制度》，上海：上海古籍出版社，2012年，第194—223页。修订后的日文稿载前引拙著《中国古代都城の設計と思想》，第25—48页。

极殿的伊水之阳①。如此,北魏虽并用东汉的南郊和郑玄的圆丘,但采用了郑玄的圆丘来决定了都城的中轴线。然而,西晋却不接受郑玄定义的这个圆丘,只承认始于东汉的南郊,之后的东晋南朝也继承了这个传统。有关这个南郊的定位,如前所述,受礼学和传统的制约相当严重。徐爰所言"郊祀之位,远古蔑闻",确有理有据,但是由于南朝王权意在通过继承汉晋的礼学和传统来确保王权的正统性②,所以徐爰之论就有悖于此。比起北魏后来把圆丘从委粟山移到伊水北岸的举动,建康南郊移筑的档次明显要高很多。

综上所述,建康的中轴线并未像北魏洛阳那样得到进一步的发展,它在中轴线基准的都市设计发展的中途遭遇了滑铁卢。

三、建康城的环状布局

北魏于六世纪初建圆丘,确立了太极殿至圆丘的直线为都城的中轴线,并扩建东西二十里、南北十五里的外郭城,营造了新的都市空间。笔者认为,北魏洛阳的外郭是以"太极殿→圆丘"中轴线为基准,左右各扩十里而建的(图5-4)。相比较而言,建康城中轴线的发展显然不如北魏洛阳城来得成熟,它在建康城的都市空间布局中至多只被赋予了御道沿街的任务。《隋书》卷七《礼仪志二》记梁朝天监三年(504)尚书左丞何佟之等人的奏议如下:

> 是岁,都令史王景之,列自江左以来,郊庙祭祀,帝已入斋,百

---

① 北魏洛阳外郭的建设是在宣武帝景明二年(501)九月,委粟山圆丘移筑伊水之阳是在同年十一月。参见(北齐)魏收撰《魏书》卷八《宣武帝纪》景明二年十一月条:"壬寅,改筑圆丘于伊水之阳。"北京:中华书局,1974年,第194页。

② 中村圭尔:《南朝国家論》(南朝国家论),《岩波講座世界歴史9·中華の分裂と再生》(岩波讲座世界历史9·中华的分裂与再生),东京:岩波书店,1999年。

姓尚哭，以为乖礼。佟之等奏："案《礼》，国门在皋门外，今之篱门是也。今古殊制，若禁凶服不得入篱门为太远，宜以六门为断"。诏曰："六门之内，士庶甚多，四时蒸尝，俱断其哭。若有死者，棺器须来，既许其大，而不许其细也。到斋日，宜去庙二百步断哭。"

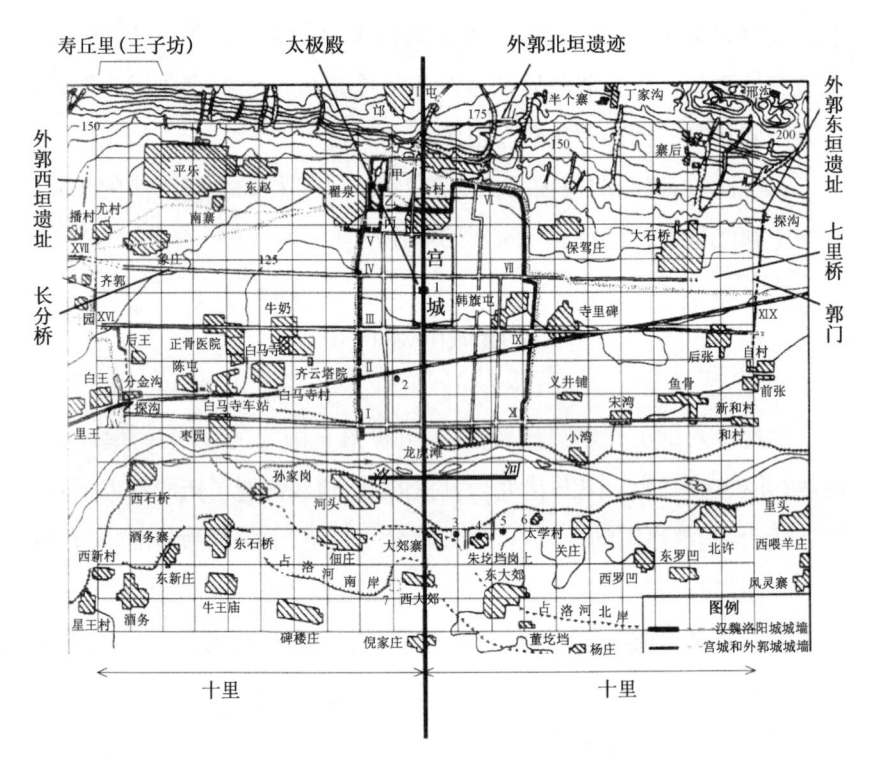

图 5-4　北魏洛阳外郭示意图

［基于《汉魏洛阳城遗址研究》第 621 页所载"汉魏洛阳城遗址及地形图"（原载《考古》1993 年第 7 期）绘制］

这段议论类似建造北魏洛阳外郭时的疏议。文中提到了两处礼仪空间，一为六门之内，即都城之内；一为篱门之内。篱门是环绕都城一大圈的"第二都市空间"。《陈书》卷一八《韦载传》即有"载有田十余顷，在江乘县之白山，至是遂筑室而居，屏绝人事，吉凶庆吊，无所往来，不入篱门者几十载。太建中卒于家"的记载。

《太平御览》卷一九八《藩篱》引《南朝宫苑记》曰:"建康篱门,旧南北两岸,篱门五十六所,盖京邑之郊门也",篱门亦称"郊门"。又,根据《宋书》卷四三《傅亮传》"元嘉三年,太祖欲诛亮,先呼入见,省内密有报之者,亮辞以嫂病笃,求暂还家。遣信报徐羡之,因乘车出郭门,骑马奔兄迪墓"的记载,可知亦被称作"郭门"[1]。

关于建康篱门的范围,在《南朝宫苑记》中有详细的描述:

> 江左初立,并用篱为之,故曰篱门。南篱门在国门西;三桥篱门在今光宅寺侧;东篱门本名肇建篱门,在古肇建市之东;北篱门今覆舟东头、玄武湖东南角,今见有亭,名篱门亭;西篱门在石头城东,护军府在西篱门外路北;白杨篱门外有石井篱门。

篱门的具体范围,可参考《南京城墙志》中的"南朝梁代建康布局示意图"[2]。(图5-5)卢海鸣还指出,《资治通鉴》卷一六二梁武帝太清三年(549)五月条胡注引《金陵记》的以下记载与上文亦有关联[3]:

> 梁都之时,户二十八万。西石头城,东至倪塘,南至石子冈,北过蒋山,南北各四十里。

前面引自《金陵记》的记事亦收录在《太平寰宇记》卷九〇《江南东道二》"昇州"条中:"梁都之时,城中二十八万余户。西至石头城,东至倪塘,南至石子冈,北过蒋山,东西南北,各四十里。"因此,"东西南北,各四十里"是正确的。卢氏比较《南朝宫苑记》与《金陵记》的记载,指出

---

[1] 前引《南京城墙志》第二章第一节"都城与外郭",第39—41页。
[2] 前引《南京城墙志》,第37页。
[3] 卢海鸣:《六朝都城》第三章第三节"外郭",南京:南京出版社,2002年。

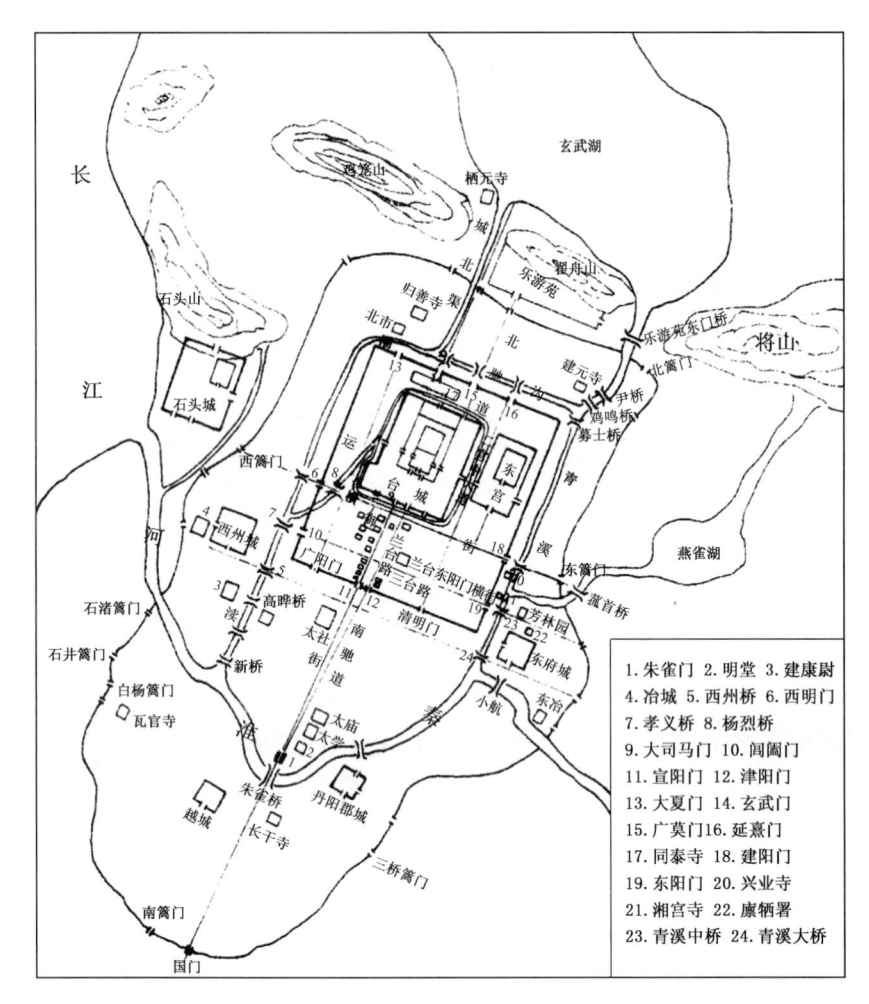

图 5-5 南朝梁代建康布局示意图

（引自杨国庆、王志高《南京城墙志》，第 37 页）

建康外郭的西界和南界差不多一致，北界相对远一些，而东界则远远超出原先的位置。如此，建康都市空间的扩展方向一目了然。

结合卢氏所言，笔者认为，西篱门在石头城的东面，即《金陵记》中谓"西至石头城"。据《宋书》卷七《前废帝纪》永光元年（465）秋八月条"庚辰，以石头城为长乐宫，东府城为未央宫。罢东扬州并扬州。甲申，以北邸为建章宫，南第为长杨宫"的记载，宋孝武帝之后的前废帝，以汉长安城的宫殿名给都城四面的城命名。从这个时候开始，石头城就已被视为在都城空间之内。《南史》卷一〇《陈本纪下》后主纪祯明二年(588)十一月条曰："于郭内大皇佛寺起七层塔，未毕，火从中起，飞至石头，烧死者甚众。"《建康实录》卷二〇也有"又于郭内大皇寺造七层塔，未毕功，而火从中起，飞向石头城，烧人家无数"的记载。描述了郭内大皇寺的大火越过外郭祸及石头城、烧毁无数人家的情景。由此可见，当时石头城附近民宅鳞次栉比，从而说明当时建康的都城空间已经扩大至篱门外。

南篱门位于国门的西面。如前所述，宣阳门与国门之间的距离为十二三里。根据《金陵记》的记载，城南至石子冈。《景定建康志》卷一七亦有"石子冈，一名石子墩，在城南十五里"的记载。

北篱门在覆舟山的东端、玄武湖之东南角。《金陵记》中说城北过蒋山。如此看来，建康的都市空间已扩展到玄武湖的北侧。

东篱门位于旧肇建市的东面。肇建市的具体位置虽不甚明确，估计应在外清溪附近。《金陵记》中提到的"倪塘"，根据《景定建康志》卷一九的记载，"倪塘，在城东南二十五里"。

综上所述，根据《金陵记》中有关建康都市空间的描述，确如卢氏所言——建康都市空间向北面和东面扩展。说明建康都市的扩展并非青睐南面，除去阻于长江的西面，建康的都市空间以15—25里的半径向东、南、北面呈环状扩展。

尤其值得我们关注的是都市空间向北大幅扩展这一点。而洛阳城的都城和唐长安城皇城皆位于外郭的中央偏北处，这可以说是建康不同于洛阳与长安的一个特点。建康北郊的迁移，也与建康城都市空间向北扩大一事息息相关。《宋书》卷一四《礼志一》有如下记载：

北郊，成帝世始立，本在覆舟山南。宋太祖以其地为乐游苑，移于山西北。後以其地为北湖，移于湖塘西北。其地卑下泥湿，又移于白石邨东。其地又以为湖，乃移于钟山北京道西，与南郊相对。后罢白石东湖,北郊还旧处。

在《通典》等众多史书中,"钟山北京"作"钟山北原"。"京"和"原"皆指平坦之地①。

建康北郊的迁移可谓瞬息万变:覆舟山之南→覆舟山西北→玄武湖湖塘西北→白石邨东→钟山北原道西→白石邨东。白石邨位于今天的南京长江大桥南引桥的东面,钟山北原道西应该是在太平门外玄武湖的东面②。由于北郊历来不似南郊般受各代王朝的重视,所以被排除在争议对象之外,因而其选址的自由度也就相对较高。而建康北郊的迁移,多是伴随苑地、池湖的建设而进行。

试举一例来阐明建康北部的开发情况。宋孝武帝于大明三年(459)九月在玄武湖以北建上林苑,大明六年(462)冬十月条记曰:"上林内民庶丘墓欲还合葬者,禁勿。"可见在这个空间中曾限制修墓③。

建康都市空间北扩和东扩,是在城市原本就呈环状布局的大背景下进行的。建康都城为水路所环,南有秦淮,东有青溪,北面有潮沟,西有运渎。这些水路沿岸通常就形成了居住区,其中青溪和潮沟的沿岸,上层人士的住宅林立。中村圭尔指出,住宅区位于环绕都城的水路沿岸,是建康的一大特征④。

建康除四面环水之外,还被众多市场包围着。《景定建康志》卷一六引《宫苑记》作如下描述:

---

① 张学锋:《论南京钟山南朝坛类建筑遗存的性质》,《文物》2006 年第 4 期。
② 张学锋:《论南京钟山南朝坛类建筑遗存的性质》。
③ 《宋书》卷六《孝武帝纪》,《南史》卷二《宋本纪》载:"诏上林苑内士庶丘墓欲还合葬者,勿禁。"
④ 中村圭尔:《建康と水運》(建康与水运),载其《六朝江南地域史研究》,东京:汲古书院,2006 年,第 484—511 页。原载中国水利史研究会编《中国水利史論叢:佐藤博士退官記念》(中国水利史论丛:佐藤博士退官纪念),1984 年。

吴大帝立大市,在建初寺前,其寺亦名大市寺。宋武帝永初中,立北市,在大夏门外,归善寺前。宋又立南市,在三桥篱门外斗场村内,亦名东市。又有小市、牛马市、谷市、蚬市、纱市等一十所,皆边淮列肆裨贩焉。内纱市在城西北耆阇寺前。又有苑市,在广莫门内路东,盐市在朱雀门西。

郭黎安在其著《六朝建康》中对这些市场的布局作了详细说明[①],但就其布局特征,她仅提到建康打破了前朝后市的传统格局这一点。笔者更为关注的是,市呈环状包围都城的分布形式。

如前所述,东汉的四郊空间呈等距分布于都城四面。其中,南郊作为皇帝受天命的场所倍受重视。而自曹魏明帝建太极殿始,都城的中心渐渐聚焦于太极殿。对南郊和太极殿的这种重视,催生了都市空间偏向城南发展这一构思的出现。

建康宫城偏北的布局,不仅符合"天子南面"的传统思想,也符合上文所言"南郊重视论"的思想。但是,实际上这并不是理论先行的结果,而是受建康的地理条件的影响所致。《晋书》中类似"涛水入石头,漂没杀人,大航流败"的记载举不胜举。《梁书》卷三《武帝纪下》大通五年(533)五月条也有"京邑大水,御道通船"的记载。由此可见,能避开洪水之灾的地区必定是少之又少。

而建康的都市设计方案,一方面,连接宫城与朱雀航的御道得以大力发展,极有可能成为都市设计的中轴线;而另一方面,由于建康四面环水,除受阻于长江的西面之外,都市空间大可朝着北面和东面扩展开去。面对这两种选择,在自命为汉文化继承者的东晋南朝政权下,构筑都市空间于太极殿和南郊之间的构想并未成为主流,倒是后一种可能性得到实现和发展。在南朝梁代,建康位于都城空间朝北、东、南三面发展的大建康的中央。同时,在思想上,三面的发展不分优劣尊卑,从

[①] 前引郭黎安《六朝建康》第三章第三节"商业与市场分布"。

而形成了同心圆环状的都市空间。

结　语

　　佐藤武敏指出，西汉长安鼎盛时期的城市人口为十六万，若加上城外人口，则整个长安大约有二十四万六千二百人；以首都而言，这样的人口规模不算太大，而究其原因，应该是长安附近的长陵、茂陵等陵邑作为卫星城市，与长安一起构成了首都圈之故①。即便如此，参考东汉永和五年(140)河南尹的总人口为一百零一万八百二十七，与之相比，长安确实应当算是一座大都市，因为，在西汉鼎盛时期，包括长安在内的三辅，其总人口超过了二百四十万。然而，在洛阳附近则没有发现陵邑这一类卫星城市的存在。

　　另一方面，汉帝国崩溃后的人口移动，为都市的发展提供了一个良好的契机。诚然，三国至东晋十六这段时间，频繁的战事导致了人口的锐减，因而未能形成大都市。但五世纪以后进入南北朝时期，都市大型化工程重启，建康和北魏洛阳就诞生于此。根据《洛阳伽蓝记》卷五的记载，洛阳的户数为十万九千余，以一户五人计算，约有五十五万人。在东西宽二十里、南北长十五里的洛阳城内，容纳了西汉长安两倍多、东汉河南尹总人口一半以上的人口，不愧为中国首座人口密集型都市。

　　据《金陵记》载，同一时期，梁代建康的人口为"二十八万余户"。关于这个数据，有学者认为其并非"户数"而应为"户口数"②。参考《宋书》卷三五《州郡志一》，包括建康、秣陵、丹阳、江宁、永世、溧阳、湖熟八县的丹阳尹，其户数为四万一千零一十，口数二十三万七千三百四十一，萧梁时期建康的二十八万户数确实过多。不过，就算这不是户数而

---

　　①　佐藤武敏：《长安》，东京：讲谈社，2004年，第77页。原书初刊于1971年，由近藤出版社出版。

　　②　前引卢海鸣《六朝都城》第八章第一节。

是户口数，那东南西北各四十里的萧梁建康也拥有了超过西汉长安、多于整个丹阳尹的二十八万人，从而无法不承认当时建康的人口密度也相当大这个事实。而建康的都市设计规划之必要性的背景之一，正是建康人口密度的激增。

那波利贞认为，日本都城设计的模仿对象——长安的都城制度打破了中国历代"中央宫阙、前朝后市"的传统，而开启先河的则是北魏洛阳城。那波氏所说的"前朝后市"是指宫城北面也有市民进行经济活动的场所。若按此解释，都城东西南北皆"街市"的繁华都城——北宋开封也是前朝后市型都市，明都北京亦然。而在拥有宫城的中国都市当中，只要是像南宋临安这样受其特殊地理环境制约的，其都市布局必呈环状。如前所述，西汉长安同若干个卫星城市共同构建成首都圈，不属于具有特定中心的环状布局都市。到了东汉洛阳时期，在其四郊建设过程中出现了环状布局的萌芽，但作为人口密集型都市的发展仍不充分。人口密集型都市产生于五世纪，北魏洛阳城以及沿袭洛阳的隋唐长安城、洛阳城都采用了在宫城南面安置住户的制度。从这个意义上来说，建康是首个环状布局的人口密集型都市。笔者认为，建康在中国都城史上的定位应该从这一点来分析论证。

六朝建康的都市空间

[日]盐泽裕仁

冯 慧译

前 言

三国吴、东晋、宋、齐、梁、陈六朝的国都建康（吴称"建业"，今江苏省南京市。除特殊说明外，本文统一使用"建康"一词，专指东吴建业时使用"建业"），有一处被称为"石头城"的重要防卫设施。孙权（222—252年在位）迁都建业后，在营建大城（六朝时亦称"台城"）的同时，也开始建设石头城[①]。隋平陈，将六朝宫阙荡平耕垦，石头城作为州治仍继续发挥作用[②]，且因其位置与大城相邻，故而在城市的平面布局上也具有极其重要的意义。然而，作为防卫设施的石头城，尽管知名度很高，但其功能及其与都市的关系问题却极少被列为探讨的对象[③]。

立国于朝鲜半岛的高句丽、百济，其都城空间可以使人联想到建康大城与石头城的位置关系。具体来说就是高句丽平壤的安鹤宫与大城山城、百济熊津（今公州）的公州宫与公山城、百济扶余的扶余宫与扶苏山城（泗沘城）。尤其是百济的都城空间，从其北侧到西侧有锦江围绕，

[①] 《三国志》卷四七《吴书·孙权传》。

[②] 《隋书》卷三一《地理志下》"丹阳郡"。

[③] 见拙稿《六朝建康的城市防卫体系试探》，《东南文化》2001年第1期。拙稿提出大城外诸遗址与城市的关系后，卢海鸣也展开了积极研究，见其《六朝都城》，南京：南京出版社，2002年。

山城立于江岸,宫城则营建于山后的谷间平地,陵墓区设置在周围的山谷地带。仅就平面布局而言,百济都城的所在地与建康的地势极为相似。众所周知,六朝时期朝鲜半岛各国与中国各王朝之间有着频繁的交流,因此,其都城的营建,当然也应该考虑是否受到了建康都市布局的影响。那么,作为原型的建康城拥有怎样的城市空间,又是如何经营的呢? 遗憾的是,关于这个问题,我们很难说已经有了足够的研究成果。建康城遗址位于现今南京市区的地下,无法期待会出足够的考古成果,甚至大城的所在地也无法确定。换句话说,在现有条件下,我们只不过是根据零星的资料构建了建康都城空间的概况而已。日本也有几处城市在布局与上述朝鲜半岛各都城类似,如大宰府与水城、大野城,吉备国府(总社)与鬼之城的关系。因而,探究该时期的东亚中心——建康的都城空间,不仅对朝鲜半岛而且对讨论日本古代城址的面貌,也是不可缺少的课题。这也更加凸显出建康都城研究的意义。

城市是处于时空轴上不断完成变化的生态体,各色人等在那里居住、营生,历经盛衰。因此,要了解一个城市的面貌,有必要首先设定这个城市从形成到消亡的时间轴,然后在一个个坐标点上验证其地域空间的多重变迁。以此方法为前提,本文设定以下 3 个主要论题:

1. 建康独特的发展性;
2. 大城亦即郭域的空间结构及其防卫构想;
3. 与建康密不可分的地域空间(都城境域)的确定。

这里所说的大城,是指围绕在内城(宫城)外侧的坚固城墙(建康城周长约二十里)①及其内部空间。还有,"都市"这一表述还应该包括大城外周边地区形成的居住空间。更进一步,所谓的"都市空间",是指与

---

① 建康,《建康实录》卷二《太祖下》黄龙元年(229)条:"建业都城周二十里一十九步。"洛阳,《续汉书》卷一九《郡国志》引《帝王世纪》:"城东西六里十一步,南北九里一百步。"同书《郡国志》刘昭注引《元康地道记》:"城内南北九里七十步,东西六里十步,为地三百顷一十二亩有三十六步。"

城市功能密切相关的、处于其周边的地域空间,而笔者所说的都城,还包括作为首都的都市所拥有的腹地空间①,并非单指大城本身。然而,正如众所周知的那样,建康并不存在外郭城。本文主要着眼于讨论相当于外郭城的空间范围及与郭外建康有着紧密关系的地域空间。为方便起见,本文将前者称为"郭域",后者称为"境域"。

一、建康独特的发展性

众所周知,建康大城外设有居住区和商业区,许多官署也安置在大城之外。然而,至于为什么会在大城之外设置街市,对这个问题的探讨却不多。但是,对于思考建康的城市规划(时空上的城市构造)而言,这一点理所当然是无法避免的问题。既然街市在城外发展起来,那么都城的防卫就成了一个课题,这一点也可以用来思考石头城的功能问题。因此,笔者认为,建康城不断朝着大城外扩展的要因应该是首先探讨的问题。

在考虑都城建康的各种环境时,我们发现与中国王朝营建的其他都城相比,建康具有很多独特的地方。

(一)建康不存在环绕整个都市的城墙,建康城街市以外的地区设有许多篱门,以此为空间上的结点来表示都市的郭域范围②。与传统中国都城用坚固的城墙将都市整体包围在内的规划全然不同。

---

① 《六朝事迹编类》卷一《总叙门·六朝宫殿》中谈及台城、东府、西州、仓城之后曰:"《宫室记》云,皆不出都城之内。"认为台城外的区域也属都城。关于都城,可参考[日]砺波护《中国都城の思想》(中国都城的思想)[《日本の古代》(日本的古代)9《都城の生态》(都城的生态),东京:中央公论社,1987年]、宫崎市定《中国城郭の起源异说》(中国城郭起源异说)(《宫崎市定全集 3 古代》,东京:岩波书店,1991年)。

② 《太平御览》卷一九七《居处部二十五》引《南朝宫苑记》。

（二）长安、洛阳均为统一王朝的都城，建康则不然。定都建康的王朝具有流寓性质，收复中原、回都中原是其使命，因此建康只是其暂时的都城，处于慢性休战体制之下亦成为其独有的时代背景。

（三）施行贵族制政体，这也是魏晋南北朝时期特有的社会构造。随着西晋的灭亡，东晋、南朝时期出现了作为寄生阶级的贵族（非生产集团），他们垄断了包括文化在内的社会各领域。

（四）侨民的流入显著。建康附近设置了彭城郡等侨郡县来安置南渡的华北人士，不难想见，在建康的都市范围内，南迁的侨民其实占有相当比例。但因侨民复杂的户籍问题，实际数量难以确定。

（五）具有江南特有的自然环境和地域特征。建康以长江水系为基础，在此之上成为了交通与物流的中心。此外，与中原的旱田麦作相对，建康以稻作为主，由此形成了独自的生产、文化体系。

以上仅列举了几项尤其值得关注的方面，但这些问题，都是在探讨建康都城的特征时不可回避的方面。其实建康城在不断的发展中无奈选择向大城外围延展的主要原因，也正藏匿于上述几个问题之中。从这些问题点出发，我们将建康向大城外围延展的主要原因整理成以下四点。

1. 孙吴及东晋初年，均是以长沙桓王将军府为基础营建的都城，且长期存在财政困难问题

初创时期的孙吴建业城，城周绕有二十里十九步的土墙竹篱[1]，宫室是以长沙桓王（孙策）的将军故府为基础修造的[2]，竹篱环绕于宫室

---

[1] 《景定建康志》卷二〇《城阙志一·古城郭》。
[2] 《建康实录》卷二《太祖下》黄龙元年（229）条。

之外的大城。与武昌宫①或邺北城②等都城相比，建业的规模不大，正与其发迹时期所处的阶段相匹配。东晋元帝司马睿（318—322 年在位）的安东将军府也建立在吴宫的旧基之上③。由于苏峻之乱，宫城遭彻底焚毁，于是在大城范围内的苑城中新修宫室，但因财政问题，未能实施大城的扩充④，因此，政府机构的增设及居住区域扩展等空间当然只能求诸大城之外了。

2. 从地方政权成长为王朝及都市化的加速

作为王朝首府，其特征之一就是会促进人口的增长及商业的集中。然而，由于东晋朝廷"主弱臣强"，统治阶层内部存在着诸多矛盾，所以大城内部的整治与完善迟迟得不到进展，而街市的发展速度却远远超出预期。⑤ 整治大城外侧逐渐繁荣起来的广阔街市，将之建成类似长安、洛阳那种规模的大都市，成为当时朝廷的主要建设事业，而因山水等自然环境在都城防卫上已足以保一时之安，加上严重的财政问题，大城的大规模扩建并未被视为当务之急。

3. 因贵族制社会造成的政权虚弱化及贵族谋求独立性

贵族与豪族在保证自身势力的同时，专注于经营各自的宅邸和庄

---

① 鄂州市博物馆、湖北省文物考古研究所：《六朝武昌城考古调查综述》，《江汉考古》1993 年第 2 期；蒋赞初、李晓晖、贺中香：《六朝武昌城初探》，载《中国考古学会第五次年会论文集》，北京：文物出版社，1985 年，后又收入蒋赞初《长江中下游历史考古论文集》，北京：科学出版社，2000 年；湖北省文物考古研究所、鄂州市博物馆：《六朝武昌城试堀简报》，《江汉考古》2003 年第 4 期。

② 中国社会科学院考古研究所、河北省文物研究所邺城考古工作队：《河北临漳邺北城遗址勘探发掘简报》，《考古》1990 年第 7 期；刘心长、马忠理编《邺城暨北朝史研究》，石家庄：河北人民出版社，1991 年。

③ 《建康实录》卷五《中宗元皇帝》建武二年（太兴元年，318）条，卷七《显宗成皇帝》咸和五年（330）条引《地舆志》。

④ 《晋书》卷七《成帝纪》，卷六五《王导传》，《建康实录》卷七《显宗成皇帝》咸和五年（330）条引《地舆志》。

⑤ 陈明光：《六朝财政史》，北京：中国财政经济出版社，1997 年，第 131—142 页。

园。在狭窄的大城内营造宅邸受到了不少制约,建于城外不但便于施展,应该也有与皇权抗礼的意味。贵族们在城外形成独立的居住区,而一般居住区与商业区则设于别处。如下文所述,这样会形成所谓的住所分区。皇权一侧致力于谋求大城内的坚固防卫(大城砖墙化和三重宫殿①),与之相对,钟山等地则成为拥有私家部曲的贵族宅邸的集中区域,形成了相对独立的都市空间。也就是说,贵族住宅的集中区域相对于宫城来说,是一个相对疏远的空间,这大概也可以作为一个视点。

4. 维持长期且持续的首都功能的另一面,内乱多发

反复发生的内乱阻碍了大城内居住环境的整治与发展。当然,内乱作为内部纷争,任何一方都难有所获,从都市经营的角度来看,完全是毫无意义的浪费,还因此导致了以皇帝为首的朝廷长期陷于财政困境。然而,都市虽然会受到暂时的损害,但因建康一直发挥着都城的功能,所以大城之外的居民区、商业区的复兴速度很快,与战乱后重建迟缓的大城内部相比,在发展和恢复上远较大城有利。此外,江南地区土地生产力的卓越,可起到支撑其发展、恢复的作用。

二、大城、郭城的空间构成及其防卫构想

下面我们首先来看大城之外延展的建康的都市面貌及郭域空间的构成。

(一) 建康的都市平面图——基于研究史上的理解

六朝建康城后来又成为南唐和明朝的都城,后世的都市位于其正上方,地层上下叠压。不仅如此,现在的南京市区也广布于其正上方,使得考古调查和发掘变得异常艰难。因此,在讨论宫城和大城的位置

---

① 《南齐书》卷二《高帝纪下》建元二年(480)五月条,《梁书》卷二《武帝纪中》天监十年(511)条,《建康实录》卷一七《高祖武皇帝》天监十年条。

与形制时,绘制出来的都市平面图多种多样,无有定说,故必须慎重使用前人绘制的复原图①。然而,对把握都市面貌而言,都市的平面图又是不可或缺的,我们必须尽可能对都市平面布局有一个基本认识,以便下一步对建康的都市空间展开讨论。基于上述几点,作为探讨建康城300年间都市空间及其防卫构想的前提,首先要在手边准备一份以卫星地图(1978 USSR 1/100 000 ГЕНЕРАЛЬНЫЙ ШТАБ)和陆地卫星(Londsat 美国陆地卫星)图像为基础的蓝图(都市平面图草案),然后记录下一步作图时应该留意的地点与论据。还有,笔者主要的着眼点在于理解大城之外延展出来的建康地域空间的整体面貌,因此,关于宫城的位置及大城内部的详细布局问题,本文不再涉及。

1. 前人的主要复原方案

(1) 朱偰复原图②

朱偰认为大城的四至为:南线沿干河,北面在北极阁下、鸡鸣寺前,西至中山路西,东界在成贤街。他推测在这一范围内存在着正方形的大城(大城内部设置方形宫城),中央设有一条南北向笔直的御道。他认为今北极阁(六朝鸡笼山)东南麓的鸡鸣寺一带可比定为萧梁武帝所建的同泰寺,这一点也是其判定大城位置的重要论据。

朱偰绘制的平面图问世后,中国(包括台湾地区)对建康城的研究基本沿袭其说,时间长达半世纪之久。朱偰的复原基于严谨的史料分析,但其假设且强调的正方形城郭以及都市中轴线的方位等问题,还有很多值得讨论的余地。我们应当充分认识到,这项成果是建康城研究的基础,但同时也必须认识到其局限性,避免轻易借用原图。以朱偰的成果为基础,并彻底对其进行检验且加以修正的学者是刘淑芬③。不

---

① 除注文中列举的以外,还有很多可供借鉴的研究文献,主要部分一并列于文末。

② 朱偰:《金陵古迹图考》,上海:商务印书馆,1936年。中华书局2006年重新出版。

③ 刘淑芬:《六朝的城市与社会》,台北:学生书局,1992年。

过,在她的修正案中,运渎等水系的位置、流向依然存在着一些问题。

(2) 秋山日出雄复原图①

秋山日出雄对建康城的复原在很大程度上参考了洛阳城的布局。他在推定大城外围的外郭城时,暂且不论有无外郭,首先考虑城市的郭域,这一点十分重要。他的复原案,从方法论上看应该是具有说服力的,但存在过度依赖洛阳城布局之嫌。建立在孙吴建业旧基上的建康都城,在地形上如何接受来自洛阳的影响,这一点是有很大问题的。

洛阳城建于黄土沉积盆地上,而建康城则立足于长江岸边的平原上,二者在自然地形地貌上有很多差异,不从具体的环境出发,只考虑礼制性观念在规划上的体现,这本身就存在问题。

(3) 郭黎安、中村圭尔复原图

郭黎安通过实地考察,绘制了《建康水道图》,从宫城与运渎、珍珠河的位置关系出发,讨论了宫城应在的位置②。郭黎安的水系复原对探讨城址位置问题具有重大的意义,在建康城的复原研究上是一大进步。中村圭尔的成果则基于郭黎安的水系布局,对大城的平面规划进行了复原③。若六朝建康水系的复原是正确的话,那么从方法论上看,中村的复原图是最值得认同的。然而,考虑到长江河道的西迁、秦淮河河道的移动以及南京市内渠道的变化等各种因素,可知南京周边的水系变化是比较显著的,所以很多问题需留待日后解决。

---

① [日]秋山日出雄:《南朝都城"建康"の復元序説》(南朝都城"建康"的复原序说),橿原考古学研究所编《橿原考古学研究所論集》(橿原考古学研究所论集) 7,东京:吉川弘文馆,1984年。

② 郭黎安:《试论六朝时期的建业》,《中国古都研究》,杭州:浙江人民出版社,1985年;《六朝建康》,香港:天马图书有限公司,2002年。

③ 中村圭尔:《建康の"都城"について》(关于建康的"都城"),载唐代史研究会编《中国都市の歴史的研究》(中国都市的历史性研究),东京:刀水书房,1988年。

(4) 郭湖生、马伯伦复原图①

郭湖生的复原图基本为方形,沿袭了朱偰的复原方案,但引人注目的是他修正了同泰寺和潮沟的位置,否定了鸡鸣寺北侧的古城墙为南北朝时期遗迹这一传统旧说,指出台城(内城)与大城(外城)的北城墙是重合的。除此之外,他还首次提出宫城位于今大行宫一带。这个观点彻底改变了朱偰以来的传统说法(宫城位于今东南大学四牌楼校区)。郭湖生的复原虽然在形制上还存在着可商榷之处,但其对台城内部设施的分布与各机构位置的详细分析,可资参考者颇多。

马伯伦的复原图与郭湖生的方案基本一致。但郭湖生的研究几乎没有关注到青溪、运渎这两条渠道之间的距离,也没有与现在市区地图进行对照,鉴于此,马伯伦重新探讨了这一问题,并将复原图修正为南北向长方形的布局。

(5) 外村中②、张学锋复原图

外村中重新评述了既往的研究成果,并对应各种文献记载进行考证。他以宋代江宁府城的所在地为基点,确定了都城(大城)和宫城(台城)的位置,从活用文献的意义上说,堪称是里程碑式的成果。此外,他从各城门的位置出发,把握大城内部的布局,这也是非常重要的视角。与以往的研究相比,外村中首先确定江宁府城所在地的做法,可以说是做到了有的放矢,但其考证仅限于大城的位置,未能充分论证都城的存立环境,也未能充分考证建康从东吴将军府出发,在不同阶段向外延展后的形制、结构等问题(也包括与京口、武昌的比较以及江南地区都市建造法等相关问题),很多疑点可以留待今后进一步讨论。

张学锋确定了中轴线御道南端的位置,探讨了城东防卫线青溪的轨迹,并由西州城的位置推断了运渎的位置。他还将大行宫发掘的北

---

① 郭湖生:《六朝建康》,《建筑师》第 54 期,1993 年;《台城辩》,《文物》1999 年第 5 期。

② 外村中:《六朝建康都城宫城考》,载田中淡编《中国技术史の研究》(中国技术史研究),京都:京都大学人文科学研究所,1998 年。

偏东25度的六朝道路与当代地理信息进行比对并加以验证，运用文献考证和最新考古成果，对外村中复原图（中轴线和南城墙的宽度不同）中秦淮河的宽度进行了修正①。如果把朱偰的复原方案看作是第一阶段，把就宫城的位置提出划时代见解的郭湖生复原方案作为第二阶段，那么外村中、张学锋的见解或许正可以置于第三阶段。

（6）近刊所见各类成果

基于以往的研究成果，立足当地地理环境，参考部分新获考古资料展开研究的成果有卢海鸣的《六朝都城》、贺云翱的《六朝瓦当与六朝都城》及杨国庆、王志高合著的《南京城墙志》等②。卢海鸣利用最近的考古成果，考量有关大城四至的讨论，提出了自己的方案。但其复原构想中建康大城的东界已远远超出青溪，这恐怕是问题的所在。但卢著的探讨范围不限于大城，还涉及邻近县城的遗迹，试图从大区域方向来把握建康城的问题，这个视角值得评价。贺云翱和外村中相近，均以水系为基础提出了自己的复原方案。贺云翱曾直接负责南京主要遗址的发掘，基于考古资料展开的探讨，其成果应该说是可资参考的。《南京城墙志》介绍了大量南京六朝考古取得的成果，书中刊载王志高的复原图。王志高与贺云翱一样，都曾是现场发掘的负责人。另外，郭黎安在其著《六朝建康》中，进一步发展了上述研究视点，她与笔者一样，试图研究在都城周围展开的地域空间及其与都城的关系，与本文的趣旨有着很多共通之处。此外，她还将这一论证法用在了对邺城的考察③。

---

① 张学锋：《六朝建康城的发掘与复原新思路》，《南京晓庄学院学报》2006年第2期。

② 卢海鸣：前引《六朝都城》；贺云翱：《六朝瓦当与六朝都城》，北京：文物出版社，2005年。关于复原方案，卢海鸣提出了正方形方案，贺云翱则以水系为基础提出了不规则方案。杨国庆、王志高：《南京城墙志》（南京：凤凰出版社，2008年）中收录的考古学资料是目前公开资料中最新的，但考古调查仍在进行中，其收录内容重点在于明代南京城，故省其详述。

③ 前引郭黎安《六朝建康》。郭黎安关于邺城的论考可见《魏晋北朝邺都兴废的地理原因》，载前引《邺城暨北朝史研究》。

综上所述，目前建康城的复原主要分为两大类：一类是探究大城的四至，假设其为直方形；一类以水系的复原为基础，认为是沿水系走向，复原成不规则形。"城墙是直的"在很多研究者心中几乎已成固定概念，而事实上，仅因土筑或夯筑法的不同，城墙也会出现弯曲程度的不同。围绕潮沟、青溪、运渎的位置，关于宫城布局的议论也意见不一。现在大城遗迹尚未得到确认，所以很难提出明确的布局图，仅有一些推断性的复原方案。本文无暇一一列举，这里仅举出对把握研究动向来说不可缺少的复原方案以资参考。

此外，所有的复原图都有一个逃避不了的要点，即秦淮河的河道，包括朱雀航的位置在内，本文例举的复原图都是以中华门北曲流的现代秦淮河为基点考虑的。但是，如果考虑到秦淮河河道的变迁，那么，大城与秦淮河之间的里程自然也就会有所变动，所以关于大城具体位置的讨论也会有很大的变化，这一点必须要认识到。

2. 现存遗迹与发掘状况

现鸡鸣寺南至东南大学四牌楼校区北侧，明清时期的城墙之下确认有六朝时期的城基，使用的砖长 48 厘米、宽 23 厘米、厚 10 厘米，城基残长约 200 米。至于此遗迹是大城的城墙还是宫城的城墙，长年以来没有定说[1]。与宫城相关的遗址，成贤街 43 号大院内、太平北路与珠江路交叉点西北角的小贵山、中山东路和太平南路交叉口的东北角等处，都确认有六朝时期的文化层[2]。除此之外，市内各处还出土了六朝时期建筑遗址的代表文物——瓦当，包括云纹、人面纹、兽面纹、莲花

---

[1] 罗宗真：《六朝考古》，南京：南京大学出版社，1994 年。另见其《探索历史的真相·江苏地区考古历史研究文集》，南京：江苏古籍出版社，2002 年；罗宗真著《古代江南的考古学—倭の五王时代の江南世界》(古代江南考古学——倭五王时代的江南世界)，中村圭尔、[日]室山留美子译，东京：白帝社，2005 年。

[2] 《南京日报》2001 年 12 月 24 日、《现代快报》2002 年 6 月 24 日均有报道，前引卢海鸣《六朝都城》第 75—78 页有关于这两起报导的介绍。

纹等各种纹样①。

从2001年5月开始,为了究明台城所在,考古队进行了两项发掘工作。一项是基于朱偰复原方案以来的传统观点,在东南大学和成贤街地区展开了调查,共计7个地点,但未发现任何与宫城、都城相关的遗址。另一项是对大行宫地区展开的调查,共计20个地点,发掘总面积超过1万平方米。在太平南路东侧的南京图书馆新馆、新浦新世纪广场、利济巷西侧长发公司的发掘现场,确认了规模较大的建筑遗址,包括城墙、城壕、道路、砖沟、砖井、木桥、砖筑房址等,这些遗存被认为是与宫城相关的遗迹。以上这两项发掘,否定了朱偰以来的传统观点,从而认定了大行宫周围和民国总统府一带才是台城的中心地区②。现在市区正处于开发之中,各处的发掘调查工作仍在进行,也许不久的将来,台城的四至和布局就可得以确认了。

除上述成果之外,钟山(紫金山、明孝陵内)还发掘了2座4层构造的方形积石祭坛遗址。根据瓦当等遗物,有学者认为这是刘宋时期的北郊坛遗址③。但是,从下文中将要叙述的北郊坛迁移演变的经过来看,无法作出以上断定。若假设其为北郊坛,那么对探讨城市的郭域倒是极其重要的资料。

遗址发掘资料对探讨都城是不可或缺的,但令人遗憾的是,与其他地区相比,南京公开发表的资料很少,信息也极为其有限。另一方面,近年来南京市开发范围广泛,相关的墓葬发掘资料也在陆续发表,期待两方面都能尽快地公布发掘资料。

3. 成为建康城复原里程基点的上元、江宁县治

关于建康的各种记载中,明确记载里程的主要文献资料有《建康实

---

① 前引贺云翱《六朝瓦当与六朝都城》上篇《六朝瓦当》。
② 前引杨国庆、王志高《南京城墙志》第二章《六朝京师城墙》。
③ 1号祭坛的报道有贺云翱、邵磊、王前华《南京首次发现六朝大型坛类建筑遗存》,《中国文物报》1999年9月18日。2号祭坛的报道有贺云翱、王前华、邵磊、廖锦汉《南京钟山六朝祭坛又获重大发现》,《中国文物报》2001年5月30日。

录》《元和郡县图志》《太平御览》《太平寰宇记》《景定建康志》《六朝事迹编类》等。这些文献编纂于唐、宋时期，其中提到并作为里程基准的县治为上元县治和江宁县治。因此，有必要首先确定这两个县县治所在。

关于上元、江宁两县的关系，《太平寰宇记》卷九〇《江南东道二·昇州》"江宁县"条载：

县本秣陵之地，属鄣郡。晋太康三年分淮水北为建业，水南为秣陵，即其地。晋元帝过江，始置江宁县①，南七十里故城存焉。隋平陈，废丹阳郡，并秣陵、建康、同夏三县入焉。开皇十年移于冶城。唐武德六年又移白下，改为白下县②。贞观七年移还治城，九年复为江宁县。至德二年置昇州，县名不改。至上元二年以童谣之言改为上元县。光启三年复为昇州，徙县于凤台山西南一里。天祐十四年五月（初）析上元之南十九乡、割当涂之北二乡，复置江宁县③即上元县为理所，东自太平桥街，北至淮水，与上元分界。

同书"上元县"条记：

晋江宁县地，唐贞观七年移还旧郭，即今所置县也。至九年改为江宁县。安禄山乱，肃宗以金陵自古雄据之地，时遭艰难，不可

---

① 《晋书》卷一五《地理志下》载："太康二年（晋武帝，281），分建邺置。"此外，《宋书》卷三五《州郡志一》载："太康元年（晋武帝，280），分秣陵置临江，二年更名江宁。"因此，元帝渡江（318）后始置江宁的说法应该有误。《景定建康志》卷一五《疆域志一》所言"晋太康元年，分秣陵置临江，明年改江宁。后废，永嘉中复置"也是错误的佐证。

② 《旧唐书》卷四〇《地理志三》江南东道润州"上元"条载，武德三年（高祖，620）改江宁为归化，八年（625）改归化为金陵，九年（626）改金陵为白下。校勘记指出，"六年"为"九年"之误。

③ 万延兰本、文渊阁四库全书"复"作"徙"。中山大学本、《景定建康志》卷一五、《至正金陵新志》卷四等引文为"复"。

以县统之,因置昇州,仍加节制,实资镇抚。时人艰弊,力难兴造,因旧县宇以为州城。禄山平后,复废州,依旧为县。上元二年改为上元县,隶润州。光启三年复为昇州,领上元一县。元治凤台山西南,今移在伪司会府。

也就是说,作为基点的上元县在唐上元二年(761)由江宁县改名而来,上元县是使用了江宁县治并加以改称的。之后的五代十国时期,杨吴天祐十四年(917),析西南19乡与当涂2乡重新别置江宁县,并且两县合署办公,县治均沿用了上元县旧治。直至清代,府、州、路等上级政区的治所也同样置于上元县城。因此,对于南京历史极其重要的两县县治的地点实际同为一处。虽然没有资料明确记载唐代上元县治所的地点,但关于江宁县治,《建康实录》卷二《太祖下》赤乌四年(241)条注云,"运渎旧有六桥,……次南出有西州桥。今县城东南角路东",可见其与西州城的关系。另外,《元和郡县图志》卷二五《江南东道》"上元县"条有关于"扬州故理"即扬州旧治西州城的记载:"扬州故理,在县东百步。……后会稽王道子于东府城领州。故亦号此为西州。"可知其位于西州城附近。关于西州城的所在地,《太平寰宇记》卷九〇《江南东道一·昇州》引《丹阳图》云:"扬州本在西州桥、冶城之间,是其理处。"同条"上元县古扬州城"载:"今江宁县城在其西偏。城东至西州桥,西至冶城,周回三里。"贺云翱根据《太平寰宇记》的上述内容,将旧运渎及西州桥的复原与考古学成果相结合,进行了详细考证,将之比定在今朝天宫(冶山、冶城)东侧一带[1],实为卓见。从与西州城、西州桥、旧运渎的位置关系来看,上元县治的地点也可以在朝天宫东侧一带探求。综上所述,本章以上元县为里程基准,并将其地点置于朝天宫东侧。

4. 篱门和郭域

《太平御览》卷一九七《居处部二十五·藩篱》引《南朝宫苑记》云:

---

[1] 前引贺云翱《六朝瓦当与六朝都城》,第186—194页。

> 建康篱门,旧南北两岸篱门五十六所,盖京邑之郊门也。如长安东都门,亦周之①。郊门,江左初立。并用篱为之,故曰篱门。南篱门在国门西。三桥篱门在今光宅寺侧。东篱门本名肇建篱门,在古肇建市之东。北篱门,今覆舟东头玄武湖东南角,今见有亭名篱门亭。西篱门在石头城东。护军府在西篱门外路北。白杨篱门外有石井篱门。

记载建康有 56 处篱门,并描述了主要篱门的位置。篱门位于大城外居住空间的外缘,由这一特征来看,这相当于本文探讨的郭域。

借助现存的地名,从江岸到倪塘对各篱门进行比定,会发现其走向与明朝的外郭城走向几乎一致。因此,也许可根据明朝南京的南郭墙考量六朝建康南侧的郭域线。而东府城的东侧也有篱门,因此,存在着一条从钟山南麓出发、穿过燕雀湖西岸(明代宫城的东侧)到达覆舟山东侧的北篱门走向。这条沿钟山山麓迂回的"L"形曲线应该就是东侧的郭域线。北侧有一条沿玄武湖南岸、鸡笼山北麓西行,穿过西侧丘陵通往石头城北侧的路线,这应该是北侧的郭域线。然而,篱门遗址迄今一个都没有确定,上述篱门曲线充其量只是一个假设,进一步的调查必不可少,如围绕篱门位置对当地地形进行勘察等等,这一点毋庸赘言。

5. 与京口、武昌的比较

三国吴也曾一度建都于京口(现江苏省镇江市)和武昌(现湖北省鄂城市)。这两个都城在整个六朝时期作为军事、交通的据点,有着极其重要的地位。如前所述,建康大城的位置及其形制仍未明确,但是,东晋成帝以后的建康城是建立在东吴建业大城的旧基之上的,建业与京口、武昌的营建时代相近,所以三者应该可以作为相互比较的对象。

---

① 关于"长安东都门",也可以解释为长安、东都之门,但将与长安并列的洛阳写作"东都"是不自然的。因此,笔者将之理解为为长安的郊门,即东边的都门。

幸运的是,武昌城城址和京口城城址已经进行过数次发掘调查,其调查报告所述城址规模与形制,对建康大城的复原工作有很大的参考价值。因此,本文试图把握武昌城与京口城的调查报告,了解其城址的形状、建筑结构、空间构造等情况,以期作为建康大城复原的参考。(本文仅限于资料比较,省略沿革详述)。

(1) 京口

京口(京城)遗址残存于今镇江市东部、北固山东南的花山湾地区,保存状态良好,即使从卫星图像上来看,其形制也清晰易见(图6-1)。城址由西北部的铁瓮城(子城)与其东南面展开的罗城构成,城墙走向呈不规则弧方形,东面700米、南面1 200米、西面1 400米、北面1 400米,周长4 700米(图6-2)①。

图6-1 京口(铁瓮城、晋陵罗城)卫星图

(Base: CORONA satellite photographs are available from U. S. Geological Survey, EROS Data Center, Sioux Falls, SD, USA. 基于美国南达科他州苏福尔斯美国地质调查局EROS数据中心可见的科罗纳卫星照片)

---

① 镇江博物馆:《镇江市东晋晋陵罗城的调查和试掘》,《考古》1986年第5期;刘建国:《晋陵罗城初探》,《考古》1986年第5期。

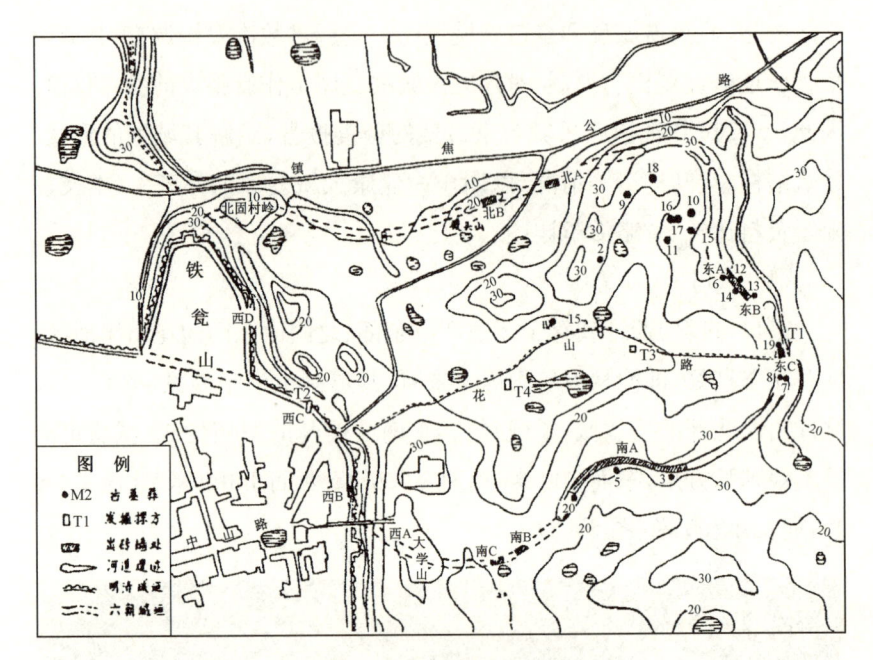

图 6-2 晋陵罗城地形图

(引自镇江博物馆:《镇江市东晋晋陵罗城的调查和试掘,《考古》1986 年第 5 期)

  孙权建都建业之前,将其司令部所在的城堡称为铁瓮城[1],筑于晋陵罗城西北角、北固山南峰的山上。据 1991 年到 1994 年对该城展开的调查结果可知[2],该城址南北约 340 米、东西约 220 米,形状呈椭圆形。城墙按山峦的自然地形修筑,残存的夯土城墙高 1—3 米,夯层厚为 5—8 厘米,夯窝直径为 5—6 厘米。西、北城墙的外面确认有包砖,所用为绳纹砖。城墙外侧设置 90 厘米宽的基础面,贴砖高度达 2 米左右。包砖墙下确认有夯筑台基,夯土层粗糙厚重,推测城墙高度为 10 米左右。除此之外,还确认了护坡砖。砖墙上的夯土坡面倾斜度极大,

---

[1] 《读史方舆纪要》卷二五《南直七》镇江府京城引《城邑考》云:"郡有子城,周六百三十步,即三国吴所筑。内外皆甓以甓,号铁瓮城。"并阐述了其规模。
[2] 刘建国:《古城三部曲——镇江城市考古》,南京:江苏古籍出版社,1995 年;邹厚本主编《江苏考古五十年》,南京:南京出版社,2000 年。

高达45度。铁瓮城的地势比周围高出20米左右,隆起成环状丘陵。现在城内北侧建有烈士陵园,城内聚落密集,仿佛被城墙遗址包围起来一般。

东晋在京口设置了晋陵郡治,据载移居到这里的侨民有20余万人。而且当时的军府北府也建在城内。结合这些情况,根据下述地层、夯土、遗物、墓葬等状况,可知后来(东晋时期)以铁瓮城为基础,在其东侧增筑了外城,即晋陵罗城部分。晋陵郡于东晋末义熙九年(413)迁往今常州市,该城在南朝时期成为南徐州州治。

罗城位于宁镇山脉东部余脉京岘山以东,利用在花山湾纵横蜿蜒的梯形山丘区域建造而成。周边环以城壕,利用丘陵的自然地形(海拔27—28米的丘陵山脊),进行2—3米左右的夯筑,在周围建立起高约10—20米的城墙。夯层厚度约6—10厘米,夯窝直径为4—5厘米。从结构上来看,应该是在较短时间内建成的。

北城墙距现今长江南岸约有500—700米的距离,据北城墙北侧的钻探结果可知,表土层下是含水的沙土,因此推测罗城北侧是由于长江冲积形成的冲积地。《南史》卷五一《临川靖惠王宏附子正义传》及《太平寰宇记》卷八九《江南东道一》润州丹徒县引《南徐州记》载,京城以西的别岭北固山突出长江,三面临水,由此可判断,连接北固山的罗城北城墙应是面向江岸的。

西城墙的上层确认了唐宋时期的夯土和石基。也就是说,西面的唐宋镇江州府城东城墙,与东面的罗城西城墙有重叠关系。另外,城墙的试掘部分全部显示为砖砌,因此,考古队认为,全部城墙的夯土两面都使用了砖砌。出土砖上多见"晋陵"名称,故调查报告将此城址定名为"晋阳罗城"。

城内地表以下,唐、宋下部有东晋、南朝时期的文化层。其厚度约1米,包含青瓷、陶瓷、铁器等大量遗物。城内墓葬的断代大多为东晋初期以前和南朝后期以后。而城外的墓葬以东晋、南朝时期为主(随葬青瓷的墓葬超过1 000座)。从墓葬的出土情况来看,该城址的使用期贯穿了整个东晋到南朝。

(2) 武昌

自曹魏黄初二年(221)孙权建都以来,武昌在整个六朝时期都是长江中游的重镇。然而,六朝武昌的所在地并非现在的武汉市,今武汉当时称夏口,六朝武昌城遗址位于今湖北省鄂州市市区的正下方。遗址北面已被长江冲毁,故北城墙的形状不明,但经鄂州市博物馆的多次调查,武昌城遗址的整体形制已大致清楚。据调查报告,城址平面呈东西约1 100米、南北约500米、周长约3 200米的弧长方形,城墙外侧围绕护城河(图6-3)。城址地面与长江水面的高差达到10米,故无长江泛滥遭毁之忧①。

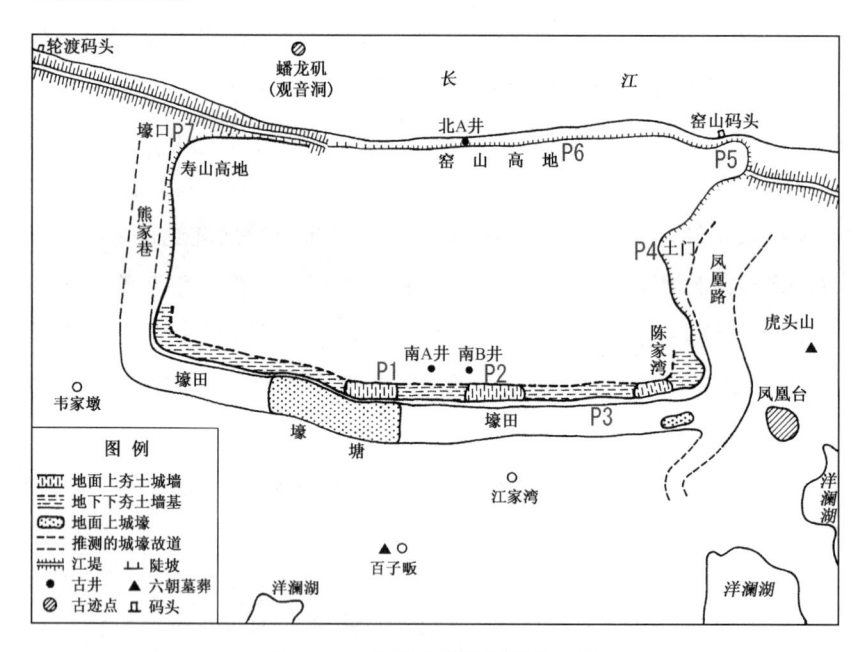

图 6-3 六朝武昌城平面示意图
(引自南京大学历史系考古专业、湖北省文物考古研究所、
鄂州市博物馆编著《鄂城六朝墓》,北京:科学出版社,2007年)

---

① 见前引蒋赞初等《六朝武昌城初探》。

前文提到城墙的北面已被长江冲毁。然而,由于城址利用了江岸低缓的窑山高地(自然丘陵),所以城墙被大面积冲毁的看法恐怕太过轻率(P5、P6,P是笔者的调查地点)。另一方面,虽说南、东、西三面城址地下保存状况良好,但截至20世纪50年代,地面残存的城墙除南墙外尽被削平。南墙残存3处,与护城河遗址面的高差为4—6米(P1、P2、P3)。东南弯曲部分残长90米、宽15米,高约2米,中部偏东的残存长120米、宽22—30米,高约6米,中部偏西的残存长110米、长18—28米,高约4米。中部偏东的残存部分确认有向外突出长17米、宽7米的夯土台基和宽约20米的缺口。前者与城墙连在一起,从构造上判断或为马面,后者因留有路土,被确认为南门遗址。东墙上有个地点被称为"土门",明清时期东关外的大路和现今的武昌大道都经过此处(P4),因此被认为是故城的东门遗址。东城墙遗址高出其东侧的凤凰路地面约7—8米。西城墙位于市区的正下方,未能进行探查,但与东城墙一样,要比遗址西侧的地面高出一些(P7)。

城墙外侧环有城壕。考古调查时在沉积层中发现有淤泥层。东城壕南部宽约50米,北部宽度达100米(沙土层)。另外,在东南角发现了延伸到洋澜湖(古南湖)的宽约40米的城壕遗址(调查时长200米)。南城壕的断面呈倒梯形,上宽80—90米,下宽50—70米。南城壕的中部有被称为"壕塘"的低地,长270米、宽65—90米,目前尚不能确认地面上的遗迹(P2)。西城壕的宽度与南城壕大致相同,由于地处市区,无法展开大面积调查,但因熊家巷为低地,所以能够大体了解遗址的状况(P7)。熊家巷低地以北的江岸地区有地名称为"壕口"。

城内的建筑遗址只确认了东南角、西南角以及西北角的寿山高地。东南角发现有作坊遗址,城内外好几个地点发现了古井。

六朝文化层之下及江岸发现有春秋战国时期的几何印纹陶片和汉代绳纹陶片,由此判断,六朝武昌城是在楚鄂王城、汉鄂县县城的旧址上修建而成的。今城内为鄂州市区,所以未能进行详细的探查,城址的西部被明清武昌县遗址扰乱。城内地势北高南低,推测中心区位于偏北部,但无法判断有无子城,宫殿区所在地也不明。

墓葬区分布于城外的西、东、南三面,可分为以下5个葬区(数据采集自《鄂城六朝墓》)①。

第一葬区:城西西山东麓,计23座。

第二葬区:城西西山南麓,计263座。

第三葬区:城西雷山南麓,计54座。

第四葬区:城南洋澜湖周边,计37座。

第五葬区:鄂州远郊的华容、燕矶、段店、花湖、碧石,计17座。

上述六朝葬区中,第二区的西山南麓葬区几乎占鄂城发掘六朝墓的三分之二,在数量、墓室规模和形制方面都是最重要的区域。第三葬区位于樊口一带,此地以古代长江的良港而闻名。

综上所述,对照考古成果观察武昌城的布局,从北至东,利用寿山高地到窑山高地的自然地形修筑城墙,从东面南端开始,向西、向南延伸,修筑坚固的夯土城墙。与此同时,东、南、西三面城墙外侧开挖了宽广的护城壕,北面的长江可以作为天然的外壕。城北面的长江自不待言,城南有古南湖,西靠樊山险要。城南部、东部为湖沼地带,故葬地以西侧的西山、雷山山麓为中心,向西南部延伸。从这样的地理环境看,从雷山西麓、樊口经西山南麓,到达城址的东部区域或可视为武昌的都城区域。

从以上资料来看,京口、武昌均筑有夯土城墙,利用断续的低山丘陵,在其山脊进行夯筑,建造城墙。另外,从选址环境来看,都是北面利用长江,呈被丘陵包围的"凹"型地形(附近有可作标高的高峻丘陵),可知京口和武昌的筑城基于完全相同的规划。从两城的规模、布局和形状判断,建康大城的"周二十里一十九步"(8710.7米,魏尺一里为434.16米,一步按1.4472米计算)的规模绝对不能算小,可以说是武昌的

---

① 南京大学历史系考古专业、湖北省文物考古研究所、鄂州市博物馆编著《鄂城六朝墓》,中国社会科学院考古研究所编辑,北京:科学出版社,2007年。

两倍。参考汉长安城和汉魏洛阳城的增筑状况（城墙的屈曲是增筑的结果），推测以上这个数据是东晋改筑之际把吴宫城和苑城两城联结起来的结果。若从规模上考虑，也可以参考同时代的邺城和许昌。

(二) 城市的面貌

如前所述，《太平御览》卷一九七《居处部二十五》记录了56处篱门的存在及主要篱门的位置，其中透露出了东晋初期建康（同时也称其为京邑、京师）郊区的信息。另一方面，关于梁代建康的郭域，《太平寰宇记》卷九〇引《金陵记》云："梁都之时，城中二十八万余户。西至石头城，东至倪塘，南至石子岗，北过蒋山，东西南北各四十里。"列举出了石头城（西）、倪塘（东，现泥塘附近）、石子冈（南，今雨花台）、蒋山（北，今钟山西峰）等地名，标明东西、南北各四十里。结合《南朝宫苑记》的篱门空间与《金陵记》所示空间，东侧虽稍有偏差，但大体上是一致的。东晋初期设置篱门时，其地处郊区，街市范围不会发展至此。萧梁时期也仍被认为相当于城市的郭域，大城向外发展应该是在郭域内展开的。也就是说，由于建康的街市是在大城外发展起来的，所以篱门是都城内、外的标志，篱门外为郭外，内侧为郭内（京邑、京师）。郭内以秦淮河为界，北岸属建康县，南岸属秣陵县，在行政上把城市的郭域分成两部分①。郭域内实施里巷制。现在能确认的里名，北岸有11个，南岸有11个，其他地区9个，共计31个②。

据上引《金陵记》所称，最繁荣的萧梁时期建康约有140万人口（以1户5人×28万户计算）。关于居民的构成，《隋书》卷三一《地理志下》载："丹阳，旧京所在，人物本盛，小人率多商贩，君子资于官禄。市廛列肆，埒于二京，人杂五方，故俗颇相类。"可知商贩活动频繁，贵族和商人等消费阶层人数众多，相反，农民等生产者数量较少。这一点从《宋书》

---

① 《晋书》卷一五《地理志下》"扬州"，《晋书地理志新补正》卷五扬州。
② 前引刘淑芬《六朝的城市与社会》，第147—148页。

卷五四《孔灵符传》所记"京师无田"中也可得以窥见。正如《建康实录》卷二吴太祖赤乌四年(241)条引陶季直《京都记》所载,"典午时,京师鼎族多在青溪左及潮沟北",贵族多集中在宫城东边潮沟到青溪一带。另一方面,大量的平民居住区,据《陈书》卷一二《徐度传》称,"市廛民居,并在南路,去台遥远",说明大量的平民居住区距台城有相当远的距离。此外,《建康实录》卷二吴太祖嘉禾五年(236)条注引《丹阳记》云:

> 大长干寺道西有张子布宅。在淮水南,对瓦官寺门,张侯桥所也。桥近宅,因以为名。其长干是里巷名。江东谓山陇之间曰干。建康南五里有山(陇)冈,其间平地,民庶杂居,有大长干、小长干、东长干,并是地里名。小长干在瓦官南,巷西头出江也。①

说明秦淮河南岸形成了大面积的居住区。《梁书》卷九《曹景宗传》载:"御道左右,莫非富室。"可知北岸的御道左右是富人集中的住宅区。贫富住宅区别分明是值得注意的一点。这种分区方式虽然是一时现象,但刘淑芬分析贵族园宅的变迁,指出其东吴时集中于南岸,东晋分布于南北两岸,刘宋以后向北岸转移,认为贵族与平民居住区的分离是随时代的推移而发展的,伴随着贵族制的发展,显示出了社会结构上的贵贱分层②。作为战乱多发和屡次复兴的城市现象之一,这是一个重要的见解。

另外,如前所述,在人口结构中,商贩占了相当大的平民人口的比例,与之相关联,大城内外设置了很多大大小小的市场,这一点也值得关注。《太平御览》卷八二七《资产部七》引山谦之《丹阳记》云:"京师四市。建康大市,孙权所立;建康东市,同时立;建康北市,永安中立;秣陵

---

① 《六朝事迹编类》卷一一《寺院门》中,"对瓦官寺门,张侯桥所也"作"对瓦棺寺,南张侯桥也,长干是秣陵东里巷名","民庶杂居"作"庶民杂居"。此外,同条引《塔记》称,大长干"在秣陵县东,今天禧寺乃大长干也"。

② 前引刘淑芬《六朝的城市与社会》,第127页。

斗场市,隆安中发乐营人交易,因成市也。"可见建康四市的存在。《隋书》卷二四《食货志》载:"淮水北有大市百余,小市十余所。"说明至少存在着十处以上的小市。除大市、小市以外,还设置有草市、纱市、牛马市、谷市、盐市、苑市等种类繁多的市[①]。它们在秦淮河南北呈不规则布局。另外,正如《南史》卷五《齐本纪下·东昏侯纪》所称:"狼狈步走,惟将二门生自随,藏朱雀航南酒垆中,夜方得羽仪而归。"可知秦淮河南岸及朱雀航周边建有规模很大的连栋建筑,并附有酒肆。《建康实录》卷九《烈宗孝武皇帝》宁康元年(373)条载,秦淮河上有航二十四处,"诏除丹阳、竹格等四航税",许嵩注引《地舆志》曰:"六代自石头东至运署,总二十四所。"当然,也应该考虑到,南北市区中有数量更多的南北向街道。可以想见,秦淮河南北的往来非常活跃,跨越南北两岸的城市生活热闹繁盛。

建康没有农田,以商业为其产业,这在很大程度上决定了建康作为消费城市的特性。这样的都市状态,对开头提到的发展性因素是一种补充。但是,发展的同时也导致了抢劫、掠夺等治安恶化的问题。《宋书》卷一〇〇《自序》称:"时天下殷实,四方辐辏,京邑二县,号为难治。……其间里少年、博徒、酒客,或财利争斗,妄相诬引。"显示了京邑二县的治政之困难与治安之恶劣。同书卷七八《萧思话传》甚至举出了具体的数字:"时京邑多有劫掠,二旬中十七发。引咎陈逊,不许。"

以上的论述,管窥了大城外的空间特点。郭域虽然存在,但没有坚固的城墙(外郭),都市在这样的开放性当中产生出独特的面貌,发展成为以商业为基础产业的消费性大都市。然而,另一方面也造成了治安恶化。也正因为如此,留下了有关防卫的课题。在魏晋南北朝这样持续的战时状态中,建康城并未设置对城市防卫来说最为重要的坚固的城墙,而是以城市的发展性为优先,那么,它是如何维持这座都市的正

---

① 《景定建康志》卷一六《疆域志二·镇市》。

常运作的呢？下文我们将结合其周边城池的布局，尝试考察建康的防卫构想。

三、建康的郭域及其防卫构想
——以石头城的功能分析为中心

建康在大城外建设街市的同时，城内外也筑有许多城垒。通览《元和郡县图志》《太平寰宇记》《六朝事迹编类》《景定建康志》《至正金陵新志》《嘉庆新修江宁府志》可知，除石头城之外，还可举出东府城、西州城、越城、丹阳郡城、冶城、琅邪城、金城、建邺县城、秣陵县城、檀城、白下城、湖孰城、白马城、竹里城、新亭垒、仁威垒、药园垒等等。本节尝试探讨这些城垒的位置及其与城市空间的关系。

（一）建康的防卫构想

据《三国志》卷四七《吴书·孙权传》记载："（建安）十六年，权徙治秣陵。明年，城石头，改秣陵为建业。"建安十六年（211），孙权从京口迁至建业（秣陵），次年开始筑造石头城。可以说，建康的历史实际上是从这里开始的。关于石头城，《六朝事迹编类》卷二《形势门》云："吴孙权沿淮立栅。又于江岸必争之地筑城，名曰石头，常以腹心大臣镇守之。今石城故基乃杨行密稍迁近南。夹淮带江，以尽地利，其形势与长干山连接。"因其险要，石头城的管理、防卫由宗室、功臣中尤其优秀者充任（参见表6-1）。既然建康和石头城自成立之初就有着不可分割的关系，那么考虑建康都市时，石头城的存在是不可避免的要素。本文试图通过对石头城功能的分析，考量其政治环境与自然环境，从与六朝300余年都城所营造的建康都市空间的关系出发，探讨其存在的意义，同时通过探究其与城市演变密切相关的防卫问题，来研究建康城的生态状况。

表 6-1　石头城官员任职表

任官者	官名	出典	备考
华恒	骠骑将军、都督石头水陆军事	晋六	太宁元年
周札	右将军、都督石头水陆军事	晋五八	
卞敦	征虏将军、都督石头军事	晋七〇	
谢尚	给事中、戍石头	晋七九	
殷祐	石头督护	晋九五	
刘骏（孝武帝）	都督湘州诸军事、征虏将军、湘州刺史、领石头戍事	宋六	元嘉十六年
刘骏（孝武帝）	使持节、都督南豫他五州诸军事、征虏将军、南豫州刺史、戍石头	宋六	元嘉十七年
刘彧（明帝）	冠军将军、南兰陵下邳二郡太守、领石头戍事	宋八	（世祖践阼）
向靖	冠军将军、高阳内史、临淮太守、领石头戍事	宋四五	义熙十年
刘德愿	游击将军、领石头戍事	宋四五	（大明初）
孟怀玉	辅国将军、领丹阳府兵、戍石头	宋四七	义熙三年
刘钟	（宁朔将军）、领石头戍事	宋四九	
刘钟	给事中、太尉参军事、龙骧将军、高阳内史、领石头戍事	宋四九	
长沙王道怜（邻）	龙骧将军、堂邑太守、戍石头	宋五一	
长沙王道怜（邻）	龙骧将军、领堂邑内史、并州刺史、义昌太守、戍石头	宋五一	义熙四年
长沙王义欣	征虏将军、戍石头	宋五一	（元嘉元年前）
褚湛之	辅国将军、丹阳尹、统石头戍事	宋五二	（元凶）
张永	护军将军、领石头戍事	宋五三	泰始六年
衡阳文王义季	（征虏将军）、领石头戍事	宋六一	元嘉八年
南郡王义宣	使持节、都督徐他五州诸军事、徐州刺史、左将军、戍石头	宋六八	元嘉七年

(续表)

任官者	官名	出典	备考
南郡王义宣	中书监、中军将军、散骑常侍、领石头戍事	宋六八	元嘉九年
南平王铄	都督湘州诸军事、冠军将军、湘州刺史(不镇)、领石头戍事	宋七二	元嘉十七年
南平王铄	散骑常侍、抚军将军、领兵戍石头	宋七二	元嘉二十八年
建平王宏	中护军、领石头戍事	宋七二	元嘉二十四年
柳元景	护军将军、领石头戍事(不拜)	宋七七	(孝建元年前)
萧思话	羽林监、领石头戍事	宋七八	
庐江王祎	侍中、后军将军、领石头戍事	宋七九	元嘉二十六年
庐江王祎	冠军将军、南彭城下邳二郡太守、散骑常侍、领石头戍事	宋七九	
始安王子真	征虏将军、南彭城太守、领石头戍事	宋八〇	
檀和之	右卫率(前)、戍石头	宋九九	元嘉三十年
萧道成(高帝)	右卫将军、领东北选事、侍中、领石头戍军事	齐一	
萧赜(武帝)	侍中、领军将军、领石头戍军事	齐三	昇明二年
萧宝融(和帝)	冠军将军、领石头戍军事	齐八	建武三年
安成王暠	冠军将军、镇石头戍、领军事	齐三五	建元二年
安成王暠	散骑常侍、秘书监、领石头戍事	齐三五	永明九年
始兴王鉴	散骑常侍、秘书监、领石头戍事	齐三五	永明九年
江夏王锋	左卫将军、侍中、领石头戍事	齐三五	永明七年
萧颖胄	江夏王长史、行石头戍事	齐三八	
衡阳王钧	中书令、领石头戍事	齐四五	永明十年
江夏王宝玄	征虏将军、领石头戍事	齐五〇	建武元年
江夏王宝玄	前将军、领石头戍事	齐五〇	永泰元年
庐陵王宝源	右将军、领石头戍事	齐五〇	(建武元年后)
鄱阳王宝夤	抚军将军、领石头戍事	齐五〇	永元二年
邵陵王宝攸	征虏将军、领石头戍事	齐五〇	永元元年

(续表)

任官者	官名	出典	备考
邵陵王宝攸	(征虏将军)、丹阳尹、领石头戍事	齐五〇	(永元元年后)
桂阳王宝贞	中护军、北中郎将、领石头戍事	齐五〇	永元二年
萧纲(简文帝)	云麾将军、石头戍军事	梁四	天监八年
萧纲(简文帝)	西中郎将、领石头戍军事	梁四	天监十七年
萧绎(元帝)	安右将军、护军将军、领石头戍军事	梁五	大同五年
临川王宏	西中郎将、中护军、领石头戍军事	梁二二	(东昏平后)
安成王秀	征虏将军、领石头戍事	梁二二	天监二年
安成王秀	侍中、中卫将军、领宗正卿、石头戍事	梁二二	天监十一年
南平王伟	侍中、中权将军、护军、石头戍军事	梁二二	天监九年
鄱阳王恢	侍中、前将军、领石头戍军事	梁二二	天监元年
鄱阳王恢	侍中、护军将军、石头戍军事、领宗正卿	梁二二	天监十年
长沙王业	中护军、领石头戍军事	梁二三	天监六年
桂阳王象	中书侍郎、行石头戍军事	梁二三	
萧景	右卫将军、领石头戍军事	梁二四	天监十一年
南康王绩	南兖州刺史、领石头戍事	梁二	天监十七年
南康王绩	轻车将军、领石头戍军事	梁二九	天监八年
南康王绩	宣毅将军、领石头戍军事	梁二九	天监十六年
南康王绩	侍中、云麾将军、领石头戍军事	梁二九	普通四年
南康王绩	安右将军、领石头戍军事	梁二九	普通五年
南康王会理	轻车将军、湘州刺史、领石头戍军事	梁二九	(太清元年前)
庐陵王续	宣毅将军、领石头戍军事	梁二九	普通元年
庐陵王续	护军将军、领石头戍军事	梁二九	大同三年
邵陵王纶	信威将军、领石头戍军事	梁二九	普通元年
司马褧	南康王长史、行府国、石头戍军事	梁四〇	天监十六年
寻阳王大心	侍中、兼石头戍军事	梁四四	大同七年
南郡王大连	侍中、兼石头戍军事	梁四四	(太清元年前)

(续表)

任官者	官名	出典	备考
安陆王大春	宁远将军、知石头戍军事	梁四四	(大宝元年前)
建平王大球	轻车将军、兼石头戍军事	梁四四	大宝二年
湘东王读	(安右将军)、石头戍军事	梁五〇	
豫章王综	安右将军、领石头戍军事	梁五五	天监十三年
武陵王纪	侍中、领石头戍军事	梁五五	(天监十三年后)
河东王誉	宁远将军、石头戍军事	梁五五	中大通三年
豫章王叔英	知石头军戍事	陈二八	祯明三年

注:1. "晋"即《晋书》,"宋"即《宋书》,"齐"即《南齐书》,"梁"即《梁书》,"陈"即《陈书》;

2. 由孟怀玉交代刘钟的事例可知,可将"戍石头"理解为"石头戍事";

3. 仅出现"镇石头""戍石头"的记载很难一概而论地理解为官名,故不列入;

4. "( )"内的内容为不确定事项。

　　石头城是利用清凉山的自然地形建造起来的。关于石头城的具体地点,《六朝事迹编类》卷二《形势门》引《舆地志》云:"环七里一百步,在县西五里,去台城九里,南抵秦淮口,今清凉寺之西是也。"历来都认为明代城墙西北部那段长118米被称为"鬼脸城"的部分为六朝旧址。其下层岩石为耐侵蚀力较强的白垩纪赭褐色硅质砾岩,含有大量鹅卵石,岩盘上面还残存着垒石城墙和城砖。东南部用土坯(未烧砖坯)筑成,未发现砖石。近年来有见解认为,这段城墙为明代所造,并非六朝时期的遗存。也有人提出,石头城应该在鬼脸城以北的清凉山与马鞍山之间,亦即今草场门附近的秦淮河河口的平地上。经遥感探测,清凉山一带在东、北、西三面发现有3条夯筑城墙[①],其宽度约10米,残高在6米以上。还采集到了绳纹板瓦、筒瓦、几何纹楔形砖、云纹瓦当、铜铁箭镞等六朝早期的遗物。城内设有粮仓和库房,储藏粮食和武器,另外还

---

① 南京市文物研究所资料,见前引邹厚本主编《江苏考古五十年》。

设有烽火台①。

前文已指出,石头城在建康城防卫方面的重要性②,其布局的卓越性也如上所述。但是,正如之前提到的那样,除石头城之外,建康城内外还存在着许多城垒,探讨建康城的防卫构想,只取石头城为对象是不够的。因此,为了把握石头城的功能及其防卫构想的实态,笔者收集了《三国志》《晋书》《宋书》《南齐书》《梁书》《陈书》《南史》《建康实录》《资治通鉴》等文献中与前述城垒相关的全部资料。整理结果发现,有关记事多数集中在表 6-2 所列举的各王朝的攻防战中③。因此,笔者认为掌握表 6-2 所列举的攻防战状况与各城垒的利用情况,即可理解建康城的防卫构想及城市生态。为方便起见,以下把表 6-2 列举内容按王朝顺序展开考察。

表 6-2　围绕建康的主要攻防战

攻防战	防卫方的主要布阵	攻防战概况	主要出典
西晋平吴 (280)	沈莹…板桥	王浑、周浚等:破吴军于板桥。 王濬:至石头。吴后主:投降。	晋三 建四
王敦之乱 1 (322)	刘隗…金城 周札…石头 元帝…郊外	王敦:武昌举兵,进击石头。 周札:石头开城。王敦:据石头。 王敦:会战六军。六军败绩。 刁协、刘隗:奔逸。	晋六、五 八、九八 建五

---

① 前引罗宗真《六朝考古》,第 16—18 页;《金陵十朝帝王州·南京卷》,高树森、邵建光编"中国皇城·皇宫·皇陵"系列丛书,北京:中国人民大学出版社,1991 年,第 28—33 页;李洁萍:《中国历代都城》,哈尔滨:黑龙江人民出版社,1994 年,第 86 页;张承宗等主编《六朝史》,南京:江苏古籍出版社,1991 年,第 93 页。

② "领石头戍事"者多为宗室、重臣,可以认为这显示了石头城的重要性(参照表 6-1)。

③ 笔者收集的记录超过 450 条,除表 6-2 所列内容外,主要是表 6-1 所列"领石头戍事"的任官记录及"涛水入石头"的记载。表 6-2 所列的攻防战,大多施行戒严,说明戒严的实施与城市防卫有着密切的关系。参见拙稿《北魏延兴年间の軍事的動向——北魏戒厳事例と延興六年六月の中外戒厳に触れて—》(北魏延兴年间的军事动向——试论北魏戒严事例与延兴六年六月的中外戒严),《軍事史学》(军事史学)第 34 卷第 4 号,1999 年 3 月。

(续表)

攻防战	防卫方的主要布阵	攻防战概况	主要出典
王敦之乱2 (324)	温峤、卞敦…石头 明帝…中堂	王敦:举兵,派遣王含、钱凤等。 朝廷:征还王邃、祖约、苏峻等。王含:至秦淮南岸。 温峤:烧朱雀桁。明帝:出次南皇堂。 皇军:于越城破王含。王敦:愤死。 王含:于栅塘以西营造五城。沈光:陵口筑垒。 刘遐、苏峻:归还。王含、沈光:进攻北岸。刘遐、苏峻:宣阳门,破王含、沈光于青溪。 王含等:败走。	晋六、六七、九八、一〇〇; 建六
苏峻之乱 (327—329)	钟雅、赵胤…慈湖 王愆期、邓岳…直渎	苏峻:进攻横江、牛渚、钟山。于钟山南、青溪会战,朝廷军败绩。宣阳门陷落。 苏峻:入殿。 苏峻:据石头,迁成帝于石头。 陶侃等援军:据蔡洲,于石头西北合诸军,白石筑垒。 苏峻:战死于白石陂。 苏逸:固守石头。 匡术:于苑城归顺。苏硕:烧台城。 援军:攻击石头。苏逸等:查浦败绩,奔逸。	晋七、六六、六七、一〇〇; 建七
王恭之乱 (398)	司马道子…中堂 王珣…北郊 司马元显…石头 谢琰…宣阳门	王恭、庾楷、殷仲堪、桓玄、杨佺期:举兵。 桓玄等:至石头。刘牢之:背反。 王恭:新亭败绩,奔逸。桓玄等:退于浔阳。	晋一〇、六四、八四; 建一〇
孙恩之乱 (401)	高素、张崇之…石头 刘袭…淮口 司马恢之…南岸 桓谦、司马允之、毛邃…白下 王龅、孔安国…中皇堂	孙恩:袭击丹徒、广陵。 京师戒严,百官入省。朝廷:征还司马尚之。 桓不才、刘裕:于帑山击退孙恩。 刘敬宣、刘裕:于户渎追破孙恩。 孙恩:败走。	晋一〇、一〇〇; 宋一; 建一〇

(续表)

攻防战	防卫方的主要布阵	攻防战概况	主要出典
桓玄之乱 (402)	刘牢之…溧洲	皇军：大败于姑孰。刘牢之：投降桓玄，在新亭迎击皇军。皇军：新亭溃散。 司马元显：向宣阳门撤退。 桓玄：屯于新亭。 桓玄：迁司马道子于安城，害司马元显等。	晋一〇、六四、九九；建一〇
刘裕进攻 (404)	桓谦、何澹之…东陵 卞范之…覆舟山西	刘裕：丹徒举兵，攻略京口。 王元德：于石头呼应刘裕。 刘裕：由竹里进军，会战于江乘罗落桥，于覆舟山麓大胜。 桓玄：自石头南奔。 刘裕：镇留石头后，移东府置留台。	晋一〇、九九；宋一；建一〇、一一
卢循之乱 (410)	司马德文…中皇堂 刘裕…石头 司马珍之…南掖门 刘敬宣…北郊 孟怀玉…丹阳郡 王仲德…越城 刘怀默…建阳门	朝廷：迁秦淮南岸居民于北岸，石头立栅。查浦、药园、廷尉筑垒。 卢循：泊蔡洲，分兵，设伏兵于秦淮南岸，进攻白下。 刘裕：北向。会战于查浦、张侯桥。 卢循军：屯于丹阳郡。刘裕：南塘派兵。卢循：自蔡洲撤退。刘裕：于东府治水军。	晋一〇、一〇〇；宋一；建一〇、一一
瓜步之役 (450)	刘劭、刘绍、徐湛之…石头	北魏太武帝：瓜步侵攻。	宋六一、九五
刘骏进攻 (453)	褚湛之、刘铄…石头 刘思考…东府 刘濬…南门 萧斌…朱雀桁 鲁秀…白下	刘骏：进攻溧洲、江宁、新亭。 柳元景：新亭筑垒。 刘骏：新亭即位。 朱修之：攻略东府。臧质：登陆白下。 薛安都、臧质：由南北入殿。 刘劭、刘濬：伏诛。 刘骏：幸东府。	宋六、七四、七七、九九；建一三

(续表)

攻防战	防卫方的主要布阵	攻防战概况	主要出典
刘休范 举兵 （474）	萧道成…新亭 张永…白下 沈怀明、刘勔…石头 袁粲、褚渊…殿省 茅恬…东府	刘休范：侵攻新亭。 萧道成：新亭迎击，斩首刘休范。 刘休范别动队：攻朱雀桁，刘勔战死。 白下、石头溃败。 茅恬：东府开城。 刘休范别动队：侵攻中堂。 陈显达等：击退侵攻军。 张敬儿等：夺回宣阳门、庄严寺、小市，解围东府。	宋九、七九； 齐一、二六； 建一四、一五
沈攸之举兵 （477）	萧道成…朝堂 萧嶷…东府 薛道渊…司徒左府 黄回…新亭	沈攸之：江陵举兵。 袁粲：坚守石头。刘韫等：殿内呼应，伏诛。 苏烈等：斩杀袁粲于石头。 沈攸之：侵攻郢城。 萧道成：出屯新亭。 沈攸之：郢城败绩，死。张敬儿：攻略江陵。 萧道成：旋镇东府。	宋一〇、八九； 齐一、三〇； 建一四、一五
萧遥光 举兵 （499）	徐孝嗣…宫城 萧坦之…湘宫寺 曹虎…青溪大桥 左兴盛…东府东篱门	萧遥光：东府举兵。 萧垣之：率六军三面包围东府。 垣历生：投降。 朝廷军：攻略东府，斩杀萧遥光。	齐七、四五； 建一五
陈显达 举兵 （499）	崔慧景…中堂 左兴盛…新亭 徐世摽…杜姥宅	陈显达：寻阳举兵，于采石击破皇军，至石头。 宫城严警，六军固守。西州会战，陈显达败死。	齐七、二六； 建一五
崔慧景 侵寇 （500）	王莹…北篱门	崔慧景：广陵举兵，萧宝玄：宫城内应。 会战于竹林、北篱门，皇军败绩。 崔慧景：包围宫城。东府、石头、白下、新亭溃败。 萧懿：入援、屯越城。 会战于秦淮南岸。崔慧景：败死。 萧宝玄：伏诛。	齐七、五一； 建一五、一六

(续表)

攻防战	防卫方的主要布阵	攻防战概况	主要出典
萧衍 进攻 (500—501)	张环…石头 李居士…新亭 王珍国…朱雀桁 徐元瑜…东府	萧颖胄、萧衍、萧颖孚:举兵。新亭会战。李居士:败绩。 萧衍:布阵于越城、阜夹桥、篱门、道士墩。 东昏侯:烧毁秦淮南岸房屋开辟战场。 朱雀桁南会战,王珍国败绩。东府、东宫、新亭投降。石头、白下溃败。 萧衍:镇石头。 营署、官府入城,宫城闭门。王珍国:入殿,斩杀东昏侯。	齐七; 梁一、九、一一、一七; 建一五、一七
侯景之乱 (548—552)	萧正德…丹阳郡 萧推…东府 萧大春…石头 谢禧…白下 萧大临…新亭 (王僧辩进攻时) 卢晖略…石头 纥奚斤…捍国城 侯景…石头东北 王伟…台城 宋长贵…延祚寺	侯景:陷历阳、自采石至建康。萧正德:内应侯景。石头、白下溃败。东府陷落。 湖头、青塘、青溪东、东府北会战,朝廷军败绩。 侯景:攻台城,占据建康。武帝崩御。 侯景军:于巴陵大败。王僧辩:追击候景,据张公洲。 侯景:沿淮立栅。皇军:石头西北立栅。 侯景:石头东北立栅。王僧辩等:击退侯景于石头北。 石头、捍国投降。侯景:奔逸伏诛	梁三、四、五、四四、四五、五六; 陈一; 建一七
王僧辩 举兵 (555)		王僧辩:举兵石头。 陈霸先、周文育:自南北攻石头。 王僧辩:伏诛。	梁四五; 陈一、八; 建一七
任约等 举兵 (556)	(北齐军主力侵寇时) 周文育…方山 徐度…马牧 杜稜…朱雀桁 (后)周文育、侯安都…白土岗 梁敬帝…长乐寺	任约、徐嗣徽:据石头举兵,在采石迎入北齐军。 陈霸先:攻石头。任约、徐嗣徽:败走。北齐军:投降。 北齐军主力:侵攻秣陵故城、方山、倪塘,游骑至台城。 北齐军:侵攻钟山、幕府山、北郊坛。皇军:切断江乘粮运。 两会战于北郊坛。侯安都:自白下横击,北齐军溃灭。	梁六; 陈一、八; 北齐四; 建一七

(续表)

攻防战	防卫方的主要布阵	攻防战概况	主要出典
隋平陈 (588—589)	陈叔英…朝堂 萧摩诃…乐游苑 樊毅…耆阇寺 鲁广达…白土岗 孔范…宝田寺 任忠…朱雀门 萧毅…白下	贺若弼：攻略广陵、京口、曲阿、南徐州，进攻钟山。 韩擒虎：攻略横江、采石、姑孰、新林、南豫州，进攻石子岗。 陈军：分兵镇守要害。 陈军：集结兵力于白土岗，会战，溃败。 任忠：投降隋军，由朱雀门、南掖门引隋军入。	陈六、三一； 隋二、五二； 建二〇

注：1. "晋"即《晋书》，"宋"即《宋书》，"齐"即《南齐书》，"梁"即《梁书》，"陈"即《陈书》，"北齐"即《北齐书》，"隋"即《隋书》，"建"即《建康实录》；

2. 《南史》与《资治通鉴》的内容重叠，故不收入；

3. 相关布阵仅收录明确记载驻屯者名字的事例。

1. 东吴的防卫布局

吴都建业除大城之外，还有石头城、金城、白马城、冶城、越城、丹阳郡城等等。①

关于冶城，《六朝事迹编类》卷三《城阙门》载：

今天庆观即其地也。本吴冶铸之所，因以为名。

关于越城，《六朝事迹编类》卷三《城阙门》引《古图经》云：

周回二里八十步，在秣陵县长干里。后崔慧景寇建业，萧懿入援，自采石济岸，顿越城，举火台上，鼓噪相庆。兹建业之南也，今南门外有越台，与天禧寺相对，见作军寨处是也。

---

① 前引李洁萍《中国历代都城》，第86页。

白马城为烽火台。《景定建康志》卷二〇《城阙志一·古城郭》载：

> 白马城在江宁县北三十里，吴时烽火之所。《金陵故事》云，吴时沿江烽火台二所，一在石城左，一在白马城，今不详其所。

《读史方舆纪要》卷二〇《南直二·应天府》引《丹阳记》云：

> 白马城在石头城西南。最高处旧置烽火台，并置城为戍守处。

由此可见，烽火台是与城池并设的。因烽火台为并设设施，推测规模不大。上述冶城、越城并不是专门的防卫设施，而只是利用了春秋战国时期的遗址，必要时加以使用而已。

丹阳郡城随东吴迁都建业自宛陵迁来，永安年间领有鄣郡分置溧阳以北的6县。《景定建康志》卷二〇《城阙志一·古城郭》载：

> 丹阳郡城。案《宫苑记》，在长乐桥东一里，南临大路，城周一顷，东南北开门。汉元封二年置丹阳郡，至晋太康中始筑城。宋齐梁陈因之不改。①

据此可知，实际筑城是在晋太康年间，之前与其说拥有坚固的城墙，不如认为是设有诸多官衙的行政中心。

金城是后主孙皓（264—280年在位）建造的。《建康实录》卷九《烈宗孝武皇帝》宁康元年（373）条引《图经》云：

> 金城，吴筑。在今县城东北五十里。中宗初，于此立琅琊郡也。

---

① 《太平寰宇记》卷九〇《江南东道二》"昇州"上元县文同。

《六朝事迹编类》卷三《城阙门》引《古图经》云：

> 晋中宗于金城立琅琊郡。(桓)温尝为琅琊内史，至咸康七年出镇金城。前云琅琊，盖指此也。今去府城三十五里。

《太平寰宇记》卷九〇《江南东道二·昇州》上元县废琅琊郡城条载：

> 本晋元帝过江为琅琊国人立也，其城在江乘县界。齐武帝永明六年，移琅琊于白下置。本名白石垒，在县西北十八里。齐、梁讲武于此。

可知东晋金城中设有琅邪郡。城址尚未确认，据研究，位于今宝塔桥附近的金陵村①。金城为建业城北面的防卫据点，但从上述内容推测，因其设置于东吴末期，不能断言当时是否就发挥了充分的作用，倒不如说是东晋设置琅邪郡以后，其地理位置才变得更加重要。

关于建业周边诸城垒的实际情况，可参照的文献史料很少。西晋平吴时留下了的史料亦只见有一条，实际可用的可能也只有石头城。其时，上游的板桥陷落，晋军一举攻下石头城。与此同时，孙皓降晋，东吴灭亡。此时石头城扮演的角色是东晋攻占建康的据点。这里仅突出石头城在战略上的重要意义，也说明东吴利用上述各城的综合防卫构想并未实现。

2. 东晋的防卫布局

东晋时期的攻防完全为内忧。石头城的重要性毋庸赘言，引人注目的是，除石头城之外，东晋的攻防战中出现了许多防卫设施和防卫据点，这是历经阶段性战乱之后的结果。

---

① 前引李洁萍《中国历代都城》，第86页。

王敦之乱时,与东吴时期一样,我们只看到了石头城要塞功能的卓越性,而接下来的苏峻之乱,巷战激烈,宫阙烧毁,随着乱后宫城的新建与迁移,都市布局也得到重新整理①。以此次攻防战中白石垒的登场为开端,王恭、桓玄等入寇时,以中堂(中皇堂)为中心,确立了石头城—北郊(北篱门位置。北郊后来移往幕府山之南,为避免混淆,下文称作北篱门)—宣阳门—新亭的连接线。这条线成为后来建康城防卫的一个标准。后来孙恩、卢循之乱时,以中堂为中心,以石头城—北篱门—秦淮岸(以朱雀航为基点)一线为基准,北侧展至白石垒,南侧延伸至新亭(东晋时期新亭尚未建垒),这条线路起到了全面防卫的作用。卢循之乱时,东晋对越城进行了的修复。孙恩、卢循之乱中,相对于前线的新亭、秦淮河的重要性增加,形成了以秦淮水岸尤其是以朱雀航为基点的越城与丹阳郡城据点。

　　东晋中期,为防备不停的内乱,修缮了石头城②。事实上,东吴时期石头城作为防卫据点的重要性已经很明确,但另一方面,苏峻之乱后,由石头城的独立防卫进一步发展成在城郊设据点、石头城与宫城相互联动这一防卫系统的确立,也必须在防卫与城市布局的关系上与思考。不过,对于来自长江或南面的攻击,白石—石头城—新亭或北篱门—石头城—秦淮岸防线虽然坚固,但东侧的据点并不完备,不存在可与西侧石头城功能相当的防卫设施。东晋末年,刘裕(宋武帝,420—422在位)将自己的据点东府作为城塞进行修复③,这意味着东侧据点的形成,尤其值得一提。下文将要叙述的苏峻的进攻路线,即牛渚→钟山→青溪→大城→石头城,是沿之前提到的东晋初年形成的东侧郭境线展开的,在讨论城市郭域特点时,这是应该考虑的资料。

　　关于新亭、白石、东府的所在地,目前尚未确认其遗址,只能通过以

---

① 前引刘淑芬《六朝的城市与社会》,第47—49页。
② 《晋书》卷七三《庾亮传》。
③ 《宋书》卷二《武帝纪中》,《南史》卷一《宋本纪上》,《景定建康志》卷二〇《城阙志一·古城郭》。

下所举的文献记载进行推定。

新亭

《建康实录》卷五晋中宗永嘉六年(312)条:卫玠"葬新亭东,今在县南十里"。

《景定建康志》卷二〇《城阙志一·古城郭》:"新亭垒,宋孝武入讨元凶、柳元景至新亭,依山筑垒,东西据险。察贼衰竭,乃开垒鼓噪以奔之,贼众大溃。亭今在城西南十二里,垒不存。"

《景定建康志》卷二二《城阙志三·亭轩》:"新亭亦曰中兴亭,去城西南十五里,近江渚。"

《六朝事迹编类》卷四《楼台门》:"宋孝武即位于新亭,仆射王僧达改为中兴亭。去城西南十五里,俯近江渚。"

白石

《建康实录》卷七晋显宗咸和三年(328)条:"(陶)侃督军护竟陵太守李阳,临阵斩(苏)峻于白石陂岸。至今呼此陂为苏峻湖。今在县西北二十里,石头城正北。白石垒即在陂东岸。"

《景定建康志》卷二〇《城阙志一·古城郭》、《六朝事迹编类》卷三《城阙门》引《图经》:"在西北十四里。今靖安镇北有白下城故基,父老传云即此地也。属金陵乡,去府城十八里。"

《太平寰宇记》卷九〇《江南东道二·昇州》上元县:"故白下县城,在县西北十四里。《舆地志》云,本江乘县白石垒,齐武帝以白下地依带江山,移琅邪郡居之。陈亡,废。唐武德元年罢金陵县,筑城于此,因其旧名。贞观十七年又移还旧郭,其城乃废。"①"废琅邪郡城,本晋元帝初过江,为琅邪国人立。地在江乘县界。齐武帝永明六年移琅邪于白下置。本名白石垒,在西北十八里。齐、梁讲武于此。"

---

① 《景定建康志》卷二〇《城阙志一·古城郭》文同,然《景定建康志》作"贞观七年"。

东府

《建康实录》卷一〇晋安帝义熙十年(414)条引《图经》："在今县东七里清溪桥东,南临淮水,周三里九十步,今太宗旧第,后为会稽文孝王道子宅。谢安薨,道子领扬州刺史,于此理事,时人呼为东府。至是筑城,以东府为名。其城东北角有灵秀山,即道子宅内,嬖臣赵牙所筑。"

《元和郡县图志》卷二五《江南道·上元县》："东府城,在县东七里。其地西则简文帝为会稽王里邸第,东则丞相会稽王道子府。谢安薨,道子代领扬州,仍前府舍,故称为东府,而谓扬州廨为西州。"

《景定建康志》卷二〇《城阙志一·古城郭》："东府城,晋安帝义熙十年冬城。东府在青溪桥东,南临淮水,周三里九十步,去台四里。简文为王时旧第,后为会稽王道子宅。道子录尚书事以为治所,时人呼为东府。其子元显亦录尚书事,时谓道子为东录,元显为西录。西府车骑填凑,东第门下可设雀罗。东第即今东府城也。"

《太平寰宇记》卷九〇《江南东道二·昇州》上元县："东府城,在县东二里。《舆地志》云,晋安帝义熙十年筑。……又按《丹阳记》云,扬州廨,乃王敦所创。门东南西三门,俗为之西州。永嘉初,罢扬州,缮为未央宫。陈初,又修为扬州廨。"

关于各设施所在地的考证,仅以文献为依据,结论千差万别。笔者结合考古学调查与地理环境,重新审视文献,可暂时得出以下结论。

新亭位于长江(古)江岸距上元县城七公里左右的南部区域,可比定为今板桥镇北侧,即牛首山向西北延伸的山脊西北端。长江岸边有二三处谷地相连,(古)江岸与谷地的宽度,于城南最为狭窄。今为南京市江宁区的沿江开发区,希望能够早日展开考古调查。

基于幕府山的位置与长江、金川河河道的变迁,幕府山东麓、象山一带、金川门一带都有可能是白下城的候补地。南京金陵造船厂南侧象山(人台山)出土的墓志上有"葬于丹杨建康之白石"的文字,卢海鸣据此认为该地正是白石①。近期出版的《中国文物地图集 江苏分册》中也称此地为白下城址。城墙等遗迹尚未得到确认，不过，笔者在 2005 年 10 月在当地进行实地调查时发现，象山地处玄武湖北幕府山丘陵地带的最南端。金川河古河道也已被发现，所以，可以说以象山为基点考虑白下的位置是比较妥当的。

至于东府，最重要的是青溪的流向问题，但至今青溪故道尚未确定，而且后世在大城的东侧至东南侧又营造了明代宫城。笔者设想的东府位置正位于明代宫城内部，所以不能排除遗址已被破坏的可能性。没有考古学调查，东府地点的确认比新亭、白下还要困难。如果笔者的推测无误，青溪东岸东府周边是微高地，从南朝时期开始就开发为宅邸区，那么可以认为，作为明代宫城的选址地，在环境方面也是优越的所在。

3. 刘宋、萧齐、萧梁的防卫布局

正如瓜步之役中太子劭镇守石头城等事件所示②，整个刘宋一代，石头城的重要性与前代相比无甚变化，不过刘宋中期，刘劭和刘骏（孝武帝，453—464 在位）对峙时，之前仅被视为据点的新亭也开始筑垒。同时，东府城的位置变得重要，东府城的战略重要性也自此开始被认识。换句话说，以石头城—（大城）—东府城为轴心，形成了石头城—新亭垒—（大城）—东府城—白下垒这条外线和内侧的石头城—秦淮岸—（大城）—北篱门这条内线。另一方面，前废帝（464—465 在位）将石头城、东府城、北郊、南第分别比作长乐宫、未央宫、建章宫和长杨宫③，把平时防卫的据点当作了都市的地标，并没有强烈的防卫意识。上述防卫构想在实战中得到运用的反倒是桂阳王休范之乱时。《南齐书》卷一《高帝本纪》载："宜顿新亭、白下，坚守宫掖、东府、石头以待。"看起来正

---

① 前引卢海鸣《六朝都城》，第 113 页。
② 《宋书》卷六一《庐陵王绍传》，卷九五《索虏传》，卷九九《元凶劭传》。
③ 《宋书》卷七《前废帝纪》。

是基于上述防卫构想发布的军令①。但是,此时虽可死守前线的新亭,后方秦淮河沿岸的混乱却连锁性地引起了石头、白下以及东府的投降。由于上述防卫线是具有连锁功能的线路,所以也暴露了一处崩坏就会连锁性崩坏的弱点和危险性。另外,阮佃夫的政变计划(未遂,元徽五年,477)中有巩固石头城和东府城的部署②。可知即使在像政变这样的宫廷内斗时,石头城和东府城作为大城的两翼也具有重要的意义。

萧齐、萧梁时期也沿用了刘宋中期确立的防卫构想。东昏候(498—501在位)与萧衍(502—549在位)对峙时,正是围绕着南侧线展开攻防的。东昏侯烧毁秦淮南岸的房舍,开辟战场,正是意识到了以上两个战区的存在从而制定的战略。另外,侯景入寇时,也是按照同样的防卫构想布阵的。当时,屯于秦淮南岸丹阳郡城的临贺王正德内应侯景,导致战区崩塌于刹那,石头城、白下垒被放弃,因此进攻集中在了东府城和大城、宫城。

综上所述,刘宋中期确立的战区防卫构想一直沿用到建康都市发展最繁荣的萧梁时期,这一点是很重要的。这个战区防卫构想是经历了无数次的战争才逐渐建立起来的,可以说在都市的战略防卫方面是相当值得信赖的构想。然而之所以没有充分发挥作用,是因为南朝的攻防战是由内忧造成的,有时甚至发生内应等行为,与其认为是功能上的问题,不如说是在运作方面存在问题。

4. 萧梁末期、陈的防卫布局

萧梁末期,侯景之乱使建康的都市功能受到了巨大的打击。这样

---

① 将石头、东府、新亭、白下视为一组的研究,请一并参照[日]冈崎文夫《六代帝邑攷略》(六代帝邑考略)[《南北朝に於ける社会经济制度》(南北朝的社会经济制度),东京:弘文堂,1935年,第109页]、宫川尚志《六朝史研究——政治社会篇》(六朝史研究政治·社会篇,京都:平乐寺书店,1956年,第508—509页)、秋山日出雄《南朝の古都"建康"》(南朝古都"建康")[《中国江南の都城遗迹》(中国江南的都城遗址),京都:同朋舍,1985年,第20页]。

② 《宋书》卷九四《恩幸·阮佃夫传》。

的混乱局面中，值得注意的是任约和徐嗣徽的叛乱。徐嗣徽勾结北齐军队进入建康，而走进石头城的部队却大量投降。这里的问题在于北齐军队的主力采取的进军路线，即芜湖→秣陵故城→方山→倪塘→钟山龙尾→幕府山→玄武湖西北、幕府山南（北郊坛）线，这条路线，以前的入寇军队从未采用过，中间有与苏峻进攻路线重叠的部分，但前半段却不经新亭、秦淮岸，而是直接侵入城东线路。推测其理由有两点，一是避开了新亭、秦淮岸这条南侧坚固的防卫线，二是由于之前的侯景之乱，导致了建康防卫线的松弛或崩塌。

隋军的进攻路线也与以往不同。从东侧进攻的路径是京口→南徐州、曲阿→钟山→白土岗东南→宫城，渡江攻陷京口后一鼓作气向建康进军。另一方面，南侧的进攻以韩擒虎为主力，取姑孰→新林→南豫州（牛渚）→石子冈→朱雀桁线，与从前的进攻线路相同。值得注意的是，无论是东线还是南线，史料中均未见萧梁之前从石头城、新亭垒、东府城到白石垒这样的统一布阵，尤其是没有与石头城和东府城相关的记载，南侧进攻路线也未在新亭垒停留。基于这些内容，推测上一节中叙述的防卫构想已完全失去了作用。事实上，东府城由于侯景之乱遭受了严重的损毁。萧梁晚期北齐军的进攻路径中，只有白石垒发挥了作用，未见在其他三所设施里布置兵力的记载。由这些情况判断，上述两点推测中，后者可说是妥当的，即侯景之乱使得建康的防卫线基本上处于瘫痪状态。也就是说，可以认为侯景之乱以后，在萧梁末期这一阶段，上面所说的战区防卫构想已经彻底崩溃。不过，隋朝在石头城设蒋州州治，使石头城成为独立的设施。由此推测，石头城在隋平陈时还是发挥了要塞的功能。

以上按时间顺序追溯了建康城的攻防战略。建康城以石头城为防卫基点，积累战争经验，整顿了白下垒、东府城、新亭垒等重要设施。换句话说，随着时间的推移，以大城为中心，确立了石头城（西）—新亭垒（南）—东府城（东）—白下垒（北）这样的四角形战区，同时还形成了以石头城与东府城为两翼、南北收紧的石头城（西）—秦淮岸（南）—东府

六朝建康的都市空间 153

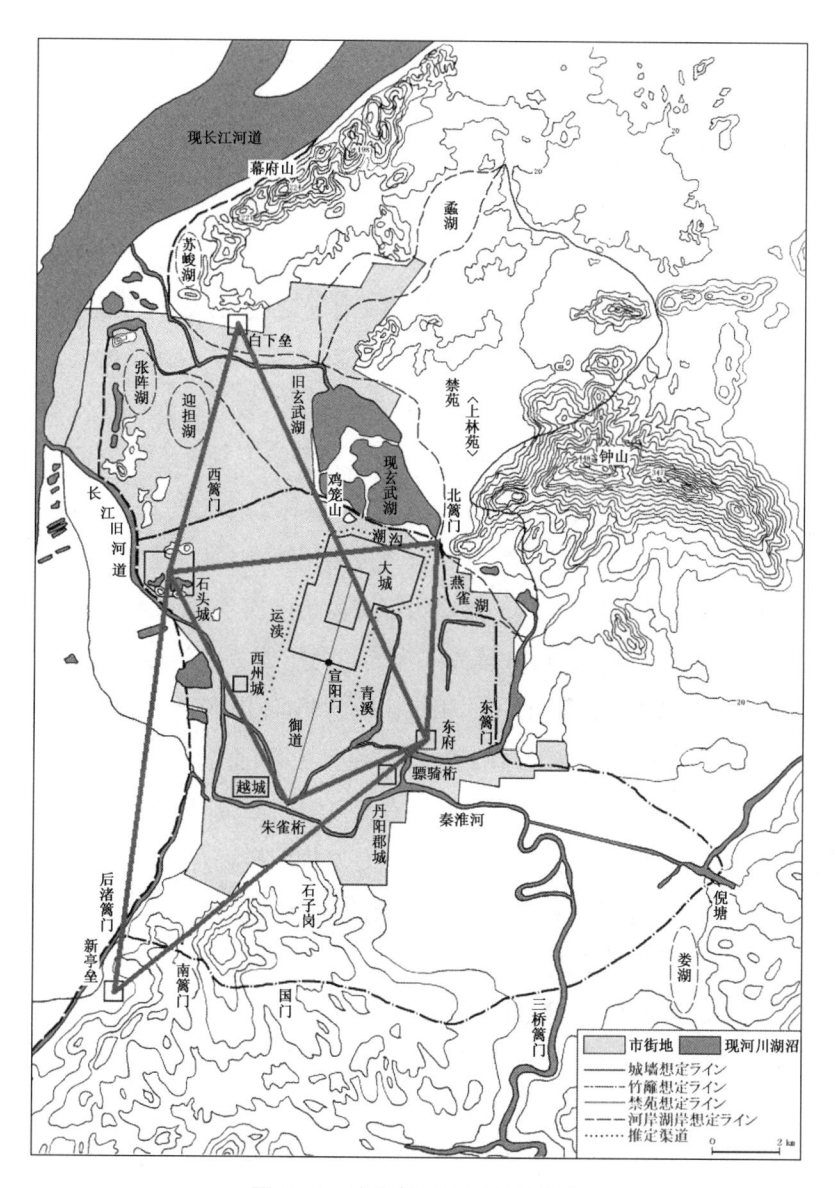

图 6-4 建康都市平面图（试案）

注：1. 粗实线表示建康都市（战区）的空间范围；
  2. 禁苑、湖沼的分布参考中国建筑工业出版社《中国古代园林史》；
  3. 本图基于前苏联 ГЕНЕРАЛЬНЫЙ ШТАБ 卫星拍摄于 1987 年的比例为 1∶100 000 的地形图。

城(东)—北篱门(北)的四角形战区。正是凭据这两个战区,构成了建康都市的防卫系统。尤其是以石头城为三角的顶点、白下垒—石头城—新亭垒这条面向长江的线,和以新亭垒为三角顶点、石头城—新亭垒—东府城这条南侧防卫线,是非常坚固的战区战线。这样的战区防卫系统初步形成于东晋时期,经过刘宋中期对东府城、新亭垒等设施的整治,严密的防卫系统正式确立。桂阳王休范之乱时,这一防卫构想得到完整、充分的运用。然而,也正是其时同时暴露了防卫系统的弱点和缺陷,问题就在于这些战区的联动性,一处崩溃,会导致战区整体发生连锁性的崩溃。相比其功能性而言,这更属于防卫系统运作方面的问题,尤其是在内乱频繁的南朝政治体制中,堪称致命之伤。然而,梁末侯景之乱以前,这一套防卫系统一直在被运用着,因此对建康的都市空间而言应该是最合适的,这一点确为事实。梁末侯景之乱时,都市遭受了严重损毁,与此同时,这一套战区系统的功能也变得衰退甚至停废。

另外,东线与其他三面相比相对比较薄弱,原因在于豢养私人部曲的贵族们的宅邸均集中于都市的东侧,而且更东部坐落着更重要的军事据点京口[1]。大城内除了中堂、南堂及宣阳门等城门之外,没有值得特别关注的设施。换句话说,即使宫墙是坚固的砖墙,但处于战区核心大城内的防卫,却找不到值得特别记载的设施。这是否与战区的建立有关,或者是否存在其他问题,可以作为今后的课题。

在考察建康大城、郭域的状况及其防卫构想的基础上,笔者推测的东晋、南朝时期270年间建康城的平面布局如图6-4所示。笔者的复原方案出发点是地理视点,首先找出城市的中轴线,确定可利用的水系,再参考文献记载,考虑地形现状,由此尝试展开讨论。关于水系,笔者认为贺云翱的水系复原最值得信赖,因为他就在当地直接从事考古调查,并将调查成果融入了复原图,故在此直接借用。

---

[1] 《隋书》卷三一《地理志下·丹阳郡》。前引镇江博物馆《镇江市东晋晋陵罗城的调查和试掘》;前引刘建国《晋陵罗城初探》。

(二) 关于城市郭域与防卫战区的位置关系

那么，战区线和建康都城的郭域之间又是什么样的关系呢？接下来我们考虑这个问题。

首先涉及的问题是城市郭域和篱门的存在。把建康都市空间的内与外划分开来的是篱门，也就是郭域的界线，就建康而言，各篱门之间，可以想象有竹篱相连，但绝无坚固的城墙。尽管如此，以篱门为界，明确地将郭内（京邑、京师）和郭外（郊区）这两种不同的空间隔开了，因此，各篱门之间的连接线，并不单是空间上的连线，也是作为空间的分界线而存在的。由于对内外空间的认识大不相同，所以判断行为是否越界就要以明确的意志为基础。也即说，对外来者而言，关于界内危险性和界外安全性的意识也会自然反映在战略行动中。东晋时期苏峻的进攻路径，以及萧梁末期北齐主力军采取的进攻路径，是从都城东侧的钟山西麓迂回而进，进军是沿东侧郭域线前行的。东侧郭域线内侧分布着许多贵族的宅邸，而各个贵族的手下又都控制着相当数量的私人部曲，因此，若踏入东侧境域线内侧，必然会在贵族宅邸区遭遇巷战，因此，东侧篱门线亦即郭域线具有重要的空间区分意义。苏峻及北齐军之所以没有立即从东面进入郭域，而是特地向北迂回，在东北展开攻防战，应该正是由于这个原因。

接下来我们看一下郭域线和上一节业已明确的战区防卫线之间的交叉关系。延伸至东府城的战区，其东部很大程度上突破了郭域线的内侧，石头城—秦淮岸—东府城—北篱门战区进入郭域内，石头城—新亭垒—东府城—白下垒战区南北延伸，与郭域线在南北交叉后，伸出郭域之外。这两个重合的战区形成了临战空间，因与郭域线相交，使都市郭域也变成了临战空间。可以说，临战空间与郭域的重叠，起到了外郭的作用。但是，郭域线与防卫战区形成的空间只是在非常时期才发挥外郭的作用，平时只不过是单纯地表示都市的分界。因此对开头提到的都市的发展性起到了非常大的作用。由篱门构成的郭域，与屡遭战祸又反复重建的街市以及构筑于战乱经验之上的战区防卫构想三者之间相互影响纠缠，在这个过程中，建康城不断得以扩大和发展。

四、建康的都城境域
——与建康密不可分的地域空间的确定

基于对建康大城、郭域及其防御构想的考察，前文构拟了东晋、南朝 270 年间的建康平面形制，而郊坛、园林、陵墓则在其外侧更广阔的空间范围内。下文考察其发展脉络与自然地形、地域空间之间的关系，同时对建康郭域之外的都城境域展开探讨。

(一) 建康周边的自然地形

在讨论境域之前，首先必须认识建康周边的自然环境，尤须留意其中水系的变化。频繁发生的长江河道变迁，因地表水、地下水量变化而造成的玄武湖（周四十里）、燕雀湖（周二里）、苏峻湖（周十里）、迎担湖、张阵湖等湖沼的缩减消失，由于南唐、明朝的建都而造成的青溪、潮沟、运渎等水渠的改废等，讨论时均应作为前提条件加以留意。

若说南京市近郊的自然水系，除长江以外唯有秦淮河（全长 110 公里，流域面积 2 630 平方公里，溧水河与句容河在南京市江宁区西北处合流为秦淮河）并不为过。东南郊外的丘陵之间有一片低湿地带，从地理学上看，是因秦淮河泛滥形成的，这一带易受水害，作为居住区有很大的问题。相反，上游句容河（全长 64.8 公里，流域面积 1 262 平方公里，六朝时作为破冈渎沟通与今丹阳之间的漕运）流域的湖熟、句容则是谷仓地带。建康城的复原是以秦淮河的现河道为前提展开的，所以其下游的变化极其重要。中华门前的"凹"字型弯曲部明显为人工所致，因未见六朝时的开凿记录，所以笔者认为是南唐或明代开凿的。中华门北的"V"字形弯曲部也有必要予以关注。此外，玄武湖西侧、北侧确认有湖沼、湿地的痕迹。

南京市区近郊有幕府山(西北偏北。主峰北固峰,海拔205米,属宁镇山脉北支脉。幕府山由几座山峰组成,六朝时所说的幕府山不单指现在的幕府山,当时的幕府山是指包括今幕府山在内的周围诸峰)、狮子山(西北。海拔77米,属宁镇山脉北支脉)、钟山(东。又称"紫金山""蒋山",海拔448米,属宁镇山脉支脉。钟山余脉西延穿过南京市区北部,著名的有富贵山,海拔83米;小九华山,即六朝覆舟山,海拔61米;北极阁,即六朝鸡笼山,海拔60米;鼓楼岗;等)、雨花台(南。旧名石子冈,海拔59米)、清凉山(西。海拔63.7米,位于钟山余脉西端)等低丘陵,南京即为这些低矮丘陵所组成的低层山脉所包围(图6-5)。

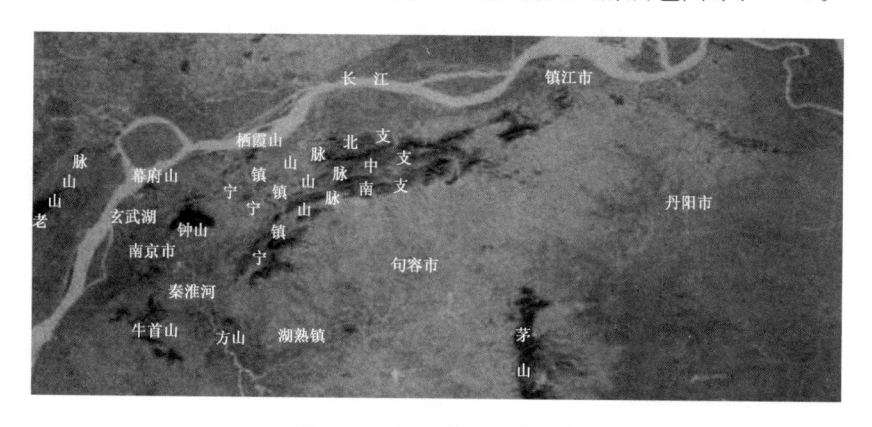

图6-5 南京附近卫星图像

(Base: CORONA satellite photographs are available from U. S. Geological Survey, EROS Data Center, Sioux Falls, SD, USA. 基于美国南达科他州苏福尔斯美国地质调查局EROS数据中心可见的科罗纳卫星照片)

东北:宁镇山脉北支脉

栖霞山(海拔284米):玄武湖北、东北广阔低矮丘陵地区东端的独立丘陵。

南象山(海拔110米)、北象山(海拔80米):从钟山北端开始像回廊一样朝东北栖霞山延伸的低矮丘陵。

铜山(海拔267米):栖霞山南侧,沿长江南岸呈东西走向的低矮丘陵。

东：宁镇山脉中支脉

桂山（海拔 154 米）：栖霞山南侧的低矮丘陵。

宝华山（海拔 396 米）、大华山（海拔 437 米）、空青山（海拔 335 米）、武岐山（海拔 378 米）、南朝顶（海拔 225 米）：铜山低矮丘陵南侧，东西如屏风般相连的低矮丘陵。

东南：宁镇山脉南支脉

方山（海拔 208 米）：东南部独立山丘。

茅山（海拔 275 米）、青龙山（海拔 258 米）、孔山（海拔 341 米）、狼山（海拔 248 米）：西南—东北走向如屏风般连接的低矮丘陵。

钓鱼台（海拔 259 米）、半面山（海拔 273 米）、团子尖（海拔 292 米）：青龙山低矮丘陵背后呈"＜"字形连续的低矮丘陵。

阳山（海拔 316 米）、九华山（海拔 433 米）、天皇山（海拔 275 米）、大顶山（海拔 213 米）、观音山（海拔 357 米）、仓山（海拔 395 米）、高丽山（海拔 425 米）、大鳖山（海拔 124 米）、赣船山（海拔 175 米）：与宝华山—南朝顶低矮丘陵并行，在其南侧呈东西走向的低矮丘陵，西侧与青龙山低矮丘陵相连。

南：

戴山（海拔 183 米）、牛首山（海拔 242 米）、祖堂山（海拔 255 米）、将军山（海拔 108 米）：长江南岸与秦淮河之间横贯东西的低矮丘陵。

西：长江北岸老山山脉

凤凰山（海拔 161 米）、大刺山（海拔 442 米）、狮子岭（海拔 381 米）、大椅子山（海拔 302 米）、石婆山（海拔 219 米）、大顶山（海拔 246 米）：在长江北岸西南—东北走向如屏风般的矮低丘陵。

上述低矮丘陵的海拔只有 100—200 米，所以在显示范围大的地图（1∶200 000 以上）上，其等高线的形状非常不明显。但在南京近郊地图（1∶50 000 以下）上，位于外围的一些丘陵又在地图表示的范围之外。不过参照图 6-5，考虑到下文所涉及的陵墓区域的选址以及与建康城关系紧密的地域空间，仍能看出包围在建康城四周的低矮丘陵的重要性。

另外，南京市区的城市中轴线在北偏东 20 度左右。昭和七年(1932)，陆地测量部发行的南京附近地图(1∶25 000)也有同样的轴线，因此很难说这条轴线是因现代都市的开发形成的。位于市区东侧的明故宫轴线为正南北向，与这里所言轴线迥异。可以认为建康城原来的主轴线就是倾斜的。

(二) 郊坛所在

对认清都市的四至来说，探讨祭祀空间郊坛的位置是非常重要的课题①。建康设置了祭天的南郊坛、祭地的北郊坛、祭农的耕坛（东郊坛）和祭蚕的蚕宫（西郊坛）。

1. 南郊坛

诸郊坛中，对王朝而言最为重要的祭坛是南郊坛。孙吴时期的南郊坛，《宋书》卷一四《礼志一》中对其位置有所记载："孙权始都武昌及建业，不立郊兆。至末年太元元年十一月，祭南郊。其地今秣陵县南十余里郊中是也。"刘宋秣陵县治见于《建康实录》卷五四中宗序："在县东南六里。渡长乐桥，古丹阳郡是也。"此外，《景定建康志》卷一五《疆域志一》引《图经》云："在宫城南八里一百步小长子巷内。"由此看来，可比定为朝阳宫东侧江宁（上元）县治东南六里（约 3.4 公里，唐 1 里＝559.8 米）的秦淮河南岸，今秦淮区箍桶巷附近②。可以推测孙吴南郊坛在其南十里（约 4.4 公里，东晋 1 里＝440.1 米）。

东晋南郊坛见于《宋书》卷一四《礼志一》，言创设郊坛于"东南已

---

① 宗庙和社稷是城市布局上极为重要的问题，但本文主要目的在于认识都市空间的范围指标——郊坛的所在地，因此关于宗庙和社稷所在地的讨论只能割爱。

② 前引卢海鸣《六朝都城》，第 120 页。

地"。关于"东南巳地",《建康实录》卷五晋中宗太兴二年(319)条云:"是岁,作南郊。在宫城南十五里①,郭璞卜立之。"同文注引《图经》云:"在今县城东南十八里,长乐桥东,篱门外三里,今县南有郊坛村,即吴南郊地。"东晋时尚有恢复中原的考量,所以初期天地合祀,到成帝时始立北郊,南北郊坛开始分离②。上引《图经》中也记载了吴南郊坛,所以两者所在(吴:江宁县治南十六里,约八公里;晋:江宁县治东南十八里,约九公里。江宁县治如前述)不同判然可知。

刘宋初期沿用东晋郊坛,孝武帝大明三年(459),移郊坛于宫城正南(正午位)的秣陵牛头山(今牛首山,江宁区和雨花台区交界处)之西。但前废帝又移回旧地。③ 梁普通二年(521)四月改修南北郊,南郊坛于次年(522)八月完工,为圆形祭坛。陈再次改建。④ 刘宋前废帝以后,只能确认齐、梁、陈对南郊坛的改建记录而未见迁移内容,所以似乎可以认为只限于在原地改建。因此,笔者认为东晋南郊坛的位置(唐江宁县东南18里,约9公里)即为南朝南郊坛的所在。

2. 北郊坛

关于北郊坛,《晋书》卷一九《礼志上》云:"明帝太宁三年七月,始诏立北郊,未及建而帝崩。及成帝咸和八年正月,追述前旨,于覆舟山南立之。"记载了东晋成帝咸和八年(333)的创建时间及其位置。同样内容也见于《建康实录》卷七显宗咸和八年条:"是岁,作北郊于覆舟山之阳,制度一如南郊。"同条注引《地志》云:"今县东八里潮沟后,东近青溪,其西即药圃地。义熙中,卢循反,刘裕筑药园垒,即此。更西,即吴时任子馆也。"据此可以认为其设立于覆舟山南麓、大城东北的青溪上游。

---

① 上海古籍出版社本《建康实录》中作"南北十五里",但"北"为衍字。
② 《晋书》卷一九《礼志上》。
③ 《宋书》卷一四《礼志一》。
④ 《隋书》卷六《礼仪志一》。

刘宋由于园林建设、筑堤等原因，频繁移动北郊坛。下面将《宋书》卷一四《礼志一》中载内容进行整理。宋文帝在覆舟山南建乐游苑（皇室苑园），将北郊坛迁至覆舟山西北。然因玄武湖筑堤，要淹没新设地，所以不久又迁到湖塘西。因湖塘西侧为低湿地带，又移至白石（白下）东[①]。孝武帝大明三年，计划在白石东侧建湖，将之移设于"钟山北原道西"，后因建湖，计划取消，又回到旧地白石东侧。从以上迁移的经过来看，可知北郊坛的位置从覆舟山南沿玄武湖湖畔作顺时针迁移，到达钟山北麓，最终定于白石东。

另外，迁移理由都与水的问题有关，故可知其选址都在近水低地。这是建康城的一个特征。另外，关于1999年、2000年发掘的钟山南麓祭坛遗址，发掘者认为是宋末北郊坛，但在上述文献史料所见的迁移地点中并不见钟山南麓。此问题可期后续。

关于萧齐北郊坛的记录，仅笔者管见，尚未发现。梁则见于《隋书》卷六《礼仪志一》："梁南郊，为圆坛，在国之南。……北郊，为方坛于北郊。"可知在北郊筑有方坛，但关于其具体位置未见正确记载。陈宣帝即位时，曾有增改筑南北郊坛的议论，但其所在并不明确[②]。梁、陈的北郊坛是否与宋为一地，以笔者管见，尚无法确认。

3. 东郊耕坛与西郊蚕宫

与皇帝藉田有关的祭坛耕坛配于东郊，与皇后蚕礼有关的祭坛蚕宫配于西郊。藉田见于《隋书》卷七《礼仪志二》："普通二年，又移藉田于建康北岸。筑兆域大小，列种梨柏。便殿及斋官省，如南北郊。别有望耕台，在坛东。"可知伴随藉田之礼设置了耕坛。与同一内容有关的记载又见于《建康实录》卷一七梁高祖普通二年条："因徙藉田于东郊外十五里。"由此条可知，梁在普通二年将藉田移至秦淮河北岸、东郊外十

[①] 卢海鸣将白石北郊坛推定为今郭家山以北、象山以东一带。见前引卢海鸣《六朝都城》，第133页。

[②] 《隋书》卷六《礼仪志一》。

五里(基准地点不明)。虽然无法推测其范围,但因明确记载为北岸,所以可以推测移设以前的藉田应在秦淮河南岸。

另一方面,蚕宫的位置同样见于《隋书》卷七《礼仪志二》:"晋太康六年,武帝杨皇后蚕于西郊,依汉故事。江左至宋孝武大明四年,始于台城西白石里,为西蚕设兆域。置大殿七间,又立蚕观。"《周礼》将蚕宫配于北郊,汉配于西郊,魏配于北郊,晋承汉制,配于西郊。白石东也有北郊坛,究竟是北郊与西郊位置相近,抑或白石是一个宽泛的范围尚不清楚,但可以以白石为基点来认识北郊与西郊。另外,《六朝事迹编类》卷四《楼台门》云:"县北七里耆阇寺前沙市中,六朝皇后亲蚕之所也。"记载沙(纱)市内有蚕宫。与市并设(这种情况是沙市在外,内包蚕宫)显示出西郊祭坛是被包含在都市生活空间里的。

(三) 陵墓区域

墓葬所在也是考察都市境域不可或缺的要素。墓葬分布在南京市区近旁的秦淮河南岸丘陵地带、鸡笼山西侧、覆舟山之南之东、钟阜门东北、清凉山东侧,以及栖霞山西侧的低矮丘陵地带。本节主要考察包括贵族墓葬在内的陵墓区域的分布及其考古调查情况。

孙吴的陵墓,除孙权蒋陵确定在明洪武帝孝陵前,亦即钟山之阳以外,景帝孙休定陵、文帝孙和明陵、废帝孙亮墓等均有很多不确定因素(第4代皇帝孙皓灭国后被带往洛阳)[①]。

东晋帝陵除废帝(第7代,司马奕,吴陵)以外的十帝中,只有穆帝(第5代,司马聃,永平陵)一陵在幕府山,元帝(第1代,司马睿,建平

---

① 《建康实录》卷二《太祖下》太元二年(252)条作"钟山之阳";《太平御览》卷四一《地部·蒋山》引山谦之《丹阳记》定为蒋山之南。明代营建孝陵时,陵区内发现了孙权墓(张岱《陶庵梦忆》),但现在详细情况已不明。另一方面,安徽省马鞍山市雨山乡宋山发掘了断代为东吴晚期的大型墓葬(全长17.68米、宽5.75米)。雨山乡同时还发掘了朱然墓,所以认为这一带可能是孙吴贵族墓地之一(有意见认为宋山大墓为陵墓),参见前引《江苏考古五十年》。

陵)、明帝(第 2 代,司马绍,武平陵)、成帝(第 3 代,司马衍,兴平陵)、哀帝(第 6 代,司马丕,安平陵)四陵在鸡笼山之阳,康帝(第 4 代,司马岳,崇平陵)、简文帝(第 8 代,司马昱,高平陵)、孝武帝(第 9 代,司马曜,隆平陵)、安帝(第 10 代,司马德宗,休平陵)、恭帝(第 11 代,司马德文,冲平陵)五陵在钟山之阳(《建康实录》卷八、《元和郡县图志》卷二五《江南道一》、《六朝事迹编类》)。也就是说,沿着从大城由东向北延伸的丘陵边缘设定了两个陵区。经考古发掘和调查,1960 年在钟山西麓富贵山南发现了恭帝陵的石碣(隶书阴刻 3 行 26 字,花岗岩,长 1.25 米、宽 0.3 米、厚 0.3 米)以及铺砖层,1964 年在石碣西 400 米发掘了大型墓葬[1]。关于两者的关系,主要有两类见解,一种重视其关联性,将大墓视为恭帝陵;另一种意见称,因距离问题,大墓应该是孝武帝陵或安帝陵[2]。不过,无论是哪种看法,可以确定的是,恭帝陵就在该区域当中,富贵山南麓一带就是五陵所在的钟山帝陵区。另外,1972 年,鼓楼岗南麓的南京大学北园教学区发掘了一座大型墓葬,一般认为该墓属于鸡笼山四陵之一[3]。也就是说,这个区域即为鸡笼山陵区。从帝系来看,形成了元帝系统的鸡笼山陵区和简文帝系统的钟山陵区。虽然不能确定穆帝陵为何建在幕府山,但仅从皇统来看,穆帝也与其他各系隔了一条线。1981 年发现的南京汽轮电机厂大墓被认为是穆帝陵[4]。这一区域散布着海拔 20 米左右的小丘陵,这些丘陵正是东晋高门大族的墓葬区所在地。考虑穆帝陵与这一地域性之间的关系可能也是有必要的。如上所述,东晋陵区分布在自鸡笼山西侧往覆舟山南、东,到钟阜门东北一带,都是与都城相距比较近的区域。再考虑到西晋帝陵区

---

[1] 李蔚然:《南京富贵山发现晋恭帝玄宫石碣》,《考古》1961 年第 5 期;南京博物院:《南京富贵山东晋墓发掘报告》,《考古》1966 年第 4 期。
[2] 罗宗真认为是恭帝陵,见前引《六朝考古》第 76 页。蒋赞初认为是孝武帝陵或安帝陵,《南京东晋帝陵考》,《东南文化》1992 年第 3、第 4 期。
[3] 南京大学历史系考古组:《南京大学北园东晋墓》,《文物》1973 年第 4 期。
[4] 南京市博物院:《南京北郊东晋墓发掘简报》,《考古》1983 年第 4 期。

建在汉魏洛阳城东北、首阳山南北山麓地带这一点，发现晋陵区都选定在与都城相距不远的丘陵山腹。根据对贵族墓葬区的发掘调查，可以确认象山(南京市北郊象山山麓)王氏、老虎山(南京市北郊老虎山南麓)颜氏、戚家山和司家山(南京市南郊戚家山、司家山)谢氏、仙鹤观(南京市东郊仙鹤观南麓)高氏、吕家山(南京市东郊仙鹤门外吕家山南麓)李氏、郭家山(南京市北郊郭家山西南斜面)温氏等高门贵族的家族墓。① 可知高门贵族利用环绕大城近郊的低矮丘陵营建家族墓域。除戚家山、司家山的谢氏以外，其他都选址在帝陵区近旁，即建康西北部的幕府山山麓一带以及东部的钟山南麓一带。

刘宋帝陵区还有很多不明之处。根据《建康实录》所载的陵区选址来看②，陵区可分为三个区域：武帝(第1代，刘裕，初宁陵，上元县东北二十里，丹阳建康县蒋山，卷一一)与文帝(第3代，刘义隆，长宁陵，上元县东北二十里，卷一二)在大城东北；孝武帝(第4代，刘骏，景宁陵，上元县南四十里，丹阳秣陵县岩山之阳，卷一三)、前废帝(第5代，刘子

---

① 象山王氏家族墓：南京市文物保管委员会：《南京人台山东晋王兴之夫妇墓发掘报告》，《文物》1965年第6期；南京市文物保管委员会：《南京象山东晋王丹虎墓和二、四号墓发掘简报》，《文物》1965年第10期；南京市博物馆：《南京象山五号、六号、七号墓清理简报》，《文物》1972年第11期。老虎山颜氏家族墓：南京市文物保管委员会：《南京老虎山晋墓》，《考古》1959年第6期；周尊生：《南京老虎山晋墓的地理佐证》，《考古》1960年第7期。戚家山谢氏家族墓：南京市文物保管委员会：《南京戚家山东晋谢鲲墓简报》，《文物》1965年第6期；南京市博物馆等：《南京南郊六朝谢温墓》，《文物》1998年第5期；南京市博物馆等：《南京南郊六朝谢琉墓》，《文物》1998年第5期；南京市博物馆、雨花区文化局：《南京司家山东晋、南朝谢氏家族墓》，《文物》2000年第7期。仙鹤观高氏家族墓：南京市博物馆：《江苏南京仙鹤观东晋墓》，《文物》2001年第3期。吕家山李氏家族墓：南京市博物馆：《南京吕家山东晋李氏家族墓》，《文物》2000年第7期。郭家山温氏家族墓：华国荣、张九文、张金喜：《南京发现东晋名臣温峤墓》，《中国文物报》，2001年10月26日。

② 《宋书》各皇帝本纪中也有关于埋葬地的记载，但考虑到里程，本章使用《建康实录》。虽不能断言《建康实录》记载的里程没有问题，但本章的宗旨在于大致把握区域问题，所以同时参考《元和郡县图志》《六朝事迹编类》等，承认存在1—2里的微小差异，在此基础上使用《建康实录》的里程。

业,丹阳秣陵县南郊坛,卷一三)、后废帝(第7代,刘昱,丹阳秣陵县郊坛西,卷一四)在南郊;明帝(第6代,刘彧,高宁陵,临沂县幕府山,卷一四)在幕府山。参照刘宋皇统,其选址反映了刘宋的政权交替与皇统问题。刘宋上演过两出内部争斗帝位的惨剧(刘邵与刘骏,刘子业与刘彧),其影响也反映在了陵区的选址上。少帝(第2代,刘义符)与顺帝(第8代,刘准)的情况不明。《建康实录》以唐上元县为基准标示方位里程,以这些数据为基础,推测刘宋陵墓的位置,可以理解其与陈朝陵区间的关系。关于陈的帝陵区,据《建康实录》卷一九以及《元和郡县图志》卷二五《江南道一》上元县条记载,武帝(第1代,陈霸先,万安陵)在上元县东南三十里彭城驿旁,文帝(第2代,陈蒨,永宁陵)在上元县东北四十里的陵山之阳,宣帝(第4代,陈顼,显宁陵)在上元县南四十里的牛头山西北(仅见于《元和郡县图志》)。从刘宋武帝的初宁陵、文帝的长宁陵与陈文帝永宁陵的关系来看,刘宋陵区离上元县为二十里,所以刘宋陵区在陈设定区域的内侧。位于建康南侧的刘宋与陈的陵区的关系,也可以从刘宋孝武帝景宁陵与陈宣帝显宁陵在方位里程上的接近看出。关于两者的位置关系,从东北区域的情况来看,应该可以判断,陈的陵区基本上位于刘宋陵区的外侧近旁。

　　萧齐、梁的帝陵区集中在曲阿(今丹阳市)近郊。从建康到曲阿约七十公里,若考虑其与建康都市空间的关系,距离显得有点过远。但是,这一地区只有帝陵区,没有宗室、贵族墓葬。之所以选定这样的非邻近地区,一般认为是因其地是萧氏的原籍地(南兰陵郡兰陵县)[①]。原籍地虽不在都城附近,但离都城也并非太远,所以选择了曲阿。这种观点具有很强的说服力。与此相对,萧梁的王侯墓葬则营建在了建康近旁。主要区域分为从栖霞山西侧延至钟山北麓的低矮丘陵地带,与南京市江宁区上峰镇一代的低矮丘陵地带。后者位于今句容市西北部,属宁镇山脉南支南麓的扇形地带,接近句容市区(华阳镇),与南京

---

① [日]曾布川宽著《六朝帝陵》,傅江译,南京:南京出版社,2004年,第13页。

市因宁镇山脉相隔,在其正背后。从区域方面看,这一带还是湖熟与句容的分界地带,是句容河上游支流之一汤水河的发源地。现在这一地区属句容市区,其周围是南京市江宁区,在行政区划上显得有些不自然。关于包括萧梁王陵在内的这一地区的地理形势,有必要展开进一步的探究。

可用下图来展示上文所述的建康近郊六朝陵区(图6-6)。从其展示的区域性及其与建康地域空间的关系来看,从位于东北的栖霞山南下,出江宁区汤山镇、沿上峰镇、淳化镇、上坊镇和宁镇山脉南麓南下,到江岸的板桥镇(雨花台区)的区域应该可视为陵区范围。

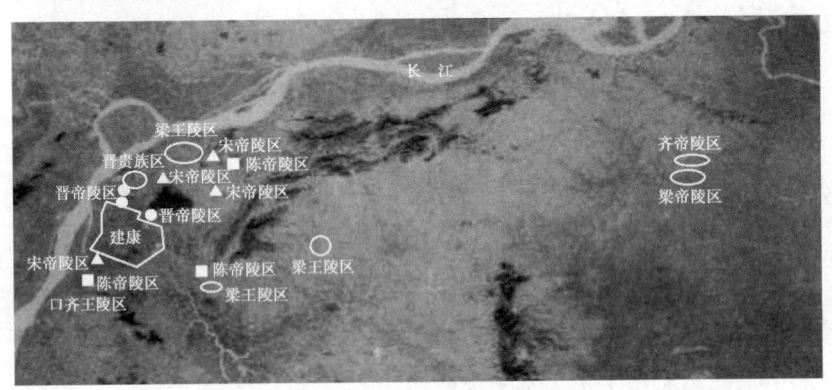

图6-6 六朝陵墓选址环境卫星图

(Base: CORONA satellite photographs are available from U.S. Geological Survey, EROS Data Center, Sioux Falls, SD, USA. 基于美国南达科他州苏福尔斯美国地质调查局EROS数据中心可见的科罗纳卫星照片)

(四) 园林的选址

园林可大致分为皇家园林、私家园林、寺观园林。对于建康城的园林,卢海鸣有过详细的研究[①],其成果非常值得参考。本文拟将卢海鸣

---

① 卢海鸣《六朝建康皇家苑囿综述》,《南京史志》1992年第1、2期(合刊);前引《六朝都城》,第208—238页。

的研究成果作为资料加以运用,确认建康园林的分布区域及其与都市空间的关系。园林拥有大面积的绿地,相关遗址的判断非常困难(找出殿池的遗存是可能的),所以探讨只能限于文献记载。

现在能确认的皇家园林有16处①,按创建时间顺序列举如下。

吴:

西苑:太初宫西门外[《三国志》卷四八《吴书·三嗣主传》建衡三年(271)条;《建康实录》卷二吴太祖黄龙元年(229)条]。

桂林苑:落星山之阳(《景定建康志》卷二二《城阙志三·园苑》;《太平寰宇记》卷九〇《江南东道二·昇州》上元县)。

东晋:

西园(别苑):冶城[《晋书》卷九四《隐逸传·郭文》;《建康实录》卷一〇晋安帝元兴三年(404)条;《景定建康志》卷二二《城阙志三·园苑》]。

宋:

乐游苑(北苑):覆舟山之南,东晋药园[《建康实录》卷一二宋太祖元嘉二十一年(444)条;《景定建康志》卷二二《城阙志三·园苑》;《太平寰宇记》卷九〇《江南东道二·昇州》上元县]。

上林苑(西苑):玄武湖之北[《宋书》卷六《孝武帝本纪》大明三年(459)九月壬辰条;《景定建康志》卷二二《城阙志三·园苑》]。

华林园(华林圃):台城内,吴之宫苑(《宋书》卷五三《张茂度传附张永传》;《景定建康志》卷二二《城阙志三·园苑》;《太平寰宇记》卷九〇《江南东道二·昇州》上元县)。

齐:

芳林苑(芳林园、桃花园):湘宫寺前[《南齐书》卷三《武帝本纪》永

---

① 青林苑、白水苑虽见于后世史料(前者见《上元县志》,后者见《首都志》引《宫苑记》),但创建时间不明;兰亭苑(《梁书》卷三《武帝纪下》)的创建时间与地点均不明;内苑(《建康实录》卷四后主宝鼎二年条)因其创建时间与地点不明,没有直接对应的苑名,所以本文将上述诸苑均排除在外。参见前引卢海鸣《六朝都城》,第220页。

明五年(487)三月戊子条;《建康实录》卷二吴太祖赤乌四年(241)条注;《景定建康志》卷二二《城阙志三·园苑》;《太平寰宇记》卷九〇《江南东道二·昇州》上元县］。

玄圃园(玄圃、元圃):东宫内(《景定建康志》卷二二《城阙志三·园苑》)。

芳乐苑:台城阅武堂内［《南齐书》卷七《东昏侯本纪》永元三年(501)条］。

娄湖苑:新林(娄湖)(《南史》卷四《齐本纪上》)。

新林苑:新林［《南齐书》卷三《武帝本纪》永明五年(487)条,卷六《明帝本纪》追记;《南史》卷四《齐本纪上》］。

博望苑:钟山南麓,燕雀湖畔［《建康实录》卷二吴太祖赤乌四年(241)条注;《景定建康志》卷二二《城阙志三·园苑》］。

梁:

建兴苑:秣陵建兴里［《梁书》卷二《武帝本纪》天监四年(505)二月条;《南史》卷六《梁本纪上》;《景定建康志》卷二二《城阙志三·园苑》］。

江潭苑:新林(《景定建康志》卷二二《城阙志三·园苑》)。

年代不明:

南苑:秣陵建兴里(《宋书》卷八《明帝本纪》追记;《南史》卷三《宋本纪下》;《景定建康志》卷二二《城阙志三·园苑》)。

司徒府西园(《宋书》卷二九《符瑞志下》)。

其他(后世史料):

灵邱苑(齐):新林(《乾隆江宁县志》引《宫苑记》)。

灵丘山湖(《南齐书》卷四四《徐孝嗣传》)。

若对上述周边园林(大城内部苑囿以外)的选址情况展开考察,可以发现上林苑、新林苑、娄湖苑、江潭苑、博望苑的位置非常值得关注,原因就在于这些园林的选址,在前文提及的陵墓区内侧,或者位于与其交错的区域内,总的特征是位于大城的北部与南部。换句话说,因西有长江、东靠钟山,所以只能在此以外的空间寻求位置。特别是南边低矮丘陵地带的西侧、江岸边的新林建有较多的园林，这成为考察建康地域空间的重要因素。但是，在南侧，位于低矮丘陵地带的新林的另一边，即秦淮河沿岸的空间是开阔的。建兴苑与南苑被认为位于秣陵建兴里，但它们与秣陵建兴里位置的比定尚不明确，所以无法断定具体地点，若假定在秦淮河沿岸，那么就应该位于延伸至方山的东南空间范围内。另外，关于方山是否建有园林及其在方山地域空间范围内的具体位置，情况比较复杂，拟另作文讨论。

对于私家园林，本文仅考察文献中有地点记载的分布情况。

东晋：

司马昱：东府西邸第(《元和郡县图志》卷二五《江南道二》上元县东府)；第(《太平寰宇记》卷九〇《江南东道二·昇州》上元县东府城)

纪瞻：乌衣巷宅(《晋书》卷六八《纪瞻传》)。

谢安：土山墅(《晋书》卷七九《谢安传》)。

何迈：江乘县界墅(《宋书》卷四一《前废帝何皇后传》)。

郗僧施：青溪宅(《建康实录》卷一〇晋安帝义熙八年条)。

宋：

谢混：乌衣巷居(《宋书》卷五八《谢弘微传》；《南史》卷二十《谢弘微传》)。

刘绲：娄湖园(《南史》卷二〇《谢举传》)。

雷次宗：钟山西岩下学馆(《宋书》卷九三《隐逸传·雷次宗》)。

何尚之：南涧寺宅(《宋书》卷六六《何尚之传》)。

刘宏：鸡笼山第(《宋书》卷七二《文九王传》；《南史》卷一四《宋文帝诸子传》)。

沈庆之：清明门外娄湖园舍(《宋书》卷七七《沈庆之传》；《南史》卷三七《沈庆之传》)。

刘勔：钟山之南栖居(《宋书》卷八六《刘勔传》)。

萧道成：青溪旧宫(《南齐书》卷三《武帝本纪》)。

宅(《南齐书》卷一八《祥瑞志》)。

萧遥光:钟山下馆(《南史》卷七六《隐逸传·吴苞》)。

江祐:钟山下馆(《南史》卷七六《隐逸传·吴苞》)。

徐孝嗣:钟山下馆(《南史》卷七六《隐逸传·吴苞》)。

齐:

周颙:钟山西隐舍(《南齐书》卷四一《周颙传》)。

孔嗣之:钟山隐居(《南齐书》卷五四《高逸传》)。

萧长懋:东田崇虚馆(《南齐书》卷二一《文惠太子传》);楼馆(《南史》卷五《齐本纪下·废帝郁林王纪》)。

萧嶷:青溪宅(《南齐书》卷二二《豫章文献王传》;《南史》卷四二《齐高帝诸子传》)。

周山图:新林墅(《南齐书》卷二九《周山图传》;《南史》卷四六《周山图传》)。

萧子良:鸡笼山西邸(《南齐书》卷四〇《武十七王传》;《南史》卷四四《齐武帝诸子传》)。

张欣泰:(钟山)南冈宅(《南齐书》卷五一《张欣泰传》;《南史》卷二五《张欣泰传》)

梁:

王骞:(钟山)大爱敬寺侧墅(东晋王导的赐田)《梁书》卷七《太宗王皇后传》;《南史》卷二二《王昙首传》)。

沈约:(钟山)东田宅(《梁书》卷一三《沈约传》;《南史》卷五七《沈约传》;《六朝事迹编类》卷七《宅舍门》)。

徐勉:(钟山)东田小园(《梁书》卷二五《徐勉传》;《南史》卷六〇《徐勉传》)。

朱异:潮沟、青溪宅(《梁书》卷三八《朱异传》;《南史》卷六二《朱异传》;《六朝事迹编类》卷七《宅舍门》)。

孔稚珪:东篱门园室(《梁书》卷五一《处士传·何点》;《南史》卷三〇《何点传》)。

到溉:淮水第(《南史》卷二五《到彦之附到溉传》)。

萧伟:青溪第(《南史》卷五二《梁宗室传》)。

萧正德:征虏亭方山墅(《南史》卷五一《梁宗室传下》)。

张缵:钟山园(《全梁文》卷六四《谢东宫赉园启》)。

王规:钟山宋熙寺室居(《梁书》卷四一《王规传》;《南史》卷二二《王昙首传》)。

陈:

韦载:江乘县白山室(《陈书》卷一八《韦载传》;《南史》卷五八《韦载传》)。

孙玚:青溪东大路北宅(《建康实录》卷二〇陈后主祯明元年条;《六朝事迹编类》卷七《宅舍门》)。

江总:青溪西宅(《建康实录》卷二〇陈后主祯明元年条;《六朝事迹编类》卷七《宅舍门》)。

其他:

谢灵运:始宁县墅(《宋书》卷六七《谢灵运传》;《南史》卷一九《谢灵运传》)。

黄回:江西墅(《宋书》卷八三《黄回传》;《南史》卷四〇《黄回传》)

裴之横:芍陂田墅(《梁书》卷二八《裴之横传》;《南史》卷五八《裴之横传》)。

孔灵符:永兴墅(《宋书》卷五四《孔灵符传》,《南史》卷二七《孔灵符传》)。

据上述分布情况可知,私家园林分布在皇家园林的内侧或者近旁,尤其集中在从钟山南麓延伸至青溪、潮沟河畔的区域。从位置来看,则选定青溪近郊的低矮高地,沿着从钟山绵延而来的平缓等高线分布。不过上述材料存在一个大问题,这就是与园林有关的标记有"墅""邸""第""宅""居""园""室""舍""馆"等多种表述,将这些内容无差别地视作园林来分析其选址,并以此来探讨私家园林的性质,这样的处理方式不得不说是有问题的。

寺观园林可以分为两类,一类是附属于大城外建康、秣陵两县范围内各地寺院的小园林，一类是附属于山林间寺院的大规模园林。六朝寺院的位置现在还有很多无法查明，因此也就无法确认寺观园林所在①。对所谓"四百八十寺"（杜牧《江南春》）的建康寺院，其地点的确认也是今后的课题。道观的情况与寺院几乎完全相同，因此本文对寺观的选址暂时不作讨论。

综上所述，从园林的选址来看，可知其分布范围为东部钟山的南麓、东麓，东南部从秣陵至方山的秦淮河谷地，南部为江岸的新林一带，北部以玄武湖为界分为南、北两片，西部（译者按：原文如此）为娄湖（老虎头）一带。如论其与郊坛及陵墓区的位置关系，则可知园林空间位于郊坛区域的外侧、陵墓区域的内侧。

方山是建康南侧一处地标性的存在，距离今南京市中华门东南二十公里，溧水河与句容河在其南麓合流为秦淮河，海拔208米，是位于宁镇山脉南支脉西端的独立山峰（死火山）。这里建有道观、苑囿。《建康实录》卷二吴太祖赤乌十年（247）条载："帝初好道术，有事仙者葛玄，尝与游处。……帝重之，为方山立洞玄观。后玄白日升天，今方山犹有玄煮药铛及药臼在。"

此外，《太平寰宇记》卷九〇《江南东道二·昇州》上元县引《舆地志》云："湖孰西北有方山，顶方正，上有池水。齐武帝于此筑苑。吴大帝为仙者葛玄立观焉。"记录了方山的景观。其山形如方形金字塔方山状，被选为神仙道场是很容易理解的。另外，其山麓为句容河与溧水河的合流点所在，自然景观也颇为可观，使其成为了建设寺庙、园林的理想场所。《南齐书》卷四四《徐孝嗣传》记载："从世祖幸方山。上曰：'朕经始此山之南，复为离宫之所，故应有迈灵丘。'灵丘山湖，新林苑也。孝嗣答曰：'绕黄山，款牛首，乃盛汉之事。今江南未广，民亦劳止，愿陛下少更留神。'上竟无所修立。"②萧齐第二代皇帝武帝鉴于此地的位置

---

① 前引卢海鸣《六朝都城》，第239—273页。
② 《南史》卷一五《徐孝嗣传》所载相同。

与地势，意欲修建壮观的离宫。不过，从前述《南齐书》的内容来看，离宫并未开建。前引《太平寰宇记》引《舆地记》则记齐武帝筑苑之事，另外卢海鸣也认为存在"方山苑"①。基于上述意见，笔者将其排除在先前所列皇家园林之外。

此外，方山亦为送迎之地。《太平寰宇记》卷九〇《江南东道二·昇州》上元县引《丹阳记》载谢灵运东行之际，"谢灵运东出，邻里相送至方山，赋诗"，可见，方山为东南方向的送别之所。换言之，可以认为方山是地域区间之郊。方山与大城之间还有作为娱乐场所被贵族所喜好的土山、娄湖等著名湖沼地带，应该可以认为是南部园林区域的南端。

（五）江乘、湖熟、溧阳——孙吴的屯田区域

前文指出，建康都市空间中"建康无田"，那么建康的粮食供应是如何保证的呢？首先是从远处运送，孙吴利用秦淮河上游的句容河建成了从曲阿到方山的运渠，这就是破冈渎。《建康实录》卷二吴太祖赤乌八年（245）条记载：

> 八月，大赦。使校尉陈勋作屯田，发屯兵三万凿句容中道，至云阳西城以通吴、会船舰，号破冈渎。上下一十四埭，通会市，作邸阁。仍于方山南截淮立埭，号曰方山埭。今在县东南七十里。案其渎在句容东南二十五里，上七埭入延陵界，下七埭入江宁界。

可见破冈渎是动员了屯兵三万人开凿而成的②。破冈渎与秦淮河相连，漕运来自会稽方面的粮食物资。另外在秦淮河河口、石头城南麓的石头津设常平仓（又称石头仓、石头津仓、龙首仓），应该是为存放通过长江水运运来的谷物。除此之外，建康还置有太仓（又称苑仓、内仓）和

---

① 前引卢海鸣《六朝都城》，第217页。
② 《三国志》卷四七《吴书·孙权传》赤乌八年（245）八月条所载相同。

东仓(又称东宫仓)①。那么,近郊的农田情况又如何呢?孙吴围绕建业,在东面的江乘、东南的湖熟、南面的溧阳都设有屯田区,置典农都尉。《宋书》卷三五《州郡志一》扬州条称:"溧阳令,汉旧县。吴省为屯田。晋武帝太康元年复立。湖熟令,汉旧县。吴省为典农都尉。晋武帝太康元年复立。"《宋书》卷三五《州郡志一》南徐州条称:"江乘令,汉旧县。本属丹阳,吴省为典农都尉。晋武帝太康元年复立。"

那么,孙吴设屯田的江乘、湖熟、溧阳与建康的关联以及它们与前述的园林、墓域的空间关系又如何呢?

溧水水系所载的区域就是溧阳。今秦淮河上游的溧河并不是溧水,溧水发源于安徽省与江苏省交界处的石臼湖,经过马鞍山市南部流入长江,是今天的姑溪河。溧阳的西北部为南北分水岭,今溧河从这条分水岭向北流出。隋开皇十年(590)所设的溧水县相当于今溧河流域。溧阳县包括从溧水到秦淮河的广阔地域空间,设置溧水县时,是割其西北部与丹阳县东部合并而成的②。也就是说,溧水县处在溧河三水源的位置上,这个区域的北端即为方山。溧阳屯田区应该属于姑溪河流域还是溧河流域,也是今后需要解决的问题,不过从溧水县的设置情况来看,笔者更倾向于后者。六朝时的墓葬区一直延伸到隋代溧水县的北境,这一点也可证明前面提出的推论,所以将溧河水源地带作为建康的南界似无不可。

从湖熟向东的句容方向,分布着广阔的盆地③。《宋书》卷五《文帝本纪》元嘉二十二年(445)条云:"冬十月,起湖熟废田千顷。"记载了在

---

① 《景定建康志》卷二三《城阙志四·诸仓》。
② 丹阳城址位于今南京市江宁区和安徽当涂之间的小丹阳镇。目前已确认了城址周围的护城河。城址内外散布着大量筒瓦、板瓦、瓦当等建筑遗物。
③ 湖熟城址位于今江宁区湖熟镇,面临秦淮河,又称城冈头、梁台遗址,为东西约500米、南北约300米的长方形城址。地表散布着大量的大板瓦、筒瓦、花纹砖等建筑遗物。遗址的低部靠近秦淮河河岸,确认有码头遗址(断代为汉代前后)。城址近郊发现了多处汉墓。

湖熟重新开发土地之事。同样的内容还见于《南史》卷二《宋本纪中·文帝纪》元嘉二十二年(445)条："是冬,浚淮,起湖熟废田千余顷。"记载了开发湖熟田地的同时,还对秦淮河进行了疏浚。另外,《晋书》卷一〇《安帝本纪》义熙九年(413)条载："夏四月壬戌,罢临沂、湖熟皇后脂泽田四十顷,以赐贫人,弛湖池之禁。"可知在临沂、湖熟设有皇后的脂泽田。湖熟与建康以宁镇山脉相隔,位置在其内侧。在湖熟开垦土地作为建康的粮仓,且作为从今丹阳经句容通往建康的交通要道与军事据点,湖熟有着可与京师匹敌的重要性。《宋书》卷七五《颜竣传》(《南史》卷三四《颜竣传》)载："南郡王义宣、臧质等反,以竣兼领军。义宣、质诸子藏匿建康、秣陵、湖熟、江宁县界。世祖大怒,免丹阳尹褚湛之官,收四县官长,以竣为丹阳尹,加散骑常侍。"可知造反的刘义宣和臧质诸子曾藏身于建康、秣陵、湖熟、江宁县界。秣陵、湖熟、江宁区域是从建康南经东南连接东北的边缘地带,现在也被认为是南京的腹地。《南齐书》卷三《武帝本纪》永明十一年(493)五月戊辰条载："京师二县、朱方①、姑熟,可权断酒。"显示京师加上朱方与姑熟为断酒施行区域。其校勘记引洪颐煊《诸史考异》也认为,朱方和湖熟与京师二县都是极其重要的地区。萧梁王侯陵墓中也有葬在湖熟(如前述,现已编入句容)东北端的。从墓域和园林的分布区域与湖熟的空间关系来看,可以说建康的境域一直扩展到了湖熟,这与溧水的情况是等同的。

与上引《晋书》中的湖熟一样,设置皇后脂泽田的临沂原为江乘县。如《宋书》卷三五《州郡志一》南徐州所记："成帝咸康元年,桓温领郡,镇江乘之蒲洲金城上,求割丹阳之江乘县境立郡,又分江乘地立临沂县。永初郡国有阳都。"临沂是割江乘西部而设的侨县。"江乘"见《晋书》卷一五《地理志下》徐州条："以江乘置南东海、南琅邪、南东平、南兰陵等郡,分武进立临淮、淮陵、南彭城等郡,属南徐州。"另外,《景定建康志》

---

① 《元和郡县图志》卷二五《江南道——润州》载丹徒县本为朱方之地。"朱方"所指为丹徒,即京口本身,还是指一个包括江乘在内的地域,有待商讨。

卷一五《疆域志一》载:"江乘县,秦置。《方舆志》云:始皇登会稽,从江乘还,过吴。汉属丹阳郡,王莽曰相武,后汉复旧,吴省为典农都尉,晋武帝复置。咸康七年析南境,为临沂属琅琊郡,陈大建元年属建兴郡。"由上可知其为侨郡,地理范围在建康东北到镇江之间,位于宁镇山脉北麓与长江之间的东西长条形区域中。

小　结

上述实行屯田的江乘、湖熟、溧阳(溧水),作为建康的腹地,具有极其重要的地位。考虑到屯田区域与前述郊坛、园林、陵墓区之间的关系,最外围的萧梁王侯墓区位于湖熟东北,这里也是江乘的西端和溧阳的北部,可以说这两者存在互相包含的关系。也就是说,屯田区域内侧含有扩展出去的陵墓区,其内侧的园林区以及更内侧的郊坛区,形成了一个包含郭域在内的空间。长江从西南的新林经建康西北沿幕府山向东朝江乘方向流去,若与屯田区及陵墓区边缘的栖霞山、幕府山、句容梁代陵墓区、湖熟、溧河水源北端、新林梁代陵墓区相连,加上西端的建康郭域,就形成了一个直径三十公里的地域空间。笔者把这一地域空间视为建康的"都城境域",图6-7就是对建康都城境域内的空间构成提供的模式化展示。

苏则民在《南京城市规划史稿》中提出了对"大建康"的认识①。在分裂与南北对峙的情况下,都市防卫是重要的战略任务,所以建康周围分布有很多军事城堡,形成了以建康城为核心的"大建康"。"大建康"所拥有的城池类型如下所示:

Ⅰ. 扬州、丹阳郡治、东府、西州城等州府治所

Ⅱ. 白马城、吴王城、金城、白下城、新亭等军事城堡

---

① 苏则民编著《南京城市规划史稿　古代篇·近代篇》,北京:中国建筑工业出版社,2008年,第101页。

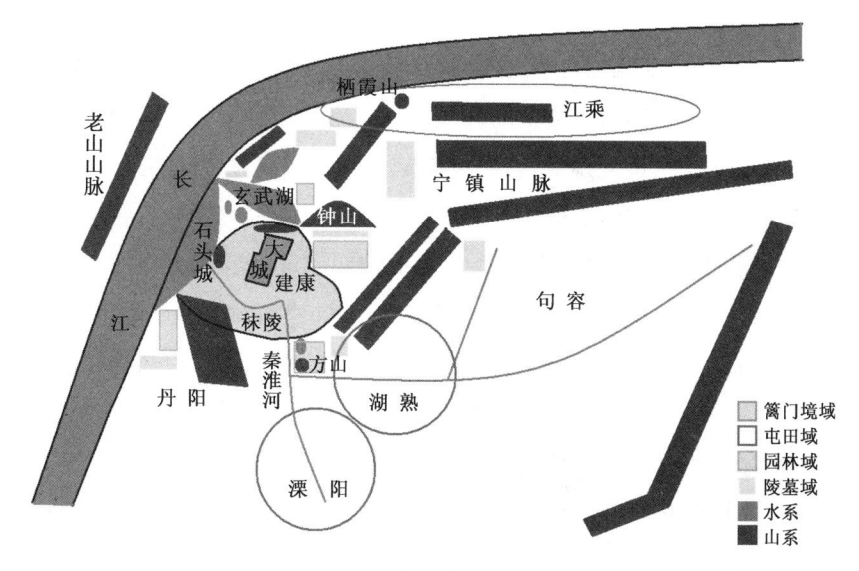

图 6-7　建康都城境域空间模式图

Ⅲ. 琅琊、怀德、临沂等供北方移民活动的侨州郡县

构成大建康的城堡、(侨)县平时不过是一般的城邑,战时则发挥防卫据点的功能。这样具有战略意义的都市空间形态,不但作为吸收从北方大举南下的移民的空间在发挥作用,也可以调节集中到建康的人口,形成一个缓冲空间。苏则民提出的"大建康"观点,与本文笔者所验证的地域空间在认识上有部分重合之处。在执着于研究大城依然占主流的情况下,提出"大建康"这一都市空间概念,值得给予很高的评价。

结　语

孙吴和东晋初期的建康,原本只是一个将军府,处在周长二十里的城墙中就足够了。然而,随着时代的发展,成为首都的建康促进了人口的集中与都市化进程,都市的发展性因而成为问题。由于南朝屡遭内乱,故而都市的恢复性也成为问题。从发展性、恢复性的要求看,都市不可能只是由坚固城墙形成的封闭空间。建康没有建立包围大城之外街市的外郭城墙，只是用篱门作为标记来区分都市的郭域。而都市郭域全体的防卫，则利用自然地形与各个据点组成的防卫设施形成战区，据此来实施防卫构想。战区的形成是多次攻防战的产物。采用以战区为防卫构想的背景有如下几点：一是从将军府这样的地方由都市演变成王朝国都这一政治发展过程，二是因为贵族制的社会构造导致了朝廷的弱化，此外还存在都市形成过程中的问题，即经济、文化活动发展与居住区、商业区的扩大，相互不平衡。而且建康城只有宫城是坚固的，街市在郭域与防卫区域包围的都市空间中扩大、发展。依凭战区的都市防卫，不止解决了防卫上的问题，而且对促进战后都市的重建与平时经济活动的发展都是极其有效的。

石头城利用自然地形作为要塞，防卫功能更加卓越，是发挥战区防卫构想的最重要据点。以石头城为西部基点，连接东府城——白石垒——新亭垒的外侧战区与连接秦淮岸——东府城——北篱门的内侧战区，是基于战祸经验形成的。依凭战区的军事空间与篱门构成的郭域空间的交叉，可以让人更加清楚地认识到都市空间的存在。与自然环境相结合，依凭战区的防卫构想正常发挥作用时，可期达到与城墙同样的效果。但是实际上，战区防守的思想并未能完全发挥作用。这是因为，就如南朝攻防战实是内乱此言所示，攻防战是熟知战区构造的内部人员之间的对立。

由战区与郭域线所构成的空间，平时只单纯表示都市的郭域空间，这对都市的发展，尤其是对由贵族制社会造成的高消费都市的发展带来了极好的效果。在都市空间发展性的意义上，建康城作为都市运作经验的产物，又确立了战区防卫构想，作为都市是卓越的存在。在某种意义上，可以说与期待自由发展的现代都市也有着共通之处。但是，隋唐长安、洛阳继承了北魏洛阳、东魏北齐邺城的都市规划，其原因何在？战区具有的连锁功能存在着很大的缺陷，即一处崩溃会造成各处连锁性的崩溃。还有，对战区的形成来说，长期的都市运作经验是不可或缺的。可以说，正是这两点，成为了建康以外的城市未采用战区防卫构想的主要原因。

建康郭域的更外侧空间分布有郊坛、园林、陵墓区和屯田区。在这一方面,江乘、湖熟、溧阳(溧水)作为建康的腹地,具有极其重要的地位。屯田分布区内侧为陵墓区,陵墓区内侧为园林区,更内侧则是郊坛区,从而形成了一个包含郭域在内的空间。这个地域空间就是笔者指出来的建康"都城境域"。从与长江的位置关系上来看,这个空间的中心点偏西,西端形成一个包括建康郭域在内的直径三十公里的地域空间。另一方面,从屯田区的外侧来看,东有京口(镇江)、南有采石(牛渚)这样的重要渡口①,从建康台城到两者的距离都在 50 公里前后。东南是齐梁帝陵区所在的曲阿。曲阿经延陵、句容、湖熟,利用破冈渎与建康相通。建康—京口—曲阿—延陵—采石连接起来的地域空间,东西约七十公里、南北约三十公里,呈东西较长的长方形。看似非常广阔的空间,但与洛阳八关之内的地域空间相比还是不如的。此外,处于这一区域外缘作为腹地的江乘、湖熟、溧阳(溧水)三个区域,即湖熟内侧的句容(现句容市),安徽省、江苏省交界处的石臼湖周边(现溧水区南部),长江对岸的瓜步(今南京市六合区)等地的的性质特点及其与建康境域的关联,是值得期待后续的课题。

本文页下注以外的主要参考文献:

1. 朱偰:《建康兰陵六朝陵墓图考》,上海:商务印书馆,1936 年。北京:中华书局 2006 年;

2. 同济大学城市规划教研室编《中国城市建设史》,北京:中国建筑工业出版社,1982 年;

---

① 采石矶也称为牛渚矶,位于安徽省马鞍山市区西南七公里面对长江的翠螺山(海拔 131 米)山麓,是被称为"长江三矶"(其他为南京燕子矶、湖南岳阳城陵矶)之一的险要之地,与天门山(当涂县)一起构成了岩石区域,形成了长江下游屈指可数的急流。关于采石重要性的史料不胜枚举,本章更想考察的是其与建康都城境域空间之间的关系该如何定位。

3. 郭黎安:《魏晋南北朝都城形制试探》,《中国古都研究》第二辑,杭州:浙江人民出版社,1986年;

4. [日]大室干雄:《園林都市—中世中国の世界像—》(园林都市——中世中国的世界像),东京:三省堂,1985年;

5. 罗宗真:《对南京六朝都城的一些看法》,《中国古都研究》第二辑,杭州浙江人民出版社,1986年;

6. 中村圭尔:《建康と水運》,载《佐藤博士退官記念·中国水利史論叢》,国书刊行会,1984年;《建康の"都城"について》,载《中国都市の歴史的研究》,唐代史研究会,1988年;

7. 郭湖生:《魏晋南北朝至隋宫室制度沿革》,《中国古代科学史论续编》,京都:京都大学人文科学研究所,1991年;

8. 杨宽:《中国古代都城制度史研究》,上海:上海古籍出版社,1993年;

9. 朱绍侯:《中国古代治安制度史》,郑州:河南大学出版,1994年;

10. 蒋赞初:《南京史话》,南京:南京出版社,1995年。

建康的历史地位及其都城圈的形成

[日]小尾孝夫

陆　帅译

关于六朝时期的主要都城建康,以及建康城在中国都城发展史上的意义,既往学界在城市复原研究以及由建筑构造理念、皇权等相关礼制或空间配置问题出发的建康宫城研究诸领域积累了较多成果[1]。然而,如果跳出建康城本身,将目光转向它与周边区域的关系——即建康都城圈这一课题,就目前状况而言,这一方面的讨论仍较为缺乏[2]。

若对建康都城圈加以各种思考,便不难想见,依据不同要素,都城圈的定义也是多种多样的。以上述问题意识为背景,本文首先重点关注建康作为都城的历史特征,再由此出发,对建康都城圈的形成问题展开初步考察,希望能够为今后的建康都城圈研究打下一个基础。

---

[1] 由于研究成果较多,在此不一一列举。关于建康城的复原研究及其复原图的情况,可参见拙稿《六朝建康》,该文作为《汉魏晋南北朝都城复原图的研究》的一部分,收入《平成22—25年度科学研究费补助金基础研究(B):"最新考古调查及礼志研究成果基础上的中国古代都城史新研究"研究成果报告书》,2014年。

[2] 本稿为"平成24—26年科学研究费补助金基础研究(B):与魏晋南北朝时期主要都市'都城圈'社会相关的地域史研究"(项目主持人:中村圭尔)的尝试性研究之一。为考察中国魏晋南北朝时期都城对当时社会的历史意义,该课题的首要目标便是将都城为中心的影响下所形成的地理区域(都城圈)以可视化的形式表现出来。笔者作为该项目的参与者,主要承担建康方面的研究。值得一提的是,作为建康都城圈的相关研究,近来盐泽裕仁在《东汉魏晋南北朝都城境域研究》第七章《六朝建康的都市空间》中从都城境域的角度出发,对建康周边的基本环境进行了整体性论述(东京:雄山阁,2013年)。

一、建康的历史特征

　　一般认为,六朝都城建康在梁代迎来了全盛期。如《太平寰宇记》卷九〇《江南东道二·昇州》引《金陵记》所言:"梁都之时,城中二十八万余户。西至石头城,东至倪塘,南至石子冈,北过蒋山,东西南北各四十里。"在梁代,建康的都市空间扩展到西至临江的石头城,东至连接三吴地区的水路要冲——方山埭附近的倪塘(现江宁区上坊镇泥塘村附近①),南延至秦淮河南岸的石子冈,北则越过蒋山(今南京紫金山)。

　　从孙吴到南朝,建康作为都城、城市,其发展具有相当的延续性。但需要注意的是,这一过程也颇具周折。孙吴时,建业尚未充分具备都城的职能,随后的西晋统一战争,又让建康的城市发展一时陷入停滞。随着西晋末年琅琊王司马睿的出镇及流民的不断南渡,建康城的发展才迎来了新局面。

　　魏晋南北朝被称为中国民族大迁徙的时代。永嘉之乱后,大量华北流民的南下,对于控制南方的东晋及其后的南朝诸政权在政治、经济、文化等诸多方面产生了深刻影响。

　　如果考察这些流民的聚居地,便不难注意到,多数情况下,流民都集中于某些城市及其周边。作为东晋南朝首都的建康,自然也不例外地涌入了大量流民。以下,就对这些流民的情况稍作观察。

　　《晋书》卷一五《地理志下·徐州》云:

　　　　又琅邪国人随帝过江者,遂置怀德县及琅邪郡以统之。……以江乘置南东海、南琅邪、南东平、南兰陵等郡。

---

① 参见张学锋著《六朝建康城的研究——发掘与复原》,小尾孝夫译,收入新宫学编《近世东亚比较都市史的诸相》第七章,东京:白帝社,2014年。

就此可知,部分琅邪国人随司马睿(晋元帝)南渡。其结果,琅邪郡与怀德县被侨置于建康以北至东北方向的江乘县境内。江乘县的范围东抵京口,在此区域内还设有侨东海、侨东平、侨兰陵等侨郡,可见与上述诸侨郡关系密切的侨民大量涌入当地。

另一方面,《宋书》卷三五《州郡志一·扬州刺史》云:

> 成帝咸康四年,侨立魏郡,领肥乡、元城二县,后省元城。又侨立广川郡,领广川一县,宋初省为县,隶魏郡。江左又立高阳、堂邑二郡。高阳领北新城、博陆二县。堂邑,领堂邑一县,后省堂邑并高阳,又省高阳并魏郡,并隶扬州,寄治京邑。文帝元嘉十一年省,以其民并建康。

由此可以确认,东晋成帝咸康四年(338)以后,为流入扬州境内的旧魏郡、广川郡、高阳郡、堂邑郡侨民,设置了一系列的侨郡县,隶属于扬州,寄治建康。此后上述侨郡县不断省并,至刘宋文帝元嘉十一年(434),这些流民被编入建康。从侨民被编入建康居民这一事实中,也可以窥知,隶属上述侨郡县的侨民们就寓居在建康境内①。

考察迁入建康的流民,自然不能忽略南下定居建康、秣陵的侨姓士族。随着司马睿出镇建康及西晋怀帝、愍帝的遇难,大量的华北士族南下,其中不少都居住在建康及其周边(如江乘县等)。

而在建康城规模得以大致确定的东晋成帝时期②,恰巧出现了咸和、咸康年间两次大规模的土断。不难推测,东晋政权进行土断就是为

---

① 笔者曾推测,来自魏郡等地的侨民居住于今南京仙鹤山周边(建康东郊),参见拙稿《広陵の高崧とての周辺:六朝南人の一様相》(广陵高崧及其周边:六朝南人的一个侧面),《人文論集:静冈大学人文社会科学部社会学科·言語文化学科研究報告》(静冈大学人文社会科学部人文论集)第 63 号第 2 卷,2012 年。

② 据前引张学锋论文,建康都城的四周为二十里十九步。这一基本范围的形成并非在孙吴时代,而是在东晋成帝重建都城时。

了整编这些庞大的侨流人口,掌握、规划这些流民的居住地。

一直以来,六朝都城建康给人一种"贵族都市"的强烈印象。而就上文可知,数量庞大的北来流民聚居于此,这就同时给建康的城市性格带来了浓郁的军事色彩。

六朝时代,流民聚居而成的都市多为军事要地,建康自然含有此特征。尤其是在南朝以降,当时的国家军制以中央军为核心进行了重组①,建康作为军事都市的地位就更加清晰地确立下来了。

刘宋文帝、孝武帝时,与水军关系密切的玄武湖及其周边得到整修。南齐武帝则修葺了水军基地以及中央军的驻扎地——位于白下的白下城,并以之作为琅邪郡城。此外,当时还在方山(今江宁区方山)、新林(今西善桥附近)等地规划、营造了离宫(苑)②。考虑到方山、新林在东晋南朝时期所具有的重要交通、军事地位③,便不难想到,这些离宫的建设是为了军事用途而规划的。而要进一步理解上述军事据点、军事相关设施的营建、变迁及与之联动的建康都市发展问题,就必须对当时的政治史以及与之密切相关的国家军事体制加以分析。

因此,下文中笔者就打算在分析南朝政治史及与之相关的国家军事体制问题的基础上,从六朝建康城与流民关系密切、具有军事城市色

---

① 参见拙稿《南朝宋齐時期の国軍体制と僑州南徐州》(南朝宋齐时期的国军体制与侨州南徐州),《唐代史研究》(唐代史研究)第13号,2010年。

② 玄武湖及其周边的情况,参见《宋书》卷五《文帝纪》、卷六《孝武帝纪》。白下城的情况参见《南齐书》卷四〇《南海王子罕传》、卷五六《刘系宗传》,《太平寰宇记》卷九〇《江南东道二·昇州》。方山苑的情况,参见《南齐书》卷四四《徐孝嗣传》。新林苑的情况,参见《南齐书》卷三《武帝纪》。顺带一提,方山苑在之后的齐明帝时期被撤废,还地于民(《南齐书》卷六《明帝纪》)。笔者认为,齐明帝时期新林苑的撤废,似有必要与后文提及的南朝中央影响力的扩大问题放在一起加以讨论。

③ 方山附近有方山埭,是连通建康与其东部区域的重要水道——破冈渎的重要关津。又,新林是从南面陆路进入建康的交通要地。同时,从长江中游水路前往建康之际,与长江相接的新林浦是紧接于石头津、新亭之后一个登陆点。

彩的历史特性出发,对都城圈的形成进行考察。

二、东晋南朝的国家军事体制与建康

本章计划从东晋南朝国家军事体制的角度对建康都城圈展开探讨,尝试考察建康与其近郊的军事重镇京口(现江苏镇江,北府主要的所在地)、姑孰(现安徽当涂,西府主要的所在地)的关系。

(一)东晋时代的军事体制与建康:建康与京口、姑孰

在探讨建康的军事状况时,它与东部要地京口(北府)、西南部要地姑孰(西府)的关系无疑是重要话题。首先,来确认一下这两个军镇的基本情况。

对于东晋政权来说,京口是建康东部的要所,它是渡江北上广陵郡的渡口。此外,以京口为中心东至晋陵郡的这片区域,以及长江对岸的广陵郡,还聚居着数量庞大的流民。因此,这片区域也是北府都督的主要出镇地点。多数北府都督在担任徐州、兖州刺史时,也大多置州治于此。纵观整个东晋时代,京口是极其重要的军镇,在当时的政治舞台上屡有出场。同时,它还是于晋末崛起、建立刘宋政权的刘裕所依靠的军事后方。

另一方面,姑孰是建康西南部的要冲,也是流民的聚居之地。同样,它是渡江上历阳郡的渡口。出镇姑孰的西府都督往往兼领豫州刺史①。因此,豫州治所虽也曾设于芜湖或历阳,但多数情况下因西府都督兼领之故,还是置于姑孰。说起西府,往往会使人想起荆州的江陵,但那是南朝以后的情况。东晋时,在政治上被称为西府的往往是姑孰或历阳。

---

① 关于当时豫州的重要地位,可参见中村圭尔《六朝江南地域史研究》第一编第二章《东晋南朝的豫州与南豫州》,东京:汲古书院,2006年。

关于东晋南朝的国家军事体制，笔者曾有过探讨。东晋时代，建康为周边的重镇北府（主要在京口）、西府（主要在姑孰）所围绕。很多时候，北府、西府的都督盘踞于各自的辖地内干预中央政治。这种世家大族分享州镇军权、维持均势的状态，与东晋政权的权力结构密切相关。反映在国家军制中，就呈现出州郡重镇握有军队，辅翼中央（建康）的景象①。

当此之时，北府、西府势力强大，与流民关系密切。此外还必须注意到的是，它们的军事管辖范围也囊括了一部分建康周边的流民。其中最为显著的例子，就是西府。以下，就对西府的上述情况试加确认。

东晋义熙二年（406），刘毅（彭城郡沛县人）任豫州刺史，持节，都督豫州、扬州之淮南、历阳、庐江、安丰、棠邑五郡诸军事，（抚军）将军、常侍（兼督宣城军事），作为西府都督出镇姑孰②。当时，刘毅的都督区为"豫州、扬州之淮南、历阳、庐江、安丰、棠邑五郡诸军事"，涉及扬州。其中，历阳、庐江为实郡。淮南郡是无实土的侨郡，侨民住在丹阳郡的于湖周边。安丰郡沿革较为复杂，总之是侨置于原淮南郡内的无实土侨郡。棠邑郡寄治建康，也是无实土侨郡。值得注意的是，西府都督刘毅的辖区延展到了侨置于建康的棠邑郡。

又，义熙八年（412）刘道规（刘裕之弟）就任豫州刺史时，其都督区为"都督豫、江二州，扬州之宣城、淮南、庐江、历阳、安丰、棠邑六郡诸军事，豫州刺史，持节，常侍，将军如故"。之后任职的诸葛长民（琅邪郡阳都县人）则"都督豫州、扬州六郡诸军事"。③可见刘毅之后，西府都督的都督区除侨豫州外，基本都包含淮南、庐江、历阳、安丰、棠邑诸郡，宣

---

① 参见前引拙稿《南朝宋齐时期的国军体制与侨州南徐州》。
② 参见《晋书》卷一〇《安帝纪》、卷八五《刘毅传》。
③ 参见《宋书》卷二《武帝纪》、卷五一《宗室列传·临川王道规》，《晋书》卷八五《诸葛长民传》。

城郡有时也被囊括其中①。在以上事例中，东晋时期西府都督的辖区涉及扬州，尤其是涵盖了寄治建康的棠邑郡侨民，这一点不可忽视。

这一时期，建康为北府、西府两大重镇所拱卫。北府、西府握有强大的军事力量，还可以看到建康及其周边的流民在多数情况下也与京口（北府）、姑孰（西府）相关。可以推断，建康作为军事都市的发展过程，也受到了这一情势的影响。

（二）南朝的国家军制与建康

下面再来看南朝刘宋以降的情况。建立刘宋的刘裕，为了加强皇权，集精兵于中央，以中央军为核心对国家军队进行重组。在此过程中，北府兵（晋陵郡内的侨民）被整编为中央军。这种军事体制在刘宋孝武帝时得到了彻底贯彻并延续至南齐②。如前所述，建康周边军事设施的整修，与中央军的重组关系密切。此外，可以推测出，这一动向进一步增加了建康的人口。以下稍作考述。

随着北府兵的不断中央化，北府的将校也多入朝为官（担任中央军的武职），从京口移居到建康、秣陵。据《宋书》卷四一《后妃列传·孝穆赵皇后》：

> （赵皇后）晋哀帝兴宁元年四月二日生高祖。其日，后以产疾殂于丹徒官舍，时年二十一。葬晋陵丹徒县东乡练壁里雩山。

可知刘裕生母赵皇后（下邳郡僮县人）生下刘裕后便去世，葬于丹徒。刘裕之父刘翘的情况，虽仅有《宋书》卷一《武帝纪》"（刘）靖生郡功曹

---

① 刘毅出任豫州刺史时，后亦"兼都督宣城军事"，见《晋书》卷八五《刘毅传》。

② 参见前引拙稿《南朝宋齐时期的国军体制与侨州南徐州》及《劉宋孝武帝の対州鎮政策と中央軍改革》（刘宋孝武帝的对州镇政策与中央军改革），《集刊東洋学》（集刊东洋学）第91号，2004年。

翘"这一条记载,但也说明了刘裕家族与北府颇有渊源。从赵皇后死于丹阳官舍,葬于当地能够看出,刘裕家族定居于京口一带。

《南史》卷四《齐本纪上·武帝纪》云:

> 世祖武皇帝讳赜,字宣远,高帝长子也。以宋元嘉十七年六月己未生于建康县之青溪官。

可见元嘉十七年(440)时,萧道成的宅邸位于建康的青溪附近。又《南齐书》卷二〇《皇后列传·宣孝陈皇后》云:

> 太祖虽从官,而家业本贫,为建康令时,高宗等冬月犹无缣纩,而奉膳甚厚,后每撤去兼肉,曰:"于我过足矣。"殂于县舍,年七十三。

萧道成还曾居住于建康令的官邸,萧道成的母亲陈皇后(临淮郡东阳县人)也是在此去世的。《南齐书》卷一《高帝纪上》又载:

> 太祖以元嘉四年丁卯岁生。……太祖年十三,受(雷次宗)业,治礼及左氏春秋。(元嘉)十七年,宋大将军彭城王义康被黜,镇豫章,皇考领兵防守,太祖舍业南行。十九年,竟陵蛮动,文帝遣太祖领偏军讨沔北蛮。……孝建初,除江夏王大司马参军,随府转太宰,迁员外郎、直阁中书舍人、西(陵)阳王抚军参军、建康令。新安王子鸾有盛宠,简选僚佐,为北(军)中郎中兵参军。陈太后忧,起为武烈将军,复为建康令,中兵如故。

* 引文中的重点线为笔者所加

以上确认了萧道成担任建康令的时期,由此可知陈皇后死于刘宋孝武帝时。

此外，《梁书》卷一《武帝纪上》载：

> 高祖以宋孝武大明八年甲辰岁生于秣陵县同夏里三桥宅。

可知刘宋大明年间，萧顺之也在秣陵（秦淮南岸）拥有宅邸。

刘宋、齐梁皇室都出自北府系统。东晋时，他们的仕官、生活围绕着丹徒、京口这片区域。伴随着刘裕即位，北府兵逐渐中央化，北府系统的将校入朝为官也成为常态。自然，他们也移居到了建康、秣陵一带。上述史料所具有的历史意义，正在于此。

此外还应当考虑到，宋文帝、孝武帝是由荆州、江州入朝称帝的。不难想象，其背后的荆、雍、江三州的士人（如出身河东柳氏的柳元景、南阳宗氏的宗悫）、这些区域的军士也随之流入建康周边。由此可以推知，南朝以降，政治结构的变动所引发的国家军事体制重组以及政治史的新展开，再加上建康在经济层面上不断发展，这些都是建康城人口不断增加的重要因素。

三、中央的扩大及其范围

东晋义熙九年（413），大规模的土断得以实施，即义熙土断。这次土断，一方面是针对流民问题，其背后也有刘裕重组国家军事体制的意图。在本章中，笔者试图对义熙土断后建康与北府、西府的关系试加考察。

（一）义熙土断与北府、西府

北府所在的晋陵郡内，设置有大量的侨郡县。义熙九年土断以后，当地的大多数侨郡县仍处于无实土的状态。所谓"无实土"的状况，在笔者看来，是指土断仅对政区归属与户籍加以整理，而侨民自身的地域社会依然未被编入相邻区域，仍处于流寓状态。换言之，这显示出晋陵郡内的侨民作为中央军的重要兵源仍然受到优待，具有重要地位。刘宋通过在中央配置远超地方州镇的军事力量，重组了以中央军为中心的国家军事体制，也由此得以展现①。

随着该体制的不断发展，到南齐时，就出现了北府不置都督、军府的情况。《南齐书》卷三五《高帝十二王列传·桂阳王铄》载：

> 桂阳王铄字宣朗，太祖第八子也。永明二年，出为南徐州刺史，镇京口。历代镇府，铄出蕃，始省军府。四年，加散骑常侍。

如上所言，被目为重镇的京口，其出镇者从来必带都督号与将军号。而永明二年（484），萧道成之子桂阳王铄却开始仅以南徐州刺史之职镇北府（单车刺史）。此后直至南齐建武二年（495）②，类似的情况一直在持续。

那么，该如何理解这一现象？笔者以为，这意味着随着中央军为核心的国家军事体制逐步完备，在中央的影响力不断扩大的过程中，京口

---

① 就侨郡县无实土与优待侨民兵源的关系，在此略加补充说明。关于此问题，重要的是考虑民众属籍于无实土侨郡究竟意味着什么。安田二郎《六朝政治史研究》（京都：京都大学出版会，2003年）第三编第十一章《侨州郡县制与土断》一文，在讨论当时侨郡县的问题基础上，就此话题提示了诸多观点，可以说是研究该领域必须要参考的知名论文。在诸种观点中，最重要是安田先生明确指出，无实土侨郡管内的侨民是"二重属籍制"，并未被编入所谓"间伍"的基层保甲制度中。东晋时期，"间伍"之法所带来的连坐制度颇为残酷，因此经常引发民众逃亡等问题。不过，对于当时的江南土著居民而言，这些没有被编入保甲制度、数量庞大的侨民，显然是与他们差异甚大的人群。归属于无实土侨郡下的侨民，经过一定时期以后要被征以赋税徭役。但实际上，由于之后对侨民的蠲复非常频繁，他们也没有保甲制度所带来的连坐，因缴纳赋税等负担而引起的精神压迫也由此较为缓和。不过可以想见，即便有这些优惠政策，没有土著化的侨民在多数情况下还是较为穷困的。在此状况下，为了获取生活的口粮，很多侨民只能通过参军来寻求活路。

② 参见万斯同《齐方镇年表》，收入《二十五史补编》，北京：中华书局，1995年。

北府的作用也发生了转变,成为了中央的一部分①。其结果,防御北方的军事据点转移到了江北(广陵等地)。

接下来看西府的情况。经过义熙土断,江淮之间原属扬州的区域成为了实土化的豫州。与之同时相连动的是,位于豫州都督区内的大部分侨郡都实现了实土化,西府的都督区大为缩减。《宋书》卷五一《宗室列传·刘义庆》载:

> 义熙十二年,从伐长安,还拜辅国将军、北青州刺史,未之任,徙督豫州诸军事、豫州刺史,复督淮北诸军事,豫州刺史、将军并如故。

由上可知,土断后的义熙十三年(417),刘义庆(刘裕弟刘道规养子,刘道怜第二子)出任豫州刺史之际,其都督区仅限于"豫州诸军事"②。而之后"淮北诸军事"的"淮北",则是义熙十三年灭后秦时新纳入版图的领地。由此可见,豫州刺史常领的"豫州诸军事",仅限于江淮之间的实土③。

---

① 在此补充说明一下,在南徐州刺史以单车刺史任命的十二年中,位于后期的建武元年(494)十月,齐明帝即位,任中领军的萧谌(南兰陵郡兰陵县人)就任领军将军、左将军、南徐州刺史(《南齐书》卷六《明帝纪》、卷四二《萧谌传》)。领军将军为总领中央军的武官,按理无法兼任身为地方长官的南徐州刺史。可能有读者会认为,萧谌或是卸任领军将军后再出任左将军、南徐州刺史,或是史料记载有误。不过,《南齐书》卷六《明帝纪》载,建武二年六月,"壬戌,诛领军将军萧谌、西阳王子明、南海王子罕、邵陵王子贞。乙丑,以右卫将军萧坦之为领军将军"。又同年七月,"辛未,以右将军晋安王宝义为南徐州刺史"。从萧谌被诛杀后的任命来看,从萧谌自明帝即位时的人事变动到被诛杀时,以领军将军兼任南徐州刺史是非常明确的事实。如此说来,领军将军兼任南徐州刺史一事,可以说正是展现北府为中央所同化的绝好事例。

② 刘义庆就任豫州刺史的时间,参见《宋书》卷三六《州郡志二·南豫州刺史》。

③ 顺带一提,尽管在此后的东晋最末期,豫州刺史又有都督数州的情况,不过随着该刺史职位接连由刘宋皇室担任,同时,宋武帝永初三年(422)又有在淮南新设南豫州(《宋书》卷三《武帝纪》)等进一步分割州镇的措施,豫州刺史已不再像之前那样活跃在当时政治中。

对比义熙土断前后西府都督的辖区可知,义熙土断中豫州的实土化,对扬州(中央)而言意味着丹阳郡内淮南等郡的复归,其实力大幅加强,对西府豫州而言则意味着实力大幅减弱。此后,豫州刺史不再出镇姑孰,在姑孰地区实土化的淮南郡间或归入新设的南豫州,间或归入扬州。

其结果,姑孰一带成为了中央的腹地,防御北方的军事据点转到了江北(历阳等地)。这种动向,与东晋南朝权力结构的变化及与之联动的国家军事体制重组、以建康为中心的中央在影响力上的扩大以及因北伐成功而向北方扩展势力范围的政治情势,皆处于同一轨道上①。

(二) 中央的范围

通过重组国家军队,中央扩大了影响力,京口北府与姑孰西府的规模缩小了。如果我们将本文的主题——建康都城圈的形成与上述态势联系起来,那么,以建康为中心的中央,其范围究竟有多大呢? 在考察该问题时,散见于史料中的"曲赦京邑""皇帝听讼"②的范围记载或许可以作为一个参考。

元嘉三年(426)正月至二月,宋文帝诛杀废刘宋少帝的大臣徐羡之(东海郡郯县人)、傅亮(北地郡灵州县人)、谢晦(陈郡阳夏县人),十二月又平息了吴郡太守徐佩之(徐羡之之侄)的叛乱,随后"曲赦都邑"。《宋书》卷五《文帝纪》云:

---

① 关于义熙土断中西府、北府的情况分析以及针对豫州的相关措施及其意义,笔者曾在《刘裕的义熙土断——基于散见〈宋书〉〈南齐书〉中的"军郡"研究》的学术报告("第七届中国中古史青年学者国际会议"论文,日本中央大学,2013 年 8 月 24 日)中有所论述,近期拟修订后正式发表。

② 以下涉及当时"皇帝听讼"的部分,可参见[日]辻正博《魏晋南北朝時期の聴訟と録囚》(魏晋南北朝时期的听讼与录囚),《法制史研究》(法制史研究)第 55 号,2005 年。

> （元嘉）四年春正月乙亥朔，曲赦都邑百里内。辛巳，车驾亲祠南郊。

可知这次曲赦的范围是"都邑百里内"。其后，元嘉三十年（453）五月，刘宋孝文帝在诛讨弑逆的"元凶"皇太子刘劭后亦有"曲赦"。《宋书》卷六《孝武帝纪》载：

> （元嘉三十年五月）甲午，曲赦京邑二百里内，并蠲今年租税。

此次的范围是"京邑二百里内"。

此外，作为关联史料，南朝政权实行大赦时对建康周边囚犯的恩赦，也可以说是曲赦的一种。《南齐书》卷三《武帝纪》载：

> （永明三年春正月）辛卯，车驾祠南郊，大赦。都邑三百里内罪应入重者，降一等，余依赦制。劾系之身，降遣有差。

由上可知，在齐武帝永明三年（485）大赦之际，还对"都邑三百里内"的囚犯加以恩赦。曲赦的范围是否与政治事件的规模大小有关（尤其是对比前两次曲赦），尚有待今后加以探讨。但至少能看出，从宋文帝时代到孝武帝时代，曲赦的范围在不断扩大。

另一方面，南朝皇帝听讼的范围，也可以作为对南朝时代中央范围进行认识的一个参考。《南齐书》卷三《武帝纪》载：

> （永明三年）秋七月辛丑，诏"丹阳所领及余二百里内见囚，同集京师，自此以外，委州郡决断"。
>
> ……
>
> （永明六年春正月壬午）诏"二百里内狱同集京师，克日听览，自此以外，委州郡讯察。三署徒隶，详所原释"。

这两次都是建康周边"二百里内狱同集京师",进行皇帝的听讼。

由上可见,南齐永明年间"皇帝听讼"的范围可大体推测在京邑周边二百里的范围内,我们似乎也能据此对"中央"的范围加以认识。

之后的南齐明帝时代,仍有建康周边囚狱聚集建康,由皇帝听讼之事。《南齐书》卷六《明帝纪》载:

>(建武二年[495])夏四月己亥朔,诏:"三百里内狱讼,同集京师,克日听览。此以外委州郡讯察。三署徒隶,原遣有差。"

此事亦见《南史》卷五《齐本纪下·明帝》:

>夏四月己亥朔,亲录三百里内狱讼,自外委州郡讯察,三署徒隶,原遣有差。

其范围确定在"三百里内"。由此可以确认,在南齐建武年间,皇帝听讼的范围与之前确认的永明三年曲赦的范围同样,扩展到了都邑周边三百里。

如果说当时京邑曲赦、皇帝听讼的范围,与目前所要讨论的南朝中央的范围多少有些联系的话,那么,建康周边二百里、三百里具体而言是怎样的一个区域范围? 以下,就对此问题试加论证。

根据《宋书·州郡志》可以确认建康至周边各都市的距离。建康至京口是水路二百四十里、陆路二百里,位于长江对岸的广陵为水路二百五十里、陆路一百八十里。必须要注意的是,江对岸广陵的陆路距离反而比京口近。因此笔者认为,这些里程数反映的是当时人们脑海中的地理空间距离。又,被推定在姑孰以南的于湖距建康水路一百七十里、陆路一百四十里,姑孰对岸的历阳则为水路一百六十里,陆路无载[①]。

换言之,与北府相关的京口、广陵,与西府相关的姑孰、于湖,它们

---

① 以上水、陆里程数皆依据《宋书》卷三五《州郡志一》、卷三六《州郡志二》。

与建康的距离都在水路二百五十里、陆路二百里以内。由此可以推知，南齐时期，以京邑曲赦、皇帝听讼作为标志为人所认识的中央范围，是将北府、西府包括在内的。

结　语

通过以上三章的讨论，笔者在东晋南朝相关政治史问题的基础上，从六朝建康城作为流民聚集地与军事都市的历史特征出发，对建康都城圈的形成进行了初步考察。

本文以揭示建康都城圈的整体面貌为前提，首先讨论了当时权力结构变迁以及与之联动的国家军事体制重组，并由此考察在当时人们的意识中，以建康为中心的中央，其大致范围如何。笔者认为，文中所推定的南朝——尤其是南齐时代中央的范围，与建康都城圈当具有密切的关系。而以上述范围为基础，在探究当时建康周边交通路线的同时，生动描绘出由各种要素共同构成的都城圈景象，这也是笔者今后想要展开的课题。

关于这一点，在此还想多说几句。笔者曾对长江北岸以瓜步为中心的区域有所考察，认为这片区域在南朝时代也被纳入到了建康都城圈中[①]。那么，更北的江淮地区是否也被认为属于中央，并且被纳入都城圈的范围内？这也是今后需要进一步探讨的问题。

此外，如果进一步对本文所探讨的相关的军事问题加以联想，既然晋陵郡内的侨民是中央军的兵源所在，则晋陵郡也可以算作建康都城

---

① 截至目前，关于建康都城圈与长江北岸区域的关系，笔者曾作过《建康"都城圈"社会的形成与流民》（魏晋南北朝史国际研讨会"历史上都城的意义"，东京大学，2013年9月15日）、《建康"都城圈"社会及江右地区》（2013年"六朝研究"国际学术研讨会，南京晓庄学院，2013年10月19日）、《建康"都城圈"社会及长江对岸》（第二届中国中古史前沿论坛，华中师范大学，2014年8月12日）一系列的学术报告。

圈的一部分①。而通过破冈渎等水道相连的东部地区与建康的关系，也是必须要讨论的问题。对于上述问题的研究，也将成为笔者今后的课题所在。

【补记】

在图7-1、图7-2中，笔者以建康为圆心、建康至京口的距离（水路二百四十里、陆路二百里）为半径，画出了圆圈。当然，"京邑曲赦"与"皇帝听讼"的范围未必是按照当代的距离标准而设定的。这一点，从广陵去建康陆路距离比京口近（一百八十里）却未被包含在圆圈内的事实中也能够得以窥知。又，于湖的所在地，还有进一步探讨的必要。如按图7-1，即视于湖与姑孰为一地，则其位于圆圈内接近圈线处。如从杜佑之说，认为于湖在姑孰以南（图7-2），则其位于圆圈外不远处。而本文之前所见，如果以于湖距建康水路一百七十里、陆路一百四十里这一认识为基础，那么在当时人的印象中，于湖的位置应比京口到建康的距离更近。

此外，如结语中提及的那样，虽然长江北岸的诸多区域也被包含在圆圈内，然而它们是否属于"京邑曲赦""皇帝听讼"的二百里、三百里的范围，仍有很大的疑问。我们必须意识到，图中的圆圈（现代的距离）与当时人对距离感的认识并不相同。

---

① 《南齐书》卷二六《王敬则传》载："王敬则，晋陵南沙人也。……年二十余，善拍张。补刀戟左右。景和使敬则跳刀，高与白虎幢等，如此五六，接无不中。补侠毂队主，领细铠左右。"王敬则为临淮郡射阳县的侨民，寓居南沙县（参见《南史》卷四五《王敬则传》），刘宋前废帝时以宫廷亲卫起家。可以说，这正是推知晋陵郡与中央具有密切关系的一个事例。

建康的历史地位及其都城圈的形成 197

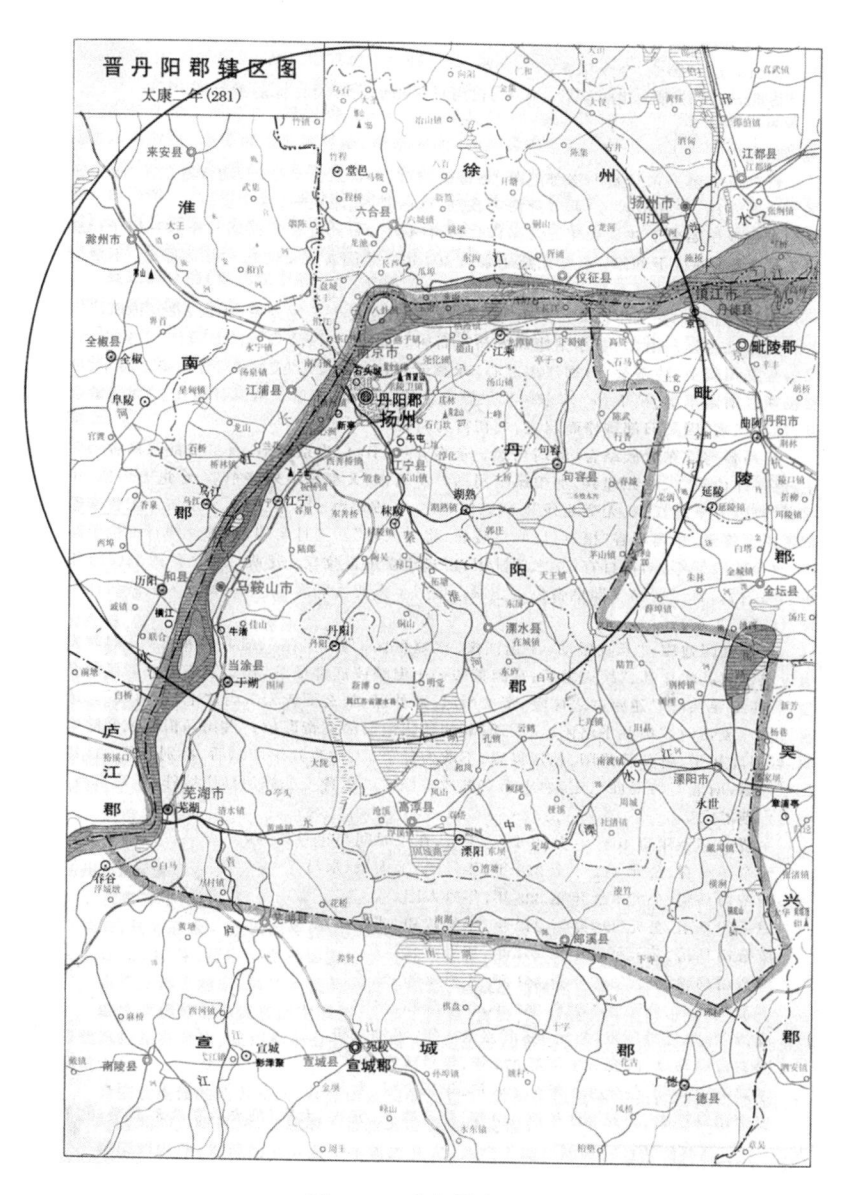

图 7-1 建康周边图

(据马伯伦主编《南京建置志》改绘,深圳:海天出版社,1994年)

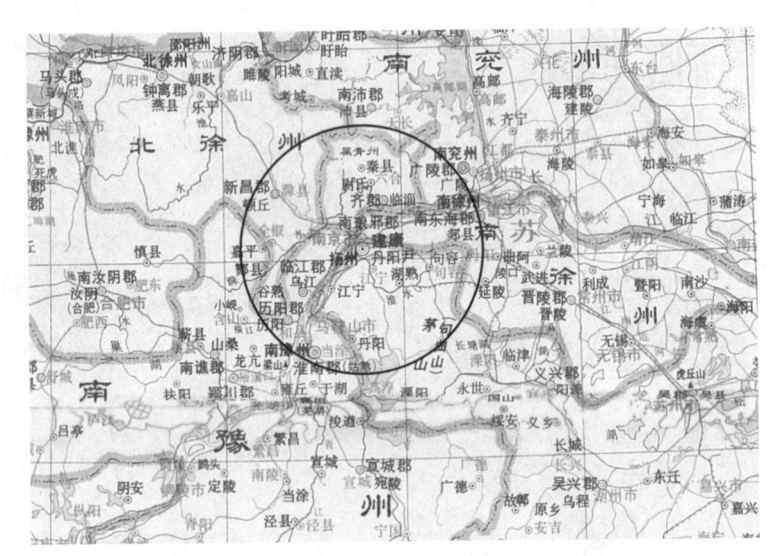

198 "都城圈"与"都城圈社会"研究文集——以六朝建康为中心

图 7-2 建康周边图

(据谭其骧主编《中国历史地图集 东晋十六国·南北朝时期》

改绘,北京:中国地图出版社,1982年)

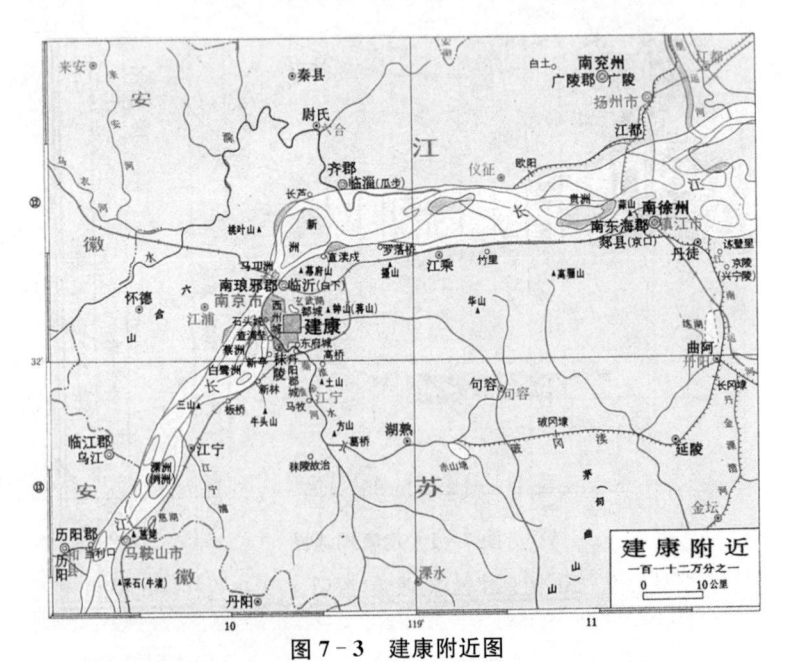

图 7-3 建康附近图

(据《中国历史地图集 东晋十六国·南北朝时期》改绘)

六朝建康都城圈的形成与江右地区

[日]小尾孝夫

陆　帅　译

　　六朝时期的主要帝都——建康（今江苏南京）的都城圈研究，是学界近年来逐步展开的课题①。作为揭示建康都城圈整体印象的前期研究，在之前的论文中，笔者在考虑到建康城与流民关系密切、带有军事色彩这一历史特质的基础上，详细讨论了如下问题：东晋南朝之际，在权力结构的变更及与之连动的国家军事体制重组发生以后，时人对于以建康作为中心的"中央"②的范围是怎样认识的。文中，笔者推论，南朝尤其是萧齐时期，时人所认为的以建康为中心的"中央"，其范围扩大至建康周围约三百里内。在考虑建康的都城圈时，上述"中央"的范围，应当可以作为一个基础③。

　　以该范围为前提，逐步描绘出由各种要素共同构成的都城圈，是笔者今后的课题所在。作为先行研究，本文打算对之前的讨论略加回顾，

---

①　本文是平成24—26年度日本科学研究费补助金基础研究（B）"与魏晋南北朝时期主要都市'都城圈社会'相关的地域史研究"（项目负责人：中村圭尔）的成果之一。笔者作为项目组成员之一，主要负责建康方面的研究。

②　译者按："中央"是作者提出的一个概念，指六朝人意识中以建康为中心、处于朝廷影响力之下的地域范围。如后文所论，随着南朝以来权力结构的变更及其带来的国家军队体制的重组，以建康为中心的"中央"，其影响力在逐渐扩大。为便于行文与读者的理解，译文中直接使用这一概念。

③　小尾孝夫：《建康的历史地位及其都城圈的形成》，收入大阪市立大学大学院文学研究科东洋史学专修研究室编《中国都市论的推动》，东京：汲古书院，2016年。

与此同时就前人学者尚未措意的长江对岸区域(文中称"江右地区")与建康都城圈的关系试加考察(图8-1)①。

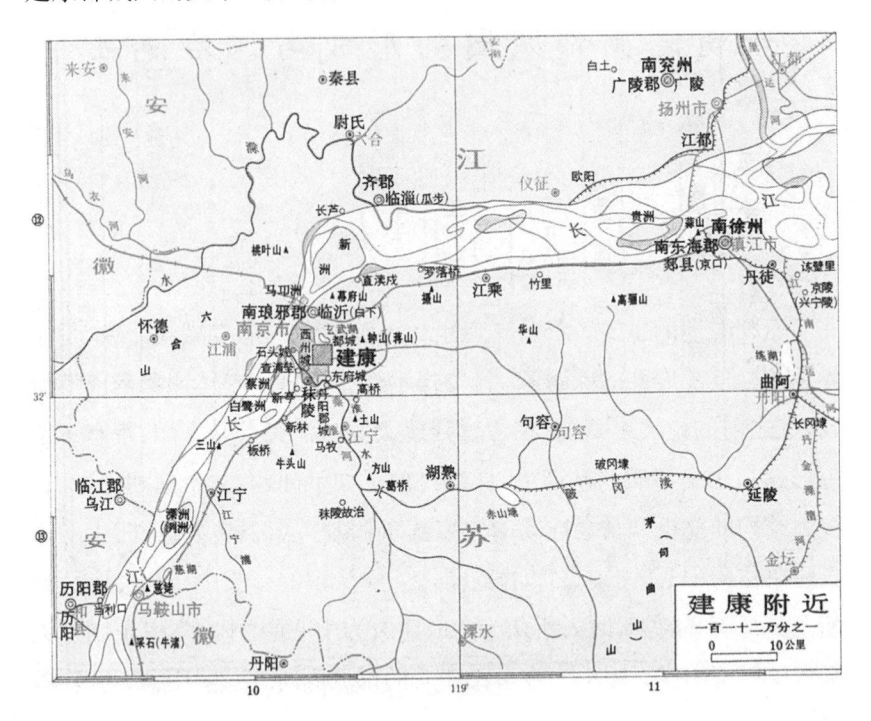

图 8-1 建康附近图

(引自《中国历史地图集　东晋十六国·南北朝时期》,1982年)

一、南朝时代建康都城圈的形成

由于行文论证的需要,本文前两章先就之前考察过的南朝以来"中央"影响力的扩大、时人对于以建康为中心的"中央"的认识范围等问题略作概述。

从孙吴到南朝,建康作为都城、城市,在发展上具有相当的延续性,

---

① 图8-1为谭其骧主编《中国历史地图集　东晋十六国·南北朝时期》(北京:中国地图出版社,1982年版)所载建康近郊图,请读者酌情参考。

然而其过程也颇有周折。孙吴时,建业(即之后的建康)尚未充分具备首都的职能,随后的西晋统一战争,又让建业的发展一时陷入停滞。随着西晋末年琅邪王司马睿镇守于此及流民的不断南渡,作为都城的建康,其发展才迎来了新的局面①。

在考虑建康及其都城圈的发展时,流民问题是非常重要的一个方面,与之相关联的军事问题自然也不可忽视。可以说,六朝都城建康虽给人一种"贵族之都"的强烈印象,实际上还带有浓厚的军事都市色彩。

东晋末至南朝,伴随着权力结构的变更而发生了国家军事体制的重组。在此,想首先就该事件与建康都城圈的形成的关系进行讨论。

东晋时代,建康周边存在着军事重镇北府(主要在京口)、西府(主要在姑孰)。很多时候,北府、西府都督盘踞于各自的辖区内干预中央政治。这种世家大族分享州镇军权、维持均势的状态,与东晋政权的权力结构密切相关。反映在国家军事体制,就呈现出各个军事重镇屯驻军队、辅翼中央的局面。

不过,刘宋政权建立以后,为了加强皇权,在中央配置了远比州镇强大的军队,并以中央军为核心对国家军事体制进行重组②。这种军事体制在刘宋孝武帝时得到了彻底贯彻,一直延续至南齐时代③。上述从东晋至南朝国家军事体制的重组,与建康都城圈的形成有着极为密切的关系。

在此,不妨以东晋末刘裕所主持的义熙土断与北府、西府的关系试加说明。

---

① 据张学锋著、小尾孝夫译《六朝建康城的研究——发掘与复原》,载新宫学编《近世东洋比较都市史的诸相》(东京:白帝社,2014年),建康都城的范围确定为"四至,二十里十九步",且由此作为都城的基础并非孙吴时代,而是在东晋成帝重修建康城时。

② 小尾孝夫:《南朝宋齐时期的国军体制与侨州南徐州》,《唐代史研究》第13号,2010年。

③ 小尾孝夫:《南朝宋齐时期的国军体制与侨州南徐州》;《刘宋孝武帝的对州镇政策与中央军改革》,《集刊东洋学》第91号,2004年。

北府原本所辖的晋陵郡（之后的南徐州），在义熙九年（413）的土断后仍有许多无实土的侨郡县。换言之，尽管晋陵郡境域内的诸多侨郡县也对侨户进行了控制与整理，但还是维持了东晋时期的状态，保持有大量的军事力量。这种状况，与当地侨民作为刘裕的军事支撑，并在之后的南朝宋、齐时期成为中央军兵的来源人口不无关系①。其结果是，北府逐渐融入中央。南齐时期北府不再置都督就是一个表现。《南齐书》卷三五《高祖十二王传·桂阳王铄》云：

> 桂阳王铄，字宣朗，太祖第八子也。永明二年，出为南徐州刺史，镇京口。历代镇府，铄出蕃，始省军府。

永明二年（484），桂阳王萧铄（齐高帝第八子）仅以单车刺史出镇南徐州，不带都督、将军号。此后直到建武二年（495）的十二年间，这种状况在一直持续②。能够想见，这一现象反映了如下事实：刘宋以来，伴随着权力结构的变更与国家军事体制的重组，中央影响力在不断扩大，设都督于北府的必要性也由此不复存在。如此一来，防卫北方的据点也从京口移往广陵乃至更北的地区。

另一方面，西府督将出刺的豫州③，在东晋时期并无实土，义熙土断后完成了实土化。不仅如此，丹阳郡内以于湖为中心的这片区域，作为西府基础所在，也完成了实土化，设立淮南郡，隶属扬州。

此后豫州刺史不再出镇姑孰，实土化了的淮南郡或隶南豫州，或隶扬州，时有反复。其结果，姑孰地区逐步内地化，防御北方的据点也移至长江对岸的历阳乃至更北的地区。对于西府之地采取如此政策，应

---

① 元嘉八年（431）在原晋陵郡境内设置南徐州时，当地的很多侨郡依然处于无实土状态。
② 万斯同：《齐方镇年表》，收入《二十五史补编》，北京：中华书局，1995年。
③ 关于当时的豫州，请参见中村圭尔《东晋南朝的豫州与南豫州》，收入其《六朝江南地域史研究》，东京：汲古书院，2006年。

当也是由于刘宋以来,伴随着权力结构的变更与国家军事体制的重组,中央影响力在不断扩大。

二、"中央"的扩大及其范围

如上章所述,南朝以后"中央"的影响力逐步扩大,而原北府、西府的所在地则不断内地化。如果能够认为由此所形成的"中央"的范围与建康都城圈的形成具有密切关系的话,那么以建康为中心的所谓"中央",究竟涵盖有多大范围呢?考虑这一问题的时,散见于正史等文献史料中"京邑曲赦""皇帝听讼"[①]的范围应可作为一个参考。

元嘉三年(426),宋文帝诛杀徐羡之(东海郯人)、傅亮(北地灵州人)、谢晦(陈郡阳夏人)等废杀宋少帝的大臣,终止了即位后的政局混乱状态。关于其后的曲赦,《宋书》卷五《文帝纪》云:

(元嘉)四年春正月乙亥朔,曲赦都邑百里内。辛巳,车驾亲祠南郊。

此次曲赦的范围是"都邑百里内"。之后的宋孝武帝,在讨伐弑杀宋文帝的"元凶"皇太子刘劭后,于元嘉三十年(453)五月再次进行曲赦。《宋书》卷六《孝武帝纪》载:

(元嘉三十年五月)甲午,曲赦京邑二百里内,并蠲今年租税。

可知此次曲赦的范围是"京邑二百里内"。

又,大赦之际对建康周边的恩赦,同样也是曲赦的一种。《南齐书》

[①] 关于当时的"皇帝听讼",参见辻正博《魏晋南北朝时期的听讼与录囚》,《法制史研究》第55号,2005年。

卷三《武帝纪》云：

> （永明三年春正月）辛卯，车驾祠南郊，大赦。都邑三百里内罪应入重者，降一等，余依赦制。劾系之身，降遣有差。赈恤二县贫民。

可见齐武帝永明三年（485）恩赦的范围是"都邑三百里"内的犯人。以上这些曲赦的范围，是否因相关事件的重要性、规模不同而有所变化，还有待进一步讨论。不过至少能够看出，从宋文帝到孝武帝时代，曲赦的范围在不断扩大。

此外，皇帝听讼的范围，与上述京邑曲赦一样，也可以作为考虑时人所认识的"中央"范围的一个参考。《南齐书》卷三《武帝纪》载：

> （永明三年）秋七月辛丑，诏"丹阳所领及余二百里内见囚，同集京师。自此以外，委州郡决断"。
>
> （永明六年春正月壬午）诏"二百里内狱同集京师，克日听览。自此以外，委州郡讯察。三署徒隶，详所原释"。

如上，齐武帝在永明三年（485）及六年（488），将周边两百里内案件判决集中至建康，展开听讼。

至齐明帝时，如《南齐书》卷六《明帝纪》云：

> （建武二年）夏四月己亥朔，诏三百里内狱讼，同集京师，克日听览。此以外，委州郡讯察。三署徒隶，原遣有差。

同事还见于《南史》卷五《齐本纪下·明帝纪》：

> （建武二年）夏四月己亥朔，亲录三百里内狱讼，自外委州郡讯

察。三署徒隶,原遣有差。

其范围扩展到了三百里。由此能够确认,南齐建武年间,皇帝能够展开听讼的范围与前叙齐武帝永明三年的恩赦范围同样,扩大至都城三百里内。

据上能够窥知,进入南齐时代,京邑曲赦与皇帝听讼的范围皆扩大至三百里。这种扩大,与前一章所述刘宋以来权力结构的变更、国家军事体制的重组所带来的"中央"影响力的伸展所形成的时人对于"中央"的认识范围,应皆具有密切联系。

在此,顺便将"三百里"与建康至周边诸都市的距离试作对比讨论。京口距建康水路二百四十里、陆路二百里。与京口隔江相对的广陵距建康水路二百五十里、陆路一百八十里。于湖大致位于姑孰附近,距建康水路一百七十里、陆路一百四十里。姑孰江对岸的历阳则距建康水路一百六十里,陆路无载①。

换言之,与北府相关的京口、广陵,与西府相关的于湖、历阳,皆位于距建康水路二百五十里、陆路二百里的范围内,正与南齐时代"京邑曲赦""皇帝听讼"的范围相符合。由此可以推知,这些地点皆包含在时人所认识的"中央"的范围之内②。(图8-2)

---

① 以上里程数皆见《宋书》卷三五《州郡志一》。
② 本章及上一章内容的详情请参见前引《建康的历史地位及其都城圈的形成》。图8-2中,笔者以建康为圆心、建康至京口的距离(水路二百四十里、陆路二百里)为半径画出圆圈。当然,"京邑曲赦"与"皇帝听讼"的范围未必是按照当代的距离标准设定的。这一点,从广陵去建康陆路距离比京口近(一百八十里)却未被包含在圆圈内的事实中也能够得以窥知。又,于湖的所在地,还有进一步检讨的必要。图8-2底图所据谭其骧《中国历史地图集》从杜佑之说,将于湖定在姑孰以南,位于圆圈外不远之处。而如本文所见,如果以于湖距建康水路一百七十里、陆路一百四十里这一认识为基础,或可考虑在当时人的印象中,于湖的位置应比京口到建康的距离更近。再者,长江对岸的许多区域虽被包含在圆圈内,然而它们是否属于"京邑曲赦""皇帝听讼"的二百里、三百里范围,还需慎重判断。我们必须注意的是,图中的圆圈(现代的距离)与六朝人观念中的距离认识并不相同。

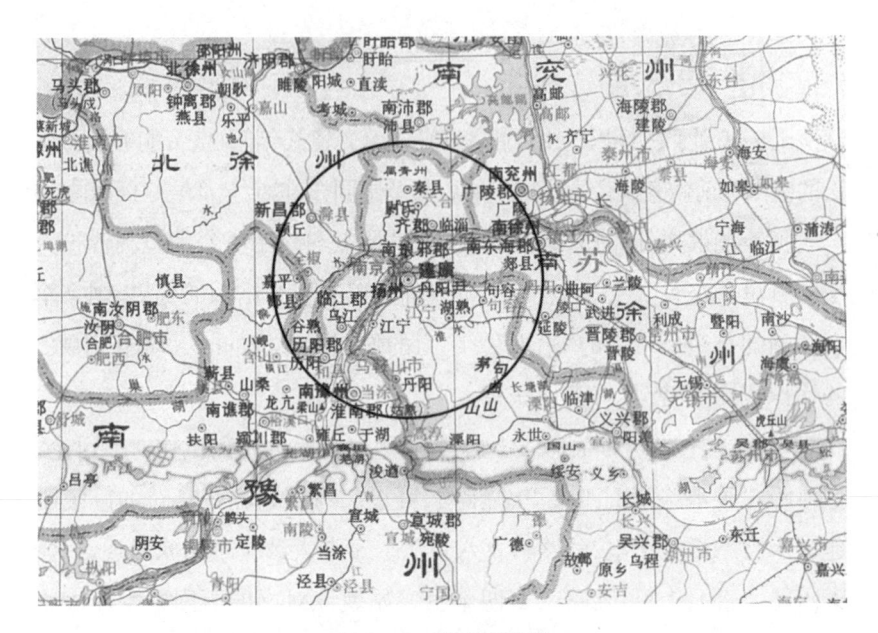

图 8-2 建康周边图

（据《中国历史地图集 东晋十六国·南北朝时期》改绘）

三、建康都城圈与江右地区——再论瓜步的地位

如前文所述，在之前的研究中笔者曾推断，南朝时期，随着"中央"影响力的扩大，时人对"中央"的认识范围在南齐时也扩展至建康周围约三百里内。且同时能观察到，这一"中央"的范围与当时的建康都城圈具有密切联系①。那么，在"中央"的影响力及其范围不断扩大的过程中，建康与长江对岸的江右地区有怎样的关系呢？这是本章也是本文想主要讨论的问题。

在考虑建康与江右的关系时，渡江地点无疑必须加以注意。一般认为，历阳（横江）—姑孰广陵—京口是建康周边的主要渡口。尤其是

---

① 以该范围作为基础，在揭示当时的交通网络同时，细致描绘出由多种要素综合构成的建康都城圈，将作为笔者今后继续开展的课题。

历阳—姑孰一线,历史相当久远。如项羽战败于垓下,被追兵斩于历阳附近的乌江。项羽逃奔乌江,当然是为了前往当地江面较窄的渡口。

另一方面,永嘉之乱后,不少南渡避难的流民则利用广陵—京口这条渡江线迁入晋陵郡境内。由于这两条渡江线路颇为著名,它们以外的渡口,尤其是建康与长江对岸的关系,迄今似尚未引起关注。

过往的研究不太关注建康与江右地区的关系还有另外一个原因,一般认为,六朝时期,建康北面的长江江面过于宽阔,以当时的交通手段而言,两岸之间很难有频繁的人口往来①。

如此说来,连接建康与江北的渡江线路是否就不存在呢?考虑这个问题时,刘宋元嘉二十七年(450)北魏太武帝南侵至长江北岸之际,选择瓜步作为渡江地点一事,无疑值得注目。如《宋书》卷九五《索虏传》云:

> (拓跋)焘至瓜步,坏民屋宇,及伐蒹苇,于滁口造箄筏,声欲渡江。

到达瓜步的拓跋焘(太武帝)在滁水口(滁水在瓜步汇入长江)造大筏,计划由此渡江。

那么,瓜步之地,是否为北魏太武帝新发现的渡江点呢? 其实不然。西晋末,陈敏(庐江人)反乱于江南,顾荣(吴国吴县人)等江南名族皆受其官爵。东海王军咨祭酒华谭(广陵人)听闻此事后,便去信给顾荣等人,予以痛斥。该书信载于《晋书》卷一〇〇《陈敏传》,其中一节叙述了攻伐建康的大致路线:

> 然后发荆州武旅,顺流东下,徐州锐锋,南处堂邑,征东劲卒,

---

① 据许辉、邱敏、胡阿祥主编《六朝文化》(南京:江苏古籍出版社,2001年,第685页),当时建康北面的长江江面非常宽阔,达20公里。

耀威历阳，飞桥越横江之津，泛舟涉瓜步之渚。威震丹杨，擒寇建邺，而诸贤何颜见中州之士邪！

按华谭所言，荆州、徐州两方同时进击。荆州的军队顺江而下，直指建康。同时徐州的军队南下占据堂邑，此后一分为二，一路由历阳渡"横江之津"（即历阳—姑孰）迫近建康，另一路则由瓜步南渡，一同攻打建业。华谭籍贯广陵，又父祖两代仕吴，属南人①。他对建业周边的状况自然是比较熟悉的。

从以上史料能够认识到，西晋末时，瓜步同样是长江北岸渡往建康的一个地点。陈敏之乱后的东晋时代，文献中找不到与瓜步相关的记载。不过进入南朝，瓜步又不时地出现在史乘中。这一事实自然与南朝以来"中央"影响力的扩大，进而形成的建康都城圈具有密切关系。

以下，笔者拟对位于长江对岸的瓜步的重要性展开探讨，藉此重新考察建康都城圈与江右地区的关系。

北魏太武帝对瓜步颇为措意。而北魏军队南下并驻扎于瓜步一事，也让宋文帝清晰地认识到瓜步的重要性。如《宋书》卷五《文帝纪》载：

（元嘉二十八年春正月）丁亥，索虏自瓜步退走。丁酉，攻围盱眙城。……二月丙辰，索虏自盱眙奔走。……壬午，车驾幸瓜步，是日解严。三月乙酉，车驾还宫。壬辰，征北将军始兴王浚解南兖州。

元嘉二十八年北魏军队撤退后，宋文帝亲赴瓜步巡视。又《宋书》卷九九《二凶传》云：

---

① 《晋书》卷五二《华谭传》。

> （元嘉）二十六年，出为使持节、都督南徐兖二州诸军事、征北将军、开府仪同三司、南徐兖二州刺史、常侍如故。二十八年，遣（刘）濬率众城瓜步山，解南兖州。

宋文帝在巡视瓜步的同时，命始兴王刘濬（宋文帝第二子）筑城于瓜步山。作为守备建康的军事要地，宋文帝无疑对瓜步的重要性开始给予高度关注。又《宋书》卷五《文帝纪》云：

> （元嘉二十八年）是冬，徙彭城流民于瓜步，淮西流民于姑孰，合万余家。

宋文帝在是年冬天，将彭城流民徙往瓜步、淮西流民徙往姑孰，是一次合计万余家的大规模徙民。关于此次徙民，《宋书》卷七七《沈庆之传》亦有记载：

> （元嘉）二十八年，使（沈）庆之自彭城徙流民数千家于瓜步，征北参军程天祚徙江西流民于南州，亦如之。

可知侨居彭城的数千家流民在沈庆之的主持下被徙往瓜步。

瓜步筑城后接踵而来的大规模移民活动，决定了瓜步在建康防卫体系中的重要位置，也决定了以瓜步为中心的江右地区逐渐融入建康都城圈。自此以后，瓜步与建康不断关联，屡屡出现在史乘中。例如《宋书》卷五一《宗室列传·刘遵考》载：

> （元嘉）三十年，复出为使持节、监豫州刺史。元凶弑立，进号安西将军，遣外监徐安期、仰捷祖防守之。遵考斩安期等，起义兵应南谯王义宣。义宣加遵考镇西将军。夏侯献率众至瓜步承候世祖，又坐免官。

元嘉三十年，皇太子刘劭（元凶）弑杀宋文帝，担任豫州刺史的刘遵考（宋武帝族弟）起义兵，派遣夏侯献前往瓜步，呼应讨伐元凶的江州刺史刘骏，即后来的孝武帝。显然，刘遵考的这一指令是让夏侯献由瓜步前往建康。

又《宋书》卷六八《武二王列传·南郡王义宣附徐遗宝》载：

> 初以新亭战功，为辅国将军、卫军司马、河东太守，不之官。迁兖州刺史、将军如故，戍湖陆。封益阳县侯、食邑二千五百户。（南郡王）义宣既叛，遣使以遗宝为征虏将军、徐州刺史，率军出瓜步。

南郡王刘义宣（宋武帝第六子）的参军徐遗宝（高平金乡人）在讨伐元凶刘劭后，以辅国将军、兖州刺史镇湖陆。之后刘义宣起兵反对孝武帝，徐遗宝一同响应。他被任命为征虏将军、徐州刺史，同时被指示出兵瓜步。与前例相同，从该事实中能够再次确认，刘宋孝武帝初期，瓜步到建康的路线已经得到了军事战略层面上的认知。

此外，宋孝武帝也是极为关注江右地区的皇帝之一。他于大明七年（463）二月巡幸南豫州与南兖州，同时视察瓜步。《宋书》卷六《孝武帝纪》载：

> （大明七年）二月甲寅（九日），车驾巡南豫、南兖二州。……丁巳（十二日），车驾校猎于历阳之乌江。己未（十四日），车驾登乌江县六合山。庚申（十五日），割历阳秦郡置临江郡。……壬申（廿七日），车驾还宫。

以上文字清晰传达了当时的情况。其行程如下，孝武帝应是由姑孰—历阳一线渡江，之后在历阳的乌江举行军事演习，即"校猎"，之后登上乌江的六合山，次日在其地设临江郡（以乌江县、怀德县置），之后返回建康。又孝武帝登六合山后的活动，见于《南史》卷二《宋本纪中·孝武帝纪》：

> （大明七年二月）癸亥（十八日），行幸尉氏，观温泉。壬申（廿七日），车驾至都，拜二庙，乃还宫。

孝武帝巡幸了尉氏县并"观温泉"。又癸亥与壬申之间的活动，见于《资治通鉴》卷一二九孝武帝大明七年（463）二月条：

> 壬戌（十七日），大赦。甲子（二十日），如瓜步山。壬申（廿七日），还建康。

宋孝武帝视察瓜步、登瓜步山是在巡视尉氏县的次日。

东晋皇帝出宫巡幸的记录几乎没有，进入南朝后，皇帝巡视城外、郊外之事却增多了。个中背景，一方面与当时权力结构的变更密切关联；另一方面如前文所论，"中央"影响力的扩大也应是其背后的动因之一。宋孝武帝巡幸江右地区，正从一个侧面暗示了江右地区被逐渐包含在"中央"影响力的范围内，成为建康近郊的一部分。宋孝武帝亲自视察该区域，也能够从这个方面加以考虑①。而他以瓜步山作为巡行的终点，自然不能忽视。从宋孝武帝登瓜步山至其回到建康，计有七日。这段时间内他由哪条路线巡幸并返回建康，目前并不明了。因有七日之久，故不排除宋孝武帝经历阳—姑孰一线回到建康的可能，因此无法断言，但由瓜步渡往建康的可能性也当存在。以下所引宋前废帝的事例，就充分显示了上述推测的可能性。《宋书》卷七《前废帝纪》云：

---

① 据《宋书》卷六《孝武帝纪》，大明七年十月至十二月，宋孝武帝再次巡幸南豫州，校猎于姑孰，在梁山开展水军演习，之后到达历阳。在考虑建康都城圈这一问题时，南朝时代的皇帝巡幸是非常重要的一个方面。关于南朝的皇帝巡幸以及皇帝巡幸与建康都城圈的关系，将作为笔者今后进一步探讨的课题。

> （永光元年九月）己酉，车驾讨征北将军、徐州刺史义阳王昶，内外戒严。昶奔于索虏。……（戊午）是日解严，车驾幸瓜步。开百姓铸钱。

宋前废帝即位后，正欲亲率中央军攻打徐州刺史义阳王刘昶（宋文帝第九子），刘昶奔北魏。前废帝在解严后巡幸瓜步，视察当地。他应当是由建康的水军、陆军驻扎地之一白下出发前往瓜步的。中央军由白下前往瓜步，再进军至徐州的出征路线，也可从中得以窥知①。

此外，《宋书》卷八八《薛安都传》载：

> 景和元年，代义阳王昶督徐州豫州之梁郡诸军事、平北将军、徐州刺史。太宗即位，进号安北将军，给鼓吹一部。安都不受命，举兵同晋安王子勋。初，安都从子索儿，前废帝景和中，为前军将军，直阁，从诛诸公，封武安县男，食邑三百户。太宗即位，以为左将军，直阁如故。安都将为逆，遣密信报之，又遣数百人至瓜步迎接。

如上，宋明帝初年，薛安都（河东汾阴人）在徐州起兵呼应晋安王刘子勋（宋孝武帝第三子），派遣军队前往瓜步迎接在建康任职左军将军②、直阁的从子薛索儿。如果考虑到当时薛索儿担任中央军的武官，很可能试图利用位于白下的渡口。那么该事例同样能够说明由建康到瓜步的

---

① 顺带一提，《宋书》卷九二《良吏传·王歆之附王悦》云："太宗世，琅邪王悦亦莅官清正见知。……悦泰始中为黄门郎、御史中丞。上以其廉介，赐良田五顷。迁尚书吏部郎、侍中，在门下尽其心力。五年，卒官，追赠太常。初，悦为侍中，检校御府、太官、太医诸署，得奸巧甚多。及悦死，众咸谓诸署咒诅之。上乃收典掌者十余人，桎梏云送淮阴，密令渡瓜步江，投之中流。"这虽是宋明帝时代的事例，但亦可见当时瓜步与建康之间的渡江线路仍然存在。

② 按《宋书》作"左将军"，但左将军是外号将军，不可能兼任近侍宫中的直阁将军。故此处当为"左军将军"，《宋书》误作"左将军"。

六朝建康都城圈的形成与江右地区

渡江线路在当时为人所熟知。

透过对以上史料的分析，能够窥知在北魏太武帝南侵以后，位于长江对岸的瓜步逐渐确立了它的地位。不难推断，在瓜步不断确立其地位的过程中，与如前所述"中央"的影响力及其范围的扩大、建康都城圈的形成密切关联，江右地区与建康也由此产生了诸多联系。前文已确认过的宋孝武帝的江右巡幸，即可作为推测其具体展开的事例。

那么，南朝时期由建康一侧前往瓜步的主要渡江点位于何处呢？以下就该问题加以探讨。

考虑该问题时，前文叙及的白下无疑是首先能够指出的渡口。不过它作为军事要地，民间能否随意使用尚不明了。前述宋前废帝的巡幸、《宋书·薛安都传》中薛安都迎接薛索儿之事，都是由白下渡江，或很可能试图从白下渡江。而在无法由白下渡江的情况下，建康周边还有哪些其他的渡口呢？

当时，建康周边为人熟知的渡口自西南起依次有新林浦、新亭、石头津、白下、五马渡、江乘浦等等。而位于建康北面、瓜步对岸幕府山前的五马渡，以及江乘县内的江乘浦等无疑是必须关注的渡江点。关于五马渡，如《六朝事迹编类》卷五《江河门·五马渡》所言：

> 《图经》云，在县西北二十三里幕府山之前，晋元帝与彭城等五王渡江处。

是晋元帝等五王渡江之地，位于幕府山前（今南京燕子矶街道西）。江乘浦则是江乘县内的古渡口（现名"九乡河"，在今南京栖霞区），为秦始皇渡江之地①。

据上，当时建康一侧存在着诸多渡口。能够想见，人们由建康前往瓜步时，就是以白下或建康北面的渡口为中心，利用它们往来于江面。因此，南朝时期建康周边的主要渡江线路，能够重新指出历阳—姑孰、广陵—京口、瓜步—建康三线。从中也能够确认，当时建康与长江对岸的关系并没有断绝。

不仅如此，到了中央影响力扩大至周边三百里范围内的南齐时代，位于长江对岸的瓜步，其地位也在逐渐提高。《南齐书》卷五三《良政列传·刘怀慰》载：

> 齐国建，上欲置齐郡于京邑，议者以江右土沃，流民所归，乃治瓜步，以怀慰为辅国将军、齐郡太守。上谓怀慰曰："齐邦是王业所基，吾方以为显任。经理之事，一以委卿。"又手敕曰："有文事者，必有武备。今赐卿玉环刀一口。"怀慰至郡，修治城郭，安集居民，垦废田二百顷，决沈湖灌溉。不受礼谒，民有饷其新米一斛者，怀慰出所食麦饭示之，曰："旦食有余，幸不烦此。"因著《廉吏论》以达其意。太祖闻之，手敕褒赏。进督秦、沛二郡。妻子在都，赐米三百斛。

以上收录于《南齐书·良政传》中的《刘怀慰传》，为我们思考时人对于瓜步的认识及其周边状况提供了资料。

刘宋末年，建立齐国并随后即位的萧道成（齐高帝）计划将南齐王室根基所在的齐郡由北方侨置于建康，都下却无合适之地。议者

---

① 从位于今幕府山前的燕子矶之西至栖霞山这片沿江区域，除笔者已列举的五马渡与江乘浦外，似尚有其他一些古渡口存在。关于这些遗迹请参见杨新华、王宝林主编《南京山水城林》，南京：南京大学出版社，2007年，第499—500页。又江乘浦（九乡河）的所在地及其重要性乃承蒙南京大学历史学院张学锋教授告知。

以为江右地区土地肥沃，寓居有诸多流民，可于江右的瓜步侨置，萧道成采纳了这个提议。于是在侨置齐郡的同时，以刘怀慰（平原郡平原县人）为太守①。从萧道成嘱咐刘怀慰的言语中能够看出，他对齐郡颇为重视。刘怀慰亦不负所托，于瓜步修筑城郭，安集居民，致力于废田开垦与水利灌溉。而他在赴任时，"妻子在都"。从萧道成对齐郡的措意，到议者的提案，再至该提议被采纳这一过程，清楚表明了南齐时期瓜步在建康周边区域中的位置。换言之，以瓜步为中心的江右，已被时人视为京邑的近郊地区，成为了建康都城圈的一部分②。

当时江右地区的状况，具体又是如何呢？如议者所言，该地因土地肥沃而寓居了大量流民。这些数量众多的流民当然包括宋文帝时期迁入瓜步者，但也不尽如此，实际上江右还寓居有不少来自其他地区的流民。

齐郡侨置之处，是原秦郡之地。秦郡则是为以秦地为主的北方流民所设的侨郡。《宋书·州郡志》编纂时，秦郡辖秦、义成、尉氏、怀德四县，皆为侨县，且已有实土③。瓜步位于秦郡南部正对长江的区域。建元初（479），割以瓜步为中心的秦郡南部地侨立齐郡。永明元年（483），秦郡被并入齐郡，齐郡遂有旧秦郡全地④。

如上所述，南齐时代对瓜步的开发活动，为土地肥沃、流民寓居的

---

① 《南齐书》卷一四《州郡志上·青州》载："建元初，徙齐郡治瓜步。"则以瓜步为治所侨立齐郡是在建元初，即萧道成即位后。本文遵循《南齐书》卷一四《州郡志上》的这一纪年。

② 瓜步位于距建康二三百里的范围内，考虑到当时中央影响力的扩大，很有可能在"京邑曲赦""皇帝听讼"的范围内。不过处建康二三百里内的全部江右地区是否都确实被包含在这一范围，或者换言之，是否被包含在"中央"的范围内，还有待进一步探讨。

③ 参见《宋书》卷三五《州郡志一·南兖州刺史秦郡太守》。又秦郡沿革参见南京市地方志编纂委员会编纂《南京建置志》，深圳：海天出版社，1994年，第78—80页。

④ 参见《南齐书》卷一四《州郡志上·青州齐郡》。

江右地区与建康产生紧密联系起到了重要作用。

此外，今长江以北的南京市六合区、浦口区及南京市栖霞区对岸的仪征市都曾发现过大量的古代墓葬。如试举南朝相关墓葬而言，自西南起依次有浦口区的赵家山墓群、三檀墓群、高华墓群、李家山墓群、楼庄墓群，六合区的樊集南朝墓，仪征市的胥浦墓群等等①。值得顺带一提的是，今浦口区、六合区都发现有汉代及西晋墓葬，上述李家山墓群和楼庄墓群中亦发现有汉墓。此外，仪征市的胥浦墓群中有孙吴、西晋墓7座，东晋南朝墓13座，东晋之前的墓葬亦有发现。由此可知，浦口区、六合区以及仪征市在南朝以前就有居民生活、营葬于此。另一方面，浦口区的赵家山墓群、三檀墓群、高华墓群以及六合区的樊集墓皆为纯粹的南朝墓群及墓葬。这些考古发现的纯粹南朝墓群、墓葬不止一处，值得加以注意。还有，分布于沿江地带的仪征市胥浦墓群中，东晋南朝墓葬在数量上占据了大多数。这些墓葬群的发现，也从一方面揭示了东晋南朝时代有大量人口流入、定居于建康对岸的江右地区，他们对当地的开发起到了确实的作用。

南齐末，筑有郡城的瓜步完全成为建康防卫的要地之一，似可作为印证上述推论的事例。《梁书》卷一《武帝纪上》载：

> 初，义师之逼，东昏遣军主左僧庆镇京口，常僧景镇广陵，李叔献屯瓜步。及（南豫州刺史）申冑自姑孰奔归，又使屯破墩以为东北声援。至是，高祖遣使晓喻，并率众降。

梁武帝萧衍于襄阳起兵，迫近中央，此时东昏侯分令军主左僧庆镇京

---

① 参见国家文物局主编《中国文物地图集 江苏分册》，北京：中国地图出版社，2008年版。王志高、蔡明义：《江苏六合南朝画像砖墓》，《文物》1998年第5期。

口、常僧景镇广陵、李叔献（交趾人）驻屯瓜步，以巩固中央的防卫[①]。以建康为中心的中央防御据点包括了位于江北的广陵、瓜步之地，由这一事实能够确认，建康都城圈时已延展至江北地区。

结　语

东晋时期，随着大量侨流人口的进入，建康的都市空间也随之加以扩展。一方面，在由东晋发展至南朝的过程中，也出现了权力结构的变更与涉及建康及其周边在内的军事体制的不断重组。其结果，"中央"的影响力于此同时不断扩大，与周边军镇紧密地结合起来，建康都城圈亦同时逐渐形成。

另一方面，东晋义熙年间的刘裕北伐，将版图扩张至淮北，江淮地区随之内地化。刘宋末年尽管失去了淮北四镇，但此后仍然维持着以淮水为界的边境线。

笔者推测，与上述形势不断相关联，位于长江以北沿岸的江右地区也与建康建立起了联系。我们也能够确认，在当时江右地区与建康的互相往来中，瓜步的位置十分重要。

一直以来，由于考虑到六朝时代建康前的长江江面过于宽阔，因此江右地区与建康的直接往来并不太受研究者的关注。当然，由于文献史料有限，今后的考古发现无疑更值得期待。不过，依据此次的史料辨析及现有的考古学成果，我们能够推定认为，长江对岸的江右地区与建康不仅存在着密切联系，而且是建康都城圈的组成部分之一。

[①] 据《南齐书》卷七《东昏侯纪》：永元三年（501）九月甲辰，"是日，义军至南州，申胄军二万人于姑熟奔归。"可知，南豫州刺史申胄（魏郡魏人？）虽率两万军队镇守军事要地姑孰，但未经交战便"奔归"。顺带一提，位于姑孰对岸的历阳在当时属南豫州所管辖。

六朝建康"都城圈"的东方
——以破冈渎的探讨为中心

张学锋

前　言

在以往的历史学或考古学研究中,王朝时期的都城往往被理解成由城墙围起来的城圈空间。其实,即使像中国中世纪都城那样有着广袤外郭城的情况①,由城墙围起来都城依然是狭义的都城。作为常识,单凭城墙圈内的城市空间,是无论如何也难以维持一座城市的正常运转的,因此,近年来在城市空间的研究中导入了"都城圈"的概念,将研究的视野扩展到了都城的周边。

"都城圈"的概念,较早出现在日本的中国考古学界。2010年,西江清高针对"都城圈"提出了这样的观点:城墙确实是都城的一个要素或一种功能,但与此相对,都城的各种功能,有时是超越城墙、分散在更加广阔的"地域"空间的。因此,所谓"都市圈",应该是涵盖都城各种功能的一种"关系圈"。而对这一观点展开具体可视化探讨的是茶谷满关

---

① 所谓"中国中世纪都城",是指始于曹魏邺城终于隋唐长安城的城市模式,参见张学锋《所谓"中世纪都城"——以东晋南朝建康城为中心》,《社会科学战线》2015年第8期。

于汉魏洛阳"都城圈"的研究①。

盐泽裕仁则将"都城圈"的概念表述为"都城境域"。盐泽指出,作为王朝对国家实施经营的基础城市(大聚落)——都城,虽然有着自己独立的地域空间,但是,"都城"一旦离开周边的地域社会,它是否还能够独立运作? 以往的中国都市史研究,都将重点放在由城墙包围起来的区域(城郭)之内,缺乏将之与城郭之外的区域关联起来的视点。然而,以都城为中心形成的远距离流通网络,其重要性,在相对比较安定的王朝自不待言,即使在社会动荡的时代,作为官僚及其家族以及大量战斗人员集中居住的都城,缺少了来自周边地区的物资供给,同样也是无法正常运作的,这一点无需赘言。也就是说,围绕都城的生产主体卫星聚落的存在,是都城正常运作不可或缺的条件。由这些卫星聚落和都城共同构成的地域空间,正是"都城"所具有的真正"境域"。在此基础上,盐泽认为,所谓都城,其实存在着由城郭中小城、大城构成的"郭域",由"郭域"之外陵墓、苑囿、郊坛等构成的"郊域",以及确保都城物资供给的卫星聚落"境域"等不同层次,都城圈实际上就是由"郭域""郊

---

① 茶谷满:《後漢洛陽城の可視領域と皇帝陵との空間関係——洛陽都城圈の様相に関する基礎的考察》(东汉洛阳城的可视境域与帝陵的空间关系——关于洛阳都城圈形态的基础研究),《年報 人類学研究》(年报 人类学研究)3,2013 年。[日]西江清高:《歴史的「地域」としての関中平原「周原地区」》(作为历史"地域"的关中平原"周原地区"),见茶谷满论文所引,原载《南山大学人類学博物館所蔵考古資料の研究 高蔵遺跡の研究・大須二子山古墳と地域史の研究(南山大学人類学博物館オープンリサーチセンター研究報告)》(南山大学人类学博物馆所藏考古资料研究 高藏遗址研究・大须二子山古坟与地域史研究"南山大学人类学博物馆公开研究中心研究报告"),2011 年。此处均参见中村圭尔《魏晋南北朝時期「都城圈」社会研究の意図》(魏晋南北朝时期"都城圈社会"的意图),载国际研究集会论文集《魏晋南北朝の主要都城と都城圈社会》(魏晋南北朝的主要都城与都城圈社会),2014 年,第 4—5 页。该文经修订增补后,以《魏晋南北朝都城研究のひとつの可能性》(魏晋南北朝都城研究的另一种可能性)为题,收录于大阪市立大学大学院文学研究科东洋史专修研究室编《中国都市論への挑動》(中国都市论的推动),东京:汲古书院,2016 年,第 3—32 页。

域""境域"这三个同心圆空间的扩展所构成的①。

考古学者眼中的"都城圈",更多集中在对聚落、墓葬、道路交通等遗存的考察上,强调都城圈的空间范围,而历史学者则似乎更多地关注这一区域内人们的活动。在"都城圈"这个概念被广泛认知以前,中村圭尔已经对六朝建康城与周边地区的关系展开过多种研究,如《建康与水运》《建康与三吴地区》《会稽郡在六朝史上所起的作用》等②,这些既有成果与"都城圈"概念的碰撞,形成了"都城圈社会"这一新的概念③。

在思考"都城圈"的问题时,既有成果中虽然已经较多地涉及都城四周的山川地理、城市与城郊墓葬区的关系,以及都城与附近卫星城市的互动关系等具体问题,但是对"都城圈"这一最基本的概念却未必已经有了明确的界定。不同时代不同地域的都城,其"都城圈"的范围肯定是不一样的。那么,所谓的"都城圈",又应该通过哪些内涵来对之进行定义? 换言之,以都城所在地为中心向四周扩展多大范围,才能确保都城的正常运作和长期稳定? 但是,必须强调的是,"都城圈"绝不是单纯的地理或空间概念,它应该是能够在政治、军事、经济诸领域支撑都城正常运作和保持长期稳定的最小地域范围。尽管如此,由于各都城圈的研究尚未充分展开,因此上述概念正确与否,必须等待更多的具体研究来对之进行验证。

今江苏省南京市市区是孙吴建业、东晋南朝建康都城的所在地,号

---

① 盐泽裕仁:《後漢魏晉南北朝都城境域研究》(东汉魏晋南北朝都城境域研究),东京:雄山阁,2013年,第1、3页。

② 中村圭尔:《建康と水運》(建康与水运),载中国水利史研究会编《中国水利史論叢:佐藤博士退官記念》(中国水利史论丛:佐藤博士退官纪念),东京:图书刊行会,1984年;《建康と三呉地方》(建康与三吴地区),载唐代史研究会编《中国の都市と農村》(中国的都市与农村),1992年;《会稽郡在六朝史上所起的作用》,载《六朝文化国际学术研讨会暨中国魏晋南北朝史学会第六届年会论文集》,1998年。后均收入其著《六朝江南地域史研究》,东京:汲古书院,2006年。

③ 前引中村圭尔《魏晋南北朝時期「都城圈」社会研究の意図》及修订稿《魏晋南北朝都城研究のひとつの可能性》。

称"六朝古都"。东汉末年建安十六年(211),孙权自京口(今江苏省镇江市区)移镇秣陵(治今南京市江宁区秣陵街道),次年,改秣陵为建业,并将治所迁至今南京市区,稍后又置江南扬州(旧治寿春,今安徽寿县),治建业,丹阳郡治(旧治宛陵,今安徽宣城市)亦迁至建业,揭开了南京作为"六朝古都"的序幕。西晋平吴后,建业改名建邺,后为避晋愍帝讳改称建康,东晋南朝继续以此为都。作为三至六世纪南中国的政治、军事、文化中心,各领域支撑其正常运作、使其保持长期稳定的最小地域范围,即构成"建康都城圈"的基本内涵又是什么呢?

单纯从都城军事屏障的角度来看,建康沿江上游的姑熟(今安徽省当涂县)、牛渚(今安徽省马鞍山市附近),下游的京口(今江苏省镇江市区),甚至江北的瓜步(今江苏省南京市六合区沿江)、广陵(治今江苏省扬州市区北蜀冈),都已经进入了研究者的视野[①],这些地点与建康在军事上的互动关系,应该成为考察建康都城圈的重要方面。本文拟以孙吴赤乌八年(245)意在沟通都城建业与太湖流域而开凿的人工运河破冈渎为中心,对维持建康都城圈正常运作的经济因素展开讨论,以此为契机,尝试展开建康都城圈的研究。

一、孙吴定都前后建业地域社会概观

据《汉书·地理志》《续汉书·郡国志》的记载,秦统一后,在今南京地区设有江乘、秣陵二县;汉灭秦,又分秣陵县置胡孰、丹阳二县。武帝

[①] 例如,盐泽裕仁《後漢魏晋南北朝都城境域研究》第七章《六朝建康の都市空間》(六朝建康的都市空间),从"都城境域"的概念出发,对建康周围的环境进行了概述。小尾孝夫《六朝建康の墓域と都市空間》(六朝建康的葬地与都市空间),六朝建康与都市研究探讨会论文,东京大学,2011年12月18日。小尾孝夫《建康"都城圈"社会及长江对岸》,载《第二届中国中古史前沿论坛会议论文集》,华中师范大学历史文化学院,2014年;后以《六朝建康都城圈的形成与江右地区》为题,载张达志主编《中国中古史集刊》第二辑,北京:商务印书馆,2016年。

元朔二年(公元前128年),景帝庶子江都王刘非之子刘胥行、刘将(一作"刘敢")、刘缠(一名"刘涟")因推恩令分别被封为胡孰侯(治今南京市江宁区湖熟镇)、丹阳侯(治今南京市江宁区丹阳镇)和秣陵侯(治今南京市江宁区秣陵镇)。丹阳、秣陵二侯因无子嗣,不久后即被除国,唯胡孰侯得以传代。东汉以降,胡孰仍为侯国。胡孰、秣陵、丹阳、江乘诸县都集中在今南京市区西南→东南→东北这条弧形线上,与今南京市区即孙吴建业城、东晋南朝建康城之间还有数十公里的距离。虽然从孙吴定都建业后省胡孰县为典农都尉这一现象中不难推测,两汉时期这一带的开发程度并不是很高,依然留下了许多未垦之地,但其开发程度却远胜于今长江岸边的南京市区。

随着土地的开发和社会发展水平的不断提高,两汉时期,胡孰、秣陵、丹阳一带也逐渐形成了以地方豪族为首的地域社会。这些地方豪族在史籍中几乎没有留下记载,但通过对考古资料的分析,不难发现他们的存在。

1989年,南京市博物馆在湖熟镇北的砖瓦厂清理了六座墓葬,其中四座为土坑木椁墓,一座砖木混合结构墓,一座砖室墓。据2号墓出土的墨书告地策木牍可知,墓主为"丹杨郡胡孰都乡安平里公乘故吏朱建"。据告地策所记,朱建在东汉建武二十九年(53)"以诵书出补乡小史",次年又"入给廷功曹小史学事",永平三年(60)"中府为尉曹□",永平八年(65)"为书佐",永元五年(81)卒。此外,在5号墓出土的耳杯内也发现了墨书"朱"字,因此,发掘者认为这是一处东汉时期朱氏家族墓地[①]。可见湖熟的朱氏家族与中原地区的诸多地方豪族一样,参与到了地方政府的行政之中。

位于秦淮河东岸、方山以北的倪塘(今江宁区上坊街道泥塘社区),

[①] 南京市博物馆、江宁县文化馆:《南京湖熟汉代朱氏家族墓地》,载南京市博物馆编《南京文物考古新发现:南京历史文化新探二》,南京:江苏人民出版社2006年,第3—15页。又见南京市博物馆编《南京考古资料汇编》第一册,南京:凤凰出版社,2013年,第484—496页。

东汉孙吴时期属秣陵县还是胡孰县，这一点不是很清楚，但这无关紧要，重要的是这个小区域在此后的建康都城圈中的意义。

倪塘之名，胡三省在注《资治通鉴》王恭被斩于倪塘时曰："倪塘在建康东北方山埭南，倪氏筑塘，因以为名。"①据倪塘的实际地点，通行版本中的"倪塘在建康东北方山埭南"实为"倪塘在建康东南方山埭北"之误。胡三省注倪塘时，也许只是按照地名的一般命名方法推测其为"倪氏筑塘"，但从结果上来说，胡氏的注解无疑是准确的。1979年，江宁县上坊公社棱角山发掘了一座孙吴天册元年的墓葬②，2008年又在距离棱角山仅百余米的沙石岗清理了一座同为孙吴天册元年的墓葬③。据简报，两墓出土了完全一样的铭文砖，综合分散于不同墓砖上的铭文，可复原为"天册元年七月十八日兒俟师李横作甓"。"兒俟"即"倪侯"，包括这两座墓葬在内的棱角山、沙石岗孙吴墓葬，为倪氏家族墓无疑。

2011年秋，南京市博物馆在江宁区上坊更东接近句容市界的上峰张府仓村发掘了一批孙吴至东晋时期的墓葬。其中4号墓和5号墓的特殊形制引起了我们的关注。

4号墓由前、中、后三个墓室组成。中室、后室构成的空间，是西晋时期建邺地区比较常见的前室横长方形、后室长方形的双室墓。墓葬排水沟被叠压在4号墓前室铺地砖之下，很明显该墓的前室为后世加筑。中室、后室均出土了"太康六年岁在乙巳□□""太康六年太岁在乙巳□□"铭墓砖，证明墓葬建造于西晋武帝太康六年（285）或稍后。中、后室经后世修补，修补用砖中有"升平二年八月""升平二年八月廿二日

---

① （宋）司马光编著《资治通鉴》卷一一〇晋安帝隆安二年（398）九月条，北京：中华书局，1956年，第3478页。
② 南京市博物馆：《南京郊县四座吴墓发掘简报》，《文物资料丛刊》第8辑，北京：文物出版社，1983年。
③ 南京市江宁区博物馆：《南京江宁孙吴"天册元年"墓发掘简报》，《东南文化》2009年第3期。

作",修补用砖与前室一致,故前室加筑于东晋穆帝升平二年(358)或稍后。

5号墓的后室、中室原本亦应为一座旧墓,前室为后世加筑。加筑新墓时,同样为了表示对旧墓的尊敬,对旧墓的前室进行了修整,并在旧墓的原甬道口设置了祭台,这应该是区别新、旧两墓的依据。5号墓后室出土了"凤凰元年七月""凤凰三年九月"铭文砖,墓葬应建于孙吴末帝孙皓凤凰三年(274)或稍后。前室出土了"太宁三年闰月□□""咸和元年十月廿三日□"铭文砖。东晋明帝太宁三年为公元325年,该年八月明帝崩,成帝即位,次年改元咸和(326)。太宁三年闰八月与咸和元年十月,两个纪年之间相距约一年,可见前室的建筑时间在咸和元年年底或稍后。

4号墓、5号墓均在旧墓的基础上加筑新墓,是所谓的"祔葬"。这种现象并不常见,南京大学北园东晋大墓是一例。据4号墓前室出土的蝉纹金珰,可证墓主人生前曾任侍中或散骑常侍。曾经出过侍中或散骑常侍,葬地在今江宁、句容交界处的这个家族又是什么样的家族?综合考虑籍贯、职官、太宁三年纪年砖、昭穆制度及墓地规模等因素,笔者认为5号墓的中、后室有可能是东晋初年大臣纪瞻的祖父、吴尚书令纪亮墓,前室则是纪瞻的祔葬墓;4号墓的中、后室是纪瞻之父吴光禄大夫、中书令纪陟墓,前室则是纪瞻之孙、晋廷尉(三品官)、华容县开国子(二品五等爵)纪友的祔葬墓①。

据《晋书》卷六八《纪瞻传》载:"纪瞻,字思远,丹阳秣陵人也。祖亮,吴尚书令。父陟,光禄大夫。"纪瞻为秣陵人,与吴郡顾荣等人在两晋之际非常活跃,接纳并帮助司马睿、王导等在建康建立了东晋政权,官至常侍、骠骑大将军,封临湘县侯,卒于太宁二年(324),赠开府仪同三司,追封华容县开国子,谥曰"穆",是东晋初年建康地方最炽热的

---

① 发掘资料尚未正式公布,预计于近期刊出。关于墓主人与秣陵纪氏家族的关系,是笔者目前的推测,待资料正式发表后再作详细论述。

除上述朱氏、倪氏、纪氏外，文献所见东汉以来即生于斯长于斯的著名家族，还有甘氏、陶氏、缪氏等①。综上所述，在孙吴定都秣陵、改秣陵为建业前后，在今南京市区西南→东南→东北的弧形地带（以下简称"东部弧形地带"），至少形成了纪氏、陶氏、甘氏、缪氏、朱氏、倪氏等一批地方豪族，以这批豪族为中心形成的建业东部地域社会，是同为汉代以来江南土著的孙氏家族在建业定都初期的社会基础。

与南京东部弧形地带的早期开发相比，孙吴建业、东晋南朝建康城所在的今南京市则相对落后②。春秋晚期越灭吴后，越国在今秦淮河南岸的长干里修筑了越城，楚灭越后，楚国在秦淮河入江口北岸的石头山南麓设置了金陵邑，但规模都非常小，只是控制秦淮河入江口的一种据点。从南京市区大量分布的小型汉代墓葬来看，两汉时期南京市区基本上还是秣陵县人烟稀少的鄙乡。2007年，南京市博物馆在市区中华门外北宋长干寺（后改名"天禧寺"）、明报恩寺遗址的发掘过程中，清理了多座两汉时期的墓葬，其中1号墓和2号墓为东汉墓葬。2号墓出土了一件带有建安二十四年（219）纪年的买地券，墓主为龙桃杖③。今中华门外明报恩寺遗址一带，就是古秦淮河南岸的长干里，位于越城的偏东南，是六朝时期建康人烟最密集的区域。然而，直至东汉最晚

---

① 丹杨秣陵甘氏、陶氏等，《三国志》《晋书》及南京地方志均有记载。缪氏见江宁区博物馆《南京滨江开发区15号路六朝墓葬清理简报》(《东南文化》2009年第3期)载买地券，经笔者校订为："建衡元年┼二月丁巳朔五日辛酉，相府吏缪承，今还丹杨业建（建业之误）□乡梅府里，卜安冢宅。从地主古糸买地三顷五十亩，直钱三百五十万。乡吏朱恟证知糸卖所买，对共燔莂，先立可信，乃为手书。"见张学锋《南京滨江开发区吴墓出土"建衡元年"买地券补释》，《东南文化》2010年第1期，第60—61页。

② 王志高撰文《秦汉秣陵县治新考》(《学海》2014年第5期)认为，秦汉时期秣陵县治并不在今江宁区秣陵街道，而在今南京市区朝天宫至张府园之间，即六朝时期的扬州治西州城。这一观点值得留意。

③ 南京市博物馆：《南京市东汉建安二十四年龙桃杖墓》，《考古》2009年第1期。

期,这一带依然留下了较多墓葬,可见,在孙吴定都建业之前,长干里的居民依然稀少,还没有形成像样的都市。究其原因,这一带位于秦淮河的入江口,由于当时的海潮可以回溯至牛渚一带(今安徽马鞍山市附近江面),因此,潮汐的危害相对严重,开发相对滞后,即使在东晋南朝时期,位于秦淮河口的石头城还经常被潮水漂没①。因此,孙吴建业、东晋南朝建康,是建立在远离经济发达区域、秦淮河入江口之北空旷地带的一座都城。

孙吴建业城的选址,起初完全是出于军事目的,似乎没有考虑到军粮、物资等经济因素。一旦定都以后,经济方面的困难便迎面而来,原先东部弧形地带的既有产业无法满足都城巨大的消费需求。为解决军粮问题,孙吴首先在建业东部弧形地带相对落后的胡孰、江乘两地设典农都尉,专事屯田。以后,屯田范围进一步扩大,先后在于湖(治今安徽当涂)设督农校尉,在溧阳(治今江苏溧阳西南)设屯田都尉,又在更东的毗陵(治今江苏常州)设置典农校尉,屯田区域不断扩大。

孙氏家族是吴郡富阳人,在定都建业之前,曾经有过以会稽(治今浙江绍兴)和吴郡(治今江苏苏州)为根据地的历史,他们非常清楚太湖平原及杭州湾地区的富庶。随着三国鼎立局势的基本稳定,建业的官私生活渐趋奢侈,向更东太湖流域和杭州湾地区的索取便提上了日程。其中最重要的措施就是开凿破冈渎,打通建业与太湖流域、杭州湾地区的漕运通道。

---

① 关于六朝时期海潮对建康近边的侵害,可参考陈刚著《六朝建康历史地理及信息化研究》(南京大学人文地理丛书),第二章第三节表2—5"东晋南朝时期的'涛水入石头'记录"及其分析,南京:南京大学出版社,2012年,第43—44页。关于六朝时期长江与建康的关系,亦可参见其书第三章《湛湛长江水》,第47—75页。

二、破冈渎的开凿与走向

沟通都城建业与太湖流域、杭州湾地区的人工运河破冈渎，又写作"破岗渎"。有关破冈渎的记载，最早见于《三国志》卷四七《吴书·孙权传》赤乌八年(245)八月条[①]：

八月，大赦。遣校尉陈勋，将屯田及作士三万人，凿句容中道。自小其至云阳西城，通会市，作邸阁。

唐人许嵩所撰《建康实录》卷二《吴太祖下》赤乌八年(245)八年条的记载更为详细[②]：

使校尉陈勋作屯田，发屯兵三万凿句容中道，至云阳西城，以通吴、会船舰，号破冈渎，上下一十四埭，通会市，作邸阁。仍于方山南截淮立埭，号曰方山埭，今在县东南七十里。

案，其渎在句容东南二十五里，上七埭入延陵界，下七埭入江宁界。初，东郡船不得行京江也，晋、宋、齐因之，梁避太子讳，改为破墩渎，遂废之。而开上容渎，在句容县东南五里，顶上分流，一源东南三十里十六埭，入延陵界；一源西南流二十五里五埭，注句容界。上容渎西流入江宁秦淮。后至陈高祖即位，又埋上容而更修破冈。至隋平陈，乃诏并废此渎。

此后的唐宋地志和江宁、镇江、句容、丹阳等地方志以及顾祖禹《读史方舆纪要》等相关记载均本于此。据上引《三国志》《建康实录》的记载，孙权赤乌八年(245)，命校尉陈勋带领屯田兵三万开凿句容中道，往

[①] （晋）陈寿撰《三国志》卷四七《吴书·孙权传》，北京：中华书局，1959年，第1146页。
[②] （唐）许嵩撰《建康实录》卷二《太祖下》，张忱石点校，北京：中华书局，1986年，第53页。

东至云阳西城,打通了建业通往吴郡、会稽郡的运道。由于破冈渎所经区域地势高昂,因此沿道筑有十四埭调节水位,上七埭通往延陵界,下七埭通往江宁界。萧梁立萧纲为太子后,为避太子讳,改为"破墩渎"。后又废破墩渎,新开上容渎以通漕。陈朝建立后,重开破冈渎。隋平陈后,破冈渎被彻底废弃。

为详细了解破冈渎的开凿及其走向,在上引史料的基础上将相关问题解释如下。

(一) 校尉陈勋

主持开凿破冈渎的陈勋时为"校尉",参与开凿的人员为"屯兵",可知陈勋是当时在建业东部弧形地带负责屯田事务的官员。孙吴的屯田官有典农都尉、督农校尉、屯田都尉、典农校尉等称呼,但此处的"校尉"可能只是指屯田官,无法确定其为何处的屯田官。

(二) 句容中道

句容为西汉所置县,属丹阳郡,治所即今江苏省句容市,位置没有发生过变化,这是探究破冈渎位置、走向的重要参照点。"中道"一词较难解。顾祖禹《读史方舆纪要》卷二十五《南直七》镇江府丹阳县曲阿城条曰:"赤乌八年,吴主使校尉陈勋凿句容中道山,直至云阳西城,通会市,作邸阁,盖凿茅山之麓以通道也。"[1]这里,顾氏将"中道"理解为"山"。虽然"中道山"史无所据,此或为顾氏一家之言,但人工开凿句容境内地势高亢的冈陇地带,这一点是无疑的。或许还有一种可能性,即"句容中道"意为横贯句容中部的通道之意。萧梁晚期废破冈渎新开上容渎,与破冈渎在句容县东南二十五里相比,上容渎在句容县城东南五里,在破冈渎之北,也就是所谓的"上"。如果说,以破冈渎为参照点,在

---

[1] (清)顾祖禹撰《读史方舆纪要》卷二五《南直七》,施和金、贺次君点校,北京:中华书局,2005年,第1258页。笔者所用句读略有不同,下同。

其北更加靠近句容县的运道称为"上容渎"的话,那么,横贯句容县境中部的通道就可以称为"句容中道"了。

(三) 小其、云阳东西城

"小其"是破冈渎在句容境内的起点,具体地点不明。刘宗意认为,小其为今秦淮河上游的小溪村,但没有给出任何证据[1]。从破冈渎利用赤山塘水源等因素及其总体走向来看,小其应在今句容县东南的西塘庄至任巷、城盖村所在的春城社区之间,这一带正是往东进入茅山北麓高亢地势的起点。

云阳西城是破冈渎的东端。关于云阳西城及以东的云阳东城,目前所知较早的线索是元代编纂的《至顺镇江志》卷二《地理·城池》云阳东、西城条:"云阳东、西城,在延陵镇渎南。二城相去七里。当丹阳、句容分界之所,即吴楚之境也。吴赤乌前已有之。"[2]《至顺镇江志》未注明史料来源。《读史方舆纪要》卷二五《南直七》镇江府丹阳县延陵城条称:"县南三十里。本曲阿县之延陵乡,晋太康二年分置延陵县,属毗陵郡。……《志》云:镇南有云阳东西二城,相距七里,在运渎南岸,盖孙吴时所置。或以为春秋时吴、楚分疆处。今丹阳、句容分界于此。"[3]所引"《志》云",从同卷镇江府丹阳县破冈渎条中可知是《舆地志》[4],应该就是陈朝顾野王所作《舆地志》,是南朝史料。西晋分曲阿县延陵乡为延陵县,延陵建有吴季子庙。《至顺镇江志》卷八《神庙》嘉贤庙条称:"嘉贤庙,在延陵镇西北九里,即吴季子庙也。"自注中综合山谦之《丹阳

---

[1] 刘宗意:《秦始皇没有到过金陵》,《江苏地方志》2014年第4期,第4—13页。

[2] 《至顺镇江志》卷二《地理》,"在延陵镇南"之后有纂者自注"镇即故延陵县"。案:元代延陵镇并非六朝延陵县治所,详见下文。南京:江苏古籍出版社,1999年,第11页。

[3] 《读史方舆纪要》卷二五《南直七》,第1259页。

[4] 《读史方舆纪要》卷二五《南直七》,第1263页。

记》、殷仲堪《季子碑》等云:"季子旧有三庙,南庙在晋陵东郭外,北庙在武进县博落城西,西庙即此是也。……至永初中,南庙被毁,迁碑于西庙。今庙前双碑,左厢者,即殷仲堪所制,右厢者,梁天监十二年九月延陵县令王僧恕所建。"①六朝时期延陵县的治所应该不会有什么变化,《至顺镇江志》所言"延陵镇"指的是唐代重设延陵县后的治所,即今丹阳市延陵镇。延陵镇西九里村是季子庙所在地。九里村南尚有一村名旧县村。这一带应该就是六朝延陵县治所所在,云阳东、西城就在延陵县治所之南的"运渎南岸"。这里的"运渎",应该就是破冈渎无疑。

隋平陈后,六朝延陵县被废,隋在今镇江市设置新延陵县,为江北的广陵郡所辖。唐武德三年(620)废改延陵县为丹徒县,并于旧延陵县境重置延陵县。重置的延陵县县治即今丹阳市延陵镇,将重置的延陵县县治设在这里,至少这里原本不是荒无人烟的地方,一定有着较长的开发历史和相对稠密的人口。新延陵县治位于季子庙所在的九里村、旧县村之东直线距离约四公里,基本上符合七里的约数。因此,我们可以大胆地推定:今九里村、旧县村一带是云阳西城,今延陵镇之南为云阳东城,而云阳西城正是破冈渎的东端。

(四) 上下一十四埭

由于破冈渎流经的茅山北麓地势高亢,为确保航运的通畅,破冈渎开凿当初,就沿运道设置了十四个埭。所谓"埭",就是横截水流所筑的土坝,保证埭与埭之间的河道保持足以行船的水量。为了船只能顺利地过埭,埭的两侧筑成较缓的坡状,顶部呈圆弧状,船只过埭时需要人力或畜力牵引,因此,破冈渎的航行要比想象得艰难,这也是隋朝开通江南运河后破冈渎立遭废弃的原因之一。

据前引史料,破冈渎"上七埭入延陵界,下七埭入江宁界"。这里的"入"应该是"通往"的意思,上七埭通向延陵,下七埭通向江宁。即使在

---

① 《至顺镇江志》卷八《神庙》,第 241—242 页。

萧梁时期破冈渎一时湮塞另开上容渎，上容渎上同样也要设埭，"顶上分流，一源东南三十里十六埭，入延陵界；一源西南流二十五里五埭，注句容界"。上容渎通向延陵的水道上设有十六埭，说明上容渎往东所经的地方地势更加高亢，日常性的水量维持更加艰难，这也应该是陈朝废上容渎重开破冈渎的主要原因。

破冈渎上的十四埭，今已很难详考。紧邻云阳西城的今镇江市丹徒区宝堰镇附近，应该有当时破冈渎东端的一个埭，不仅堰即是埭，而且宝堰镇附近在破冈渎推测的线路上。六朝史料中尚见"破冈埭"，则有可能是破冈渎地势最高处的一个埭，它是控制着破冈渎的核心地段，具有重要的军事意义。此外，在调节破冈渎水量的赤山塘附近尚有栢冈埭，在方山之南尚有截断秦淮水的方山埭。目前所能考者唯以上四埭。

(五) 狭义的破冈渎和广义的破冈渎

许嵩在《建康实录》的自注中称："其渎在句容东南二十五里。"又称："上容渎，在句容县东南五里。"一条水道不是一个点，为什么许嵩将破冈渎和上容渎的位置都定在一个点上？这与中国历史记载的传统有着密切的关系。如《至顺镇江志》卷七《山水·渎》记载丹阳简渎时，称"在丹阳县南五里"[①]。《读史方舆纪要》卷二五《南直七》在叙述简渎时，也称"县南五里"[②]。今丹阳通往延陵的简渎河，其起点正在丹阳南门外五里。可见，所谓在某方向多少里，指的是水道的起点。因此，严格说来，"句容县东南二十五里"是破冈渎的起点，这个地点可能就在今句容县西塘村至任巷村之间，由此往东经上七埭到达云阳西城，这就是真正意义上的破冈渎，亦即狭义上的破冈渎。六朝文献中出现的"破冈"或"破冈埭"，指的可能就是狭义上的破冈渎，甚至是破冈渎上地势

[①] 《至顺镇江志》卷七二《山水》，第 292 页。
[②] 《读史方舆纪要》卷二五《南直七》，第 1264 页。

最高处附近的某个地点,关于这一点,下文还将涉及。

然而,如果只有这么一段运河,是无论如何也沟通不了建康与太湖平原的。据前引《建康实录》,许嵩注开破冈渎之后所称"仍于方山南截淮立埭,号曰方山埭"。秦淮河有南北二源,南源出溧水县东庐山,名溧水河;北源又称东源,出句容县北宝华山,又称句容河。二水在今南京江宁区方山之南汇合,西北流经南京市区入长江。据破冈渎的走向及实地考察,破冈渎的西延线利用了秦淮河北源的部分河道后,在秦淮河北源通往赤山塘的支流上建造了方山埭。不难想象,在东晋南朝人的心目中,船过方山埭往东,便驶入了通往东郡的航道,船过方山埭往西,便进入了都城建康,从这个意义上来说,方山埭无疑又是破冈渎的起点,因此,起于方山埭迄于云阳西城的运道又是广义上的破冈渎,这也是笔者前文将位于狭义破冈渎以西的栢冈埭、方山埭列为破冈渎十四埭的理由。

通过以上说明,我们对破冈渎的开凿和走向已经有了一个基本了解。据此,我们可以对破冈渎的走向做出一个大致的判断:从都城建业东南方山脚下截秦淮河北源支流建埭,抬高水位,船行往东,利用南部绛岩等山汇水形成的赤山塘补充水量,东偏北行至秦淮河水系与太湖水系的分水岭(茅山北麓高地),开岭破冈,沿途筑埭,直出属于太湖水系的云阳西城。

(六) 破冈渎的东延线

六朝文献中均言破冈渎至于云阳西城,那么,从云阳西城往东的航路又是什么?

上文推断,云阳西城在今丹阳市延陵镇西九里村、旧县村一带;云阳东城在今延陵镇附近,二城相距七里。顾祖禹引《舆地志》云:"(延陵)镇南有云阳东西二城,相距七里,在运渎南岸。"《至顺镇江志》卷七《山水·漕渠水》纂者据旧志所引唐孙处元《图经》云:"云阳西城有水道,至东城而止。"①可见,云阳东西二城之间有水道相通。从感觉上判断,东、西二城之间的水道恐非自然水域,应该经过人为的修凿,有意识地将东、西二城沟通了起来。当然,仅凭这一条还无法说明问题。《读史方舆纪要》卷二五《南直七》镇江府丹阳县破冈渎条称:破冈渎"在县西南。《舆地志》:'延陵县西有东云阳、西云阳二渎,相去七里,与句容县接境。'赤乌中所凿"②。这是目前所知唯一一处关于"东云阳渎""西云阳渎"的记载。顾祖禹所引是否有误,是否将相距七里的云阳东、西"二城"误写成了"二渎"? 然而,顾祖禹所引为六朝文献《舆地志》,且"东云阳、西云阳二渎"与"云阳东西城"之间又不像是简单的笔误。因此,基于实地考察,参考镇江、丹阳地方志,可以肯定,顾野王《舆地志》所言"东云阳、西云阳二渎"是可信的。

如果将云阳东、西二城与"东云阳渎""西云阳渎"结合起来看,东云阳渎应该是起于云阳东城的人工运渎,西云阳渎应该是起于云阳西城的人工运渎。这两条运渎,即今沟通丹阳市区与延陵地区的简渎河、香草河。

简渎,今称简渎河。《至顺镇江志》卷七《山水》简渎条称:"简渎,在丹阳县南五里。"纂者注曰:"俗云:晋谌母元君飞仙,掷简其地。"③唐武德年间在今丹阳置简州,亦因此渎得名。简渎的开凿历史久远,据《至顺镇江志》,晋时已有其名。当地古老传说此渎为孙吴时简将军所开,故名。直至民国时期,丹阳城南简渎与香草河的交汇处尚存一座"简庙",称是纪念简将军的祠庙。当然这不排除是纪念投简的谌母元君的庙,因为道教中的诸神亦多以将军为号。简渎起自今丹阳城南门外五里,往西南迄于延陵镇,这在谭其骧先生主编的《中国历史地图集 三国西晋时期》第26—27页图中作为破冈渎的东延线已作标注。这条起

---

① 《至顺镇江志》卷七《山水》,第277页。
② 《读史方舆纪要》卷二五《南直七》,第1263页。句读据该版本。
③ 《至顺镇江志》卷七《山水》,第292页。

自延陵（云阳东城）的简渎，应该就是《舆地志》中所说的东云阳渎。

经当代改造以前的香草河，源自茅山北麓诸水，经丹徒宝堰流经九里村，西北行至丹阳，在丹阳城南接纳简渎水后往东汇入江南运河。九里村附近推断为云阳西城，那么起自云阳西城的这条运渎应该就是《舆地志》中所说的西云阳渎。

顾祖禹在解释简渎时，称："简渎，县南五里。……东北接漕河，南通延陵。一名香草河。"[1]将简渎与香草河混为一谈，这不得不说是顾氏的失误[2]。据丹阳故老所称，香草河（西云阳渎）水由于承接西南高地来水，水自南往北流；而简渎河水则自北往南流。如此，经破冈渎往东的船只，到了云阳西城后可入西云阳渎，借水势往北直驱曲阿（丹阳），而东郡来船，则借东云阳渎水南流之势往云阳东城，经东、西二城之间的运渎抵达西城，进入破冈渎。

那么，破冈渎到达云阳西城后，为什么不选择直接往东直通毗陵的线路，而是北向迂回曲阿？这其中也许存在着许多自然条件的因素，但作为人为因素，应该与孙吴时期曲阿的重要地位有着密切的关系。其中，传统的丹徒水道经由曲阿，以及孙权之父孙坚高陵位于曲阿这两点尤其关键。关于高陵，《吴录》《建康实录》等均有记载，据《光绪丹阳县志》卷十二《陵墓》，孙坚高陵在县西十五里吴陵港口[3]。孙权晚年曾于太元元年（251）"冬十一月，幸曲阿，祭高陵"[4]，此时破冈渎已经开通数年。也许正是得益于破冈渎东延线的迂回北折，年届古稀的孙权才得以前往曲阿祭陵。近三百年后的梁武帝，能以耄耋之年前往故里兰陵

---

① 《读史方舆纪要》卷二五《南直七》，第1264页。

② 史为乐主编《中国历史地名大辞典》"简渎河"条亦因此致误。北京：中国社会科学出版社，2005年，第2705页。

③ 《光绪丹阳县志》卷一二，光绪十一年编修，民国十六年续印，江苏广陵古籍刻印社再版承印，1985年。

④ 《建康实录》卷二，第60页。

东城里谒陵,同样也得益于破冈渎东延线的迂回北折(参见图9-1)①。

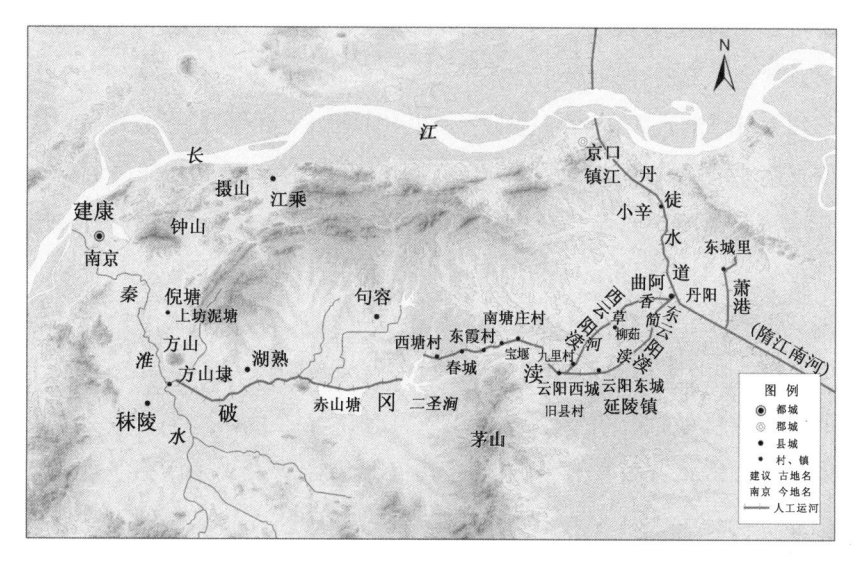

图9-1 六朝破冈渎路线示意图

三、建康都城圈与"东郡"

《太平寰宇记》卷九〇《江南东道二》昇州条及《资治通鉴》胡三省注均引《金陵记》称:"梁都之时,城中二十八万户,西至石头城,东至倪塘,南至石子冈,北过蒋山,东西南北各四十里。"②《金陵记》所言虽是南朝萧梁时期的情况,但作为前后相继的六朝都城建康,虽然在规模上各代有所差异,但总体的空间范围应该没有什么变化。这里值得关注的是都域概念的四至。

---

① 《六朝破冈渎路线示意图》由理学博士、南京大学地理与海洋科学学院陈刚副教授绘制。
② (宋)乐史撰《太平寰宇记》卷九〇《江南东道二》,北京:中华书局,2007年,第1774页。《资治通鉴》卷一六二梁武帝太清三年胡三省注引与前文略有异,第5018页。

如果以位于今南京市区的建康都城为参照点,那么西至石头城,南至石子冈,北过蒋山,这三个地点都不算太远,距离建康都城的直线距离均在数公里之内,而都城东至倪塘,即今江宁区方山北麓的泥塘村一带,与建康都城的直线距离却达十余公里(旧称二十五里)。形成这一观念的直接原因,笔者认为与破冈渎以及都城圈的概念有着密切的关系。

从破冈渎十四埭"上七埭入延陵界,下七埭入江宁界"的叙述中不难发现,当时人们在认识破冈渎时,是站在船只由东往西航行的立场上来观察的,因此,将破冈渎最高处以东的七埭视为"上",以西的七埭视为"下",方山埭其实是当时人们心目中破冈渎的终点。换言之,广义上的破冈渎自东而来,船只到达方山埭就意味着到了都下,就像今天人们乘坐沪宁铁路自上海来,过了栖霞山隧道就意味着到了南京一样。如果在方山埭弃船登岸,北行不久就是倪塘,自此一路往西便可到达建康。从方山经倪塘直往都城,是当时东来商旅下了方山埭后通往都城的陆上主要通道,由于过于平常,反而没有留下多少记载。稍晚的《陈书》卷一《高祖纪上》载,太平元年(556)北齐兵渡江作战,"五月甲申,齐兵发自芜湖,景(丙)申,至秣陵故治。高祖遣周文育屯方山,徐度顿马牧,杜稜顿大航南。……辛丑,齐军于秣陵故县跨淮立桥栅,引渡兵马,其夜至方山。……癸卯,齐兵自方山进及兒塘,游骑至台。"[①]"兒塘"即倪塘,"台"即台城,指建康都城。齐兵走的就是这条交通要道。

如此一来,以方山埭这一交通枢纽为中心,两汉以来形成的东部弧形地带就成了建康都城圈的东方。然而,若要确保建康都城的政治、军事和经济的稳定,单靠都城东部弧形地带是远远不够的,建康都城圈还有其更重要的"东",这就是破冈渎以东的"东郡"。如果说东部弧形地带是建康都城圈的"近东",那么"东郡"就是建康都城圈的"中东"。

"东"或"东郡",频见于六朝史料。如东晋阮裕"亦审时流必当逐己,而疾去,至方山不相及。刘惔叹曰:'我入东,正当泊安石渚下耳,不

---

① (唐)姚思廉撰《陈书》卷一《高祖纪下》,北京:中华书局,1972年,第10页。

敢复近思旷(阮裕字)傍。'"①刘宋"太宗遣建威将军沈怀明东讨,尚书张永系进,镇东将军巴陵王休若董统东讨诸军事。移檄东土曰……"② 吴郡人顾琛"景平中为朝请,假还东,日晚至方山。"③"自破岭以东,八十为百,名曰东钱"④。元凶刘劭"遣人焚烧都水西装及左尚方,决破柏岗方山埭以绝东军"⑤。《建康实录》叙述破冈渎时称"东郡船不得行京江也"⑥。《宋书》卷八三《吴喜传》载,宋明帝即位之初,"四方反叛,东兵尤急。(吴)喜请得精兵三百,致死于东,上大悦……及泰始初东讨,正有三百人,直造三吴,凡再经薄战,而自破冈以东至海十郡,无不清荡"⑦。这些史料中的"东""东郡""东兵",并不完全是《吴喜传》中所称"破冈以东至海十郡"的泛称,在当时人们的心目中是有所特指的,这就是所谓的"三吴"。

"三吴"所指,《水经注》《通典》《资治通鉴》胡三省注各不相同⑧,王铿《东晋南朝时期"三吴"的地理范围》一文考证诸说,指出东晋南朝时期的三吴指的是吴郡、吴兴郡和会稽郡⑨。

东郡"三吴"对都城建康的重要性,顾祖禹曾作如下总结:"(应天)府前据大江,南连重岭,凭高据深,形势独胜。孙吴建都于此,西引荆楚

---

① (唐)房玄龄等撰《晋书》卷四九《阮籍传附阮裕传》,北京:中华书局,1974年,第1368页。
② (南朝梁)沈约撰《宋书》卷八四《孔觊传》,北京:中华书局,1974年,第2156页。
③ (唐)李延寿撰《南史》卷三五《顾琛传》,北京:中华书局,1975年,第919页。
④ (唐)魏徵等撰《隋书》卷二四《食货志》,北京:中华书局,1973年,第690页。
⑤ 《宋书》卷九九《元凶劭传》,第2434页。
⑥ 《建康实录》卷二《吴太祖下》,第53页。
⑦ 《宋书》卷八三《吴喜传》,第2115、2117页。
⑧ 《水经注》以吴兴、吴郡、会稽为三吴(南京:江苏古籍出版社,1989年,第3323页);《通典》以吴郡、吴兴、丹阳为三吴(北京:中华书局,1988年,第4827页);《资治通鉴》晋成帝咸和三年条胡三省注以吴兴、丹阳、义兴为三吴(第2956—2957页)。
⑨ 王铿:《东晋南朝时期"三吴"的地理范围》,《中国史研究》2007年第1期,第71—76页。

之固,东集吴会之粟,以曹氏之强,而不能为兼并计也。"①其实,顾祖禹的总结是基于六朝人言论的基础得出来的。沈约在《宋书》卷五四"史臣曰"中的描述最是耳熟能详:"江南之为国盛矣,虽南包象浦,西括邛山,至于外奉贡赋,内充府实,止于荆、扬二州。自汉氏以来,民户彫耗,荆楚四战之地,五达之郊,井邑残亡,万不余一也。自义熙十一年司马休之外奔,至于元嘉末,三十有九载,兵车勿用,民不外劳,役宽务简,氓庶繁息,至余粮栖亩,户不夜扃,盖东西之极盛也。既扬部分析,境极江南,考之汉域,惟丹阳会稽而已。自晋氏迁流,迄于太元之世,百许年中,无风尘之警,区域之内,晏如也。及孙恩寇乱,歼亡事极,自此以至大明之季,年逾六纪,民户繁育,将曩时一矣。地广野丰,民勤本业,一岁或稔,则数郡忘饥。会土带海傍湖,良畴亦数十万顷,膏腴上地,亩直一金,鄠、杜之间,不能比也。"②其在《宋书》卷六十六史臣曰中又称:"江左以来,树根本于扬越,任推毂于荆楚。"③"三吴内地,国之关辅,百度所资"④,"自晋氏渡江,三吴最为富庶,贡赋商旅,皆出其地"⑤等言论,更是直接道出了东郡"三吴"对整个六朝政权的重要意义。对都城建康而言,"三吴"才是真正的根本。保证"三吴"与建康水路交通的畅通,是六朝政权的重中之重⑥。

狭义的破冈渎所经茅山北麓冈峦地带,秦汉以来就是东部会稽郡和西部鄣郡的分界线,六朝时期,阻止"东军"的进入或"东军"试图进攻建

---

① 《读史方舆纪要》卷二〇《南直二》应天府条,第921页。
② 《宋书》卷五四"史臣曰",第1540页。
③ 《宋书》卷六六"史臣曰",第1739页。
④ (南朝梁)萧子显撰《南齐书》卷二六《王敬则传》,北京:中华书局,1972年,第482页。
⑤ 《资治通鉴》卷一六三梁简文帝大宝元年(550)五月条,第5045页。
⑥ 相关研究可参照蒋福亚《三吴地区经济的发展与江南河的开凿》、许辉《历经沧桑的江南运河》,两文均载唐宋运河考察队编《运河访古》,上海:上海人民出版社,1986年,第233—256页、257—275页。

康城,这一带是争战的舞台之一,具有重要的军事意义[①]。而广义上的破冈渎,作为通往东郡"三吴"的交通要道,其对商旅的重要意义亦不待言[②]。不过,破冈渎的经济意义是最重要的,它是维系都城建康的生命线。

尽管两汉以来建康东部弧形地带的土地开发也获得了一定的发展,孙吴时期在胡孰、江乘、溧阳、姑熟等地也展开了屯田,但单凭"近东"来解决一方政治、军事中心的粮食物资问题,显然不可能。建康之所以成为形胜之地,关键在于它能"东集吴会之粟"。没有东郡三吴的粮食物资,建康无疑是一座死城。

"近东"对建康的重要意义,是当时人的共识。正因为是共识,反而在史料中没有留下太多的记载。《隋书》卷二四《食货志》载:"晋自过江,凡货卖奴婢马牛田宅,有文券,率钱一万,输估四百入官,卖者三百,买者一百。无文券者,随物所堪,亦百分收四,名为散估。历宋齐梁陈,如此以为常。以此人竞商贩,不为田业,故使均输,欲以惩励。虽以此为辞,其实利在侵削。又都西有石头津,东有方山津,各置津主一人,贼曹一人,直水五人,以检察禁物及亡叛者。其获炭鱼薪之类过津者,并十分税一以入官。其东路无禁货,故方山津检察甚简。"[③]建康城东西的方山津和石头津,均是位于水路交通要道的课税场所,从贼曹、直水的配置来看,同时还具有检举违法、捕拿奸贼的功能。城西的石头津位于秦淮河入江口,主要负责对来自建康长江上游船只货物的课税和检举,由于上游的江州、荆州长期以来是建康的军事威胁,因此,这里的检举盘查比较严格。与之相比,"其东路无禁货,故方山津检察甚简"。方山津之所以"检察甚简",关键在于通过破冈渎运至建康的粮食物资,不

[①] 相关史料可参见《宋书》卷八四《孔觊传》、《宋书》卷九九《元凶劭传》、《梁书》卷一《武帝纪上》、《梁书》卷二二《鄱阳王萧恢传》、《梁书》卷四九《文学·袁峻传》等。

[②] 相关史料可参见《晋书》卷四九《阮籍传附阮裕传》、《宋书》卷五〇《胡藩传》、《南齐书》卷三一《荀伯玉传》、《梁书》卷五三《良吏·沈瑀传》等。

[③] 《隋书》卷二四《食货志》,第689页。

存在"禁货",均是朝廷及民众的生活必需品,来者不拒。

由于破冈渎漕运的兴盛,原本开发程度相对滞后的茅山北麓句容至延陵一带,应该也呈现出了相应的繁荣景象,可惜我们很少能找到相关史料来进行论证。1984 年,镇江博物馆对句容县春城镇东袁相村的一座六朝墓葬进行了发掘。通过纪年文字砖推断,该墓应葬于刘宋元嘉十六年(439)。墓葬为"凸"字形券顶砖室合葬墓,长 5.06 米、宽 1.96 米,高 2.58 米,墓室、棺床、棺木、随葬器物等均保存良好①。这一类墓葬,建康四郊数量众多,但在狭义的破冈渎沿岸发现这类墓葬实属罕见。不仅是墓葬的规模,出土的随葬器物更令人瞩目。据报道,该墓共出土随葬品 78 件,碗、盘、托盏、勺、三足炉、三足砚、镳斗、铜镜等铜器 14 件,鸡首壶、盘口壶、唾壶、碗、盘等青瓷器 21 件,碗、木屐等漆木器 21 件,盘、钗等银器 2 件,玻璃碗 1 件,此外还有滑石猪、五铢钱等遗物。其中青瓷鸡首壶、银胎漆盘、玻璃碗以及两块刻有草书的铭文砖共 5 件器物被定为国家一级文物。在如此丰富且精美的随葬器物中,数量较多的铜器、铜棺钉以及极具波斯萨珊朝风格的玻璃碗尤其引人注目②,说明墓主人的身份非同寻常。

---

① 镇江博物馆、句容市博物馆:《江苏句容春城南朝宋元嘉十六年墓》,《东南文化》2010 年第 3 期,第 37—43 页。

② 迄今南京、镇江一带六朝墓出土的完整玻璃器主要有南京大学北园东晋墓(南京大学历史系考古组《南京大学北园东晋墓》,《文物》1973 年第 4 期)、南京象山 7 号东晋墓(南京市博物馆《南京象山 5 号、6 号、7 号墓清理简报》,《文物》1972 年第 11 期)、南京富贵山 4 号东晋墓(南京市博物馆、南京市玄武区文化局《江苏南京富贵山六朝墓地发掘简报》,《考古》1998 年第 8 期)、南京仙鹤观 6 号东晋墓(南京市博物馆《江苏南京仙鹤观东晋墓》,《文物》2001 年第 3 期)等。南大北园墓推测为东晋成帝兴平陵,象山 7 号墓推测为琅邪王氏家族成员墓,富贵山 4 号墓为东晋宗室墓,仙鹤观 6 号墓为东晋大臣高崧之父高悝墓。春城元嘉十六年墓出土玻璃器的相关研究,可参见刘建国著《古城三部曲——镇江城市考古》(南京:江苏古籍出版社,1995 年,第 101—102 页);罗宗真、王志高著《六朝文物》(南京:南京出版社,2004 年,第 380—381 页);陆建芳主编,左骏、王志高著《中国玉器通史·三国两晋南北朝卷》(深圳:海天出版社,2014 年,第 181 页)。

元嘉十六年墓位于今句容春城与丹徒宝堰之间,这里是狭义破冈渎的中心区域,破冈渎上下十四埭中军事意义最为重大的破冈埭即在其间。原先的僻壤之地出现了如此高等级的墓葬,应该可以排除是建康贵族的远葬,因为建康贵族各有其家族墓地,目前尚无资料说明今春城至宝堰之间有建康贵族的家族墓地。因此,我们推测墓主人为当地豪族的可能性较大。当然,作为镇守破冈渎和破冈埭的重要官员墓的可能性也不能完全排除。但无论如何,这座墓葬的发掘,都暗示着这一带因破冈渎的开凿,区域地位有了很大的提高。

余论:建康都城圈的"远东"

前引《三国志》卷四七《吴书·孙权传》及《建康实录》卷二《吴太祖下》所述陈勋开凿破冈渎事中,均言及"通会市,作邸阁"。邸阁,通常被理解为交通要道沿线或市场的物流设施,当然也包含客栈设施。从最新的研究来看,邸阁还具有作为军用仓库等军事意义[1]。从建康出发往东至曲阿(今丹阳市),水路行程通常需数日。大同十年(544)三月,81岁高龄的梁武帝事隔五十余年往兰陵东城里(今丹阳市东北三城巷北)谒陵,三月甲午离开建康都城,辛丑至修陵(梁武帝与郗皇后合葬墓)。其行经路线经秦淮河至方山埭,入破冈渎,至云阳西城,然后经西云阳渎或东云阳渎至曲阿,然后由陵口(今丹阳市东南陵口镇)经萧港(今萧梁河)至东城里修陵,一行途中费时七日。其他商旅及货运船只,从建康到曲阿所需日数恐亦如此。因此,在破冈渎沿线设置邸阁,供漕运商旅存货歇脚,这完全在情理之中。

问题是"同会市"三字。通常将其中的"会"作为动词,解释为交会、

---

[1] 参见[日]伊藤敏雄《長沙走馬樓簡牘中の邸閣·州中倉·三州倉について》(关于长沙走马楼简牍中的邸阁、州中仓和三州仓),《九州大學東洋史論集》(九州大学东洋史论集)第 31 号,2003 年。

流通,将"市"理解为交易、贸易,如此"通会市"就被理解成了"交通贸易"。然而,从古汉语的构词原则出发,"通"和"会"两个动词放在一起构成一词,这样的现象是难以理解的。因此,这里的"会"是否应该读成"kuai",即"会稽"之"会"。若此说成立,那么,"通会市"即意为通往或沟通会稽郡的市场①。

被称作"会市"的会稽郡市场,应该是当时人有普遍认知的著名市场。那么,在当时的会稽是否存在着这样的市场呢?

会稽郡是先秦秦汉时期于越人活动的中心区域,关于越人的海外迁徙以及朝鲜半岛西南部马韩地区的越文化因素,拙稿《"卑里""夫里"与"buri"》一文曾对之展开了初步探讨②。

迁向海外的越人或许被称作"外越"。《越绝书》卷二《记吴地传》中有"娄门外力士者,阖卢所造,以备外越","娄北武城,阖卢所以候外越也","富阳里者,外越赐义也","秦始皇三十七年……因徙天下有罪谪吏民置南海故大越(笔者注:"大越"即于越,核心地域在今浙江北部)处,以备东海外越"等数处,蒙文通先生认为,"外越"即迁向海外的越人③。如果《越绝书》的这些记载可信,那么,早在公元前五六世纪,从中国大陆通往海外的各航路都已形成,迁往海外的越人也时不时地回到故地来从事贸易。可见利用黑潮、台湾暖流、对马海流连接中国大陆东部沿海与朝鲜半岛、日本列岛之间的航路,历史非常悠久,并一直为后代所继承。《三国志》卷四七《吴书·孙权传》载:"遣将军卫温、诸葛直将甲士万人,浮海求夷洲及亶洲。亶洲在海中,长老传言秦始皇帝遣方士徐福,将童女数千人入海,求蓬莱神山及仙药,止此洲不还。世相承有数万家。其上人民,时有至会稽货布,会稽东县人海行,亦有遭风

---

① 此说得北京大学历史系王铿先生的指点。又,京都大学辻正博教授提示"会市"或许是"定期市场"之意,作为观点之一,留待今后探讨。
② 张学锋:《"卑里""夫里"与"buri"》,载中国中古史青年学者联谊会编《中国中古史研究》第五卷,上海:中西书局,2015年。
③ 蒙文通:《越史丛考》,北京:人民出版社,1983年,第102—108页。

流移至亶洲者。所在绝远,卒不可得至,但得夷洲数千人还。"亶洲,通常认为就是耽罗,即今韩国济州岛,夷洲则可能是倭①。

　　上引史料中的"至会稽货布"应该是"至会稽货市"之误,字形相近致误。"外越"或海外居民远涉波涛来到会稽不可能单是为了购买布匹,应该会在会稽市场购入各种物品,从这一点上来看,"货布"亦应为"货市"之误。

　　文物研究虽然无法为我们描绘当时海外贸易的全景,但完全能够让我们窥斑见豹。

　　韩国汉城风纳洞土城、梦村土城等遗址出土了较多的中国六朝陶瓷器,其中主要有孙吴、西晋时期的钱纹釉陶器和东晋以后的青瓷器。钱纹釉陶罐和钱纹釉陶瓮是长江下游地区孙吴西晋时期常见的大型贮藏器,今浙江地区和南京周边地区的发现尤多。韩国境内以风纳洞土城为首的各遗址中出土的钱纹釉陶器,高度都在50厘米以上,很明显也是货物流通过程中的贮藏器②。据报道,风纳洞土城出土钱纹釉陶器内部还留下了浓厚的鱼酱味,这应该是从会稽市场(即"会市")购回的货物,而鱼酱也正是越人的嗜好品。孙吴时期沈莹所撰《临海水土记》中称越人"取生鱼肉,杂贮大器中以卤之,历日月乃啖之,以为上肴"③,正是这种饮食习俗的体现。马韩、百济人渡海至"会市"大量购买鱼酱的情景历历在目。四世纪以降,韩国各遗址出土的中国瓷器以

---

　　① 夷洲,中国学者皆考证为今台湾岛,也有人认为在今菲律宾一带,但从其与亶洲的位置关系及音韵学来看,不排除其为倭国的可能性,即"委奴""怡土""伊都"的首字音"i"。

　　② 钱纹釉陶器的相关研究,可参见[韩]成正镛《百济和中国的贸易陶瓷》,《百济研究》第38辑,2003年;冯慧、贺云翱、路侃《南京新出土六朝钱纹陶瓷器标本研究》,(财)忠清文化财研究院编《东亚考古论坛》创刊号,2005年,第337—372页;贺云翱、冯慧、李洁《东亚地区出土早期钱纹陶瓷器的研究》,《考古与文物》2008年第2期,第84—95页;韦正《六朝墓葬的考古学研究》,北京:北京大学出版社,2011年,第331—352页,等。

　　③ (宋)李昉等撰《太平御览》卷七八〇《东夷一》引沈莹《临海水土志》佚文,北京:中华书局,1960年,第3456页。

越窑的青瓷和德清窑的酱釉瓷为多，其中大多数无疑也是经过"会市"流转至半岛的。

日本列岛虽然没有发现较多的六朝陶瓷器，但另一类文物——铜镜，其图像和"赤乌元年""赤乌七年"以及"丹阳"等镜铭，也昭示着列岛与孙吴之间的交往，三角缘神兽镜研究中的"吴镜"说和"吴国工人日本渡来制作"说都是在这样的背景下提出的。

在以往的研究中，论者多从政权更替或政府间交往的角度来探讨中外文化交流，但笔者认为，就六朝时期而言，民间自发的贸易交往更值得重视。从前引《隋书·食货志》的记载中不难看出，交易税的收入在六朝历代政府财税中所占的比例比较高。"会市"对于六朝政权的意义，除调动物资尤其是海外珍奇奢侈品外，还有一层重要的意义就是交易税的征收，来自"会市"的物品，经破冈渎运至方山埭时，还要再次征税。因此，"通会市，作邸阁"，作为开凿破冈渎的重要目的之一，对都城建康来说又具有特殊的意义。经由"会市"而认知的东部沿海及海外地区，可以说是建康都市圈的"远东"。

综上所述，由于六朝建康城特殊的地理位置，其西其北以长江为天堑，沿江的姑熟、京口以及江北的瓜步、广陵等地点无疑是其军事上的重要屏障，然而，为了解决都城皇族贵戚、贵族官僚以及军队、居民庞大的经济消费，朝廷只能将眼光伸向富庶的东方。作为"近东"的建康东部弧形地带，狭窄的空间和相对滞后的开发程度无法满足都城的用度需求，作为"中东"的三吴，终六朝之世成为"百度所资"的"根本"所在。而由"中东"最东的会稽郡连接起来的"远东"，则在财税和物资上为建康都城圈提供了更加丰富的内容。

南朝建康的东郊

魏 斌

梁武帝天监六年(507)前后,政治上日感疏离的沈约,"立宅东田,瞩望郊皋",在建康东郊、钟山之下建造了一所园宅,并写下了著名的《郊居赋》①。这首颇获时誉的赋文,详细描述了园宅内部景观,并以"骋目""徙睇""望""眺"的览景手法,依次记述土山谢安别墅、方山津、商飙馆、孙权墓、齐文惠太子博望苑、钟山、晋宋陵寝、祠庙等东郊景观。这幅以文字描画的建康东郊景观长卷,提示了一个迄今为止建康城市史研究中尚未受到足够关注的课题——郊外的发展。

近代学者自朱偰、冈崎文夫以来,在六朝建康城的古迹踏查、发掘与研究领域,已有七十多年的学术积累。这些工作有相当一部分集中于对建康宫城、都城的复原②。得益于南京地区持续的考古发现,建康

---

① (唐)姚思廉撰《梁书》卷一三《沈约传》,北京:中华书局,1973年,第236—242页。沈约"立宅东田"及撰作《郊居赋》的时间史载不详,铃木虎雄认为在天监六年冬以后,见其著《宋沈休文先生约年谱》,马导源编译,台北:商务印书馆,1980年,第52—53页。

② 相关成果很多,无法一一列举,相关梳理参看张学锋《六朝建康城的发掘与复原新思路》,《南京晓庄学院学报》2006年第2期;中村圭尔《六朝江南地域史研究》,东京:汲古书院,2006年,第453—553页。近年讨论建康布局的论著,主要有杨国庆、王志高《南京城墙志》(六朝部分由王志高执笔),南京:凤凰出版社,2008年;卢海鸣《六朝都城》,南京:南京出版社,2002年;武廷海著《六朝建康规画》,北京:清华大学出版社,2011年;陈刚《六朝建康历史地理及信息化研究》,南京:南京大学出版社,2012年;佐川英治《论六朝建康在中国古代都城史上的地位》,收入范金民、胡阿祥主编《江南地域文化的历史演进文集》,北京:三联书店,2013年,第433—452页;妹尾达彦:《江南文化の系譜——建康と洛陽(一)》(江南文化的谱系——建康与洛阳),《六朝学术学会报》(六朝学术学会报)第14卷,2013年,第69—141页。

城的空间布局正在逐渐明晰。但总体而言,已有学术积累更侧重于空间复原,至于流动的建康城市社会史图景,仍相当模糊。具体到郊外而言,如何充分利用文物考古积累的成果,重新勾稽、发掘传世文献提供的历史信息,深入描画发生于建康郊外的人与自然的互动过程,仍是需要进一步探索的课题。在这方面,沈约以东郊生活者身份写下的《郊居赋》,显得弥足珍贵。

建康四郊之中,钟山到秦淮河两岸的东郊,具有特别的意义。自孙吴时期在钟山建蒋子文庙以后,历经东晋至南朝的发展,这一地区逐渐从林野之地演变为《郊居赋》所描述的汇聚礼仪活动、寺院、道馆、祠庙、皇室和士族官僚园宅、墓葬等多元景观的地理空间。从某种意义上说,郊外景观的变迁,可以理解为力量向郊外"溢出"的过程。相应地,郊外景观中也蕴含着理解城内历史的丰富线索。本文正是基于这一考虑,尝试以沈约《郊居赋》为触点,探讨建康东郊和钟山的景观变化,藉此理解从城内到郊外的六朝史。

一、建康的都城空间与"郊外"

首先要明确的,是建康"郊外"的地理范围。"郊"是与"邑"相对的概念,《尔雅·释地》:"邑外谓之郊。"东晋南朝时期,建康邑、郊分界以五十六所篱门标示,《太平御览》卷一九七《居处部二五·藩篱》引《南朝宫苑记》:

> 建康篱门,旧南北两岸篱门五十六所,盖京邑之郊门也,如长安东都门,亦周之郊门。江左初立,并用篱为之,故曰篱门。[1]

---

[1] (宋)李昉等撰《太平御览》卷一九七《居处部二五·藩篱》引《南朝宫苑记》,北京:中华书局,1960年,第950页。较简略的引文又见(宋)王象之撰《舆地纪胜》卷一七《江南东路·建康府·景物上》,北京:中华书局,1992年,第748页;(宋)马光祖修,周应合纂《景定建康志》卷二〇《城阙志一·古篱门》引《宫苑记》,《宋元方志丛刊》第二册,北京:中华书局,1990年,第1632—1633页。

五十六所篱门跨越秦淮河两岸,构成的边界即建康外郭。刘宋时傅亮"乘车出郭门,骑马奔兄迪墓"①;梁武帝大同初年,"都下旱蝗,四篱门外桐柏凋尽,唯邃墓犬牙不入"②。篱门即郭门,"四篱门外"即指郭外。

五十六所篱门标示的建康外郭,范围如何?上引《南朝宫苑记》接着提到了东、西、南、北、国门、三桥、白杨、石井等篱门,对其位置有简略说明。此外,《梁书》卷二《武帝纪中》还提到了一个后渚篱门。显然,确定这些篱门的位置,即可大致获知外郭范围。目前绘有外郭的建康复原图,主要依据上述史料。不过,已有复原图很少附考证说明,篱门位置亦有不准确之处③。下面按照《南朝宫苑记》顺序,重新考订如下:

南篱门、国门　《南朝宫苑记》:"南篱门在国门西。"《隋书》卷七《礼仪志二》记天监三年(504)何佟之论议:"案礼,国门在皋门外,今之篱门是也。"可知国门也是篱门之一。《梁书》卷二《武帝纪中》载天监七年二月"新作国门于越城南",《南朝宫苑记》所载应是这个新国门。越城位置确定,在今长干桥南、江宁路西侧。《太平寰宇记》卷九〇升州上元县"故越城"条:"在县西南七里。……在今瓦官寺东南,国门桥西北。"同书同卷江宁县"梅岭冈"条:"在县南九里,周回六里。《舆地志》云:在国门之东。"④国门位于越城以南二里左右、梅岭冈以西。

三桥篱门　《南朝宫苑记》:"三桥篱门在今光宅寺侧。"光宅寺是梁

---

① (南朝梁)沈约撰《宋书》卷四三《傅亮传》,北京:中华书局,1974年,第1338页。

② (唐)李延寿撰《南史》卷五八《裴邃传》,北京:中华书局,1975年,第1440页。

③ 绘有外郭的代表性复原图,如杨国庆、王志高《南京城墙志》附"南朝梁代建康城布局示意图",第37页;妹尾达彦《江南文化の系譜——建康と洛陽(一)》附"东晋南朝建康推测图",第101页;盐泽裕仁《六朝建康的城市防卫体系试探》,《东汉魏晋南北朝都城境域研究》,洛阳博物馆,2009年,第152—158页。卢海鸣《六朝都城》复原图未绘外郭,但有简略的文字考证,第86—88页。

④ (宋)乐史撰《太平寰宇记》卷九〇《江南东道二·升州》,北京:中华书局标点本,2007年,第1790、1777页。

武帝天监六年舍三桥旧宅所建①,沈约《光宅寺刹下铭并序》称其在"南郭"②,"郭"就是由篱门构成的外郭。明城墙东南角老虎头现有光宅寺遗址,位置大体相当。梁代由宫城前往南郊祭坛,要经过三桥篱门,《南史》卷五八《裴邃传》:"邃庙在光宅寺西,堂宇弘敞,松柏郁茂。范云庙在三桥,蓬蒿不翦。梁武帝南郊,道经二庙。"侯景之乱时"修南郊路",曾伐文宣太后庙柏树"以立三桥"③,亦是佐证。南郊坛始建于东晋,梁武帝普通二年(521)改作,位于宫城东南巳地十五里④。

东篱门　《南朝宫苑记》:"本名肇建篱门,在古肇建市之东。"古肇建市缺考。《梁书》卷六《敬帝纪》:"齐军进据儿塘,舆驾出顿赵建故篱门。"这个"赵建"当为"肇建"之异写。《南齐书》卷四五《宗室列传·萧道生附萧遥光》:"太子右卫率左兴盛屯东府东篱门。"东府城位置比较确定,在"青溪桥东,南临淮水"⑤。左兴盛所屯篱门在东府附近。按,东府之东有东冶,《建康实录》卷九《孝武皇帝》:太元七年(382)"三吴士大夫置东冶(亭),以为饯送所"⑥,注引《地图》云,其地在"汝南湾东南,西临淮水,去今县城东八里,桃花园东二里"。桃花园即芳林苑,《太平寰宇记》卷九〇上元县"芳林苑"条:"一名桃花苑。本齐高帝旧宅,在废东府城东边秦淮大路。"按照习惯,饯送之亭当设于郊外,东府、东冶间应当有通"秦淮大路"的篱门存在。值得注意的是,东篱门附近有东晋、

---

① 《梁书》卷四九《文学上·周兴嗣传》,第 698 页。
② 《广弘明集》卷一六,《大正藏》第 52 册,史传部四,第 212 页。
③ 《南史》卷八〇《贼臣·侯景传》,第 2013 页。
④ 卢海鸣:《六朝都城》,第 127—129 页;姜波:《汉唐都城礼制建筑研究》,北京:文物出版社,2003 年,第 110—143 页。
⑤ (唐)许嵩撰《建康实录》卷一〇《安皇帝》引《图经》,北京:中华书局,1986 年,第 343 页。
⑥ 引文中"东冶",当为"东冶亭"之误,《景定建康志》卷二〇《城阙志一·冶城》:"又有东冶亭,晋太元七年立,在县东八里,为士大夫饯别之所。"第 1625 页。

梁代先后敕修的卞壸墓①。《南齐书》卷五四《高逸列传·何求附何点》："隐居东离门卞望之墓侧。"《南史》卷三〇《何求传附何点》："从弟遁以东篱门园居之，德璋为筑室焉。园有卞忠贞冢，点植花于冢侧，每饮必举酒酹之。"后来讹传卞壸墓在西冶，不确②。

北篱门 《南朝宫苑记》："北篱门今覆舟东头、玄武湖东南角，今见有亭，名篱门亭。"北篱门位于都城东北，位置确定，在覆舟山东，钟山、玄武湖之间。《太平御览》卷一七九《居处部七·观》引《建康宫阙簿》："商飚观，在东北十三里篱门亭后亭墩上，齐武帝筑。"据《南齐书》卷三《武帝纪》，商飚馆（观）又称"九日台"，永明中立，在孙陵岗。由北篱门沿玄武湖东南、钟山西麓北出，是通往京口的重要道路。东晋至刘宋初期，北郊坛设在覆舟山南③。综上判断，篱门北线在覆舟山之南。

西篱门 《南朝宫苑记》："在石头城东，护军府在西篱门外路北。"石头城、护军将军府均位于西篱门外④。齐梁之际，陈伯之率兵至建康，"顿篱门，寻进西明门"⑤，这处篱门当位于石头城东，或即西篱门。《南齐书》卷二六《陈显达传》："退走至西州后乌榜村，为骑官赵潭注槊刺落马，斩之于篱侧，血涌湔篱。"陈显达被斩于西州后乌榜村，但"篱

---

① （唐）房玄龄等撰《晋书》卷七〇《卞壸传》，北京：中华书局，1974年，第1873页；（南朝梁）萧统编《文选》卷三九任昉《为卞彬谢修卞忠贞墓启》，北京：中华书局，1977年，第556页。

② （宋）陆游：《入蜀记》卷二，收入王云五主编《丛书集成初编》，3190号，上海：商务印书馆，1936年，第13页。陆游也指出，西冶卞壸墓只是传闻。据（宋）张敦颐撰《六朝事迹编类》卷一二《祠庙门·晋卞忠贞庙》，西冶卞壸墓始于南唐，此地发现碑石，上有卞壸之名，故重建冢墓（上海：上海古籍出版社，1995年，第121—122页）。推想起来，可能是卞壸墓所在的东冶也被称作冶城，导致了混淆。

③ 《宋书》卷一四《礼志一》，第346页。

④ 关于护军府位置，（宋）李昉等编《太平广记》卷四六八"寡妇严"条引《异苑》称护军府"在建阳门内"，北京：中华书局，1961年，第3860页。本条记事为元嘉初年。建阳门在都城东，方位不合，可能有过迁移。据《南史》卷二七《殷景仁传》，元嘉十二年后，护军府一度迁至"西掖门外晋鄱阳主第"，第739页。

⑤ 《梁书》卷二〇《陈伯之传》，第311页。

侧"不确定是否就是篱门①。总之,西篱门应当位于石头城通往西明门的道路上,准确地点则难以考知。

白杨篱门、石井篱门 《南朝宫苑记》:"白杨篱门外有石井篱门。""白杨""石井"为地名,《梁书》卷五〇《文学列传下·谢几卿》:"居宅在白杨石井。"白杨石井连称,或可理解为白杨之石井。《南齐书》卷一《高帝纪上》载,袁粲"疎放好酒,步屧白杨郊野间",可知"白杨"已近郊外。《陈书》卷三六《始兴王叔陵传》:"驰车还东府,呼其甲士……叔陵有部下兵先在新林,于是率人马数百,自小航度,欲趋新林,以舟舰入北。行至白杨路,为台军所邀。伯固见兵至,旋避入巷。""小航"即东府城后的骠骑航,"新林"指新林浦。叔陵的行进路线是自东府后航渡秦淮,西南趋新林,中间经过白杨路。《景定建康志》称白杨路"在城南十里,石岗之横道"②,位置符合。陈伯固避入之"巷",应当就是白杨巷,《北史》卷八二《儒林下·何妥传》:"时兰陵萧眘,亦有儁才,住青杨巷,妥住白杨头。时人为之语曰:'世有两儁,白杨何妥,青杨萧眘。'"陶弘景旧宅在"白杨巷南冈之东"③这样可以获知,白杨篱门在国门之东、今雨花台西北附近。石井篱门与之相邻。

后渚篱门 《梁书》卷二《武帝纪中》:天监九年(510)正月,"新作缘淮塘,北岸起石头迄东冶,南岸起后渚篱门迄三桥"。后渚位于秦淮河南岸近长江处,是与石头并称的码头。据《南齐书》卷五一《崔慧景传》、卷五五《孝义列传·乐颐》,全名是陶家后渚。从陶家之名来看,后渚当在瓦官寺附近,《高僧传》卷五《义解二·竺法汰传》:"瓦官寺本是河内

---

① 《景定建康志》卷二〇《城阙志一·古篱门》径称陈显达被斩于"篱门侧",当系误引,第 1632 页。(元)张铉纂修《至正金陵新志》卷一二上《古迹志》"乌榜村"条引《庆元志》:"按《图经》云:初立西州城,未有篱门,立乌榜与建康分界,后名其地为乌榜村。"《宋元方志丛刊》第六册,北京:中华书局,1990 年,第 5740 页。

② 《景定建康志》卷一六《疆域志三·白杨路》,第 1539 页。

③ (宋)张君房编《云笈七签》卷一〇七《华阳隐居先生本起录》,北京:中华书局,2003 年,第 2321 页。

山玩公墓为陶处,晋兴宁中,沙门慧力启乞为寺,止有堂塔而已。"《建康实录》卷八《哀皇帝》:兴宁二年(364),"诏移陶官于淮水北,遂以南岸窑处之地施僧慧力,造瓦官寺"①。瓦官寺旧址在今集庆门里花露岗②,六朝时这里临近长江。

虽然还有一些疑问,但综合上述考订,再结合考古发现的建康墓葬分布③,大体可以推断建康外郭(篱门线)范围:雨花台北麓为篱门南线,由西往东依次有南篱门、国门、白杨篱门、石井篱门;由明城墙东南角、富贵山构成的连线(经过东府城东、燕雀湖以西),大致即篱门东线;富贵山以西,覆舟山、鸡笼山以南,为篱门北线;由鸡笼山折向南,经今朝天宫附近④,跨越秦淮河至集庆门附近,大致是篱门西线。总体上,外郭呈南北长而东西窄的狭长形状⑤。但必须指出的是,由于能够考证的篱门只是五十六所篱门中很小的一部分⑥,上述推断仍只能是大

---

① 此地不止瓦官一寺,(南朝梁)释慧皎撰《高僧传》卷三《译经下·求那跋陀罗传》:"于秣陵界凤凰楼西起寺……今陶后渚白塔寺,即其处也。"北京:中华书局,1992年,第133页。

② 参看郭黎安《六朝建康》,香港:天马图书有限公司,2002年,第222、226页。

③ 参看陈刚《六朝建康历史地理及信息化研究》所附"六朝建康都城位置与墓葬考古发掘点空间关系图",第88页。

④ 南京大学北园鼓楼岗南麓西段发现过东晋大墓,这里很可能是东晋陵墓区,参看罗宗真、王志高《六朝文物》,南京:南京出版社,2004年,第67—73页。

⑤ 相关的一个问题是,外郭是直线还是弯曲的?《世说新语·言语篇》提到王导"初营建康,无所因承,而制置纡曲"(余嘉锡:《世说新语笺疏》,上海:上海古籍出版社,1993年,第155—156页),这种"纡曲"理念是否也体现在外郭上,已无从考知。有的学者根据建康水道推断,都城有可能是很不规则的形状,参看中村圭尔《建康の「都城」について》,(关于建康的"都城")见其《六朝江南地域史研究》,第453—475页。但也更多的学者认为都城为长方形。

⑥ 松下宪一先生给笔者提示,篱门为何是五十六所?是否过于密集?《太平御览》引文是否有误?《御览》引文错误确实很多,但"五十六所"亦见于《舆地纪胜》《景定建康志》,应该不会有误。大体推算,本文考订的外郭长度,在五六十里上下。是否可以提出一种假设:建康外郭长为五十六里,每隔一里设一座篱门?建康外郭应当没有篱墙,只是以篱门标示。篱门间距过远的话,景观标示的意义不大,一里左右或许是比较合适的间距。

概而言。《南朝宫苑记》提及的几处篱门及后渚篱门,应当是一些重要外出道路的起点。

东晋初年确立的外郭,应当是根据当时的城市规模确定的,四至范围有限,东西尤其局促。刘宋以后,篱门沿线建筑日益密集。前面提到,梁武帝故宅在三桥篱门附近;何点、何遁居"东篱门园";谢几卿宅在白杨、石井篱门附近。此外,宋武帝为周续之"开馆东郭外,招集生徒"①,宋文帝为何尚之"立宅南郭外,置玄学,聚生徒"②。《金陵记》云:"梁都之时,城中二十八万余户,西至石头城,东至倪塘,南至石子冈,北过蒋山,东西南北各四十里。"③所记建康边界要远大于篱门线。

不过,尽管城市规模在扩大,外郭并未随之变动。篱门之外,无论制度还是观念上都属于郊外。梁天监三年何佟之议云:"今古殊制,若禁凶服不得入篱门为太远,宜以六门为断。"④可知篱门、六门(都城门)在礼制上具有空间分野的意义。"郊外"一词,南朝史料出现较多,如周山图"于新林立墅舍,晨夜往还",齐武帝批评说:"卿罢万人都督,而轻行郊外。"⑤陈显达之乱后,东昏侯"渐出游走,所经道路,屏逐居民,从万春门由东宫以东至于郊外,数十百里,皆空家尽室"⑥。上述记载中的"郊外",应当均以篱门为分界。

篱门以外的近郊地区,由于与都城在空间上的邻近,具有特殊的区域意义。谢灵运《山居赋》云:"古巢居穴处曰岩栖,栋宇居山曰山居,在林野曰丘园,在郊郭曰城傍,四者不同,可以理推。"⑦这里将城邑之外

---

① 《宋书》卷九三《隐逸列传·周续之》,第2281页。
② 《宋书》卷六六《何尚之传》,第1734页。
③ 《太平寰宇记》卷九〇《江南东道二·升州》引《金陵记》,第1774页。
④ (唐)魏徵等撰《隋书》卷七《礼仪志二》,北京:中华书局标点本,1973年,第131页。
⑤ (南朝梁)萧子显撰《南齐书》卷二九《周山图传》,北京:中华书局,1972年,第543页。
⑥ 《南齐书》卷七《东昏侯纪》,第103页。
⑦ 《宋书》卷六七《谢灵运传》,第1754页。

的居住空间,分为岩栖、山居、丘园、城傍四种,"城傍"特指郊郭。陶弘景《肘后百一方序》:"今辇掖左右,师药易寻,郊郭之外,已自难值,穷村迥陌,遥山绝浦,其间夭枉,焉可胜言。"①从生活便利性上来说,郊郭是介于"辇掖左右""穷村迥陌,遥山绝浦"之间的区域②。

建康四郊的自然环境存在很大差异。玄武湖南岸至篱门北线之间,空间逼仄,主要是皇家苑囿。玄武湖以北土地较多,但湖面阻隔,距离秦淮两岸的人口密集区比较远。南郊多丘陵冈地,六朝时西面迫近长江,缺乏开阔土地。西郊环境与南郊相近,空间上更加局促。比较起来,钟山之下一直到秦淮河两岸的东郊,地形平坦开阔,溪泉密布,北有钟山林壑之美,南得秦淮水道之便,条件最为优越。而且如前所述,建康外郭呈南北长而东西窄的狭长形状,这无形中也使得观念上的东郊范围很大。东郊优越的自然条件,使其在建康四郊的开发进程中显得颇为突出。

二、"东田"释义——建康东郊的园宅化问题

沈约郊园所在地,被称作"东田"。《梁书》卷一三《沈约传》:"立宅东田,瞩望郊阜。"这里的"郊"指东郊,"阜"指钟山。《郊居赋》有不少篇幅描述郊园内部景观。根据描述来看,郊园由居住性园宅和三十亩田

---

① (唐)欧阳询撰《艺文类聚》卷七五《方术部·疾》,上海:上海古籍出版社,1999年,第1291页。

② 礼制上有远郊、近郊之分,(北齐)魏收撰《魏书》卷五五《刘芳传》载刘芳上疏引宋氏《含文嘉》注云:"近郊五十里,倍之为远郊。"北京:中华书局,1974年,第1224页。这只是一种礼制理想。《南齐书》卷二《高帝纪下》:建元元年(479)六月诏收埋骸骨,"周行离门外三十五里为限"(第34页),"离门"即"篱门",篱门以外三十五里,或许可以理解为当时观念上的建康近郊。

地组成①。园宅有门户和篱墙,有阁斋、高轩、堂室,阁斋墙壁上题写有多位文士的诗作②,园池中有多种竹木、水草、陆卉、林鸟、水禽和鱼类。问题是,郊园所在地为何被称作"东田"呢?

一般认为,"东田"指南齐文惠太子的东郊园宅。《南史》卷五《齐本纪下》:"文惠太子立楼馆于钟山下,号曰东田,太子屡游幸之。"《续高僧传》卷五《义解初·释智欣传》亦云"永明末,太子数幸东田",可见文惠太子很喜欢这处园宅。不过,这处园宅带给他的不仅是游赏之乐。《南齐书》卷二一《文惠太子传》:

> 以晋明帝为太子时立西池,乃启世祖引前例,求东田起小苑,上许之。……后上幸豫章王宅,还过太子东田,见其弥亘华远,壮丽极目,于是大怒,收监作主帅,太子惧,皆藏匿之,由是见责。③

这段史料中有两处提到"东田",分别是"求东田起小苑""还过太子东田",据前者可知,"东田"之名在文惠太子建苑之前已经存在,后者则限定为"太子之东田"。这就让人怀疑,东田究竟是否专指文惠太子园宅?其实,不仅只有太子东田。据《宋书》卷二九《符瑞志下》,宋孝武帝孝建二年(455),"嘉禾二株生江夏王义恭东田",这是"东田"之名的最早记载。《南齐书》卷三五《高帝十二王列传·武陵王晔》:"世祖幸豫章王嶷

---

① 《艺文类聚》卷八一《药香部上·药》引沈约《憩郊园和约法师采药诗》:"郭外三十亩,欲以贸朝饘。繁蔬既绮布,密果亦星悬。"第 1382 页。逯钦立辑《先秦汉魏晋南北朝诗·梁诗》卷七录此诗,误作"三千亩",北京:中华书局,1983 年,第 1662 页。

② 其中有王筠的"草木十咏"(《梁书》卷三三《王筠传》,第 485 页)、刘显的《上朝诗》(《梁书》四〇《刘显传》,第 570 页)、何思澄的《游庐山诗》(《梁书》卷五〇《何思澄传》,第 714 页)、刘杳的赞二首(《梁书》五〇《刘杳传》,第 715 页)。

③ 文惠太子东田后被拆除,"以东田殿堂为崇虚馆",《南齐书》卷二一《文惠太子传》,第 401 页。

东田宴诸王。"豫章王嶷答表亦有"前在东田,承恩过醉"之语①。梁代徐勉曾在"东田间营小园"②。由此可知,"东田"并非专指文惠太子园宅,而是钟山之下某一地理空间的概称。

"东田"的具体地理范围如何? 文惠太子的东田小苑,位于燕雀湖之侧、钟山之下③。据《郊居赋》"睇东巘以流目"之说,沈约郊园当在文惠太子东田之西。前面提到,齐武帝去豫章王嶷东田游宴后,"还过太子东田",豫章王嶷东田较之太子东田距离宫城更远。《南齐书》卷二二《豫章文献王嶷传》:

> 北宅旧有园田之美,乃盛脩理之。……上数幸嶷第。宋长宁陵脩道出第前路,上曰:"我便是入他冢墓内寻人。"乃徙其表阙骐驎于东岗上。

豫章王嶷东田在长宁陵附近。长宁陵是宋文帝刘义隆的陵墓,《建康实录》卷一二《太祖文皇帝》称其"在今县东北二十里",《元和郡县图志》称在"县东北二十二里蒋山东南"④,具体位置有不同意见⑤。不过,结合颜延年《宋文皇帝元皇后哀策文》中"南背国门,北首山园"之说⑥,应位于钟山东南麓。这样来看,"东田"的地理范围是比较大的,钟山南麓的开阔地带似乎均包括在内。

---

① 《南齐书》卷二二《豫章文献王嶷传》,第 411 页。

② 《梁书》卷二五《徐勉传》,第 384 页。

③ 《建康实录》卷二《太祖下》:菰首桥,"桥东燕雀湖,湖连齐文惠太子博望苑,隋末辅公祏筑其地为城",第 49 页。(唐)李吉甫撰《元和郡县图志》卷二五《江南道一·润州上元县》"辅公祏城"条:"其地本齐文惠太子苑地也。公祏搆乱,筑以为城。"北京:中华书局,1983 年,第 596 页。

④ 《元和郡县图志》卷二五《江南道一·润州上元县》"宋文帝长宁陵"条,第 597 页。

⑤ [日]曾布川宽:《六朝帝陵》,傅江译,南京:南京出版社,2004 年,第 3—7 页。

⑥ 《文选》卷五八,第 798 页。

"东田"之名由来不详。最简单的解释是"东"指方位,"田"指田地,"东田"即"建康东郊田地"。《春秋》哀公二年二月:"季孙斯、叔孙州仇、仲孙何忌帅师伐邾,取漷东田及沂西田。"①这里的"东田""西田"即指邑外之土地。《梁书》卷一三《范云传》称文惠太子曾"出东田观获",沈约东园也有农业用地。不过,令人感到奇怪的是,东晋南朝史料中从未出现相应的"西田""南田""北田"等记载。为何只有钟山之下的东郊之地被称作"东田"呢?

一种可能是与籍田礼制有关。籍田设于东郊,《白虎通·耕桑》:"耕于东郊何?东方少阳,农事始起。"故籍田又被称作"东田",《曾子问》:"天子耕东田而三反之。"②东晋南渡之后诸事草创,并未在建康设立籍田③。一直到宋文帝元嘉二十年(443),"将亲耕,以其久废,使何承天撰定仪注",才得以重建:

> 于是斟酌众条,造定图注。先立春九日,尚书宣摄内外,各使随局从事。司空、大农、京尹、令、尉,度宫之辰地八里之外,整制千亩,开阡陌。立先农坛于中阡西陌南,御耕坛于中阡东陌北。④

新设置的籍田位于"宫之辰地八里之外",即宫城东南八里。据《隋书》卷七《礼仪志二》,梁普通二年"又移籍田于建康北岸",可知此前籍田位于秦淮河南岸。《梁五礼籍田仪注》:"其田东去宫八里,远十六里,为千亩……立方坛,以祠先农。"⑤从正东的震地到正南的午地,中间有辰

---

① 杨伯峻:《春秋左传注》,北京:中华书局,1990年,第1610页。
② 《白虎通》卷六《耕桑》引《曾子问》,(清)陈立撰《白虎通疏证》,吴则虞点校,北京:中华书局,1994年,第276—277页。本条不见于今本《曾子问》,当是佚文。
③ 《晋书》卷一九《礼志上》,第589页。
④ 《宋书》卷一四《礼志一》,第354页。
⑤ (唐)徐坚等撰《初学记》卷一四《礼部下·籍田》,北京:中华书局,2004年,第339页。

地、巳地，相隔30度。再考虑到建康宫城、都城大致呈北偏东25度倾斜，可以大致推知位于秦淮河南岸的刘宋新置籍田位置。

这处籍田的方位在东南，规模为"千亩"，是沿袭晋武帝泰始四年(268)新制。《宋书》卷一四《礼志一》录泰始四年诏：

> 古之圣王，躬耕帝籍，以供郊庙之粢盛，且以训化天下。近代以来，耕籍止于数步中，空有慕古之名，曾无供祀训农之实，而有百官车徒之费。今修千亩之制，当与群公卿士，躬稼穑之艰难，以帅先天下。主者详具其制，并下河南处田地于东郊之南，洛水之北，平良中水者。若无官田，随宜便换，不得侵民人也。①

籍田本来只具有象征意义。晋武帝泰始四年改制，使之扩展成为具有"千亩"规模的广阔田地。刘宋籍田同样如此，任豫《籍田赋》描述说："膏壤千亩，与式既同。区势平易，畎陌脩通。提携丘泽，眺岭面松。"②这处籍田延续到梁初，直到普通二年被迁移改置"于东郊外十五里"③。这次改动的原因，是由于"平秩东作，义不在南。前代因袭，有乖礼制，可于震方，简求沃野，具兹千亩，庶允旧章"④，即认为刘宋创建、南齐沿袭的籍田，方位不在正东震地，不合礼制⑤。

籍田位于建康东郊，或许由此概称东郊之地为"东田"。不过，通过上述考察来看，即便"东田"之名得自于籍田，有一个现象也不能忽视，即东篱门外、钟山之下的开阔地带，东晋南朝应当有大片农田存在。

---

① 本条又见于《晋书》卷一九《礼志上》，文字有脱略，第589页。
② 《艺文类聚》卷三九《礼部中·籍田》，第704页。据《宋书》卷二九《符瑞志下》所载，元嘉二十二年、二十三年、二十五年、二十六年籍田连续出现嘉禾、嘉黍祥瑞，由籍田令褚熙伯奉闻。籍田令隶属于司农，大明五年，藉田"芙蓉二花同蒂，大司农萧邃以献"，第829—835页。
③ 《南史》卷七《梁本纪中》，第202页。
④ 《梁书》卷三《武帝纪下》，第64—65页。
⑤ 《隋书》卷七《礼仪志二》，第143—144页。

东晋政权始建之时，建康的土地所有状况已无从得知。按照常理来说，近郊的肥沃土地往往会被皇室和权贵士族占有，《梁书》卷七《太宗王皇后传附王骞传》："高祖于钟山造大爱敬寺，骞旧墅在寺侧，有良田八十余顷，即晋丞相王导赐田也。"王导钟山赐田有八十余顷，即八千余亩，面积是刘宋籍田八倍之多，相当广阔①。而且，应当不会只有琅邪王氏在建康近郊拥有大片田地②。谢安有别墅在东郊土山③。刘宋时沈庆之"广开田园之业"，地产位于三桥篱门外娄湖一带④。建康四郊之中，东郊环境最为优越，又有钟山林泉之美和秦淮水道之便，应当会成为皇室和大族土地占有的重点。江夏王义恭、文惠太子和豫章王疑的东田，沈约和徐勉的东田园宅，应置于这一背景下理解。

这些土地当然不会由皇族、高门士族自己耕作。王骞继承的八十余顷钟山赐田，是"与诸宅及故旧共佃之"⑤。《国清百录》载，陈至德三年(585)智𫖮应后主之请至建康，住钟山灵曜寺。后主派主书送去赐物，其中有"东田口二"，并宣口敕："不许让口，且留山中使役，勿劳输送。"⑥这里所说的"东田口"，当是耕作于"东田"的农人。

"东田"最初是以农业景观为主。不过，田地上往往会附设有简单住所。任昉《奏弹刘整文》："寅第二庶息师利，去岁十月往整田上，经十二日。"其中"往整田上"，在婢女采音供词中作"往整墅停住"⑦。庾诜"尝乘舟从田舍还，载米一百五十石"，邓元起"少时又尝至其西沮田舍"⑧，舍中有稻米二十斛。这种田间房舍大概只是供佃作休息、看护

---

① 王导钟山赐田在大爱敬寺之侧，大爱敬寺在钟山西北麓、湖头以北。
② 《晋书》卷一〇《安帝纪》提到"罢临沂、湖熟皇后脂泽田四十顷"，第 264 页。建康周边的皇室占田必然也有不少。
③ 《晋书》卷七九《谢安传》，第 2075 页。
④ 《宋书》卷七七《沈庆之传》，第 2003 页。
⑤ 《南史》卷二二《王骞传》，第 596 页。
⑥ 《国清百录》卷一，《大正藏》第 46 册，诸宗部三，第 799 页。
⑦ 《文选》卷四〇任昉《奏弹刘整文》，第 560 页。
⑧ 《梁书》卷五一《庾诜传》，第 751 页；同书卷一〇《邓元起传》，第 200 页。

作物和暂时储存粮食之用,比较简单①。

田舍位于郊外,多具田园之美。将田舍扩建为较为精致、舒适的建筑,可得游赏之乐。随着城内空间的逼仄化,郊外园宅的舒适意义会日渐凸显。徐勉曾说:"中年聊于东田间营小园者,非在播艺,以要利入,正欲穿池种树,少寄情赏。又以郊际闲旷,终可为宅,傥获悬车致事,实欲歌哭于斯。慧日、十住等,既应营婚,又须住止,吾清明门宅,无相容处。"②正说出了郊外园宅发展的动力。《宋书》卷七七《沈庆之传》:"居清明门外,有宅四所,室宇甚丽。又有园舍在娄湖,庆之一夜携子孙徙居之,以宅还官。悉移亲戚中表于娄湖,列门同闬焉。"沈庆之的居住空间由清明门宅与娄湖园舍构成,清明门宅似乎是官方所赐。他后来选择将娄湖作为常住之所。

郊外园宅对于建康士族而言具有双重意义,一方面是游赏闲居之所,另一方面则有经济意义。南朝建康的土地价格很高,"王畿陆海,亩号一金,泾渭土膏,豪杰所竞"③。"创辟田园"是重要的治生手段之一。由于多年经营,徐勉东田郊园售出时获资不菲,有百金之多④。由此来看,周山图的新林墅舍,"去京师三十里"、江乘县界的何迈墅舍⑤,"江宁县北界赖乡齐平里三成逻门外路东"的南齐太常萧惠基园⑥,丹阳秣陵的临川王义庆园、尚书谢庄园、太子家令刘徵园等郊园⑦,对其经济意义会有更进一步的认识。

---

① 关于南朝的墅舍,参看唐长孺《南朝的屯、邸、别墅及山泽占领》,收入《山居存稿》,北京:中华书局,2011年,第9—13页。颜之推《冤魂志》中的一则故事,提供了有关南朝墅舍运作的具体细节。刘宋元嘉中,永康富人吕庆祖"当使一奴名教子,守视墅舍",庆祖"往案行"时,"见教子畦畴不理,许当痛治奴",反为奴所杀,见罗国威《冤魂志校注》,成都:巴蜀书社,2001年,第72—74页。
② 《梁书》卷二五《徐勉传》,第384页。
③ 《艺文类聚》卷六五《产业部上·园》引张瓒《谢东宫赉园启》,第1164页。
④ 《梁书》卷二五《徐勉传》,第384页。
⑤ 《宋书》卷四一《前废帝何皇后传附何迈传》,第1293页。
⑥ 《南齐书》卷一八《祥瑞志》,第360页。
⑦ 《宋书》卷二八《符瑞志中》、卷二九《符瑞志下》,第819、821、857页。

东郊的发展受到这两种力量的推动。南朝时期,东郊已成为别墅密集之地。除了前面提到的一些,再如刘勔"经始钟岭之南,以为栖息。聚石蓄水,仿佛丘中,朝士爱素者,多往游之"①;范云,"东皋数亩,控带朝夕,关外一区,怅望钟阜"②;伏挺"于东郊筑室,不复仕"③;南齐太尉徐公"拓宇东郊,暧然闲素"④。张瓒"面郊负郭"的郊园,"左带平湖""右临长薄""前逼逸陌""后望钟阜"⑤。南朝时期的建康东郊,既延续了"野径既盘纡,荒阡亦交互"的农业景观,又间杂着"槿篱疏复密,荆扉新且故"的郊外园宅⑥。《文选》卷二二谢朓《游东田》诗:"戚戚苦无悰,携手共行乐。寻云陟累榭,随山望菌阁。远树暧仟仟,生烟纷漠漠。鱼戏新荷动,鸟散余花落。不对芳春酒。还望青山郭。"描绘的正是农田与园宅相结合的东郊之美。

与东郊的园宅化过程相伴随,寺院、道馆等宗教建筑也逐渐在东郊蔓延。刘宋初期,始兴公王恢为释智严"于东郊之际,更起精舍,即枳园寺也"⑦。南齐时期,豫章王萧嶷邀请慧绪尼至建康,"为起精舍","在第东田之东,名曰福田寺"。后来,"皇帝以东田郊迥,更起集善寺,悉移诸尼还集善,而以福田寺别安外郭道人阿梨"⑧。豫章王萧嶷为慧绪尼创建的福田寺,位于其东田园宅附近,寺院与园宅形成了非常紧密的信仰关联。沈约由于疾病,亦曾在东郊园宅中举行过僧事⑨。永明年间,

---

① 《宋书》卷八六《刘勔传》,第 2195—2196 页。
② 《文选》卷三八任昉《为范尚书让吏部封侯第一表》,第 537 页。
③ 《梁书》卷五〇《文学下·伏挺传》,第 720 页。
④ 《艺文类聚》卷四六《职官部二·太尉》引沈约《齐太尉徐公墓志》,第 822 页。
⑤ 《艺文类聚》卷六五《产业部上·园》引张瓒《谢东宫赉园启》,第 1164—1165 页。
⑥ 《文选》卷二二沈约《宿东园》,第 320 页。
⑦ 《高僧传》卷三《译经上·释智严传》,第 99 页。
⑧ (南朝梁)释宝唱著《比丘尼传校注》卷三《集善寺慧绪尼传》,北京:中华书局,2006 年,第 149—150 页。
⑨ 《广弘明集》卷二八沈约《千僧会愿文》,第 324 页。

文惠太子"数幸东田,携诸内侍,亟经住寺"①。另据前述,文惠太子的东田后被改建为崇虚馆②;宋武帝曾为周续之"开馆东郭外,招集生徒"。很明显,齐梁时代,东田已由原先比较纯粹的农业性郊区,发展成为融合皇室贵族园宅、寺院、道馆、学馆等多种文化性建筑的地理区域。

这种变化的背后是建康作为都城的政治、经济和文化积淀。求田问舍的内在动力,对于舒适化生活的本能需求,以及佛教、道教的影响,都成为建康东郊开发的"推手"。需要指出的是,经历这一过程的当然不仅是东郊。只是东郊位处宫城、都城与钟山之间,"虽云人外,城阙密迩"③,兼具庙堂、山林之优势,变化最为显著。

三、钟山的建筑累积与"疆界"整理

前面提到,"东田"开发和园宅化的一个重要背景,是依傍钟山林泉之美。沈约《郊居赋》:"惟钟岩之隐郁,表皇都而作峻。……亘绕州邑,款跨郊坰;素烟晚带,白雾晨萦。近循则一岩异色,远望则百岭俱青。"那么,对于钟山这样一处临近都城的山林来说,六朝时期又经历了怎样的"开发"过程呢?

东晋初期,钟山的自然环境并不太好。《太平御览》卷四一《地部六·蒋山》引《金陵地记》:"蒋山本少林木,东晋令刺史罢还都种松百

---

① (唐)道宣撰《续高僧传》卷五《义解初·释智欣传》,第148页。
② 崇虚馆为陆修静所建,本来在潮沟,参看《茅山志》卷一五《采真游》"张绎"条,《道藏》第5册,北京:文物出版社,上海:上海书店,天津:天津古籍出版社,1988年,第617页。
③ 《梁书》卷二五《徐勉传》,第384页。

株,郡守五十株。"①《出三藏记集》卷一二《法苑杂缘原始集》有《齐武皇帝敕断钟山玄武湖渔猎记》,可见东晋一直到南朝,朝廷对于钟山的自然环境保护颇为用力。而东晋开始种植的松林,南朝后期已颇为繁盛。《陈书》卷二《高祖纪下》:永定元年(557)十一月,"甘露降于钟山松林,弥满岩谷";《南史》卷一〇《陈本纪下》:"覆舟山及蒋山柏林,冬月常多采醴,后主以为甘露之瑞。"从自然环境来说,从东晋到南朝有很大的变化。

钟山目前可考的最早建筑是蒋子文庙。蒋子文在孙吴时被封为中都侯,"为立庙堂,转号钟山为蒋山,以表其灵"②。蒋子文庙在东晋南朝一直受到崇祀,但具体位置一直难言其详,朱偰说:"旧在钟山之阴半山上,清中叶迁至太平门外四里路东。今其地犹有蒋王庙。"③《景定建康志》称其"在蒋山之西北,去城一十二里",北宋景祐二年(1035)春重修庙记称"庙去冶城北,走据钟山之趾",南宋乾道八年(1172)重修庙记云:"乃行城东,直蒋山,得高亢地以为营。循山而北,以谒于蒋帝之庙。"④可知宋代蒋庙亦在钟山之北山麓,而宋代蒋庙是自南唐一直延续下来的⑤。

值得注意的是,东晋南朝的蒋庙差不多也在此处,《真诰》卷一四《稽神枢第四》:

---

① 本条见于多种宋代地理书征引,文字颇有差异,如《太平寰宇记》卷九〇《江南东道二》升州上元县"蒋山"条引《丹阳记》称刺史栽松三十株(第1783页);《舆地纪胜》卷一七《江南东路·建康府·景物上》"钟山"条引《舆地志》则作刺史栽松"三千株"(第751页),同卷"五愿树"条引《舆地志》又称刘宋时诸州刺史、郡守罢还者栽松(第769页)。

② 李建国:《新辑搜神记》卷六"蒋子文"条,北京:中华书局,2007年,第107—108页。

③ 朱偰:《金陵古迹图考》,北京:中华书局,2006年,第76页。

④ 《景定建康志》卷四四《祠祀志一·蒋帝庙》,第2051—2053页。

⑤ 《六朝事迹编类》卷一二《庙宇门·蒋帝庙》,第121页。

未至庙第一高山西头龙尾北汧,洪水一所,发地长六丈余,广五丈,入土六尺,水流势挞地二百余步,去路三里。

对庙后第二高山西头汧,洪水一所,发地长四丈余,广三尺余,入土四尺,水势挞地三百余步,去路二里。

近庙后汧胁,一所洪水,发地长五丈余,广四丈余,入地二尺余,水势流入汧中,去庙一百五十步。

右蒋山北凡三处发洪,水流势西北行。①

本条并非杨、许手迹,陶弘景对其由来也不清楚,称:"右三条是异迹。既不见真手,未审是非,又不知此发洪当是何时事。山南乃经有发处,以积石塞之,世呼为蒋侯饮马汧。而山后不见有此,或当是将来期运之时乎?"这些暂且不论。这条记载为认识东晋南朝蒋庙的位置提供了非常珍贵的提示。其中,"路"当指出北篱门、湖头,沿钟山西北麓通往京口的大路;"未至庙第一高山"当指今紫金山天文台所在的天堡山,"西头龙尾"指今富贵山;"对庙后第二高山",应指钟山主峰头陀岭。据此,东晋南朝蒋庙同样位于钟山西北麓,京口大路之侧。这与南唐以降的蒋王庙位置相当。

稍后建造的孙权陵墓,也位于钟山。明代以来,多认为孙权墓在明孝陵前的梅花山。不过,据《初学记》卷八《州郡部·江南道》引《舆地志》,"(九日)台当孙陵曲衍之傍,故蒋陵亭亦名孙陵亭"。《南史》卷四《齐本纪上》载,齐武帝永明中"立商飚馆于孙陵冈,世呼为九日台"。九日台近北篱门,《六朝事迹编类》称,孙陵冈"即吴大帝蒋陵,今在钟山乡

---

① [日]吉川忠夫、麦谷邦夫编《真诰校注》,朱越利译,北京:中国社会科学出版社,2006年,第467页。

蒋庙之西南"①,结合九日台位置来看,大致准确。山谦之《丹阳记》称孙权"葬(蒋)山南"②,可能是建康城呈北偏东倾斜之故。东晋至刘宋初,钟山西麓仍是重要的陵墓区。1960 年,富贵山南麓曾发掘晋恭帝玄宫石志。据石志铭文,这里被称作"钟山之阳"③。宋武帝刘裕也葬于这一区域④。

一直到刘宋初期,钟山的文化景观主要就是蒋庙和陵墓,而且集中在富贵山及其以北的钟山西麓⑤。这种情况在刘宋元嘉年间发生了变化。自元嘉初年创建定林寺,佛教寺院以今明孝陵、紫霞湖一带为中心逐渐在钟山蔓延,"自梁以前,立山寺七十所"⑥。举其知名者,有定林上寺和下寺、明庆寺、道林寺、宋熙寺、灵曜寺、草堂寺、开善寺、大爱敬寺、飞流寺等⑦。这些密集的"殿房禅室"⑧,完全改变了钟山的景观。这些寺院多由皇家或士族官僚建立和供养,如大爱敬寺是梁武帝敕建⑨,集善寺为齐武帝敕建,福田寺为齐豫章王萧嶷所建。延贤寺为到

---

① 《六朝事迹编类》卷四《楼台门·九日台》引《十道四番志》,第 49 页。《景定建康志》卷四三《风土志二·步夫人陵》:"今蒋庙西南有孙陵冈,上有步夫人墩。"第 2019—2020 页。据(晋)陈寿撰《三国志》卷五〇《吴书·吴主权步夫人传》,步夫人与孙权合葬蒋陵(北京:中华书局,1982 年,第 1198 页),所谓步夫人墩,或即蒋陵。

② 《太平御览》卷四一《地部六·蒋山》,第 197 页。

③ 罗宗真、王志高:《六朝文物》,第 67—70 页。1964 年在石志西约 400 米处又发掘一座东晋大墓。

④ 《景定建康志》卷四三《风土志二·宋武帝陵》:"政和间,有人于蒋庙侧得一石柱,题云初宁陵西北隅。以此考之,其坟去蒋庙不远。"第 2020 页。

⑤ 《晋书》卷二一《礼志下》载晋海西公于钟山"立流杯曲水",第 671 页。地点不详。

⑥ 《太平寰宇记》卷九〇《江南东道二》升州上元县"蒋山"条,第 1783 页。

⑦ 关于钟山寺院的建立情况,具体可以参看《南朝佛寺志》的考证,《中国佛寺史志汇刊》第 1 辑第 2 册,台北:明文书局,1980 年。

⑧ (南朝梁)僧佑:《出三藏记集》卷一四《昙摩蜜多传》,北京:中华书局,1995 年,第 546 页。

⑨ 《续高僧传》卷一《译经初·释宝唱传》,第 9 页。

溉"家世创立,故生平公俸,咸以供焉"①;别号"山茨"的草堂寺,是周颙在钟山雷次宗学馆旧址所建②。

除了佛教寺院的蔓延,刘宋以后,钟山还有一些新的祭祀建筑。宋孝武帝时重修蒋庙③,又建钟山通天台,《宋书》卷三四《五行志五》:大明七年(463),"风吹初宁陵隧口左标折。钟山通天台新成,飞倒,散落山涧"。此台后来是否复建则不详。

钟山的学馆和隐舍也多建于刘宋以后。宋文帝为雷次宗"筑室于钟山西岩下,谓之招隐馆,使为皇太子、诸王讲《丧服》经"④。雷次宗去世后,学馆遗址仍以其文化意义见于诗咏之中⑤。齐始安王萧遥光等于钟山南麓为吴苞立学馆,"自刘瓛卒后,学者咸归之"⑥。刘讦、刘歊兄弟"听讲于钟山诸寺,因共卜筑宋熙寺东涧,有终焉之志"⑦。汝南周颙,"于钟山西立隐舍,休沐则归之"⑧。

钟山也有道士活动。东晋太元年间有蒋山道士朱应子⑨。《太平御览》卷九七八《菜茹部三·瓜》引《五行记》:"梁吏部尚书何敬容,夏患疟疾,寄在蒋山道士馆。"天监十一年(512)梁武帝于钟山筑西静坛⑩。遗憾的是钟山道馆的地理分布已难确知。

无论是寺院、道馆还是学馆、隐舍,其建立都需要土地。而这么多建筑在钟山蔓延,必然带来一个问题,即用地的紧张。《比丘尼传》卷三

---

① 《梁书》卷四〇《到溉传》,第569页。
② 《续高僧传》卷六《义解二·释慧约传》,第183页。
③ 《宋书》卷一七《礼志四》,第488页。
④ 《宋书》卷九三《隐逸·雷次宗传》,第2294页。
⑤ 《谢宣城集》卷四录有萧子良《登山望雷居士精舍同沈右卫过刘先生墓下作》,曹融南校注集说《谢宣城集校注》,上海:上海古籍出版社,1991年,第293页。
⑥ 《南齐书》卷五四《高逸·吴苞传》,第945页。
⑦ 《梁书》卷五一《处士·刘讦传》,第747页。
⑧ 《南齐书》卷四一《周颙传》,第732页。
⑨ 《太平广记》卷四七三"桓谦"条引《异苑》,第3900页。
⑩ 《梁书》卷二《武帝纪中》,第52页。吴均有《登钟山燕集望西静坛》诗,见《艺文类聚》卷二八《人部十二·游览》,第505页。

《华严寺妙智尼传》提到,齐竟陵王萧子良"疆界钟山,集葬名德",妙智尼卒于建武二年(495),被葬于这处位于"定林寺南"的墓地。这件事令人很感兴趣。

这处墓地可能规划于永明二年(484)左右。《高僧传》卷八《释僧远传》载僧远永明二年正月卒于定林上寺,萧子良上书称:

> 远法师一代名德,志节清高……弟子意不欲遗形影迹,杂处众僧墓中。得别卜余地,是所愿也。方应树刹表奇,刻石铭德矣。

僧远法师生前受到宋明帝、齐太祖、文惠太子、萧子良等崇奉。他死后萧子良希望"别卜余地",最终"为营坟于山南,立碑颂德,太尉琅琊王俭制文"①。妙智尼的葬地正是位于"定林寺南"。南齐时期葬于此处的大德还有不少,如永明四年去世的僧敬尼,"葬于钟山之阳。弟子造碑,中书侍郎吴兴沈约制其文焉"②。僧敬尼生前住崇圣寺,受到文惠太子和萧子良的供奉。她死后没有葬在旧寺附近,而是"葬于钟山之阳",应当就是集葬。情况相似的,还有永明十年(492)去世的建福寺智胜尼,她同样受到文惠太子和萧子良的供奉,"每延入宫讲说众经",死后"葬于钟山"③。释法献,建武末年卒,与法畅"同穸于钟山之阳,献弟子僧祐为造碑墓侧,丹阳尹吴兴沈约制文"④;释超辩,齐永明十年终于上定林寺,"葬于寺南。沙门僧祐为造碑墓所,东莞(莞)刘勰制文"⑤。

这处墓地梁陈时期仍然延续使用。如竹园寺净行尼"梁天监八年

---

① 《高僧传》卷八《义解五·释僧远传》,第 319—320 页。
② 《比丘尼传校注》卷三《崇圣寺僧敬尼传》,第 125 页。
③ 《比丘尼传校注》卷三《建福寺智胜尼传》,第 133—134 页。
④ 《高僧传》卷一三《兴福·释法献传》,第 489 页。本卷有两位法献,此为上定林寺法献。
⑤ 《高僧传》卷一二《诵经·释超辩传》,第 471 页。

而卒,葬于钟山",她生前也曾受到萧子良的"厚加资给"[1];闲居寺僧述尼,"梁天监十四年而卒,葬于钟山之阳",文惠太子、萧子良曾对其"大相礼遇"[2];顶山寺释道贵尼,"梁天监十五年而卒,葬于钟山之阳",她曾受到萧子良的"善相推敬"[3]。再如释宝亮,天监八年(509)卒于灵味寺,"葬钟山之南,立碑墓所。陈郡周兴嗣、广陵高爽并为制文,刻于两面"[4];释法通,天监十一年(512)卒于定林上寺,"葬于寺南。弟子静深等立碑墓侧,陈郡谢举、兰陵萧子云并为制文,刻于两面"[5];释僧祐,天监十七年(518)卒于建初寺,"因窆于开善路西定林之旧墓也,弟子正度立碑颂德,东莞刘勰制文"[6];释慧弥,天监十七年卒于定林寺山舍,"葬于寺南。立碑颂德"[7]。释宝琼,陈至德二年(584)卒,"以四月五日窆于钟山之阳名僧旧墓"[8]。葬于这处"名僧旧墓"的僧人,一般都会由弟子立碑,而且往往由著名文士撰写碑文。可以想象,经过齐、梁、陈三朝的积累,这处墓所必然会形成碑石林立的景观。

这处"名僧旧墓"的具体位置和"疆界"如何,已很难准确考知。但也并非完全无迹可寻。其实,萧子良创建名僧墓所之前,钟山之南已有僧人墓地。昙摩蜜多元嘉十九年(442)卒于定林上寺,"仍葬于钟山宋熙寺前"[9]。宋熙寺由僧伽罗多于刘宋元嘉年间创建,据《高僧传》卷三《畺良耶舍传》,罗多"以元嘉十年卜居钟阜之阳,剪棘开榛,造立精舍,

---

[1] 《比丘尼传校注》卷四《竹园寺净行尼传》,第199页。
[2] 《比丘尼传校注》卷四《闲居寺僧述尼传》,第205页。
[3] 《比丘尼传校注》卷四《顶山寺释道贵尼传》,第211页。
[4] 《高僧传》卷八《义解五・释宝亮传》,第338页。
[5] 《高僧传》卷八《义解五・释法通传》,第340页。
[6] 《高僧传》卷一一《明律・释僧祐传》,第440页。
[7] 《高僧传》卷一二《诵经・释慧弥传》,第474页。
[8] 《续高僧传》卷七《义解三・释宝琼传》,第232页。
[9] 《高僧传》卷三《译经下・昙摩蜜多传》,第122页。

即宋熙寺是也。"其位置大致在今明孝陵西侧①。昙摩蜜多卒于定林上寺,却葬于宋熙寺前,可见宋熙寺前有一处沿用的僧人葬地。萧子良上书中说不愿意让远法师"杂处众僧墓中",说的应当就是宋熙寺前墓地当时比较凌乱的现状。萧子良的"疆界"之举,应当是在旧墓地之侧划定一块新区域,专门用以埋葬高僧大德②。

萧子良"疆界钟山"和名僧墓所的创建,显示出钟山之南区域的发展。在佛教发展的推动下,钟山之南即今明孝陵区域逐渐成为重要的宗教场所。近年来,钟山六朝建筑遗址的发现③,证实这一区域确实是南朝寺院集中之地④。

以寺院为主体,再加上道馆、学馆和隐舍的蔓延,使得钟山成为一处汇聚权力与信仰的多元空间。天台智𫖮清楚地认识到这一点,指出"蒋山过近,非避喧之处"⑤。不过,钟山的兴起本来也就在于其密迩宫阙的空间意义。钟山佛教寺院的创建和发展,主要是由皇族和官僚士族支持的。宋孝武帝大明七年(463),释慧益烧身于钟山之南,"帝亦续至,诸王妃后,道俗士庶,填满山谷,投衣弃宝,不可胜计",是一个有代表性的事例。慧益烧身前,考虑到"帝王是兆民所凭,又三宝所寄",专

---

① 《至正金陵新志》卷五下《山川志二·溪涧》:"东涧,在钟山宝公塔西,宋熙寺基之东。"第 5564 页。宝公塔的位置比较确定,在钟山独龙阜开善寺旧基,今明孝陵寝宫所在地。

② 梁代名僧保志单独葬于附近的独龙阜,墓前立开善精舍,显示其地位超出一般名僧,《高僧传》卷一○《神异下·释保志传》,第 397 页。后来梁武帝戒师慧约亦葬于独龙阜,《续高僧传》卷六《义解二·释慧约传》,第 186 页。

③ 张学锋:《论南京钟山南朝坛类建筑遗存的性质》,《文物》2006 年第 4 期;贺云翱:《南京钟山二号寺遗址出土南朝瓦当及与南朝上定林寺关系研究》,《考古与文物》2007 年第 1 期。

④ (明)葛寅亮《金陵梵刹志》卷三《钟山灵谷寺》:"钟山有寺七十所,齐梁以降,递有废兴。……国朝摭其地为孝陵,乃归并灵谷寺。昔之棋置星列者,遗址俱在禁垣内。"天津:天津人民出版社标点本,2007 年,第 151 页。

⑤ 《隋天台智者大师别传》,《大正藏》第 50 册,史传部二,第 193 页。

程至云龙门启闻孝武帝,"以佛法凭嘱"①。他的行为正说明钟山佛教对于建康政治、社会权力的依赖。

即便是钟山隐舍,也呈现出明显的权力内涵。中大同元年(546),谢郁劝戒"冀其复用"的何敬容说:"君侯宜杜门念失,无有所通,筑茅茨于钟阜,聊优游以卒岁,见可怜之意,著待终之情……如此,令明主闻知,尚有冀也。"②这段话生动地表达出钟山隐居的政治意义。《北山移文》讥刺"于钟山西立隐舍,休沐则归之"的周颙说:"偶吹草堂,滥巾北岳,诱我松桂,欺我云壑。虽假容于江皋,乃缨情于好爵。"③周颙"虽有妻子,独处山舍",却又"常游侍东宫"④,这种游走于庙堂与山林之间的生活方式,如果联系到南朝时期皇权的上升和高门士族权力的低落,极为耐人寻味。

齐梁时期,建康上层社会与钟山之间已经形成了非常密切的文化关系。特别是钟山寺院,成为皇室、士族流连之地。萧纲说:"比往开善,听讲涅槃,纵赏山中,游心人外。"⑤《广弘明集》卷三〇录有陆倕、萧子显、刘孝绰、刘孝仪等和昭明太子钟山解讲诗,其中刘孝绰诗云:"御鹤翔伊水,策马出王田。……停銮对宝座,辩论悦人天。"江总、姚察年轻时均曾在钟山寺院受戒,"留连山寺,一去忘归"⑥。在皇族、士族官僚的推动之下,齐梁时期的钟山,的确已成为智顗所批评的喧闹之所。不过也必须承认,"喧"正是南朝钟山的文化意义所在。

---

① 《高僧传》卷一二《亡身·释慧益传》,第453页。
② 《梁书》卷三七《何敬容传》,第533页。
③ 《文选》卷四三孔稚圭《北山移文》,第613页。
④ 《南齐书》卷四一《周颙传》,第732页。
⑤ 《广弘明集》卷二一晋安王《答广信侯书》,第252页。
⑥ 《陈书》卷二七《江总传》《姚察传》,第347、352页。

结　语

　　永嘉之乱以后,司马叡集团进入建康之时,面临的是一个弃置三十多年的废都。孙吴时期着力建设的秦淮河以北政治区域成为废墟,存余的聚落、人口和市廛,集中在南部的秦淮河沿岸。由于东晋初期统治力量不足,建康的城市空间呈现出明显的因袭、权宜特征。宫城建设缓慢,成帝时才开始用砖垒砌宫墙,都墙则直到南齐时仍被取笑为"竹篱穿不完"[①]。在这种背景下建立的建康外郭,由五十六所篱门标示,跨越秦淮河两岸,呈南北长而东西窄的狭长形状,成为区别城郊的分界[②]。

　　篱门以外的四郊,自然环境存在差异,钟山到秦淮河两岸的东郊,农业条件最为优越,经历了一个从田地到园宅的"开发"过程。从性质上说,这个过程也可以视作农业形态的进一步扩展,即田地上附建的墅舍的扩大化和舒适化。伴随而来的,则是寺院、道馆、学馆等宗教、文化性建筑的建立和扩展。沈约《郊居赋》所描述的,就是这种多元化的东郊景观。郊外发展的动力来自都城内部,是城内政治、经济和文化力量向城外"溢出",对郊外景观进行塑造的结果,其中政治权力的影响尤为显著。这使得南朝时代的建康东郊,成为一处具有特殊政治、文化意味的都城"郊区",一方面是皇室、士族官僚的优游休憩之地——"聊可闲余步",同时又是重要的权力展演场所——"非避喧之处"。"闲"与"喧"

[①] 《南齐书》卷二三《王俭传》,第434页。
[②] 建康外郭在中国都城制度史上的意义,令人极感兴趣。遗憾的是,由于建康外郭形制及其与都城、宫城的关系还难以落实(如外郭是否为长方形制,是否与都城、宫城构成中轴线对称),这个问题目前只能暂时存疑。佐川英治最近提出,建康为中国历史上"首个环状布局的人口密集型城市",是一个值得注意的思路,见《论六朝建康在中国古代都城史上的地位》,《江南地域文化的历史演进文集》,第433—452页。

的交汇与重叠,共同构成了南朝时期建康东郊的文化图景。

这种文化性的都城"郊区",在中国都城史上具有怎样的意义呢? 妹尾达彦先生研究唐长安城郊外时指出,八、九世纪的长安近郊,由密集的别庄、庄园、宗教设施、名胜地、墓葬地等构成的多元化郊外景观,具有一定近代意义上所说的"大都市郊区"性质,并认为这可能是"中国郊外的诞生"[1]。根据本文论述来看,南朝时期的建康东郊,在很多方面都类似于八、九世纪的长安近郊。这种"相似性"的意义何在呢? 是城内权力向郊外"溢出"带来的普遍性变化,还是可以理解为唐代都城郊外的"南朝化"倾向? 众所周知,西晋洛阳郊外金谷涧中有石崇所建的"别庐","娱目欢心之物备矣"[2],"冠绝时辈,引致宾客,日以赋诗"[3]。建康郊外的园宅化现象,是否早有渊源? 遗憾的是,由于同一时期的洛阳、平城、邺城等都城郊外的情形仍不太清晰,上述疑问目前还很难作出明确回答,有待于今后继续研究[4]。

这里可以指出的一点,是宗教因素对郊外景观的塑造。众所周知,佛教寺院在西晋尚未得到显著发展,道馆的出现亦始于南朝。这样说

---

[1] 妹尾达彦:《隋唐長安城と郊外の誕生》(隋唐长安城与郊外的诞生),收入[日]桥本义则编《東アジア都城の比較研究》(东亚都城的比较研究),京都:京都大学学术出版会,2011年,第106—140页。

[2] 《世说新语·品藻》"谢公云金谷中苏绍最胜"条注引石崇《金谷诗叙》,见余嘉锡《世说新语笺疏》,第529页。

[3] 《晋书》卷六二《刘琨传》,第1679页。

[4] 佐川英治讨论过平城郊外的鹿苑,指出其具有放牧地的功能,见《游牧与农耕之间——北魏平城鹿苑的机能及其变迁》,王辉、王薇译,《中国中古史研究》第二卷,北京:中华书局,2011年,第102—136页。西晋时期,潘岳位于洛阳城南的园宅,"背京溯伊,面郊被市",《晋书》卷五五《潘岳传》,第1504—1506页。北魏洛阳郊外有一些寺院,参看《洛阳伽蓝记》卷五"城北""京师东西二十里"条,范祥雍校注《洛阳伽蓝记校注》,上海:上海古籍出版社,1978年,第349—350页。东魏北齐时期,邺城郊外有不少文化性设施,如高澄"于邺东起山池游观,时俗眩之",高齐诸帝常于邺城郊外的"东山"游宴,"东山"设有射堂、射圃,相关记载见于(唐)李百药撰《北齐书》卷一一《河间康舒王孝瑜传》、卷一八《高隆之传》、卷三〇《崔昂传》,北京:中华书局,1972年,第144、237、411页。

来，建康东郊特别是钟山区域密集的寺院、道馆建筑，就成为都城郊外的一种新样貌。佛教在其中扮演了尤为重要的角色。从某种意义上理解，甚至可以看作一种外来文化影响下的景观同化过程。这种新都城景观的早期"样本"，就是南朝建康与北魏洛阳。考虑到北魏洛阳的建设时间较晚，建康的意义显得更为突出。在这种背景下理解，杜牧吟唱的"南朝四百八十寺，多少楼台烟雨中"，就不仅仅是怀古的感叹，而有了新的历史内涵。

吴都建业的都城空间与葬地

张学锋　陈　刚

所谓"都城圈"与"都城圈社会"
——代序言

在以往的历史学或考古学研究中,王朝时期的都城往往被理解成由城墙围起来的城圈空间。其实,即使在中国中世纪都城那样有着广袤外郭城的情况下[①],由城墙围起来的都城依然只是狭义的都城。作为常识,单凭城墙圈内的城市空间,是无论如何也难以维持一座城市正常运转的,因此,近年来在城市空间的研究中导入了"都城圈"的概念,将研究的视野扩展到了都城的周边。

"都城圈"的概念,较早由日本的中国考古学研究者提了出来。2010年,西江清高就"都城圈"问题,揭示了这样一个观点:城墙确实是都城的一个要素或一种功能,但与此相对,都城的各种功能,有时是超越城墙,分散在更加广阔的"地域"空间的。因此,所谓"都城圈",应该

---

① 所谓中国"中世纪都城",是指始于曹魏邺城终于隋唐长安城的都城模式,详见张学锋《所谓"中世纪都城"——以东晋南朝建康城为中心》,《社会科学战线》2015年第8期,第71—80页。

是涵盖都城各种功能的一种"关系圈"①。而对这一观点展开具体可视化探讨的是茶谷满关于汉魏洛阳"都城圈"的研究②。盐泽裕仁则将"都城圈"的概念表述为"都城境域"。盐泽指出,作为王朝对国家实施经营的基础城市(大聚落)——都城,虽然有着自己独立的地域空间,但是,"都城"一旦离开周边的地域社会,它是否还能够独立运作?以往的中国都市史研究,都将重点放在由城墙包围起来的区域(城郭)之内,缺乏将之与城郭之外的区域关联起来的视点。然而,以都城为中心形成的远距离流通网络,其重要性,在相对比较安定的王朝自不待言,即使在社会动荡的时代,作为官僚及其家族以及大量战斗人员集中居住的都城,缺少了来自周边地区的物资供给,同样也是无法正常运作的,这一点无需赘言③。也就是说,围绕着都城的生产主体——卫星聚落的存在,是都城正常运作不可或缺的条件。由这些卫星聚落和都城共同构成的地域空间,正是"都城"所具有的真正"境域"。在此基础上,盐泽

---

① 西江清高:《歴史的「地域」としての関中平原「周原地区」》(作为历史"地域"的关中平原"周原地区"),见茶谷满论文所引,原载《南山大学人類学博物館所蔵考古資料の研究 高蔵遺跡の研究・大須二子山古墳と地域史の研究(南山大学人類学博物館オープンリサーチセンター研究報告)》(《南山大学人类学博物馆所藏考古资料研究 高藏遗址研究・大须二子山古坟与地域史研究"南山大学人类学博物馆开放研究中心研究报告"),名古屋:南山大学人類学博物館,2011 年。

② 茶谷满:《後漢洛陽城の可視領域と皇帝陵との空間関係——洛陽都城圏の様相に関する基礎的考察》(东汉洛阳城的可视境域与帝陵的空间关系——关于洛阳都城圈形态的基础研究),《年報 人類学研究》(年报 人类学研究)第 3 号,2013 年。此处参见中村圭尔《魏晋南北朝時期「都城圏」社会研究の意図》(魏晋南北朝时期"都城圈社会"的意图),载国际研究集会论文集《魏晋南北朝の主要都城と都城圏社会》(魏晋南北朝的主要都城与都城圈社会),2014 年,第 4—5 页。该文经修订增补后,以《魏晋南北朝都城研究のひとつの可能性》(魏晋南北朝都城研究的另一种可能性)为题,收录于大阪市立大学大学院文学研究科东洋史专修研究室编《中国都市論への挑戦》(中国都市论的推动),东京:汲古书院,2016 年,第 3—32 页。

③ 盐泽裕仁:《後漢魏晋南北朝都城境域研究》(东汉魏晋南北朝都城境域研究),东京:雄山阁,2013 年,第 1、3 页。

认为,所谓都城,其实存在着由城郭中的小城、大城构成的"郭域"、由"郭域"之外陵墓、苑囿、郊坛等构成的"郊域"以及确保都城物资供给的卫星聚落"境域"等不同层次,都城圈实际上就是由"郭域""郊域""境域"这三个同心圆空间的扩展所构成的。

考古学者眼中的"都城圈",更多集中在对聚落、墓葬、道路交通等遗存的考察上,强调都城圈的空间范围,而历史学者则似乎更多地关注这一区域内人的活动。在"都城圈"这个概念被广泛认知以前,中村圭尔先生已经对六朝建康城与周边地区的关系展开过多种研究①,这些既有成果与"都城圈"概念的碰撞,形成了"都城圈社会"这一新的概念②。

六朝都城建康的"都城圈"及"都城圈社会"问题,亦已进入研究者的视野③,笔者亦曾基于对六朝破冈渎的考察,就建康都城圈的"东方"展开了探讨④,但对建康都城圈和都城圈社会的探讨远未充分。墓葬

---

① 中村圭尔:《建康と水運》(建康与水运),载中国水利史研究会编《中国水利史論叢:佐藤博士退官記念》(中国水利史论丛:佐藤博士退官纪念),东京:国书刊行会,1984年;《建康と三呉地方》(建康与三吴地区),载唐代史研究会编《中国の都市と農村》(中国的都市与农村),1992年;《会稽郡在六朝史上所起的作用》,载《六朝文化国际学术研讨会暨中国魏晋南北朝史学会第六届年会论文集》,《东南文化》1998年增刊2。后均收录其著《六朝江南地域史研究》,东京:汲古书院,2006年。

② 前引中村圭尔《魏晋南北朝時期「都城圏」社会研究の意図》及修订稿《魏晋南北朝都城研究のひとつの可能性》。

③ 如前引盐泽裕仁《後漢魏晋南北朝都城境域研究》第七章《六朝建康の都市空間》(六朝建康的都市空间)、小尾孝夫《六朝建康の墓域と都市空間》(六朝建康与都市研究研讨会论文,东京大学,2011年12月)、《六朝建康都城圈的形成与江右地区》(载张达志主编《中国中古史辑刊》第二辑,北京:商务印书馆,2016年,第40—57页)、《建康の歴史的性格と都城圏の形成》(建康的历史地位及其都城圈的形成,大阪市立大学大学院文学研究科东洋史学专修研究室编《中国都市論への挑動》,东京:汲古书院,2016年,第197—220页)等。

④ 张学锋:《六朝建康都城圈的东方——以破冈渎的探讨为中心》,武汉大学三至九世纪研究所编《魏晋南北朝隋唐史资料》第三十二辑,上海:上海古籍出版社,2015年,第63—83页。

是一个时期人类社会在地下的重要表现，通过对六朝建康周边地区葬地及其密集程度、形制规模的探讨，能够促使我们更加深入地了解都城圈的形成及都城圈社会的变化等细节问题。此次，在"古代东亚都城与葬地"这一课题的框架下，笔者拟就六朝建康都市空间的变化及其与葬地的互动问题展开进一步思考，充实建康都城圈、都城圈社会以及六朝历史的基本内涵。由于该课题所涉及的时间跨度长，相关考古数据较多，故计划分孙吴、东晋、南朝这三个阶段展开，本文是其中的第一部分。

一、孙吴建都之前南京地区的县邑与葬地

六朝都城建康（吴称"建业"，西晋平吴后改称"建邺"，后避愍帝讳改称"建康"）的中心位于今南京市区，经十余年的考古调查和发掘，六朝都城、宫城的位置已基本确定①。但两汉时期南京地区的中心并不在今南京市区。

据《汉书·地理志》《续汉书·郡国志》及南京地方史志的记载，秦统一后，在今南京地区设置了江乘、秣陵二县；西汉又分秣陵县地置胡孰、丹阳二县。武帝元朔二年（公元前128年），景帝庶子江都王刘非之

---

① 参见张学锋《六朝建康城的发掘与复原的新思路》（初刊《南京晓庄学院学报》2006年第2期，第26—38页；修订稿以《六朝建康城的发掘与复原》为题，收入《蒋赞初先生八秩华诞颂寿纪年论文集》，北京：学苑出版社，2009年，第276—292页；及张学锋《汉唐历史与考古研究》（北京：生活·读书·新知三联书店，2013年，第283—309页）。又见小尾孝夫译《六朝建康城の研究——発掘と復原》（六朝建康城研究——发掘与复原），载《山形大学歴史·地理·人類学論集》（山形大学历史·地理·人类学论集）第13号，2012年3月，第55—79页；后又被收入新宫学编《近世東アジア比較都市史の諸相》（近世东亚比较都市史的诸相），东京：白帝社，2014年2月，第195—220页）、《所谓"中世纪都城"——以东晋南朝建康为中心》及王志高《思路与方法：六朝建康城遗址考古发掘的回顾与展望》，（初刊《南京晓庄学院学报》2008年第1期。后收入其著《六朝建康城发掘与研究》，南京：江苏人民出版社，2015年，第3—9页。）

子刘胥行、刘将(一作"刘敢")、刘缠(一名"刘涟")因推恩令分别被封为胡孰侯、丹阳侯和秣陵侯。丹阳、秣陵二侯因无子嗣,不久后即除国,还为县。胡孰侯传两代,除国后改为胡孰县,东汉更名为湖熟县①。

江乘县的治所,在今南京市区东北郊栖霞山南麓、九乡河之东的南京大学仙林校区至仙林湖一带(参见图11-1)。秦汉秣陵县治所,历

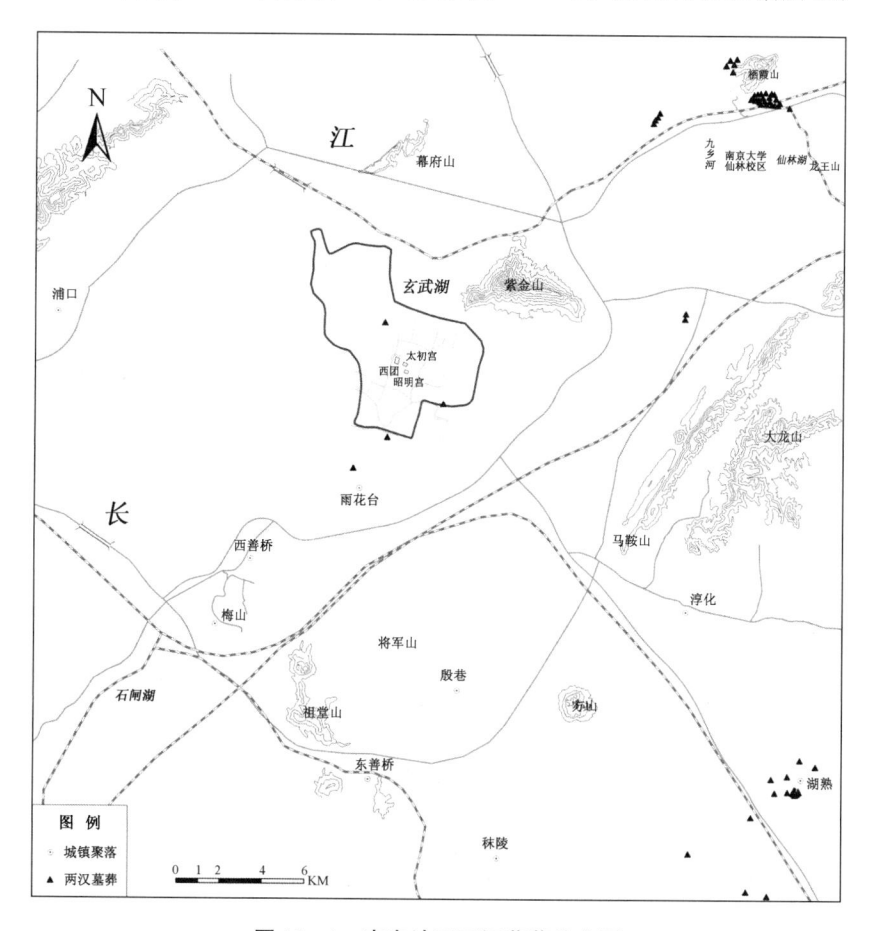

图 11-1 南京地区两汉墓葬分布图

---

① 今南京市下辖江南的鼓楼、玄武、秦淮、建邺、栖霞、江宁、溧水、高淳和江北的浦口、六合等10区,就两汉和吴、晋时期而言,高淳、浦口、六合因与都城关系尚未密切,故暂不列入本文的讨论范围。

代皆按沈约《宋书·州郡志》考订在今南京市区东南江宁区秣陵街道附近[①]。西汉武帝时从秣陵县析置出胡孰、丹阳二侯国,其治所历来无争议,胡孰国及之后的胡孰县、湖熟县,治所在今江宁区湖熟街道,丹阳侯国及之后的丹阳县治所在今南京江宁区与安徽马鞍山市博望区交界处的丹阳镇。

　　南京地区西、北二面临江,秦汉建置的江乘、湖熟、秣陵、丹阳四县,从东北、东南、西南三面环绕今南京市区,形成了一条东北→东南→西南的弧线,这条弧线与今南京市区,即此后的孙吴建业城、东晋南朝建康城之间尚有数十公里的距离。秦汉时期,今南京市区为秣陵县所辖。这里是秦淮河的入江口,为了镇守这一要地,传说春秋晚期越灭吴后,在秦淮河口南岸高地上修筑了越城;战国时期楚灭越后,在秦淮河口的北岸修筑了金陵邑。但与越城和金陵邑相关的记载,均见于孙吴以降,史实和附会传说相互交驳,扑朔迷离。从下文对两汉墓葬的分析中不难发现,与江乘、湖熟二县相比,今南京市区范围内墓葬分布极少,也缺少较大型的墓葬,从一个侧面反映了当时南京市区并非这一地域的中心区域。

　　考古发现的古代遗址和墓葬,当然具有较大的偶然性。然而,当遗存数量积累到一定程度时,又不难看出其中的必然性。南京地区两汉墓葬的分布,与上述四县尤其是江乘、湖熟二县的县治所在地密切相关。

　　图11-1"南京地区两汉墓葬分布图"是依据公开发表的资料绘制而成的(详细请参照文末所附表11-2"南京地区两汉吴晋墓葬统计表",以下简称"统计表")。图中所标识出来的墓葬,是迄至2014年公

[①] 王志高《秦汉秣陵县治新考》(《学海》2014年第5期。后收入其著《六朝建康城发掘与研究》,第10—18页)提出新说,考证秦汉秣陵县治在今南京市区建邺路一带,但与诸多六朝史料不合,本文暂从旧说。

开发表的资料①。据图所示,南京地区两汉墓葬集中分布的区域是市区②东北郊的栖霞山附近和东南郊的湖熟附近,这两个地点,正是秦汉江乘、湖熟二县的县治所在地。

如前所述,秦汉江乘县治在今栖霞山南麓南京大学仙林校区至仙林湖一带。在这一区域的北部山冈地带,分布着较多的两汉墓葬。江乘故治附近的两汉墓葬是南京地区两汉墓葬最集中的地区,主要分布在三个区域——第一,栖霞山东南麓沿沪宁铁路在栖霞至龙潭之间;第二,九乡河(秦汉六朝时称"江乘浦")以东的栖霞山西麓及西南麓;第三,九乡河(江乘浦)以西今甘家巷村北。而江乘故治的东、南、西三面目前尚未发现相对集中的葬地。

第二个相对集中的地区在湖熟故治的西、北两侧。图11-1标识出来的仅为已公开发表的窑上村汉墓(2座)和朱氏家族墓(6座)及曹家边汉墓,显得相对稀疏,但未正式发表的资料尚多。如1991年湖熟中学基建工地曾发现汉墓13座③;1995年湖熟经济开发区施工工地清理两汉、六朝墓葬100余座④,其中两汉墓葬的数量虽然不详,但应该占有一定的比例。

除江乘、湖熟二县故治附近相对集中的葬地外,秣陵、丹阳二县故治附近发现的两汉墓葬很少。南京市区发现的两汉墓葬数量同样不多。历史上刘宋元嘉年间(424—453)在建康东府城和玄武湖的建设过

---

① 南京地区迄今已公开发表的考古资料,南京市博物馆编《南京考古资料汇编》(全四册,南京:凤凰出版社,2013年)、南京市博物馆编著《南京文物考古新发现(第三辑)》(北京:文物出版社,2014年)对之作了全面汇编。本文所用资料主要来自上述两种汇编,并参照《中国考古学年鉴》所收部分资料简介。
② 本文所言"南京市区",是指图中明城墙围起来的城市空间。
③ 姜林海、王志高:《江宁县湖熟汉代墓地》,《中国考古学年鉴(1992年)》,北京:文物出版社,1994年,第201—202页。
④ 南京市博物馆考古部资料,见南京市博物馆、南京市江宁区博物馆《南京市湖熟镇窑上村汉代墓葬发掘简报》结语部分,《东南文化》2009年第4期。《南京考古资料汇编》第一册,第479页。

程中,曾发现过汉墓[①]。20世纪50年代以后,仅在今鼓楼医院及光华门附近大光路发现过两座汉代土坑木椁墓,数量非常有限。

综合南京地区的两汉墓葬,按墓葬构筑材料及形制大致可以分为以下五型。

Ⅰ型:土坑木椁墓。如湖熟窑上村汉墓(02、03)(括号内数字为"统计表"内的序号,下同)、湖熟朱氏家族墓M1(04)、鼓楼汉墓(11)、江宁滨江汉墓(14)等。

Ⅱ型:土坑石椁墓。按石椁顶部的构筑材料又可分为两类。Ⅱa型全由石板构筑,椁顶石板呈两面坡状,如栖霞高家山汉墓(05)、韩家山汉墓(06);Ⅱb型椁四周用石板,顶部用木板,即所谓"木顶石椁墓",如栖霞山汉墓(12)。

Ⅲ型:木顶砖室墓。长方形砖室,顶部以木板铺盖,如栖霞山7号墓(12)、湖熟朱氏家族墓M2(04)。

Ⅳ型:单室砖墓。长方形砖室,券顶或迭涩顶,无甬道。如栖霞山化肥厂M1(09)、红梅村汉墓(10)、淳化前郑家边汉墓(16)、龙桃杖墓(01)等。

Ⅴ型:竖穴土坑墓。湖熟朱氏家族墓M3、M5、M6(04)等。

就南京地区两汉墓葬的发展演变序列而言,Ⅰ型墓多为西汉至东汉初期墓葬,延续时间较长;Ⅱ型、Ⅲ型墓处于Ⅰ型土坑木椁墓向砖室墓渐进的过程中,时代属东汉中晚期;Ⅳ型墓出现于东汉中晚期,此后成为主流。Ⅴ型墓应该是时代跨度最大、数量最多的一类墓,但因腐烂迅速,保存状态不好,见诸报告的并不多。

南京地区两汉墓葬从土坑木椁墓经木顶石椁墓、木顶砖室墓向单室砖室墓的演变过程,与中原地区的汉墓发展序列基本一致,也与受中原墓葬影响较大的乐浪汉墓等发展序列基本一致,反映了汉代包括墓

---

① 相关考述见前引王志高《秦汉秣陵县治新考》,《六朝建康城发掘与研究》第13—14页。

葬因素在内的中原文化因人员的流动而对周边地区产生的直接影响，当然，也与这一带土地的开发、森林面积的减少等环境因素有着相当的关联。

综观迄今所见南京地区两汉墓葬的分布，江乘、湖熟二县治所附近的墓葬分布最密集，墓葬类型俱全，墓葬等级也相对较高，从一个侧面说明二县是两汉时期南京地区人口相对集中、土地开发程度相对较高的地点，并且已逐渐形成了像湖熟朱氏家族那样的地方豪族，参与到了地方政府的行政之中[①]。而秣陵、丹阳二县以及今南京市区则相对滞后。东汉末年孙权选择在相对滞后的今南京市区建立宫都，主要应该是出于军事防卫上的考虑。

二、吴都建业的都城空间

发轫于东汉晚期的孙氏政权，其政治中心在很长一段时间内并不稳定，先后经历过会稽、吴、京口、秣陵、公安、鄂城等时期，这正是孙吴政权国家体制尚未成熟、依旧处在军国体制、军政中心随着战争需要不断迁徙的表现。早在建安十六年（211），孙权就一度将军政中心从京口（今江苏镇江市区）迁至秣陵，次年还在秣陵的秦淮河入江口北岸高地上建了石头城，并改秣陵为建业，但却没有在此修建宫都的记载，而是转战长江中游。直至三国鼎立的局势完全形成后的黄龙元年（229），孙权才将都城从长江中游的鄂城迁到下游的建业，正式揭开了六朝都城建设的序幕。

在黄龙元年九月孙权决定迁都建业之前，这里的居民数量有限，且大多沿秦淮水入江口而居，尤其是秦淮水南岸的大小长干，是人烟相对稠密的区域。黄龙元年十月孙权自武昌到达建业，最初利用的只是长

---

① 参见前引张学锋《六朝建康都城圈的东方——以破冈渎的探讨为中心》，《魏晋南北朝隋唐史资料》第三十二辑，第66页。

沙桓王孙策的旧将军府——一个远离居民区的军营。此后，孙氏政权在秦淮水北六七里处的空旷土地上前后建设了多座宫殿和苑囿。黄龙元年十月，"城建业太初宫居之"；"吴苑城，城内有仓，名曰苑仓"[1]；赤乌十年（247）春"适南宫"[2]。后主孙皓宝鼎"二年夏六月，起新宫于太初之东，制度尤广"[3]。新宫又称"昭明宫"。加之太初宫西的太子西园（西池）、冶城、石头城等，孙吴时期的建业是由多所不同性质的宫殿、城垒构成的（参见图11-2），是对先秦两汉"多宫制"的继承[4]。

如前文所述，与南京东部弧形地带的早期开发相比，孙吴宫都建业所在的今南京市则相对落后。春秋晚期越灭吴后，越国在今秦淮河南岸的长干里修筑了越城，楚灭越后，楚国在秦淮河入江口北岸的石头山南麓设置了金陵邑，但规模都非常小，只是控制秦淮河入江口的一种据点，两汉时期南京市区基本上还是秣陵县人烟稀少的鄙乡。2007年，南京市博物馆在市区中华门外北宋长干寺、明报恩寺遗址的发掘过程中，清理了多座两汉时期的墓葬，其中1号墓和2号墓为东汉晚期墓葬。2号墓出土了一件带有建安二十四年（219）纪年的买地券，可知墓主为龙桃杖[5]。今中华门外明报恩寺遗址一带，就是古秦淮河南岸长干里的一部分，位于越城的偏东南，是六朝时期建康人烟最密集的区域。然而，直至东汉最晚期，这一带依然留下了较多墓葬。可见，在孙吴定都建业之前，长干里的居民依然稀少，还没有形成像样的大型聚落。究其原因，是这一带位于秦淮河的入江口，潮汐的危害相对严重，开发相对滞后。因此，孙吴建业城的选址，更多的是出于军事目的的考

---

[1] （唐）许嵩撰《建康实录》卷二《太祖下》，张忱石点校，北京：中华书局，1986年，第45页。
[2] 《建康实录》卷二《太祖下》，第54—55页。
[3] 《建康实录》卷四《后主》，第98页。
[4] 参见前引张学锋《所谓"中世纪都城"——以东晋南朝建康城为中心》。
[5] 南京市博物馆：《南京市东汉建安二十四年龙桃杖墓》，《考古》2009年第1期；《南京考古资料汇编》第一册，第464—470页。

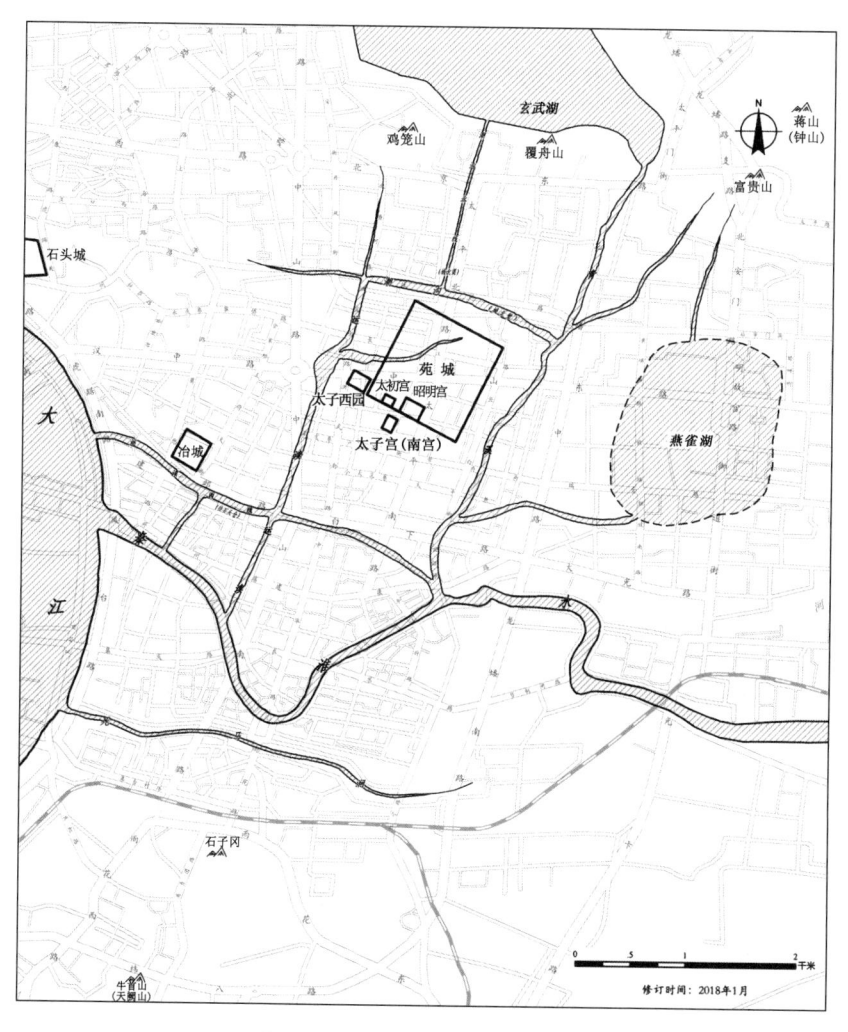

图 11-2　孙吴建业诸宫示意图

虑,是一座建立在远离经济发达区域、秦淮河入江口之北空旷地带的一座都城。但是,作为一方的军国中心,吴都建业宫都位置的选定、定都以后一系列维持军国政体正常运作的措施,给此后南京城市的发展以及人员的流动、葬地的变动带来了深刻的影响。

三、建业周边吴晋葬地的分布及其成因

图11-3"南京地区孙吴墓葬分布图"是据迄今公开发表的资料（参见"统计表"）绘制的示意图。

都城地位的确立、宫都位置的确定、屯田政策的实施，以及缘江防卫的重要性等因素，深刻地影响到了吴都建业周边葬地的变动。通过对图11-1"南京地区两汉墓葬分布图"和图11-3"南京地区孙吴墓葬分布图"的比较分析，不难看出以下一些明显的变化。

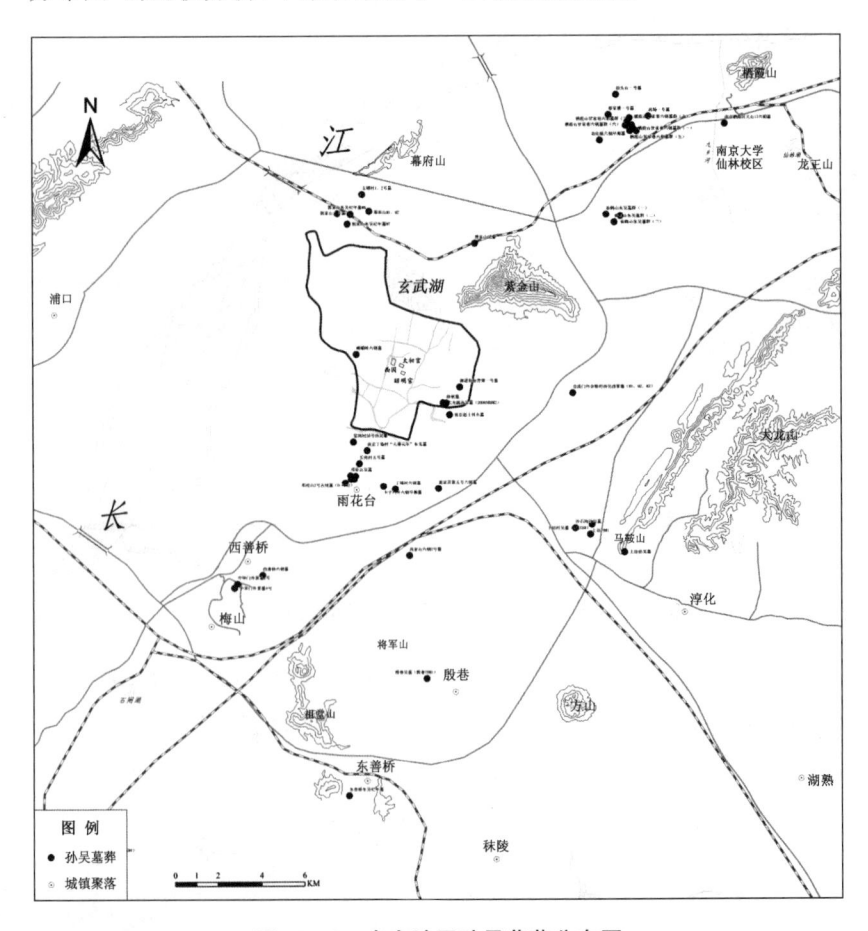

图11-3 南京地区孙吴墓葬分布图

(一) 政治中心的确立与墓葬数量的变化

因都城地位的确立,水陆运交通路线的逐渐完善,作为孙吴政治、军事的中心城市,建业成为人口聚集之地。聚集到这里的人口中,有以孙吴皇帝为首的宗室成员,有服务于军国事务的庞大的官僚系统成员,有服务于宗室、官僚阶层的官府手工业从业人员,有供给都城各阶层日常运营的各类人员。文献中虽然没有留下吴都建业有效户口的统计数据,但我们可以从西晋平吴后太康(280—289)初年的全国户口资料中窥见一二。西晋平吴后,以建业为中心设置丹杨郡,辖县11,范围比两汉时期丹杨郡(西汉辖17县,东汉辖16县)小了不少。太康初年丹杨郡11县总户数为51 500户,平均每县约4 682户。从绝对数量上来看,丹杨郡下辖11县的平均户数还不如两汉(西汉平均6 325户,东汉平均8 532户)。然而,太康初年全国的户口总数只有2 459 840户,16 163 863口,仅为西汉最盛期元始二年(公元2年)的20.1%和27.1%,为东汉永平五年(140)的25.4%和32.9%,而丹杨郡户口的保有率分别是西汉的74.1%和东汉的54.9%,远远高于当时的平均数。而且,太康初年全国各县的平均户数为2 037户,而丹杨郡的4 682户,仅次于西晋都城所在地洛阳的河南郡及上洛郡、汲郡、河内郡等少数几个人口大郡,与当时人口繁多的荥阳郡、河东郡、魏郡等同处第二方阵[1]。且丹杨郡11县中,在本文探讨范围内的就有7县,主要人口应该都集中在这里,加上不入户籍的宗室、兵士及流动人口等等,孙吴建业的人口总数应在数十万。西晋平吴后的太康二年(281),将都城建业所在秣陵县的西南境析置江宁县,次年,又以秦淮水为界,水南仍为秣

---

[1] 以上数据的基础数据来自《汉书》卷二八上《地理志上》、《后汉书》志第二二《郡国志四》、《晋书》卷一四《地理志上》,并参见梁方仲编著《中国历代户口、田地、田赋统计》甲表3、甲表4、甲表7、甲表8、甲表13、甲表15,上海:上海人民出版社,1980年,第16、19、24、26、38、45页。

陵县，水北新设建邺县，秦汉旧县秣陵至此被分设为三县①。西晋朝廷的做法，不排除对亡国旧都分而治之的政治意图，但人口众多依然是析县分置的基本理念。

人口的大量聚集，使得都城周边的墓葬数量出现了几何级的增加。与图11-1相比，图11-3显示出来的孙吴墓葬数量呈出了量级的增加。在建业宫都的周围，东南部今光华门附近的高地上，继承两汉以来的传统，墓葬数量有所增加。北部今幕府山南麓，开始出现了较多的墓葬。建业南部远郊的今西善桥、殷巷、江宁镇、东山镇等地，孙吴墓葬也大量出现，而这些区域几乎见不到两汉时期的墓葬。

最明显的是建业南部的石子冈。从图11-3中不难看出，以今雨花台为中心，东西向分布着密集的吴晋墓葬，如果算上尚未发表的吴晋墓葬，其密集度会更高。而这里在迄今公开发表的资料中还几乎没有发现汉墓，龙桃杖墓（表11-2　01）葬于建安二十四年（219），与"汉墓"关系已不大。《三国志》卷六四《吴书·诸葛恪传》称："建业南有长陵，名曰石子冈，葬者依焉。……恪果以苇席裹其身而篾束其腰，投之于此冈。"②同书卷五〇《吴书·妃嫔传·孙休朱夫人》裴注引《搜神记》曰："孙峻杀朱主，埋于石子冈。归命即位，将欲改葬之。冢墓相亚，不可识别。"③从上引两条史料中不难发现，石子冈上除了坟冢数量众多之外，还可以看出这是一处以平民墓葬为主的葬地。东晋初年陈郡谢鲲"假葬"于此，亦是为了日后迁葬的临时埋葬。

（二）屯田政策对江乘、湖熟二县孙吴墓葬的影响

从图11-3中还可以看出一个明显的变化，即两汉墓葬相对集中

---

① （唐）房玄龄等撰《晋书》卷一五《地理志下》，北京：中华书局，1974年，第459—460页。

② （晋）陈寿撰《三国志》卷六四《吴书·诸葛恪传》，北京：中华书局，1959年，第1441页。

③ 《三国志》卷五〇《吴书·妃嫔转·孙休朱夫人》，第1201页。

的江乘、湖熟二县治所附近几乎没有发现过孙吴墓葬。

孙吴定都建业后,经济方面的困难便迎面而来,原先东部弧形地带的既有产业无法满足都城巨大的消费需求。为解决军粮问题,黄武五年(226)春,孙权接受陆逊的建议,全面推开了屯田计划①。建业东部弧形地带的江乘、湖熟二县是孙吴最早的屯田地点,废止原有的民政系统江乘令、湖熟令,改为江乘典农都尉、湖熟典农都尉,专事屯田。以后,屯田范围进一步扩大,先后在于湖(治今安徽当涂,即汉代丹阳县境内)设督农校尉,在溧阳(治今江苏溧阳西南)设屯田都尉,屯田区域不断扩大。

孙吴屯田的具体管理模式不是很清楚,但从废县令改设典农都尉这个变化上不难看出,孙吴的屯田是以军屯为主。孙吴在赤乌八年(245)八月下令开凿破冈渎,"遣校尉陈勋,将屯田及作士三万人,凿句容中道。自小其至云阳西城,通会市,作邸阁"②,工程的负责人及参与者似乎都是屯田官兵。许嵩《建康实录》卷二《太祖下》赤乌八年八月条的记载更为详细:"使校尉陈勋作屯田,发屯兵三万凿句容中道,至云阳西城,以通吴会船舰,号破冈渎,上下一十四埭,通会市,作邸阁。"③而破冈渎十四埭的下七埭正在当时的湖熟典农都尉辖区内④。在施行屯田的过程中,湖熟一带的地方豪族及其依附人口或者自耕农民,是否被转移到了别处?当地土著人口的大量减少,而屯田将士死后不太会葬在当地,这些是否都是造成湖熟附近缺少孙吴墓葬的原因,这种可能性似乎无法完全排除。

江乘县的情况与之相类。江乘浦(今九乡河)以东地区几乎没有发现过孙吴墓葬,这一带或许就是江乘典农都尉的主要屯区,居民似乎也

---

① 《三国志》卷四七《吴书·孙权传》,第1131页。
② 《三国志》卷四七《吴书·孙权传》,第1146页。
③ 《建康实录》卷二《太祖下》,第53页。
④ 参见前引张学锋《六朝建康都城圈的东方——以破冈渎的探讨为中心》,《魏晋南北朝隋唐史资料》第三十二辑,第69—72页。

被迁往他处。被迁徙的江乘县民有一部分被安置在了江乘浦以西原本空旷的地带，甘家巷北部一带留下较多的孙吴墓葬或许与他们有关，这片葬地的使用一直延续到西晋时期。

（三）沿江地区战略地位的提高与孙吴墓葬的分布

如前所述，孙吴定都建业主要是出于军事防守的目的。孙吴与曹魏在皖口、濡须口、赤壁，与蜀汉发生在夏口、夷陵等地的战争，以及西晋平吴的战争，都发生在建业的上游，因此，沿江防范来自建业上游的军事威胁，对孙吴而言至关重要。

由于当时的江面非常宽阔，因此自上游而来的军旅商船，必须进入长江支流才能靠岸停泊。建业之所以选择秦汉秣陵县的鄙乡建设宫都，原因就是这里是长江下游最大支流秦淮河（古称"龙藏浦"）的入江处。秦淮的入江口南北是高地山丘，孙吴在此修建石头城，设置了石头戍和石头津，牢牢掌控着来自上游的船只。其实，建业的上下游，这样的支流不止秦淮水一条，从上游的于湖往下，著名的有牛渚、江宁浦、新林浦、蟹浦、江乘浦等，在这些支流与长江的交汇口，前后形成了牛渚营（采石戍）、江宁县治、新亭垒、白下城、江乘县治等沿江要冲。

从建业往上游至今安徽马鞍山一带，秦汉时期的开发程度非常低，也很少看到过有两汉墓葬的发掘报告。然而进入孙吴以后，从图11-3中不难看出，从建业西南沿江的今西善桥、梅山、江宁镇，一直到马鞍山附近的当涂，孙吴墓葬大量存在，其中最为著名的是马鞍山宋山大墓、朱然家族墓、江宁上湖吴晋墓群等。平吴后的太康二年（281），西晋在江宁浦析秣陵县置江宁县，正是沿江地区不断开发，人口不断增长的结果。

（四）孙吴、西晋葬地基本重叠

图11-4"南京地区西晋墓葬分布图"是据迄今公开发表的资料（参见"统计表"）绘制的示意图。比较图11-3、图11-4还可以看出一

个明显的特征,即建业周边孙吴、西晋这两个时期葬地的分布基本重合。

280年西晋发动的平吴战争,以孙皓的投降而告终。正因为如此,孙吴虽然亡国,但都城建业并未因战争受到严重损毁,除皇帝王公贵族外,吴都建业的日常应该没有受到太大的冲击。不仅如此,江宁索墅砖瓦厂1号墓(表11-2 88)墓砖上还出现了"姓朱江乘人居上□太岁庚子晋平吴天下太平"这样的砖铭[1],从一个侧面反映了西晋平吴后相对安定的社会局势。正是这样的局势,才出现了孙吴、西晋葬地分布基本重合这一现象,也成为数十年后永嘉南渡、建业成为东晋都城的重要原因之一。

四、建业周边吴晋墓葬的形制特征

基于"统计表"中"墓葬类型"一栏的基本描述,建业周边孙吴、西晋墓葬按其形制大致可以分为以下六型(参见表11-1[2]):

Ⅰ型:大型双室穹窿顶砖墓。由长斜坡墓道、前甬道、前室、后甬道、后室、前后室左右两壁的耳室组成,前后室平面基本呈方形,前后室四隅分别装饰石质牛头,四隅券进式穹窿顶。目前此型墓葬公开发表的资料仅见江宁上坊孙吴晚期大墓1座(表11-2 41,下同)[3]。

---

[1] 南京市博物馆:《南京狮子山、江宁索墅西晋墓》,《南京考古资料汇编》第二册,第1037—1044页。

[2] 表11-1所引各墓例平、剖面图,均来自该墓的发掘简报。

[3] 南京市博物馆、南京市江宁区博物馆:《南京江宁上坊孙吴墓发掘简报》,《南京考古资料汇编》第二册,第697—727页。此外,近期调查发掘的安徽当涂姑熟镇"天子坟"和苏州虎丘路大墓,后室无耳室,等级上略次于上坊大墓(Ⅰ型墓),但明显高于Ⅱ型墓,应为孙吴晚期宗室墓。其类型位于本表所列Ⅰ型、Ⅱ型之间,待资料公布后详细探讨。

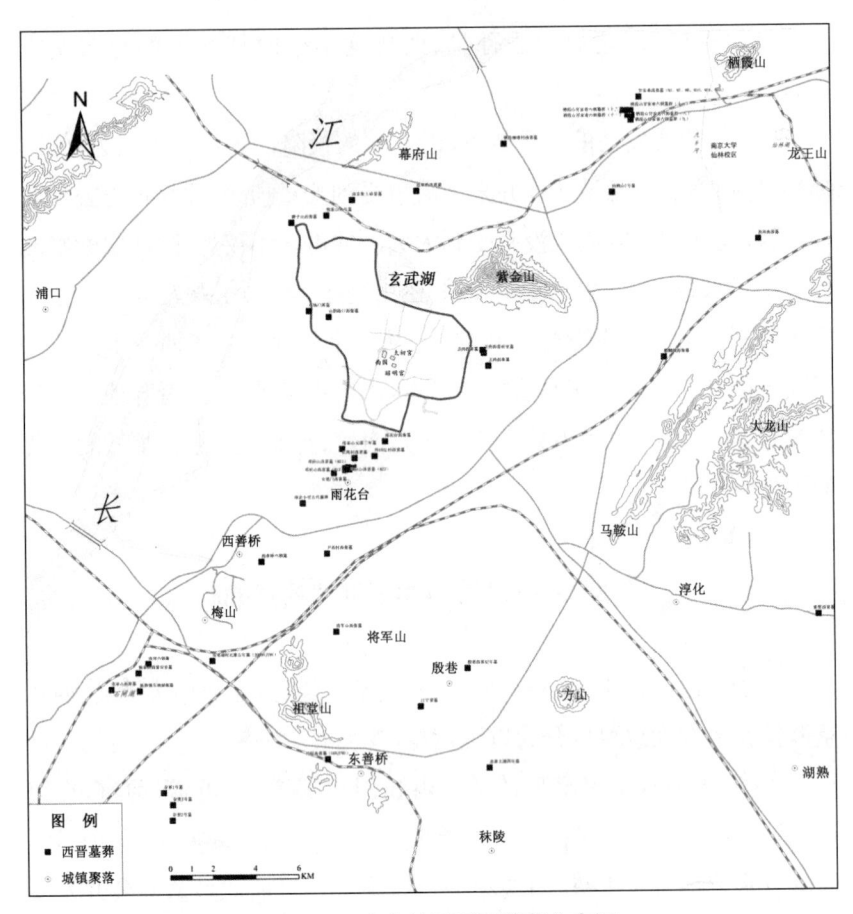

290 "都城圈"与"都城圈社会"研究文集——以六朝建康为中心

图 11-4 南京地区西晋墓葬分布图

表 11-1 南京地区吴晋墓葬分类表(不含Ⅵ型墓)

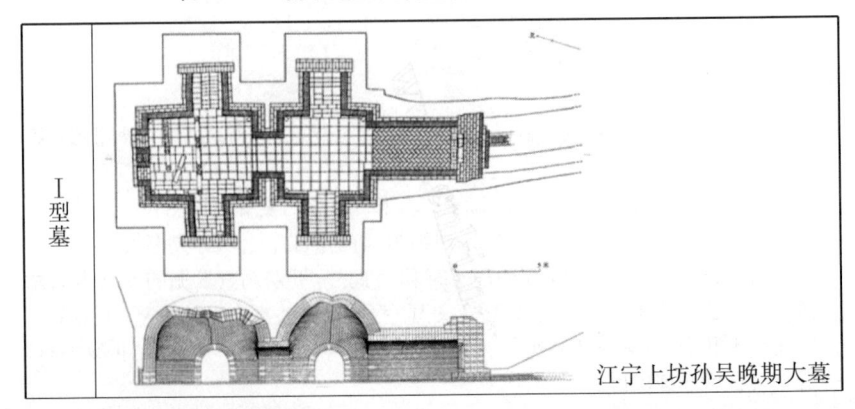

Ⅰ型墓　江宁上坊孙吴晚期大墓

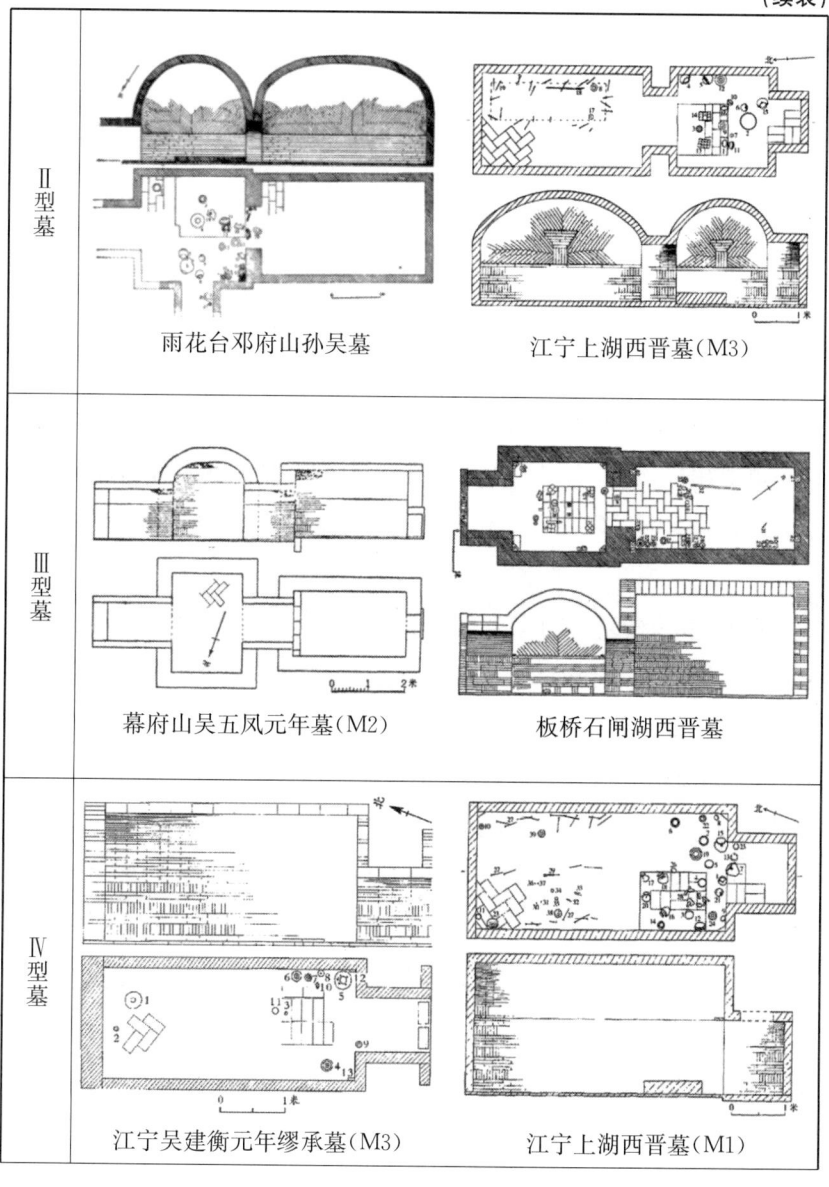

(续表)

Ⅱ型墓	雨花台邓府山孙吴墓	江宁上湖西晋墓(M3)
Ⅲ型墓	幕府山吴五凤元年墓(M2)	板桥石闸湖西晋墓
Ⅳ型墓	江宁吴建衡元年缪承墓(M3)	江宁上湖西晋墓(M1)

(续表)

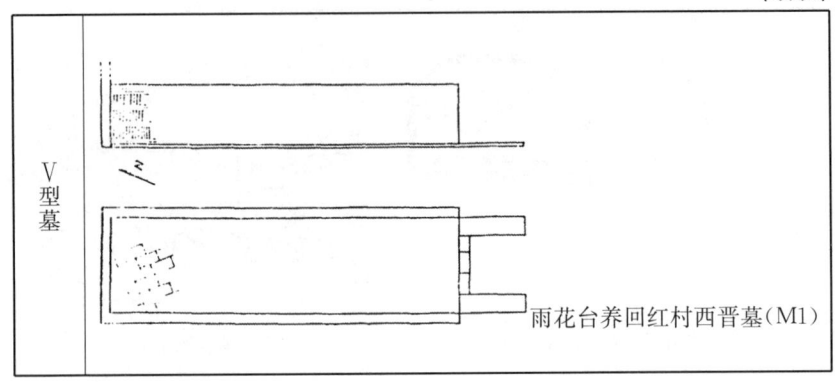

V型墓　　雨花台养回红村西晋墓(M1)

Ⅱ型：双室穹窿顶砖墓。前室略呈方形，后室长方形，前后室之间有短甬道相接，前后室均为四隅券进式穹窿顶，如雨花台邓府山孙吴墓(29)、江宁上湖 M3(40)、五塘村 M2(48)、柳塘村西太康六年墓(30)等。

Ⅲ型：双室砖墓。前室略呈方形，后室长方形，前后室之间有短甬道相接，前室为四隅券进式穹窿顶，后室为券顶，个别墓例前室带有耳室或后室偏在一侧。如幕府山五凤元年 M2(20)、上坊 79M1 天册元年墓(22)、郭家山 M6 永安二年墓(23)、郭家山 M7 永安四年墓(24)、东善桥凤凰三年墓(26)、上坊沙石岗天册元年墓(28)、江宁上湖 M2(39)、江宁黄家营 M3(43)、板桥石闸湖西晋墓(66)、殷巷 79M1(72)等。

Ⅳ型："凸"字形单室砖墓。封门墙后为甬道，甬道后为长方形砖室，最常见的是券顶，少数为四隅券进顶。如幕府山五凤元年 M1(20)、江宁滨江开发区建衡元年缪承墓(25)、丁墙村天册元年墓(27)、大光路孙吴薛秋墓(35)、雨花台窑岗村 30 号孙吴墓(42)、雨花台长岗村李家洼 M1(53)、江宁上湖 M1(38)等。

Ⅴ型：竖穴土坑砖墓。竖穴土坑中用砖砌出长方形墓室，不带甬道，常见叠涩顶、四隅券进顶，个别带有一个小耳室。如赵史岗 M4(17)、M7(18)、御道街标营 1 号墓(31)、英台山 M3(47)，雨花台长岗村李家洼 M1、M15(53)、郎家山元康三年墓(67)、养回红村西晋墓(76)、长岗村西晋墓(77)、雨花村西晋墓(78)等。

Ⅵ:竖穴土坑墓。如草场门西晋墓(84)。

此外还有一些特殊的墓葬形制,如东北郊西岗果牧场孙吴晚期至西晋初期墓(75)、板桥杨家山西晋双室墓(80),两者均为迄今所见孤例。

在上述六型墓葬中,Ⅵ型的竖穴土坑墓无论在什么时代都应该是最普遍的墓葬形制,只是难以保存,往往腐朽殆尽,在数据上反而无法表现出其普遍性来。因此,从这个意义上来说,数据中反映出来的砖室墓,即使数量再多,也必须将之视为这个时代的特殊墓葬,墓主人均是具有一定社会、经济地位的人。

Ⅰ型墓,即大型双室穹窿顶砖墓,目前公开发表的资料唯见江宁上坊孙吴晚期大墓1座,发掘者推测墓主为孙吴晚期的宗室[①]。

属于Ⅱ型的双室穹窿顶砖墓和Ⅲ型的双室砖墓,是孙吴、西晋时期最常见的大型砖室墓,两者最大的区别在于后室的结顶方式,Ⅱ型为四隅券进式的穹窿顶,Ⅲ型为券顶。

Ⅳ型的"凸"字形单室砖墓,在孙吴西晋砖室墓中属于中型墓。这类墓葬东汉晚期开始出现,孙吴西晋时数量逐渐增多,进入东晋以后成为都城建康地区几乎唯一的形制。

Ⅴ型的竖穴土坑砖墓,与Ⅳ型相比缺少明显的甬道,是孙吴西晋砖室墓中的小型墓。这类长方形单室砖墓或许与两汉时期的Ⅱb型木顶石椁墓和Ⅲ型木顶砖室墓有相承之处。

---

① 南京市博物馆、南京市江宁区博物馆:《南京江宁上坊孙吴墓发掘简报》,《南京考古资料汇编》第二册,第 697—727 页;《南京江宁上坊大型孙吴墓考古发掘的主要收获》,《南京考古资料汇编》第二册,第 728—731 页。

五、墓葬所见吴都建业的"都城圈社会"

通过上文的阐述,南京周边地区的两汉、吴、晋墓地分布及墓葬形制特征已经基本廓清,接下来我们试图通过这些数据来初步认知吴都建业的"都城圈社会"问题。

笔者在旧稿中将六朝建康都城圈的东部地区分成了"近东""中东"与"远东"三个层次①。本文涉及的范围是所谓的"近东",即建康东南弧形地带以内的问题。所谓"都城圈社会",涵盖的内容非常庞杂,但重点是生活在这个圈内的人的活动。通过墓葬能够认知到的都城圈社会虽然有限,亦不乏偏颇,但笔者仍然想做一个尝试。

从两汉墓葬分布的情况来看,在南京成为吴都之前,人们更多地居住在东部弧形地带。以湖熟朱氏家族墓(表11-2 04)为例,从2号墓出土的墨书告地策木牍可知,墓主为"丹杨郡胡孰都乡安平里公乘故吏朱建"。据告地策所记,朱建在东汉建武二十九年(53)"以诵书出补乡小史",次年又"入给廷功曹小史学事",永平三年(60)"中府为尉曹□",永平八年(65)"为书佐",永元五年(81)卒②。可见在东汉前期,湖熟一带已经出现了像朱氏这样的地方豪族,他们与中原地区的诸多地方豪族一样,参与到了地方政府的行政之中,在社会、文化上,表现出了与中原的一致性。

而当时今南京市区的开发则相对滞后,六朝号称人烟稠密的城南秦淮河两岸,两汉时期尚属人烟稀少之地,孙吴以后成为主要葬地的石子冈上,除邓府山发现过3座东汉末期墓外③,迄今未见有其他汉墓的

---

① 参见前引张学锋《六朝建康都城圈的东方——以破冈渎的探讨为中心》。
② 南京市博物馆、江宁县文化馆:《南京湖熟汉代朱氏家族墓地》,《南京考古资料汇编》第一册,第484—496页。
③ 南京博物院:《南京博物院清理邓府山古残墓五座》,《南京市考古资料汇编》第二册,第753页。

报导。2007年,在市区中华门外北宋长干寺(后改名"天禧寺")、明代报恩寺遗址的发掘过程中,清理了多座两汉时期的墓葬,其中1号墓和2号墓为东汉墓葬(表11-2 01)。2号墓出土了一件带有建安二十四年(219)纪年的买地券,称"龙桃杖从余根买□(冈)上冢地"①。所谓的"□(冈)上",指的应该就是石子冈(罡)。

而就是这个石子冈,进入六朝以后,成为建业城南最集中的葬地,所谓"葬者依焉""冢墓相亚"。从上一节墓葬形制的分类以及"南京地区两汉吴晋墓葬统计表"中可以看出,孙吴、西晋时期,石子冈一带虽然也有部分Ⅱ型、Ⅲ型墓,但Ⅳ型墓和Ⅴ型墓,即中小型的凸字形单室砖墓和竖穴土坑砖墓主要集中在这一带。可见葬在石子冈的主要是居住在建业城南长干里一带的居民,也正因为如此,将军诸葛恪、孙休朱夫人被草草葬在石子冈才会成为问题。

与石子冈相比,距离建业宫都稍远的今幕府山、甘家巷、上坊、西善桥、板桥、江宁等地的吴晋墓中,属于Ⅱ型、Ⅲ型的双室砖室墓更加引人瞩目。这些墓葬的墓主人身份,虽然无法完全究明,但据少量的出土文字依然可以略知一二。

例如,南京滨江开发区缪承墓(表11-2 25)是一座"凸"字形单室砖墓,出土了孙吴建衡元年(269)的买地券,据此可知,墓主是相府吏缪承,"今还丹杨业建("建业"之误——笔者注)□乡梅府里卜安冢宅"②,从"还"字可以推断,缪承应该是其葬地附近即建业县□乡梅府里一带人。

又如,1979年江宁上坊棱角山发掘的一座孙吴天册元年(275年)

---

① 南京市博物馆:《南京市东汉建安二十四年龙桃杖墓》,《考古》2009年第1期;《南京考古资料汇编》第一册,第464—470页。

② 南京市江宁区博物馆:《南京滨江开发区15号路六朝墓葬清理简报》,《东南文化》2009年第3期。买地券文经见张学锋《南京滨江开发区吴墓出土"建衡元年"买地券补释》校正,《东南文化》2010年第1期,第60—61页。

墓(表11－2 22)①和2008年在距离棱角山百余米的沙石岗清理的一座孙吴天册元年墓葬(表11－2 28)②,两墓出土了完全相同的铭文砖,综合散见于不同墓砖上的铭文,可复原为"天册元年七月十八日儿侯师李横作甓"。"儿侯"即"倪侯",包括这两座墓葬在内的棱角山、沙石岗孙吴墓葬,为倪氏家族墓无疑。这一带古称"倪塘"(今讹成"泥塘"),地名以姓氏命名,可见倪氏非一般家族。

再如,2011年南京市博物馆在江宁区上坊更东接近句容市界的上峰张府仓村发掘了一批孙吴至东晋时期的墓葬。其中5号墓出土了"凤凰元年七月""凤凰三年九月"铭文砖,4号墓出土了"太康六年岁在乙巳□□"铭墓砖,两墓均为吴晋时期Ⅱ型、Ⅲ型双室砖墓。这两座墓葬笔者推测可能与两晋之际大臣纪瞻的父(吴光禄大夫、中书令纪陟)祖(吴尚书令纪亮)有关③。

以上三例是建业本地人士的墓葬,他们或为官僚系统中的一员,或为地方上的豪族。从"还"和"倪塘"这些关键词字中不难发现,这些家族在建业都城之外都有自己的产业,他们是这些地域真正的地主,是当地相对的土著。据考古数据及文献记载,孙吴西晋时期,建业地区至少形成了缪氏、倪氏、纪氏、陶氏、甘氏等一批地方豪族及入仕的官僚贵族。

孙吴时期从外地迁徙到建业最后卒葬于此的人数应该更多。如幕府山M2五凤元年(254)墓(表11－2 20,下同)墓主是九江黄甫,邓府

---

① 南京市博物馆:《南京郊县四座吴墓发掘简报》,《文物资料丛刊》第8辑,北京:文物出版社,1983年。
② 南京市江宁区博物馆:《南京江宁孙吴"天册元年"墓发掘简报》,《东南文化》2009年第3期。
③ 发掘资料尚未正式公布。关于墓主人与秣陵纪氏家族的关系,是笔者目前的推测,相关论述请参见前引张学锋《六朝建康都城圈的东方——以破冈渎的探讨为中心》。

山太平二年(257)墓墓主是"江夏竟陵张□□"①,郭家山 M7 永安四年(261)墓(24)墓主是立武都尉、吴郡陈重,栖霞山甘家巷 M29 建衡二年(270)墓(54)墓主徐林是广陵堂邑人,光华门薛秋墓(35)的墓主是折锋校尉、沛国竹邑东乡安平里公乘,板桥石闸湖永宁二年(302)晋墓(66)墓主是"杨州庐江郡枞阳县大中大夫汝阴□"。

以上所列外来人员中,有官员、有平民,他们的墓葬通常都是Ⅱ型、Ⅲ型墓,即大型砖室墓。像幕府山五凤元年墓墓主"大男黄甫"、邓府山太平二年墓墓主"大男江夏竟陵张□"、郭家山永安二年"大女□",身份上的"大男""大女",属于没有品秩的平民,但却能在都城附近择地建造Ⅱ型、Ⅲ型大墓,可见其背后的家族势力不可忽视。因各种原因迁徙到都城建业的官僚或富裕家族,在都城近郊占田置业、圈地立冢的现象应该非常普遍。

孙吴西晋时期Ⅱ型、Ⅲ型双室砖墓的墓主人,从地域上来源上看,既有土著亦有侨寓,从身份地位上看既有官僚亦有平民,不难想象,都城建业及都城圈的"近东",是一方五方杂俎的新天地。

结　语

南京地区战国以前属吴地,正像"金陵""秣陵"这两个典型的楚式地名所显示的那样,自公元前四世纪中叶以降,这一带受楚文化的影响非常浓厚,在司马迁《史记·货殖列传》中被归入"东楚"。秦汉统一以后,这一带成为中原势力向南方推进的前沿基地。前文提及的"土著",其实也只是南迁时间较早的汉人而已。孙吴定都建业以后,作为军政中心,新的"侨寓"人口快速积聚到这里,这里更是成为中原势力南进的

---

① 资料未发表,拓影见李蔚然《南京六朝墓葬的发现与研究》,成都:四川大学出版社,1998年,第50页。录文可参见鲁西奇《中国古代买地券研究》,厦门:厦门大学出版社,2014年,第88页。

大本营。原本流行于黄河中下游地区的前横室、后纵长方形的双室砖墓，从孙吴中期开始在都城周边流行起来，演变成孙吴及西晋时期高等级墓葬(Ⅱ型、Ⅲ型墓)的代表。这一现象表明，生活在都城建业及东部都城圈范围内的土著也好，侨寓也好，其精英阶层对这些新的文化并没有太多的抵触感，而是欣然接受了。其间，文化上的认同感起到了很大的作用，这与300年后隋平陈后的状况大不相同。

西晋平吴时，虽然吴人也被部分北人诟骂为"亡国之奴"或"貊奴"，但西晋朝廷在政治上对旧吴基本上是温存的，都城没有遭受摧毁，江东人士甚至放弃旧俗，在书法、语言、哭丧、居丧等最根本的习俗上纷纷效慕京洛。这样的现象虽然遭到了同是吴人的葛洪的"讥惑"，但这正说明了当时江东人士以西晋为"上国"的社会风尚①。前引江宁索墅砖瓦厂1号墓(表11-2 88)墓砖上出现的"姓朱江乘人居上□太岁庚子晋平吴天下太平"砖铭，正是这种社会风尚的表现。江东士人，远赴洛阳，遇褒扬则欢喜(如被誉为"五俊"或"南金"的贺循等人)，遭鄙视则愤怒(如陆机、张翰等人)，因此，江东士人对西晋的反感更多地停留在个人情感上。江东旧吴之地总体上的放弃旧俗、邯郸学步，也说明了江南独特的地域文化尚未完全形成。

与平吴相比，隋平陈后江南地区的抵抗是异常激烈的。平陈以后，隋朝政府诏命将建康城邑宫室全部平荡耕垦，意在通过消灭物质形式上的存在，将六朝曾经的繁华从人们的记忆中彻底抹去，加强陈朝旧境内的士民对隋朝的认同感。政治上的彻底摧毁，招致的是大规模的反

---

① (晋)葛洪著《抱朴子外篇》卷二六《讥惑篇》，杨明照校笺，北京：中华书局，1997年，下册第2页。又，参见唐长孺《读〈抱朴子〉推论南北学风的异同》，收入《唐长孺文集·魏晋南北朝史论丛》，北京：中华书局，2011年，第338—368页。

隋暴动,一时间,"陈之故境,大抵皆反"①,"生脔县令,啖其肉"②。其他州县也是"执长吏,抽其肠而杀之,曰:'更能使侬诵五教耶!'"③隋平陈后江南地区的猛烈抵抗,无疑说明了经过 300 余年的发展,江南地域文化已基本形成。

表 11－2　南京地区两汉吴晋墓葬统计表

序号	墓葬名称(编号)	时代	发掘时间	墓葬形制	墓葬地点
01	建安廿四年龙桃杖墓(M1、M2)	建安廿四年(219)	2007	竖穴土坑砖室墓,夫妇异穴合葬	市区中华门外明大报恩寺遗址
02	湖熟窑上村6号墓(06NHYM6)	西汉早期	2006	斜坡墓道土坑木椁墓	江宁湖熟窑上村
03	湖熟窑上村7号墓(06NHYM7)	西汉早期	2006	台阶墓道土坑木椁墓	江宁湖熟窑上村
04	湖熟朱氏家族墓(89JHM1—M6)	西汉—东汉	1989	M1:土坑木椁墓;M2:木顶砖室墓;M3、M5、M6:长方形竖穴土坑墓;M4:单室砖墓	江宁湖熟砖瓦厂
05	高家山1—3号墓	西汉末东汉初	1956	长方形石椁墓	沪宁铁路栖霞—龙潭间
06	韩家山1—2号墓	西汉末东汉初	1956	长方形石椁墓	沪宁铁路栖霞—龙潭间
07	邱家山汉墓(M2、M3)	西汉	1961	竖穴土坑墓	市区中央门北7千米
08	南空汽车营汉墓	西汉晚至王莽	1984	土坑木椁墓	市区光华门南空汽车营

---

①　(宋)司马光编著《资治通鉴》卷一七七隋文帝开皇十年(590)十一月条后,北京:中华书局,1956年,第5530页。
②　(唐)李延寿撰《北史》卷六三《苏绰传附子苏威传》,北京:中华书局,1974年,第2245页。
③　《资治通鉴》卷一七七隋文帝开皇十年(590)十一月条后,第5530页。

(续表)

序号	墓葬名称(编号)	时代	发掘时间	墓葬形制	墓葬地点
09	栖霞山化肥厂汉墓(M1、M2、M3、M4)	东汉早期	1984	单室砖墓	栖霞区甘家巷北
10	栖霞红梅村汉墓(04NHM1)	东汉中晚期	2004	单室券顶砖墓	栖霞区红梅村西侧坡地
11	鼓楼东汉墓	东汉	1955	长方形木椁墓	市区鼓楼医院内
12	栖霞山汉墓群(计22座,与05、06或有重复)	西汉—东汉	1956	两面坡石椁墓、木顶石椁墓、木顶砖室墓、券顶砖室墓、长方形竖穴土坑墓	沪宁铁路栖霞—龙潭间
13	湖熟中学汉墓(13座)	两汉	1991	不详	江宁湖熟中学内
14	江宁滨江汉墓(08NJBM2)	西汉—东汉早期	2008	竖穴土坑木椁墓	江宁区江宁街道滨江开发区
15	湖熟曹家边遗址汉墓(M1、M2、M3)	东汉前期	2009	斜坡墓道土坑木椁墓	江宁湖熟曹家边西南
16	淳化前郑家边汉墓(2010NJTM1、2010NJTM2)	东汉中晚期	2010	竖穴土坑砖室墓	江宁淳化前郑家边村东500米
17	江宁赵史岗4号墓	出赤乌十四年(251)铭青瓷虎子	1955	长方形单室砖墓	市区光华门外赵史岗
18	江宁赵史岗7号墓	孙吴	1955	"凸"字形单室砖墓,一耳室	市区光华门外赵史岗
19	江宁丁甲山太康六年曹翌墓	太康六年(285)	1955	不详	中华门外邓府山砖瓦厂
20	幕府山五凤元年黄甫墓(M1、M2)	五凤元年(254)	1979—1980	M1:"凸"字形券顶单室砖墓;M2:前横室近方形穹窿顶,后纵室长方形券顶	市区北郊幕府山之张王山东北坡

(续表)

序号	墓葬名称(编号)	时代	发掘时间	墓葬形制	墓葬地点
21	殷巷吴墓(殷巷79M1)	孙吴	1979	前室方形穹窿顶,后室长方形券顶	江宁殷巷五库大队
22	棱角山天册元年倪氏墓(上坊79M1)	天册元年(275)	1979	甬道两侧耳室;前室方形,左壁带耳室,穹窿顶;后室长方形券顶	江宁上坊城墙村棱角山
23	郭家山永安二年"大女□"墓(82GJSM6)	永安二年(259)	1982	双室砖墓,穹窿顶主室,长方形侧室	市区北郊郭家山
24	郭家山永安四年陈重墓(84GJSM7)	永安四年(261)	1984	前横室、后纵长方形双室砖墓,前室双耳室	市区北郊郭家山
25	滨江开发区建衡元年缪承墓(07NBSM3)	建衡元年(265)	2007	"凸"字形单室砖墓	江宁铜井牧龙行政村孙园村
26	东善桥凤凰三年吴墓	凤凰三年(274)	1997	前横室、后纵长方形双室形砖墓	江宁东善桥西塘村砖瓦厂
27	丁墙村天册元年墓(97NJDM1)	天册元年(275)	1997	"凸"字形券顶单室砖墓	雨花台区丁墙村东
28	沙石岗天册元年倪氏墓(08JSM1)	天册元年(275)	2008	双室砖墓,前室正方形穹窿顶,后室长方形券顶	江宁上坊永安小区(原城墙村)沙石岗
29	邓府山孙吴墓	孙吴	1986	双室穹窿顶砖墓,前室方形,后室长方形	雨花区安德门邓府山
30	柳塘村太康六年墓	太康六年(285)	1986	前室方形,后室长方形,均为穹窿顶	栖霞区燕子矶乡柳塘村
31	御道街标营1号墓	东汉—六朝早期	1955	竖穴土坑砖墓	市区御道街标营东南

(续表)

序号	墓葬名称(编号)	时代	发掘时间	墓葬形制	墓葬地点
32	郭家山8号墓(99GJSM8)	孙吴	1999	前室方形穹窿顶,西壁带侧室;后室长方形券顶	市区北郊郭家山
33	西善桥六朝早期墓	孙吴	1953	"凸"字形券顶单室砖墓	雨花台区西善桥建宁砖瓦厂
34	尧化镇六朝早期墓(92NJYHZM1)	孙吴	1992	"凸"字形券顶单室砖墓	尧化镇栖霞区法院建设工地
35	市区大光路薛秋墓(2004NBDM1)	孙吴	2004	"凸"字形券顶单室砖墓	市区大光路基建工地
36	江宁上湖4号墓	孙吴	1997	前室方形穹窿顶,后室长方形券顶	江宁区江宁镇上湖窑厂
37	栖霞大山口吴墓墓(95DXKM1、M3)	孙吴中后期	1995	M1:横前室并列双后室;M3:"凸"字形券顶单室砖墓	栖霞区大山口村董家岗
38	江宁上湖1号墓	西晋晚期	1993	"凸"字形券顶单室砖墓	江宁区江宁镇上湖窑厂
39	江宁上湖2号墓	孙吴中晚期	1993	前室方形穹窿顶,后室长方形券顶	江宁区江宁镇上湖窑厂
40	江宁上湖3号墓	西晋	1993	前室方形,后室长方形,均为穹窿顶	江宁区江宁镇上湖窑厂
41	江宁上坊吴墓	孙吴晚期	2005	双室砖墓,前后室两侧均带耳室,穹窿顶;斜坡墓道,排水沟	江宁东山街道上坊小区中下村

(续表)

序号	墓葬名称(编号)	时代	发掘时间	墓葬形制	墓葬地点
42	窑岗村30号孙吴墓(08NYYM3)	孙吴	2008	"凸"字形券顶单室砖墓	雨花台区窑岗村30号
43	黄家营六朝早期墓	孙吴·西晋	1955	前室方形,后室长方形,均为穹窿顶	江宁夹岗门内黄家营西
44	高家山2号墓(共计6座,其他未介绍)	孙吴·西晋	1962	"凸"字形穹窿顶砖墓	江宁高家山东麓
45	丁墙村六朝早期墓(DM1)	孙吴·西晋	1993	"凸"字形券顶单室砖墓	雨花台区丁墙村
46	峨嵋岭六朝早期墓(EM1)	孙吴·西晋	2002	"凸"字形券顶单室砖墓	市区五台山峨嵋岭
47	英台山2号、3号、4号墓	孙吴·西晋	1953	竖穴土坑砖室墓	中华门英台山
48	五塘村1号、2号墓	孙吴·西晋	1964—1965	M1:双室砖墓,前室穹窿顶,后室券顶;M2:双室砖墓,前后室均穹窿顶	市区中央门外五塘村
49	江坊宁村吴墓(93JSXM)	孙吴	1993	全毁,不详	江宁下坊村陈家山
50	卫岗吴晋墓	吴末—西晋	1980	单室砖墓	中山门外卫岗
51	卡子门外六朝早期墓	孙吴·西晋	1988	竖穴土坑砖室墓,迭涩顶	雨花台区卡子门外丁墙村
52	长岗村5号墓(83YCM5)	孙吴晚期	1983	"凸"字形券顶单室砖墓,东壁带耳室	雨花台区长岗村

(续表)

序号	墓葬名称（编号）	时代	发掘时间	墓葬形制	墓葬地点
53	长岗村李家洼吴晋墓（M1、M14、M15）	孙吴·西晋	1996	M1、M15：长方形券顶单室砖墓；M14：前室方形，带耳室，穹窿顶，后室长方形券顶	雨花台区雨花南路邓府山东
54	甘家巷吴墓（M14、M16、M17、M21、M23、M29）	孙吴	1974—1975	M14、16、17、21、23：单室券顶；M29：前后室穹窿顶	栖霞区甘家巷村北
55	邓府山孙吴墓（87YDM3、87YDM5、87YDM6）	孙吴	1987—1988	M3、M5："凸"字形单室砖墓；M6：前室方形，后室长方形，均为穹窿顶	雨花台区安德门邓府山
56	甘家巷高场1号墓	孙吴	1958—？	长方形券顶砖墓	栖霞区甘家巷村东
57	甘家巷前头山1号墓	孙吴·西晋	1958—？	长方形券顶砖墓，带小耳室	栖霞区甘家巷村西北
58	邓府山1号古残墓（D.F.M1）	孙吴	1951	"凸"字形券顶单室砖墓，西壁带耳室	雨花台区安德门邓府山
59	邓府山2号古残墓（D.F.M2）	孙吴	1951	长方形券顶砖墓	雨花台区安德门邓府山
60	唐家山吴墓（00NXTM1）	孙吴	2000	前室方形，右壁带耳室，后室长方形，均为穹窿顶	玄武区紫金山北麓唐家山
61	仙鹤山吴晋墓群（M1、M4、M5、M7）	孙吴·西晋 M5出土"赤乌十年"砖铭	1995	M1："凸"字形券顶单室砖墓；M4、M5、M7：前室方形穹窿顶，后室长方形券顶	栖霞区仙鹤山南麓南京师范大学内

(续表)

序号	墓葬名称(编号)	时代	发掘时间	墓葬形制	墓葬地点
62	秣陵元塘村太康四年墓	太康四(283)年	1965	长方形单室砖墓	江宁秣陵元塘村
63	官家山太康六年墓	墓砖有"太岁在乙巳"铭,太康六年(285)	1982	双室砖墓,前室穹窿顶,后室券顶	江宁陶吴乡官家山
64	将军山太康七年周氏墓(2006JJM12)	太康七年(286)	2006	双室砖墓,前后室均为穹窿顶	江宁区将军山南麓
65	周岗太康六年墓(94NNJZM1)	太康六年(285)	1994	"凸"字形单室砖墓	江宁周岗镇尚义采石场
66	板桥石闸湖永宁二年墓	太康九年(288)、永宁元年(301)铭砖,永宁二年(302)地券	1964	双室砖墓,前室穹窿顶,后室券顶	板桥镇石闸湖西北牛屎墩
67	郎家山元康三年墓	元康三年(293)	1955	长方形单室砖墓	中华门外郎家山
68	清凉山六朝墓	孙吴·西晋	不详	双室砖墓,前后室均为穹窿顶	市区清凉山麓
69	江宁张家山西晋墓	元康三年(293)、元康七年(297)铭砖	1982	双室砖墓,前室穹窿顶,后室券顶	江宁谷里梁塘村张家山
70	江宁六郎西晋墓	元康二年(292)、元康九年(299)铭砖	1973	全毁,不详	江宁六郎
71	铜井西晋墓	西晋	1973	全毁,不详	江宁铜井
72	殷巷永兴二年张君墓(79JYZM1)	永兴二年(305)	1979	前室方形穹窿顶,后室长方形券顶	江宁殷巷砖瓦厂

(续表)

序号	墓葬名称(编号)	时代	发掘时间	墓葬形制	墓葬地点
73	迈皋桥永嘉二年墓	永嘉二年(308)	1965	双室砖墓,前后室均为穹窿顶	中央门外迈皋桥鼓楼砖瓦厂
74	铁心桥尹村西晋墓	吴末—西晋初	1987	双室砖墓,前室穹窿顶,后室券顶	雨花台区铁心桥尹村
75	西岗果牧场西晋墓	吴末—西晋初	1974	平面"十"字形,由甬道、前室、后室、东侧室、西侧一室、西侧二室组成,四处祭台	东北郊西岗果牧场
76	养回红村西晋墓	西晋	1985—1988	"凸"字形单室砖墓	雨花台区养回红村
77	长岗村西晋墓	西晋	1985—1988	长方形单室砖墓	雨花台区长岗村
78	雨花村西晋墓	西晋	1985—1988	"凸"字形单室砖墓	雨花台区雨花村
79	安德门西晋墓	西晋	1985—1988	"凸"字形单室砖墓,穹窿顶	雨花台区安德门
80	杨家山西晋墓(95NBYM1)	西晋	1995	并列双室砖墓,穹窿顶	江宁板桥镇杨家山
81	南农大西晋墓	西晋	1986	长方形单室砖墓	中山门外卫岗南京农业大学内
82	郭家山11号墓	西晋	2001	"凸"字形砖墓,长方形,穹窿顶	市区北郊郭家山
83	山阴路口西晋墓	西晋	1983	长方形单室砖墓	市区山阴路口水利厅宿舍
84	草场门西晋墓	西晋	1984	长方形竖穴土坑墓	市区草场门电力学校内

(续表)

序号	墓葬名称(编号)	时代	发掘时间	墓葬形制	墓葬地点
85	板桥西晋墓	西晋	1962	双室砖墓,前室穹窿顶,后室券顶	江宁板桥
86	西善桥六朝墓	西晋	1957	长方形砖墓,平顶,纵向用砖隔成两室	雨花台区西善桥南山顶
87	小行2号墓	西晋	2000	方形单室砖墓,穹窿顶	雨花台区小行南京药械厂
88	狮子山1号墓	西晋	1984	"凸"字形单室砖墓	市区西北狮子山南麓海军四一四医院
89	索墅砖瓦厂太康元年朱氏墓(85JSM1)	太康元年(280)	1985	双室砖墓,前室穹窿顶,后室券顶	江宁淳化索墅砖瓦厂
90	谷里晋墓(2006NJGM1、2006NJGM2)	西晋末—东晋初	2006	"凸"字形单室砖墓,穹窿顶	江宁谷里向阳村砖瓦厂
91	麒麟镇西晋墓(99NJQM1)	西晋末—东晋初	1999	"凸"字形单室砖墓,穹窿顶	江宁麒麟镇南京王氏食品有限公司
92	殷巷其林村晋墓(85JYM1)	西晋末—东晋初	1985	双室砖墓,前后室均为穹窿顶	江宁殷巷其林村砖瓦厂(娘娘坟)
93	张王庙晋墓(97NZM1)	西晋	1997	长方形砖室墓,穹窿顶	下关区张王庙竹林山
94	甘家巷西晋墓(M1、M7、M8、M10、M34、M35)	西晋	1974—1975	M1、34、35:单室穹窿顶;M7、8、10:单室券顶	栖霞区甘家巷

(续表)

序号	墓葬名称（编号）	时代	发掘时间	墓葬形制	墓葬地点
95	邓府山西晋墓（87YDM11、M12、M18、M21、M22、M30、M31）	西晋	1987	M11、M12、M21：长方形单室砖墓；M18："凸"字形单室砖墓，左侧有一耳室；M22、M31："凸"字形单室砖墓；M30："凸"字形双室砖墓	雨花台区安德门邓府山
96	大光路孙吴墓（2006NBDM2）	孙吴	2006	长方形单室砖墓，左壁前段开耳室	市区大光路35号
97	余粮村孙吴西晋墓（M1、M2、M3）	孙吴·西晋	2009—2010	"凸"字形单室砖墓	沧波门外余粮村
98	端村元康五年墓（2009NJYM1）	元康五年（295）	2009	"凸"字形单室砖墓，券顶	江宁谷里端村
99	冯村西晋墓（08NJFM1）	元康八年（298）	2008	"凸"字形单室砖墓，穹窿顶	江宁区冯村

注：1. 该表资料除特殊说明外，均出自南京市博物馆编《南京考古资料汇编》第一、二册（南京：凤凰出版社，2013年）和《南京文物考古新发现（第三辑）》（北京：文物出版社，2014年）。

2. 资料的排序按上述《汇编》《新发现》。

3. 13湖熟中学汉墓，见姜林海、王志高《江宁县湖熟汉代墓地》，《中国考古学年鉴（1992年）》，北京：文物出版社，1994年，第201—202页。

六朝建康东宫考

[日]冈部毅史

马云超 译

前　言

关于魏晋南北朝的都城，已经有许多优秀的研究成果问世。特别是围绕都城中皇帝权力、政治构造与空间布局形式的关系，由于前近代的都城既是表现皇帝统治特征及其正统性的重要礼仪场所，同时也是实际的政治中枢，近年来可谓备受学界瞩目[1]。在都城中，宫城是皇帝及支撑其统治的官僚群体的活动空间，通常被视作反映都城重要性与历史特征的空间，渡边信一郎、吉田欢、小林聪、郭湖生、内田昌功等学者曾以汉魏洛阳城、曹魏邺城、六朝建康城等为对象，对宫城的形制、构

---

[1] 近年来有关都市和王权研究的学术整理，参见妹尾达彦《天と地—前近代の中国における都市と王権—》(天与地——前近代中国的都市与王权)，《中国の王権と都市——比較史の視点から—》(中国的王权与都市——从比较史的视角)，大阪：大阪市立大学大学院文学研究科都市文化研究中心编集刊行，2007年。

造和意识形态特征等诸多问题进行过探讨①。

笔者曾以南朝萧梁的立太子问题作为切入点,指出南朝时期皇太子在礼制和政治层面的重要性不断提升,阐明该时期的皇太子实际发挥着支持和补充皇帝统治的功能②。如果基于笔者有关皇太子政治地位提升的观点,一个疑问就会浮出水面,那就是六朝建康的宫城形制理应与政治构造密切相关,那么皇太子的存在是否对宫城形制产生了影响? 如果确实存在影响,我们可以预测,今天通常视作皇太子住所的东宫的相关问题,特别是其形成、布局、形制等情况,都会和宫城的历史性发展有所关联。

然而,能够回答笔者这一疑问的研究却很少。从都城构造层面言及东宫的仅有渡边信一郎,他将魏晋南北朝到唐朝以后的都城全部放在空间结构的发展这一线索之上,论及此前独立状态的东宫被限定在

---

① 关于这一时代的都城,尤其是宫城构造及其意义的研究,有郭湖生《台城辩》,《文物》1999 年第 5 期;郭湖生《台城考》,《中华古都——中国古代城市史论文集》增订再版,台北:空间出版社,2003 年。吉田欢《日中宫城比較研究》(中日宫城比较研究),东京:吉川弘文馆,2002 年。小林聪《晋南朝における宫城内省区域の展开—梁陈時代における内省の組織化を中心に—》(两晋南朝宫城内省区域的展开——以梁陈时代的内省组织化为中心),《九州大学東洋史論集》(九州大学东洋史论集)第 35 号,2007 年;小林聪《晋南朝における宫城の構造と政治空间—入直制度と「内省」に関する一試論》(两晋南朝宫城的构造与政治空间——关于入直制度和"内省"的试论),森田武教授退休記念会編《近世・近代日本社会の展開と社会科学の現在—森田武教授退官記念論文集》(近世、近代日本社会的展开与社会科学的现在——森田武教授退休纪念论文集),东京:新泉社,2007 年。内田昌功《魏晋南北朝の宫における東西軸構造》(魏晋南北朝宫中的东西轴构造),《史朋》(史朋)第 37 号,2004 年;内田昌功《北周長安宫の空间構成》(北周长安宫的空间构成),《秋大史学》(秋大史学)第 55 号,2009 年;等等。

② 冈部毅史:《梁简文帝立太子前夜—南朝皇太子の歴史的位置に関する一考察—》(梁简文帝立太子前夜——关于南朝皇太子历史地位的考察),《史学雜誌》(史学杂志)第 118 卷第 1 号,2009 年。

太极宫内东部,与同样移动到太极宫西部的掖庭、后宫共同构成了东西轴①。另一方面,如果把目光转向以建康为对象的研究,关于六朝建康的文献,自明代陈沂的《金陵古今图考》和民国朱偰的《金陵古迹图考》以来已有多种,但详细论述东宫的同样付诸阙如。唯独贺云翱曾考察六朝时期建康的都城和宫城位置,谈及官府等建筑物的布局情况,他在著书中专门设有一节谈论建康的东宫,以《建康实录》和《景定建康志》等史料为中心,针对从孙吴到南朝的东宫建置沿革和包括宫门在内的建筑物进行了说明,不过其考察仍有进一步探讨的余地②。

总之,无论都城制度研究还是皇太子研究,都不得不说对东宫没有抱以足够的关注。究其原因,首先皇太子的研究还不够充分,其次现代

---

① 渡边信一郎:《中国古代の王権と天下秩序—日中比較史の視点から—》(中国古代的王权与天下秩序——从中日比较史的角度),东京:校仓书房,2003年,第175页。

② 贺云翱:《六朝瓦当与六朝都城》,北京:文物出版社,2005年。此外,关于六朝都城建康的研究还有中村圭尔《建康の「都城」について》(关于建康的"都城"),载其《六朝江南地域史研究》,东京:汲古书院,2006年(1988年初刊);中村圭尔《建康の伝統と革新》(建康的传统与革新),载其前引《六朝江南地域史研究》。外村中《六朝建康都城宫城攷》(六朝建康都城宫城考),载田中淡编《中国技術史の研究》(中国技术史研究),京都:京都大学人文科学研究所,1998年;外村中《北周の庾信と南朝建康の東宮の園林および「小園賦」について》(关于北周庾信与南朝建康东宫的园林及《小园赋》),《ランドスケープ研究》(风景画研究)第65卷第4号,2002年。前引小林聡《晋南朝における宮城内省区域の展開—梁陳時代における内省の組織化を中心に》(两晋南朝宫城内省区域的展开——以梁陈时代的内省组织化为中心);小林聡《晋南朝における宮城の構造と政治空間—入直制度と「内省」に関する一試論》(两晋南朝宫城的构造与政治空间——关于入直制度和"内省"的试论);等等。中国大陆与台湾地区的研究则有刘淑芬《六朝的城市与社会》,台北:台湾学生书局,1992年。前引郭湖生《台城辩》《台城考》。卢海鸣《六朝都城》,南京:南京出版社,2002年。郭黎安《试论六朝时期的建业》,中国古都学会编《中国古都研究》(第一辑),杭州:浙江人民出版社,1985年。王志高《六朝建康城遗址考古发掘的回顾与展望》,《南京晓庄学院学报》2008年第1期。张学锋《六朝建康城的发掘与复原新思路》,《南京晓庄学院学报》2006年第2期;张学锋《六朝建康城の研究—発掘と復元—》(六朝建康城研究——发掘与复原),小尾孝夫译,《山形大学历史、地理、人类学论集》第13号,2012年;等等。

人往往把东宫即皇太子或其住所当作不言自明之理，这就阻碍了对一些根本性问题的分析，比如从历史角度而言，东宫形成于何时，东宫形制与当时的政治社会背景又有着怎样的关联，等等。

基于以上研究现状，本文围绕目前关注甚少的作为建筑物的东宫，以六朝建康城的东宫作为主要考察对象，在具体验证其建置过程和都城内位置，特别是与宫城位置关系的基础上，深入思考东宫的变迁和构造。通过以上考察，都城中东宫的变化以及皇太子存在的历史特性也就呼之欲出了。

一、关于都城中东宫的位置

如上文所说，一般而言的东宫是指皇太子或其住所。然而，东宫并不是任何时代都等同于皇太子，比如西汉时期的东宫是指皇太后或者其居住的长乐宫。举例来说，汉武帝初期的建元二年（前139），试图遏制外戚势力的丞相魏其侯窦婴和从属于太尉武安侯田蚡一派的御史大夫赵绾"请无奏事东宫"，结果窦太后认为自己的权力受到妨碍，盛怒之下罢免了御史大夫（《史记》卷一〇七《魏其武安侯列传》）从这一用例可以看出，东宫是指皇太后或其住所长乐宫。又如汉成帝时期的刘向曾上奏批判外戚王氏行为专横，其中的一节写道：

> 今王氏一姓乘朱轮华毂者二十三人，青紫貂蝉充盈幄内，鱼鳞左右。大将军秉事用权，五侯骄奢僭盛，并作威福，击断自恣，行汙(污)而寄治，身私而托(托)公，依东宫之尊，假甥舅之亲，以为威重。
>
> 《汉书》卷三六《楚元王传·刘向》

这里的"东宫"，颜师古注为"东宫，太后所居也"。通过这些用例可以确定，至少在西汉中期以后，东宫就是皇太后的意思。之所以称为"东"，是因为当时皇太后居住的长乐宫位于皇帝所在未央宫的东侧。同一时期皇太子的住所称为"太子宫",可能附属于作为后妃之宫的北宫内部①。那么,"东宫"指称皇太子(包括太子)住所是从何时开始的呢?有一条史料经常被用作"皇太子＝东宫"的依据,那就是《春秋左氏传·隐公三年》中"卫庄公娶于齐东宫得臣之妹,曰庄姜"这句传文所附的杜预注:

> 得臣,齐大子也。此太子不敢居上位②,故常处东宫。

同样,孔颖达的疏中也提到:

> 得臣为太子,云常处东宫者,四时东为春,万物生长在东;西为秋,万物成就在西。以此君在西宫,太子当处东宫也。或可据《易·象》:西北为乾,乾为君父,故君在西;东方震,震为长男,故太子在东也。③

也就是说,君主正位西方,太子居于东宫。特别是孔疏基于《易》和五行思想,表达了太子作为东位应当布局在君主东方的意向。后文还会详细提到,南朝建康和后世隋唐的长安城、洛阳城都在宫城东部建设东宫,"皇太子＝东方＝东宫"这一思想作为自古以来的传统,成了东宫布局的重要依据。然而必须注意的是,杜注和孔疏都是汉代以后的作品,即便汉代以前存在过"东宫＝皇太子"的观念,也无法断定会用于限定

---

① 需要了解包含长乐宫在内的西汉长安城构造,参考刘庆柱、李毓芳著《汉长安城》("20世纪中国文物考古发现与研究丛书",北京:文物出版社,2003年)最为便利。

② 北京大学标点本《十三经注疏·春秋左传正义》本句无"此"字。——译者

③ 北京大学标点本《十三经注疏·春秋左传正义》本句作"故太子在东宫也"。——译者

宫城中太子住所的实际位置①。

那么，"东宫"何时成了皇太子的代名词或其住所呢？据笔者管见，只有郭永吉考察过这一问题，其要点可以归纳为以下几条：① 先秦典籍中所见的东宫并不是包含太子在内的特定身份的称呼，它与西宫、南宫、北宫一样作为普通名词使用。② 西汉时期位于长安城东方的长乐宫被称作"东宫"，因此也用来指代长乐宫的主人（一般是皇太后，有时可能是太皇太后），而皇太子的住所是太子宫，位于未央宫的北方。③ 受五行思想影响，东汉时代起，无论太子宫的实际位置如何，都以东宫称呼皇太子，一直沿用到魏晋以后②。依据郭永吉的观点，"东宫等同于皇太子"的解释在东汉魏晋至唐代的思想史演进过程中具有重要意义，它在特定时期对皇太子所在东宫的实际位置产生影响，并且一直延续到了今天。

此外，东汉洛阳城中也有称作"东宫"的宫殿。关于它的位置有两种代表性的观点。钱国祥、村元健一主张位于南宫内的东部，马先醒则将东汉洛阳的永安宫视为东宫，主张位于洛阳城的东北方③。钱国祥

---

① 但是，《毛诗正义》卷三《国风·卫·硕人》中"东宫之妹"一句所附毛传曰"东宫，齐大子也"。因此不能说汉代以前完全没有将东宫解释为太子的用例。

② 郭永吉：《先秦两汉东宫称谓考》，《文與哲》第八期，2006 年，第 75、76 页。但作者的关注点主要在汉代以前，对于魏晋以后宫城中东宫的位置未能充分探讨。

③ 钱国祥：《由闾阖门谈汉魏洛阳城宫城形制》，《考古》2003 年第 7 期。[日]村元健一：《後漢雒陽城南宮と北宮の役割について》（关于东汉洛阳城南宫和北宫的作用），《大阪历史博物馆研究纪要》第 8 号，2010 年。马先醒：《后汉京师南北东宫之位置与其门阙》，《中国古代城市论集》，台北简牍学会，1980 年。不过村元健一是在钱国祥的基础上制成了洛阳城的复原图，并在图上标注出东汉洛阳城东宫的位置，但其位置全部注为推测，没有具体的论证。近年来有关东汉及魏晋洛阳城宫城布局的研究，除村元文外，还可以参照佐川英治《曹魏太極殿の所在について》（关于曹魏太极殿的位置），载[日]下定雅弘编《六朝隋唐的知识分子与洛阳文化》（冈山大学文学部项目研究报告书第 15 号，冈山大学文学部，2010 年）。[日]向井佑介《曹魏洛陽宮城をめぐる近年の議論》（围绕曹魏洛阳宫城近年来的议论），《史林》(史林)第 95 卷第 1 号，2012 年。

主要基于《河南志》所引卫宏《汉旧仪》佚文①等史料，将东汉洛阳的东宫理解为南宫之中皇帝使用的殿舍②，也就是把东宫视作南宫内的一座宫殿。马先醒则从西晋洛阳的东宫位置出发，认为它和汉代东宫及永安宫位于同一地点，他将洛阳城北宫定位在城内北侧，由此提出了东汉洛阳城的东宫位于北宫东南的独到见解。但是，马先醒在没有明确依据的情况下，将下文提到的《后汉书·郡国志注》所见"晋东宫"等同于东汉洛阳的永安宫，进而将其理解为汉晋两代的东宫，这一点笔者是无法认同的③。总之，关于东汉洛阳城内的东宫位置仍以南宫内一说较为有力，但很难说已经成为定论。至少可以看到，东宫与皇太子的关系是十分微弱的。在思考东宫的形成时，有一个问题意味深长：究竟是上述将皇太子及其住所认定为东宫的思想理念限定了现实中的东宫（皇太子住所），还是现实中位于皇帝"东侧"的事实对以儒学为中心的当时有关皇太子的"理念"形成产生了影响？不过，"东宫"观念形成的思想史过程及其与东宫实际选址的关系留待今后的考察，本文首先要探讨西晋的洛阳，因为那是明确存在作为皇太子住所的东宫的最早都城。下文中提到的"东宫"无论其实际位置如何，原则上都是指皇太子所居住的东宫，如果是皇太子以外的住所，则都会加以说明。

---

① 《河南志·后汉城阙古迹》"东西宫"条引卫宏《汉旧仪》曰："卫宏《汉旧仪》曰：帝为东宫，皇后在西宫。"本文参阅《河南志》［（清）徐松辑，高敏点校，北京：中华书局，1994 年］，而现通行的《汉官六种》辑本（北京：中华书局，1990 年）中没有这一条。

② 但钱国祥在《汉魏洛阳故城沿革与形制演变初探》（杜金鹏、钱国祥编《汉魏洛阳城遗址研究》，北京：科学出版社，2007 年）的"东汉洛阳复原示意图"中，将东宫标注在南宫外的东侧。

③ 西晋永安宫与东汉永安宫在同一位置的说法缺少令人信服的依据。如果将《晋书》卷二八《五行志中》中"赵王伦废惠帝于金墉城，改号金墉城为永安宫，帝寻复位而伦诛"视为西晋永安宫初建的记载，那么永安宫就是由金墉城改称而来，其位置与马先醒的设想相反，位于洛阳城的西北角。如果是这样的话，"西晋洛阳的东宫＝汉洛阳的东宫＝汉晋洛阳的永安宫"的观点无法成立。

(一) 西晋洛阳的东宫——作为皇太子住所的"东宫"的出现

不少史料能够证明西晋洛阳存在东宫,但明确显示东宫在都城中位置的却非常有限。在收入现行《河南志》(永乐大典本河南志)①的《晋都城图》中,从都城外郭数起的第二道东城墙上有建春门,其内侧就是拥有小型城墙的"太子宫"。图上显示,太子宫(东宫)在太仓北,从皇帝朝政中枢的太极殿等宫城中央来看是位于东北方向。这幅地图的测绘依据不得而知,但从现有的零星文献史料推测,东宫的位置是基本符合的。首先,《文选》卷二四陆士衡(陆机)《赠冯文罴迁斥丘令》的注解引用了陆机的《洛阳记》:

> 太子宫在太宫东薄室门外,中有承华门。

"太宫"虽然也有太庙的意思②,但这里的"太宫"应该是指皇帝之宫的宫城,由此可以确认,东宫位于宫城的东方。关于薄室门,没有其他史料可以知晓此门在洛阳的位置,因而无法断言。颜师古认为薄室(暴室)是掌管后宫染色的机构③,这是基于西汉长安城的暴室作出的解释,至于西晋时期有关"薄室"的用例,如《晋书》卷三一《后妃上·武悼杨皇后附左贵嫔》载:

> 后为贵嫔,姿陋无宠,以才德见礼。体羸多患,常居薄室,

---

① 同前引该书,第 194 页。
② 《晏子春秋·杂上三》曰:"崔杼既杀庄公而立景公(中华书局版《晏子春秋》本句作"崔杼既弑庄公而立景公"。——译者),杼与庆封相之,劫诸将军大夫及显士庶人于太宫之坎,令无得不盟者。"这里的"太宫"应该是太庙的意思,但也有可能"太宫"是"太官"的讹误。
③ 《汉书》卷八《宣帝纪》所附颜师古注曰:"师古曰:暴室者,掖庭主织作染练之署,故谓之暴室,取暴晒为名耳。"

帝每游华林,辄回辇过之。

武帝游玩宫城北部的华林园时,常常不从内殿直行,而是乘辇迂回路过贵嫔居住的薄室。由此可以想象,薄室的位置偏离西晋洛阳城的中轴线,薄室朝外(恐怕是朝东)的门称为"薄室门",薄室门正对的地方就是东宫。

推测东宫的地点还有一条线索,那就是翟泉(狄泉)和太仓的位置。不过翟泉的位置因时代而不同,史料中也是众说纷纭。本文为避开繁琐的考证,暂且不论周代以来翟泉的正确位置,而是以西晋时代所认知的翟泉及其与东宫的位置关系为中心进行考察。

考虑翟泉和太仓的位置时,首先要参考的就是《洛阳伽蓝记》卷一《城内·建春门》的记载。

> 建春门内御道南有句盾、典农、籍田三署。籍田南有司农寺。御道北有空地,拟作东宫,晋中朝时太仓处也。太仓西南有翟泉,周回三里,即《春秋》所谓"王子虎、晋狐偃盟于翟泉"也。水犹澄清,洞底明净。鳞甲潜藏,辨其鱼鳖。高祖于泉北置河南尹。中朝时步广里也。泉西有华林园。高祖以泉在园东,因名"苍龙海"。华林园中有大海,即汉天渊池。

从中可见,御道东西向穿过洛阳城东侧最北的建春门,而御道北侧有一片预定建设北魏东宫的空地,这里就是西晋时代的太仓,翟泉就位于太仓的西南。另一方面,御道南侧并立着铁路句盾、典农、籍田三座衙署,其西南是北魏的太仓。《洛阳伽蓝记》卷一《城内·昭仪尼寺》中记载道:

> 昭仪寺有池,京师学徒谓之翟泉也。衒之按杜预注《春秋》云翟泉在晋太仓西南,按晋太仓在建春门内,今太仓在东

阳门内,此地今在太仓西南,明非翟泉也。

杨衒之认为,北魏太仓西南昭仪寺境内的水池并非杜预所说的翟泉。这一点姑且不谈,需要注意的是,《洛阳伽蓝记》明确区分了西晋和北魏的太仓选址,西晋的太仓位于通过建春门的御道以北,北魏的太仓位于建春门以南的东阳门内侧,而且恐怕是在穿过东阳门的御道北侧。这一认识与《水经注》卷一六《谷水》所记载的翟泉位置是相互关联的:

> (华林园天渊)池水又东流,入洛阳县之南池,池即故翟泉也,南北百一十步,东西七十步。皇甫谧曰:悼王葬景王于翟泉,今洛阳太仓中大冢是也。《春秋·定公元年》,晋魏献子合诸侯之大夫于翟泉,始盟城周。班固、服虔、皇甫谧咸言翟泉在洛阳东北,周之墓地。今案周威烈王葬洛阳城内东北隅,景王冢在洛阳太仓中,翟泉在两冢之间,侧广莫门道东,建春门路北,路即东宫街也,于洛阳为东北。[1]

郦道元在此引用了皇甫谧的观念,认为翟泉和太仓位于周景王的墓地上,毋庸赘言,这里是指魏晋时代的洛阳。不仅如此,"今案"以下郦道元本人言及的太仓也不是北魏,而是西晋的太仓。事实上,郦道元对翟泉位于西晋洛阳太仓西南的观点是持有异议的,他认为北魏华林园中的天渊池东流形成的洛阳县南池是"故狄泉",而翟泉则在洛阳城内东北角的威烈王墓与景王墓之间。如果依从郦道元的观点,景王墓在太仓中央,威烈王墓在洛阳城东北角,那么翟泉的位置就会远比基于《伽蓝记》的推测更偏向东北。但是,郦道元所说的翟泉在洛阳城中的位置,特别是相对于宫城的位置,过于偏东,本文基于《伽蓝记》仍认为翟

---

[1] 本文所用《水经注》的版本为杨守敬、熊会贞疏《水经注疏》,段熙仲点校,陈桥驿复校,南京:江苏古籍出版社,1989年。

泉位于西晋太仓的西南方。

明确了太仓和翟泉的所在地,应该就能够推测西晋东宫的位置。实际上,有两条史料可以说明翟泉和东宫的位置关系。其一是《太平寰宇记》卷三《河南道三》引戴延之《西征记》曰:"太子宫东有翟泉",其二是《续汉书·郡国志一》"河南翟阳"条中"有狄泉,在城中"一句所附的刘昭注:

> 左传僖二十九年"盟于狄泉",杜预曰城内太仓西南池水。或曰本在城外,定元年城成周乃绕之。案:此水晋时在东宫西北。

《西征记》认为东宫在翟泉之西,刘昭注则主张东宫位于翟泉的东南。两则史料所指的东宫翟泉可能不在同一地点,我们也难以判断孰是孰非,但《西征记》的作者戴延之(戴祚)曾跟随刘裕讨伐后秦,根据洛阳的实地见闻留下了记录,而刘昭的《续汉书注》成书晚于《西征记》,刘昭应该没有进行实地考察,而是基于自己的推测,加上没有注明文献依据,因此本文采用《西征记》的记载,认为东宫的位置在翟泉以西①。根据上述推测,东宫在洛阳中的位置想象图如图12-1所示②。

以上探讨了西晋时期洛阳城中东宫的位置,结论是东宫位于宫城的东部,除了与太仓的位置关系南北颠倒外,大致符合《河南志》所收《晋都城图》的布局。这样的结论终究只是根据文献史料的推测对位置

---

① 关于《西征记》,详见[日]森鹿三《劉裕の北伐西征とその従軍紀行》(刘裕北伐西征及其从军纪行),载其《东洋史研究·历史地理篇》,京都:同朋舍,1970年(1937年初刊)。

② 本图在前引钱国祥《由闾阖门谈汉魏洛阳城宫城形制》(《汉魏洛阳城遗址的研究》第58页)"魏晋洛阳城平面布局复原示意图"基础上制成。外村中推测的东宫也基本在同一位置上,参见外村中《魏晋洛陽都城制度攷》(魏晋洛阳都城制度考),《人文学報》(人文学报)第99号,2010年,第12、13页及第11页"图8魏晋洛阳复原示意图"。

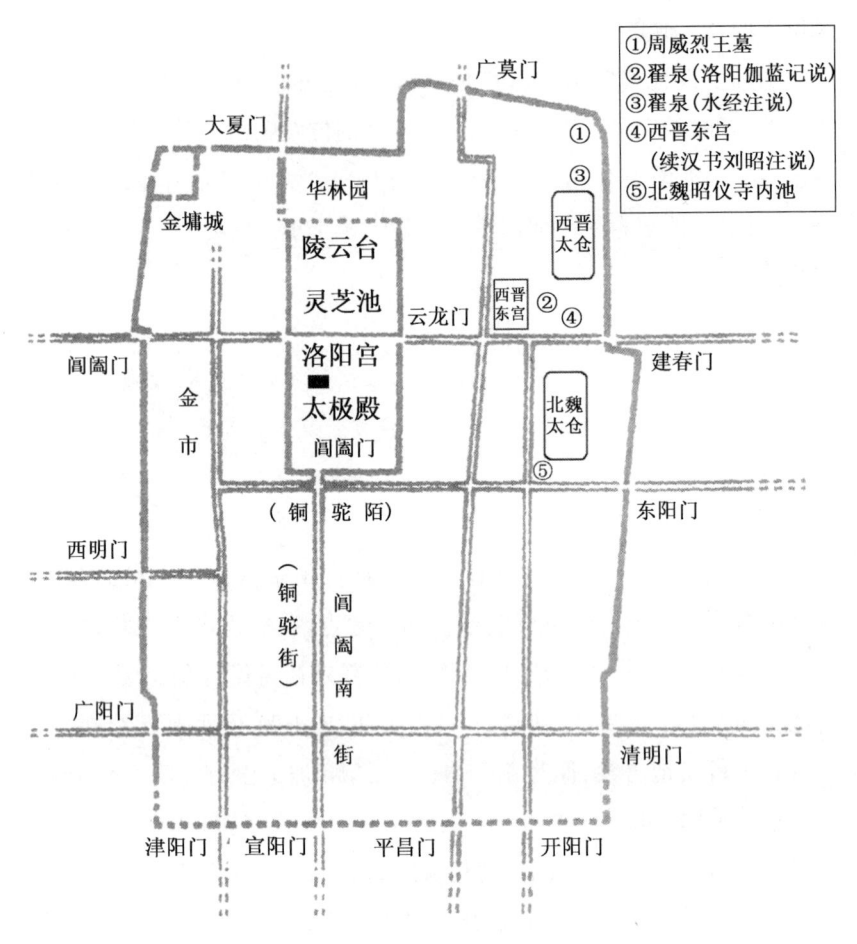

图 12-1 西晋洛阳东宫位置推定图

关系进行概念性的把握,但我们可以看到,上述礼制层面皇太子的理想布局,即"宫城的东方＝东宫",至晚在西晋时代已经付诸实践了。由于曹魏时期的皇太子,并非恒定存在[①],位于宫城东方、作为皇太子住所的东宫发轫于西晋洛阳的东宫,这几乎是没有疑问的。这样的东宫布

---

① 曹魏时期的皇太子,除即位前夕形式上立为太子的明帝和齐王曹芳外,只有曹魏"帝国"形成前曹魏王国时代的建安二十二年(217)曹丕曾被立为魏太子,在位时间仅四年。参见冈部毅史《梁简文帝立太子前夜—南朝皇太子の歴史的位置に関する一考察—》

局恐怕是从晋惠帝(司马衷)被立为太子的泰始三年(267)前后开始规划的,通过上述经书的注疏可以看到,东宫的布局很可能反映了理想的礼制。那么,西晋洛阳城中首次布局在宫城东北的东宫,在后世都城中又是怎样布局的呢?这是下一节所要探讨的问题。

(二) 东晋南朝建康的东宫——变迁与位置的确定

关于六朝建康城中宫城和东宫的布局,通过《景定建康志》卷二一《城阙志二·古宫殿·晋永安宫》所引《舆地志》的记载可以知其大略:

> 吴东宫,在(太初宫)城之南。晋初,东宫在(台)城之西南,其后移于宫城之东南。宋、齐、梁、陈又在宫城之东北。

本节围绕东晋南朝时期东宫的变迁,参考贺云翱研究的同时,依据《舆地志》的记载重点确认东宫与宫城的关系。

陈敏在孙权创建的太初宫基础上建立了府舍,而东晋最初的宫城又是在陈敏府舍的基础上建造的。贺云翱指出,此时的建康城已经具备后世六朝建康城所共有的特点,如南面的正门称为"大司马门",台内前后分隔,前半部分是以太极殿为中心的政务区,后半部分是皇后等居住的后宫区[①]。元帝和明帝都曾使用源于孙吴太初宫的台城,但成帝时代的咸和二年(327)爆发了苏峻之乱,宫城及建筑物全部化为灰烬。叛乱结束后,有大臣提议迁都会稽或豫章,但领导朝议的王导主张在建康重建宫城。新宫城于咸和七年(332)竣工,但不是建在原来的地点,

---

① 但是,梁天监十二年(513)在南掖门(阊阖门)的位置上建设端门作为正门,大司马门的正门地位下降。关于包含门在内的魏晋南北朝太极殿的沿革,参见渡边信一郎《六朝隋唐の大極殿とその構造》(六朝隋唐的太极殿及其构造),载《都城制研究(2) 宫中枢部に形成と展開:大極殿の成立をめぐって》[都城制研究(2) 宫中枢部的形成与展开:围绕太极殿的形成],奈良:奈良女子大学 21 世纪 COE 项目古代日本形成特征说明的研究教育据点编辑刊行,2009 年。

而是在太初宫以北的孙吴苑城上建立起来。这一新宫城（也称为建康宫、显阳宫）曾于孝武帝太元三年（378）二月至七月历时半年重建，主持重建的谢安以"是时宫室毁坏"（《晋书》卷七九《谢安传》）斥退了尚书令王彪之等人以外寇为由的反对意见。不过此次重建是在同一地点，之后整个南朝也没有发生改变。那么，在宫城布局的变迁中，东宫位置又是怎样的呢？

首先，两晋南朝时代，皇太子几乎是恒定在位的，唯独东晋时期立皇太子的时间极短。魏晋南朝时期的皇帝统治基本上是在辅佐皇帝、守卫宗庙的前提下皇帝与皇太子并立，这既是理念也实际得以遵守[①]。然而在东晋时期，司马氏嫡系"大统"继承的皇位是由"本统"的琅邪王加以补充的，两者以兄弟形式分担皇帝位和琅邪王位，这一方式优先于皇帝与皇太子并立的理论，导致东晋皇太子的在位时间比其他时代短促得多[②]。东宫的设立原则上应当与皇太子在位相互关联[③]，事实上东晋的东宫营建也是以与皇太子在位密切对应的形式展开的。

东晋最早被立为太子的是元帝的皇太子司马绍（明帝），可以想象东宫最初就是为司马绍建立的。《建康实录》卷九《烈宗孝武帝》太元十七年（392）八月条"新作东宫，徙左卫营"后注曰：

> 案，晋初，太子宫在宫西，虽东宫，实有皇后之宫，今去台城西南角外，西逼运沟（原文如此）。至此年，烈宗始新于宫城

[①] 参见前引冈部毅史《梁簡文帝立太子前夜—南朝皇太子の歴史的位置に関する一考察—》。

[②] 关于东晋时期皇帝与琅邪王家的关系，详见［日］三田辰彦《東晋の琅邪王と皇位継承》（东晋琅邪王与皇位继承），《集刊東洋学》（集刊东洋学）第96号，2006年。

[③] 当然，皇太子空缺而东宫继续存在的情况也是存在的，还有如刘宋文帝的太子刘劭那样幼年不住东宫而住在永福宫中的情况（《宋书》卷九九《二凶传》）。关于永福宫，［日］海野洋平《梁の西省について》（关于梁代西省）有详细的分析，《歴史》（历史）第90号，1998年。

东南，移左卫营，以其地作之，即安帝为太子所居宫也。义熙中，讨卢循，刘裕坏其林（原文如此）造舟舰。地在今县东五里护身寺西，在御街东也。

时间不太明确，但恐怕稍晚于元帝即位和立太子的太兴元年（318）。直到孝武帝于太元十七年在左卫营之地新建东宫之前，最早的东宫（太子宫）位于宫城的西方。文中的宫城"今去台城西南角外，西逼运沟（运渎）"。又前引《舆地志》云"晋初东宫在台城西南"，可见是指成帝咸和七年以后的宫城，与晋初的东宫在时间上不匹配。尽管没有史料直接说明晋初宫城和东宫的位置关系，但晋初的宫城在新宫城（孙吴苑城）以南，而东宫在新宫城的西南角外，可以想象东宫是位于宫城正西的位置。本应成为元帝皇后的王妃虞氏没有等到元帝即位，就在永嘉六年（312）去世了，而明帝的庾皇后、成帝的杜皇后都没有记载拥有独立的"宫"，加上下文《景定建康志》所引《宫苑记》佚文中的"东宫"是指永安宫，由此可见"虽东宫，实有皇后之宫"一节的意思是"宫城东方的东宫虽然名为东宫，但实际上是皇后的宫殿"，所指应该就是新宫城建立后穆帝何皇后所居住的永安宫。无论如何，东宫的位置显然没有继承西晋洛阳的布局。其原因尚不明确，但是不妨这样推测：从华北南渡之时仓促建立东宫，没有充分的设计方案，所以不得已采用了非正常的布局方式。

从司马绍被立为太子算起，中间除去司马衍（成帝）自太宁三年（325）三月到闰八月为期约六个月皇太子在位，以及两名名不符实的皇太子在位，到司马德宗（安帝）立为太子时已经过去了四十七年之久①。

---

① 从司马衍即位皇太子位空缺到司马德宗被立为太子，司马聃（穆帝）和司马昌明（孝武帝）曾被立为太子。但是两人的在位时间极短，仿佛只是为了以太子身份即位。穆帝于建元二年（344）九月丙申（二十四日）被立为太子，戊戌（二十六日）康帝崩，癸亥（二十七日）两岁即位，皇太子在位仅四天（《晋书》卷八《穆帝纪》）；孝武帝于咸安二年（372）七月己未（二十八日）被立为太子（原作"乙未"，据中华书局1974年点校本改），同日简文帝崩，当天即位（《晋书》卷九《孝武帝纪》）。

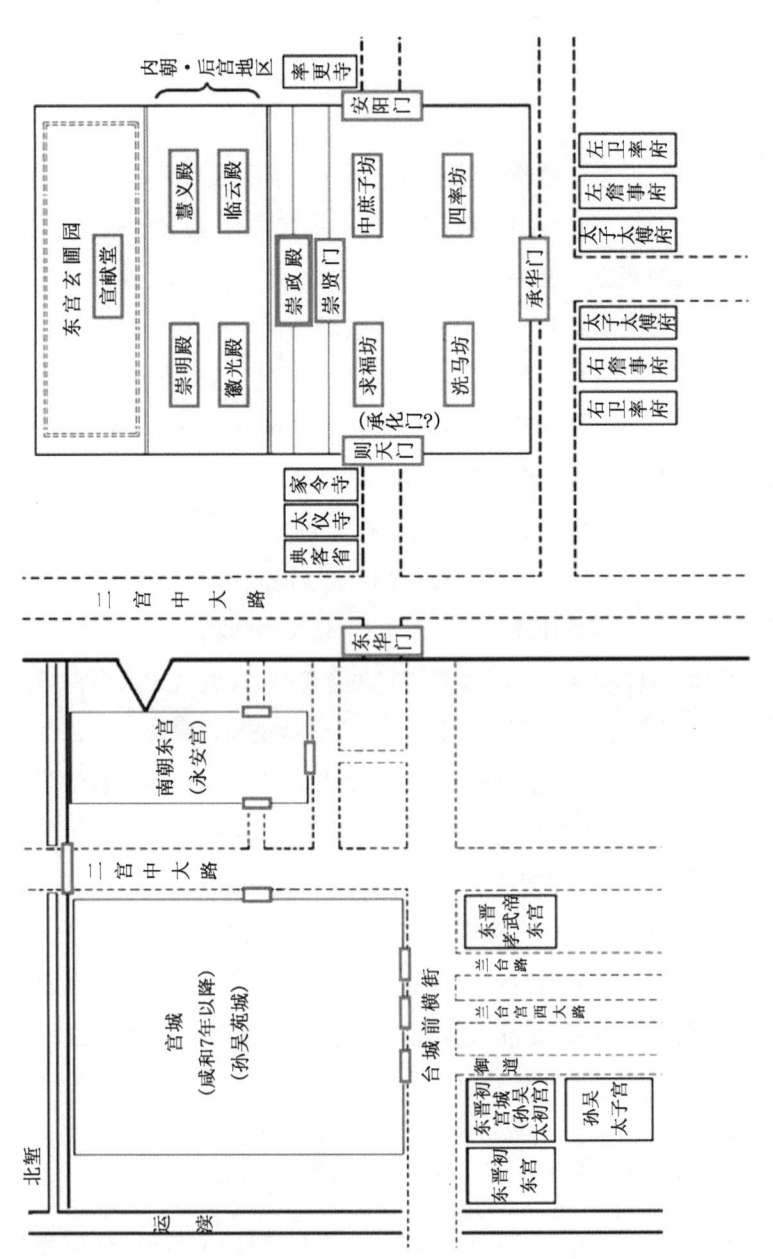

324 "都城圈"与"都城圈社会"研究文集——以六朝建康为中心

图 12-2 六朝建康东宫的布局与详细示意图

以此次立太子为契机,太元十七年(392)八月新设了东宫。关于孝武帝新设东宫以及与此相关的皇太子政策的划时代意义留待第三节详述。前引《建康实录》也提到,此时设立的东宫是在宫城东南原左卫营的地点上新建的,相对宫城的位置,与其说东方,不如说是在东南,这一点与西晋洛阳截然不同。东宫位于宫城的正东方,这需要等到刘宋文帝元嘉十五年(438)七月为刘劭建立东宫之时①。刘劭东宫所在的地点,原本是东晋时期穆帝的皇后何氏在穆帝死后居住的永安宫,《舆地志》称其在宫城东北,也就是和西晋洛阳的东宫几乎同一位置。此后虽经历了刘劭败死后的部分撤除、新建,以及因齐梁革命时的交战和侯景之乱等战乱而屡屡改建殿舍,但都城内的基本布局都没有发生变化。

图12-2是表示从东晋初期到刘宋元嘉以后宫城与东宫布局变迁的示意图。东宫的位置"回归"到西晋以来的位置,实际上花费了东晋一代的时间②。那么,为什么东晋一代都没有在理想的位置上建立东宫呢? 这一问题连同孝武帝时期的东宫政策是第三节将要探讨的内容,为了掌握六朝时期东宫的实际情况,下面必须对东宫的构造特征进

---

① 该年新设东宫之事见于《建康实录》卷一二宋太祖文皇帝元嘉十五年条。元嘉十五年的东宫修整和同年的皇太子纳妃、第二年的冠礼等都是皇太子刘劭政治地位提升的一环,这一连串事件与此前受重用的皇弟刘义康的失势(元嘉十七年)互为表里。关于这一时期刘义康与刘劭的关系和历史性意义,可参考安田二郎《元嘉時代政治史試論》(元嘉时期政治史试论),载其《六朝政治史研究》,京都:京都大学学术出版会,2003年,1973年初刊。

② 但是,"东宫"这一称谓专指皇太子的住所是在南朝以后。晋代仍然称为"太子宫",皇太子以外的住所也可以称为东宫。如《晋书》卷五九《赵王伦传》记载赵王伦成为相国后专权,"增相府兵为二万人,与宿卫同,又隐匿兵士,众过三万。起东宫三门四角华橹,断宫东西道为外徼。"正如王鸣盛在《十七史商榷》卷四九东宫西宫中所指出的那样,这里的"东宫"是指相国府。还有后文提到的《景定建康志》卷二一《城阙志二·古宫殿》"晋永安宫"条引《宫苑记》:"永安宫,在台城东华门外。孝武太元二十一年新作东宫,本东海王第。"这里的"东宫"可以看作是指何太后的住所永安宫。也就是说,两晋时期的东宫虽是指太子住所,但并不具有排他性。不过从第三节将提到的东晋同时期史料《东宫旧事》中将皇太子住所明确称为东宫来看,东宫用于专称皇太子住所的趋势是无疑的。

行确认。

二、东宫的构造——以建康为中心

本节将选取构成东宫的三个主要要素,即外郭与门阙,作为正殿的崇政殿及其主要殿舍,以及作为园林的东宫玄圃园。(参照图12-2)。

首先是东宫的外郭和门阙。根据上节引用的《舆地志》,东宫在宫城的东北方。之所以是东北,原因恐怕是元嘉十五年时以宫城正东一线为中心建造的东宫,以南齐文惠太子时期东宫北方的玄圃园扩建工程为契机,其北端扩张到了与台城北堑相同的位置[①]。此外,东宫虽然与宫城东部相邻,但两者之间被连接都城北方延熹门和南方清明门的二宫大路隔开[②]。关于周边的情况,《景定建康志》卷二〇《城阙志一·东宫城》引《宫苑记》曰:

> 案:《宫苑记》:宋元嘉十五年,修永吉(原文如此)宫为"东宫城",四周土墙堑两重,在台城东门外,南、东、西开三门。

可见东宫四周有城墙和双重城壕环绕。借助二宫大路和城墙,东宫在理念和实际上都已经独立于宫城之外。但侯景之乱时,侯景军曾在东宫的城墙上向宫城内发动进攻(《梁书》卷五六《侯景传》),可见两者间

[①] 《南齐书》卷二一《文惠太子传》曰:"开拓玄圃园,与台城北堑等。"《梁书》卷八《昭明太子传》曰:"太子孝谨天至,每入朝,未五鼓便守城门开。东宫虽燕居内殿,一坐一起,恒向西南面台。宿被召当入,危坐达旦。"皇帝和皇太子的具体位置关系尚不明确,但可以看出东宫比皇帝居住的宫城中枢更加偏北。

[②] 二宫大路的存在,见《景定建康志》卷二〇《城阙志一·东宫城》引《宫苑记》。

的实际距离并不很远①。关于城墙上的门,上述《宫苑记》记载其东、西、南三面各有一门,此外还有一则《宫苑记》的佚文,《景定建康志》卷二〇《城阙志一·门阙·古东宫门》引《宫苑记》:

> 南面正中曰承华门,直南出,路东有太傅府,次东左詹事府,又次东左率府。路西有少傅府,次西右詹事府,又次西右率府。东面正中曰安阳门,东直对东阳门,西对温德门。西面正中曰则天门,西直对台城东华门,东率更寺,西家令寺,次西太仆寺,更西有典客省。

南面正门为承华门,东、西两面分别有安阳门和则天门②。此外西面还有奉化门③,但不清楚是则天门的别名还是另有其门。北面的门没有记载,但既然皇太子是皇帝的"公认模仿者",其住所东宫应当一定程度上模仿了宫城,所以北门恐怕是存在的。此外虽无法断定,但东面似乎还有崇福门,见于《太平御览》卷三五二《兵部八三·戟上》引《张敞晋东宫旧事》④:

---

① 可以想象,宫城和东宫相隔太远就会阻碍皇帝与皇太子共享情报。关于皇帝与皇太子交换有关政务的意见,参考前引冈部毅史《梁簡文帝立太子前夜——南朝皇太子の歷史的位置に関する一考察—》(梁简文帝立太子前夜——关于南朝皇太子历史地位的考察),第 27 页。此外,贺云翱在《六朝瓦当与六朝都城》第 157 页基于南京市博物馆 2001 年起为期两年的发掘调查,推定大行宫地区太平南路以东发现的六朝时代南北走向的道路就是二宫大路。

② 根据《宫苑记》的记载,安阳门与理应位于都城东面、建春门以南的东阳门相对,因此贺先生认为它不是元嘉十五年以后东宫的门,而是东晋太元十七年东宫的门。

③ 《宋书》卷七〇《袁淑传》载,太子左卫率袁淑试图阻止刘劭从宫城东门的万春门进入宫中弑杀文帝,自己在奉化门外被杀。《资治通鉴》卷一二七宋太祖元嘉三十年条胡注曰:"奉化门,东宫西门。"

④ 同书卷三五七《兵部八八·楯下》引《张敞晋东宫旧事》作:"东宫外崇福门,门各羌楯十幡,鸡鸣戟十张。"

东列崇福门,门各羌楯十幡、鸡鸣戟十张。

后文将详细提到,《张敞晋东宫旧事》(又名《东宫旧事》《东宫故事》)是整理太元十七年以后有关东晋东宫诸事的书籍,可否适用于南朝以后的东宫值得留意,但实际上应该是可用的。除四面的门外,东宫内侧可能还有崇贤门,《艺文类聚》卷三九《礼部中·朝会》引《东宫旧事》曰:

正会仪,太子着远游冠、绛纱袍,登舆至承华门,设位拜二傅。二傅交礼毕,不复登车。太傅训道在前,少傅训从在后。太子入崇贤门,乐作。太子登殿,西向坐。

这里的"正会仪"是正月元会上皇太子与师傅(太子三师、太子三傅)交礼的仪式,唐朝也存在同种礼仪(《大唐开元礼》卷一一三《嘉礼·皇太子与师傅保相见》)①。即便在《开元礼》中,东宫之门和正殿之门也都被用作礼仪的舞台,由此看来,崇贤门应该位于东宫正殿,即崇政殿的前方②。

其次是关于殿舍,首先要举出的就是崇政殿(崇正殿)。崇政殿是东宫的正殿,相当于宫城的太极殿,对于皇太子而言是极其重要的建筑。刘宋明帝泰豫元年(472)正月,皇太子刘昱(后废帝)代替病中的明

---

① 有关该礼仪的分析,见[日]佐藤和彦《『大唐開元礼』に見える皇太子の師傅尊崇儀礼について——儀礼から見る東宮機構の変化—》(关于〈大唐开元礼〉所见皇太子的师傅尊崇礼仪——礼仪所见东宫机构的变化),《立正史学》(立正史学)第 97 号,2005 年。

② 《唐两京城坊考》卷一《西京》中关于唐朝长安的东宫提到:"宫之正殿曰嘉德殿,正门曰重明门,殿门曰嘉德门。"因此六朝时的崇贤门地位上相当于唐朝长安的嘉德门。

帝在东宫举行元会,地点应该就在崇政殿①。再者,崇政殿还用作皇太子讲授《孝经》的场所②。皇太子的《孝经》讲授连同释奠、冠礼,都是"表现皇太子完全具备皇帝继承资格的礼仪,具有重要的象征功能"③。作为宣传皇太子的舞台,崇政殿是最合适的场所。此外,刘宋文帝的皇太子刘劭和昭明太子的嫡子萧欢都将崇政殿作为服丧的场所,并在殿上设置了倚庐。这是因为魏晋南北朝时,太极殿被视作古代的路寝,并在路寝上设置服丧时候的倚庐,于是相当于太极殿的崇政殿就成了皇太子及其嫡子设置倚庐的场所④。崇政殿比定为宫城的太极殿,可见对应着外朝的范围,但同时也存在相当于内朝、后宫的建筑。刘宋前废帝的皇后何氏在太子妃时代死于徽光殿(《宋书》卷四一《后妃传》),梁武帝的夫人、昭明太子与简文帝的生母丁贵嫔(令光)的殡礼在临云殿举行(《梁书》卷七《皇后·高祖丁贵嫔传》),这些可以比定为宫城中皇太后、皇后居住的显阳殿和昭阳殿⑤。还有,南齐文惠太子令王僧儒宿直(《梁书》卷三三《王僧儒传》)、令许懋侍讲(《梁书》卷四〇《许懋传》)、

---

① 《宋书》卷八《明帝纪》泰豫元年(472)正月条:"泰豫元年春正月甲寅朔,上有疾不朝会。以疾患未瘥,故改元。赐孤老贫疾粟帛各有差。戊午,皇太子会万国于东宫,并受贡计。"

② 能够确认曾在崇政殿讲授《孝经》的皇太子有刘宋前废帝(《宋书》卷七《前废帝纪》)和南齐文惠太子(《南齐书》卷二一《文惠太子传》)。此外,梁昭明太子恐怕是在东宫内的寿安殿讲授《孝经》,其原因不得而知(《梁书》卷八《昭明太子传》)。

③ [日]松浦千春:《魏晋南朝の帝位継承と釈奠儀礼》(魏晋南朝的帝位继承和释奠礼仪),《東北大学東洋史論集》(东北大学东洋史论集)第9卷,2003年,第160页。

④ 《通典》卷七九《礼三九·沿革三九·凶礼一·大丧初崩及山陵制》在议论西晋时期皇帝驾崩之际设置倚庐的场所时提到:"又问:按景帝故事,施倚庐于九龙殿上东厢。今御倚庐为当在太极殿不?诸王庐复应何所?权琳议:按《尚书·顾命》,成王崩,康王居于翼室。先儒云'翼室于路寝'。今宜于太极殿上,诸王宜各于其所居为庐,朝夕则就位哭临。"

⑤ 《南齐书》卷二〇《皇后传·武穆裴皇后》记载:"旧显阳、昭阳二殿,太后、皇后所居也。"

最后自己也死在崇明殿(《南史》卷四四《齐武帝诸子传·文惠太子》)，昭明太子将慧义殿视作"专为法集之所"(《梁书》卷八《昭明太子传》)，这些都应该位于作为政务区的崇政殿以北的内朝、后宫范围之内。

皇太子和皇帝一样拥有家臣(宫臣、宫僚)，既然要从事政务，必然就有东宫官僚们执勤的厅舍。东宫外的厅舍有上引《宫苑记》所见的太子太傅府、太子少傅府、左右詹事府、左右卫率府、率更寺、太仆寺、典客省。与宫城一样，东宫内除上述殿舍外还另设有厅舍。根据《东宫旧事》，东宫有中庶子坊①，这恐怕是唐朝太子左春坊、右春坊(分别相当于门下省和中书省)中左春坊的源头，此外东宫应该还配有职务上相当于侍中的官员。

最后是关于园林。玄圃园是东宫的独立园林，园林史研究中通常将其视作南齐文惠太子时代豪奢趣味和建筑的代表②。但根据《宋书》卷二九《符瑞志下》记载：

元嘉二十二年七月，东宫玄圃园池二莲同干，内监殿守舍人官勇民以闻。

玄圃园早在南齐之前就存在了，恐怕是元嘉十五年新设东宫前后建造的。玄圃园有时被用作宴会的场所(《南齐书》卷三一《荀伯玉传》、《南齐书》卷四四《沈文季传》、《梁书》卷三三《王筠传》等)，梁代晋安王萧纲(简文帝)曾在此讲授佛法和五经等。但除了私人活动外，玄圃园也用于公务，如文惠太子曾在园内宣猷堂进行三署囚人的录囚工作。录囚

---

① 《太平御览》卷一八四《居处部十二·钥》记载："《东宫旧事》曰：守钥四人，对番上下。(注：东宫门钥在中庶子坊)"此外还有求福坊(《初学记》卷一〇《皇太子》引张敞《晋东宫旧事》)、四率坊、洗马坊(《太平御览》卷六九九《服用部一·帐》引《东宫旧事》)，都可以在《东宫旧事》中得到确认。

② 关于玄圃园，可参照前引外村中《北周の庾信と南朝建康の東宮の園林および「小園賦」について》(关于北周庾信与南朝建康东宫的园林及《小园赋》)。

无非是模仿皇帝在华林园的录囚行为,这也可以证明皇太子是皇帝的模仿者,东宫是与皇帝的宫城相对应的机构①。

以上简要确认了南朝建康的东宫构造,从中可以看到,以皇太子刘劭的政治地位提升为契机,南朝的东宫机构也在不断发展并复杂化。尤其值得注意的是,东宫的发展是朝着向皇帝和宫城靠拢的方向进行的②。在思考两晋南朝东宫的历史发展时,即便抛开机构层面的问题不谈,东晋不仅没有把东宫设计在宫城的东方,皇太子在位本身也十分罕见,这不得不说是一个极其特殊的时代。正如第一节中探讨了东晋皇太子在位和东宫建置的情况,孝武帝时隔半世纪后再次设立太子,从相应的皇太子在位和新设东宫可以预测,孝武帝时期作为走向南朝的转折点具有划时代的意义。本文最后将考察孝武帝时代的东宫和皇太子,从中确认六朝建康东宫的历史性质。

三、东晋孝武帝时期的东宫

关于东晋孝武帝,如上所说他"好土工",曾大规模营建新宫(尽管主导者是宰相谢安),建造华林园内的清暑殿、东宫和永安宫等,沉迷佛教却"溺于酒色,殆为长夜之饮"(《晋书》卷九《孝武帝纪》),往往被视作

---

① 关于当时的录囚,参见辻正博《魏晋南北朝时代の聴讼と録囚》(魏晋南北朝时代的听讼与录囚),《法制史研究》(法制史研究)第 55 号,2006 年。

② 但必须注意的是,上述关于东宫的特征,特别是正殿、正门、园林的基本构造,都不是南朝突然出现的,而是在西晋洛阳就有了萌芽。关于西晋的崇政殿,见于《晋书》卷五五《潘岳传附潘尼传》中潘尼《释奠颂》和《文选》卷二四潘仁安(潘岳)《为贾谧作赠陆机》李善注,至迟在惠帝时期,崇政殿已经建造作为东宫的正殿了。另据《晋书》卷五三《愍怀太子传》与《文选》卷二〇陆士衡(陆机)《皇太子谯玄圃宣猷堂有令赋诗》引杨佺期《洛阳记》,东宫北部的玄圃园、宣猷堂,正门承华门和崇政殿的崇贤门从西晋就已经存在。但若以此认为东宫的构造在西晋已经完备,那就操之过急了,皇太子的政治活动本身在西晋还很微弱,进入南朝之后才变得显著起来。鉴于此,尽管南朝东宫继承了西晋东宫的基本构造,但刘宋以后伴随皇太子参政机会不断增多,南朝东宫才取得了发展,这一看法是比较妥当的。

对政治缺乏关心的皇帝。《南史》卷二四《王韶之传》记载：

> 晋帝自孝武以来常居内殿，武官主书于中通呈，以省官一人管诏诰，住西省，因谓之西省郎。

因此，将孝武帝视为政务重心不在朝政而在内朝和后宫的南朝性"内向"皇帝的先驱也是无可厚非的①。不过，这只是孝武帝的一个侧面。正如田余庆先生所说，在贵族制全盛并强烈掣肘皇帝权力的东晋时代，孝武帝致力于加强皇权，并且确实取得了一定的成果②。同时，田余庆先生将孝武帝时期视作东晋门阀政治到刘宋皇权政治的过渡期，而皇权得以伸张的原因之一是士族的衰微（孝武帝亲政期间，桓冲及谢安、谢玄、谢石等陈郡谢氏相继故去，此后士族一方缺少主导门阀政治的中心人物）。这一论断正确与否暂且不论，田先生将孝武帝时期作为走向刘宋的过渡期，这一见解不仅对六朝政治，对于东宫的情况也是符合的。南朝过渡期的特性在孝武帝的东宫政策中多有反映，以下试做论述。

太元十二年司马德宗被立为太子，除太元十七年新设东宫外，有关东宫的政策主要反映在军备层面，如新设东宫前一年的太元十六年（391），孝武帝下令征发江州兵营的甲士，配备为东宫的护军府③。除士兵外还有统率的武官，在太子左右卫率的基础上，加上了自西晋惠帝以来就不再设立的太子前卫率和后卫率（《大唐六典》卷二八《太子左右卫率府·太子左右卫注》）。《大唐六典》只记载这是在孝武帝时期，具

---

① 前引渡边信一郎《六朝隋唐の大極殿とその構造》（六朝隋唐的太极殿及其构造），第79、80页。
② 田余庆：《东晋门阀政治》，北京：北京大学出版社，1989年，第161—169页。
③ 《宋书》卷三三《五行志四》记载："太元十六年五月，飞蝗从南来，集堂邑县界，害苗稼。是年春，发取江州兵营甲士二千人家口六七千人，配护军及东宫，后寻散亡殆尽，又边将连有征役。"但从"后寻散亡殆尽"可以看出，这些士兵多大程度上得以维持和利用是值得怀疑的。

体的时间难以确定,但视作与征发士兵同一时期是比较自然的。至于和武官相对的文官,特别是关于增加僚属和新设职位,则没有留下记载,但可以确认僚属的选拔倍受重视:

> 时皇太子尚幼,帝甚钟心,文武之选皆一时之俊。
> 《晋书》卷九一《儒林传·徐邈》

孝武帝推行的东宫政策不仅包含文武僚属的用人层面和新建其活动场所(东宫)的机构层面,在礼制方面也十分令人瞩目。立太子本身就是对理想礼制的实践,但礼制层面最能够彰显东宫变革的,就是在孝武帝时期编纂了前文多次提及的《东宫旧事》。《东宫旧事》在《隋书》卷三三《经籍志二》中只作"《晋东宫旧事》十卷",其作者不详,但在《旧唐书》卷四六《经籍志上》中则是"《东宫旧事》十一卷,张敞撰",《新唐书》卷五八《艺文志二》也有"张敞《晋东宫旧事》十卷",再从佚文的内容来看,作者无疑就是东晋的张敞。仅从佚文而言,其核心内容很可能是太元十二年司马德宗被立为太子和太元二十一年纳太子妃(琅邪王献之之女)时获赐车马服饰等物品的规定①。不过从前面引用的佚文中也可以看到,书中还包含着有关东宫宫门和厅舍等方面的记载,我们可以把它视作孝武帝一朝关于皇太子和东宫的综合业务指南,是六朝时期开始编纂的众多仪注的一种。《东宫旧事》是公开编纂,还是张敞的私人撰述,这一点不甚明了。但意义重大的是,东晋后期开始编纂有关皇太子的综合仪注,成为此后皇太子著作的开端②,后世东宫也屡屡将其

---

① 章宗源曾考证类书中所引用的该书,其文甚是繁琐,无需详细转录,但可补《晋书·礼志》之缺。章宗源:《隋书经籍志考证》卷九《旧事·晋东宫旧事》。

② 与六朝皇太子相关的著作,如《隋书·经籍志》所见《皇储故事》(二卷,撰者不详)、《东宫典记》(七十卷,左庶子宇文恺撰)、《宋东宫仪记》(二十三卷,宋新安太守张镜撰)、《东宫新记》(二十卷,萧子云撰)等。此外还有《宋书》卷一四《礼志一》所见《晋太子纳妃仪注》之名,但内容不详。

用作仪式上的依据①。这无疑说明，东晋后期是皇太子制度的转折时期。

必须指出的是，上述有关皇太子和东宫的积极政策并非通过孝武帝的个人意向得以推进，其背后存在着一股舆论的力量，或者说是社会对于立太子的渴望。根据《资治通鉴》的编年，太元十四年（389）十一月，会稽许荣上疏批判朝政混乱，在批判时事的同时还提到了"太子宜出临东宫克奖德业"的意见（《晋书》卷六四《简文三子传·会稽王道子》）。这份上疏"并不省"，可见当时没有采纳，但《资治通鉴》卷一〇八晋孝武帝太元二十年（395）三月条记载了"皇太子出就东宫"，可见十四岁的司马德宗在这一年实现了正位东宫，同时意味着由皇帝和皇太子构成的理想型皇帝家庭统治形态得以形成。特别不能忽视的是，后来成为安帝的皇太子司马德宗"帝不惠，自少及长，口不能言，虽寒暑之变，无以辩也"（《晋书》卷一〇《安帝纪》），天生就有智力上的缺陷。这样的皇太子当然无法协助皇帝处理政务，但皇太子的存在本身就是目的，这一点正可以视作向皇帝与皇太子并立的南朝性政治体制转变的先兆。当然，宣扬如同摆设、傀儡般的皇太子，可以看作当时的权臣司马道子等人迎合舆论的行为，但从东晋此前连立太子都不稳定的情况来看，这已经是一个巨大的改变了。

从皇太子的形式中可以看出东晋政治体制的变化——这既是南朝的"开辟"，就皇帝与皇太子并立的形式而言也是"西晋"的回归——那么，这样的变化是如何产生的呢？这一问题很难给出明确的回答，但就在太元十二年实行以司马德宗立太子为代表的一连串东宫政策的四年前，也就是太元八年（383），东晋在淝水之战中取得了胜利，两者之间恐怕存在一定的关联。众所周知，淝水之战是华北前秦与江南东晋一决

---

① 《颜氏家训》卷六《书证》提及《东宫旧事》的用字法，此外《隋书》卷九《礼仪志四》收录北齐太子监国时关于席次方向的议论，其中邢子才的论据之一引用的就是《东宫旧事》。

雌雄的战役,结果前秦的华北统一瓦解,北中国的政治统一推迟到了北魏太武帝时期,而江南得以保存命脉,直到南朝最后的陈祯明三年(589),延续了二百余年。这样的结局不仅仅意味着南北对峙局面的确立,东晋在生死之战中获胜并走向小康,从而改变了至今"侨居"江南,也就是"暂住"的身份,形成了立足江南、建设正统中华王朝的政治态势。宣扬皇太子、充实东宫等一系列迈向理想型皇帝家庭统治的政策转变,正是对这一态势的反映①。

最后,我们要把孝武帝的皇太子和东宫政策定位为向南朝的转变,就必须回答第一节中留下的问题,那便是东宫的位置为什么没有像西晋以来那样布局在宫城的东方? 在太元十七年乃至此前计划新设东宫之时,在宫城以东选址的念头恐怕也曾出现在孝武帝的脑海中,但是本应建造东宫的地方已经建设了永安宫。从结论而言,孝武帝认为没有必要因建造东宫而不惜拆除或移走永安宫。永安宫在穆帝死后由其皇后何氏居住,建造时间在哀帝的昇平五年(361)九月(《晋书》卷八《哀帝纪》)。如第一节所说,从太宁三年(325)闰八月皇太子司马衍即位,直到太元十二年(387)司马德宗立为太子,其间约六十年皇太子位实际都是空缺,东宫或是名存实亡,或是处于无用的状态。之所以宫城东方直到永安宫建立以前都是东海王的府邸,这也是原因之一②。

另一方面是关于穆帝的何皇后。对于孝武帝而言,穆帝是其堂兄(康帝)之子,也就是自己的侄子。虽然孝武帝辈分上更高,但从继承皇位的顺序来说,第五代的穆帝是第九代的孝武帝在宗庙中祭祀的对象,

---

① 但是,孝武帝时期是兄长(孝武帝)和弟弟司马道子[琅邪王,太元十七年十一月徙封会稽王,同时皇太子德宗之弟德文(后来的恭帝)封为琅邪王]兄弟分担大统和本统。这样的方针转换并不能立即断言皇帝和琅邪王体制的废止,不如说包含皇太子在内都可能处在转型的状态。参见前引三田辰彦《東晋の琅邪王と皇位継承》。

② 《景定建康志》卷二一《城阙志二·古宫殿》"晋永安宫"条引《宫苑记》曰:"永安宫,在台城东华门外。孝武太元二十一年新作东宫,本东海王第。"

礼制上不得不加以尊敬，穆帝的何皇后也是如此。除了礼制层面的原因，何皇后的兄弟（恐怕是弟弟）何澄的存在也不容忽视。何澄是庐江灊人，是成帝至穆帝时期以宰相身份主导政治的何充的弟弟何准之子（《晋书》卷九三《外戚传·何准附何澄》）。不过，何准"高尚寡欲"，任凭兄长何充如何劝说，也终身不愿踏入仕途①。其子何澄则以秘书郎起家，到孝武帝时期为止历任秘书丞、太常、中护军等清官，安帝隆安四年（400）晋升尚书左仆射。他的起家官恐怕沾了叔父何充的光，此后的晋升除何皇后的因素外，"孝武帝深爱之"这一私人关系恐怕也有不少影响②。外戚何氏家族与孝武帝关系亲近，何皇后自然会得到孝武帝的礼遇。通过这些情况，不难想象，孝武帝时期非常规的东宫布局需要等到礼制上的制约和外戚间的瓜葛都一扫而空的南朝刘宋时期才会迎来改变的机会，因此元嘉年间的东宫终于建在了理想的宫城东方，并且被此后的南朝政权所继承。

结　语

上文探讨的问题可以作如下整理。

第一节是关于两晋南朝都城中东宫位置变迁的确认工作，推测西晋洛阳的东宫选址，并考察了六朝建康东宫的变迁过程。虽然没有明确依据，但作为皇太子住所的东宫应当位于宫城东方，这一礼制观念至迟在魏晋南北朝时期已经形成，并对东宫的实际选址产生影响。作为这一理念的实践，西晋洛阳城的东宫首次设计在宫城的东方，但由于晋

---

① 《宋书》卷六六《何尚之传》曰："曾祖准，高尚不应征辟。"

② 不过，并没有记载表明他像父亲何准一样因身为外戚而专横跋扈。从这一点可以看出，东晋时期的外戚已经摆脱了汉代和西晋的外戚形象，与前代外戚截然不同。关于东晋时期的外戚，参见安田二郎《東晋の母后臨朝と謝安政権》（东晋的母后临朝与谢安政权），载其《六朝政治史研究》，京都：京都大学学术出版会，2003年，1991年初版。

王室的南渡,东晋建康并没有遵守这一理念,而是把东宫安排在非常规的位置上,如元帝即位之初的东宫在宫城以西,孝武帝时期司马德宗立为太子时东宫位于宫城东南。这一"非常规"状态直到刘宋元嘉十五年才得以消解,并且被此后的南朝王朝所继承。

第二节以外郭和门阙、主要殿舍、园林为中心,考察了六朝建康东宫的构造特征。正殿的崇政殿和独立于宫城的城郭等要素继承了西晋洛阳城的东宫,但随着皇太子政治地位的上升和参政机会的增加,在南朝作为行政机构的东宫也取得了显著发展。可以想象,南朝东宫的特征对隋唐时期长安和洛阳的东宫产生了影响,这是今后的研究课题。

第三节探讨了可以视作南朝皇太子政治地位提升契机的东晋孝武帝时期的东宫政策,并对该时期没有将东宫建造在宫城东方的原因进行了分析。以太元十二年立太子为开端,东宫时隔七十五年得以新建(假定最早的东宫在元帝即位时建造)。同时孝武帝还实行多项政策,如军事层面加强兵力,人事层面严格遴选僚属等。由此,皇太子的存在得以宣扬,以皇帝和皇太子并立作为皇帝家庭统治基轴的政治体制诞生了。这一方面意味着回归西晋,另一方面以立足江南的新一代"正统王朝"为标榜,开辟了迈向南朝政治体制的道路。另外,东宫之所以没有建造在宫城的东方,其间不仅有礼遇先皇皇后这一礼制上的原因,还有孝武帝与庐江何氏(特别是与何澄)的亲密关系,何皇后永安宫的存在优先于东宫。

最后围绕开头提出的问题,也就是政治构造与宫城形态的关系,基于上述探讨作一总结。在通览两晋南朝的东宫的变迁时,首先需要看到其机构层面的复杂化和厅舍的发展,这些都是以模仿宫城的形式进行的。不难推测,变迁的背后是皇太子在礼制层面的彰显,以及人们对皇太子参政的渴望。当我们把南朝的东宫构造与后世隋唐长安城及洛阳城进行比较时,必然会发现两者间存在决定性的差异,那就是作为一"宫"的独立性。如前所说,西晋洛阳和六朝建康的东宫都通过城郭实现了物理性的独立,这也象征着皇太子乃"一宫之主"(《南齐书》卷二一

《文惠太子传》)。当然,这样的独立性不可过高评价,但应该认识到,除了皇后和皇太后之外,皇太子是唯一能够和皇帝相提并论的存在。然而,唐代长安的东宫与其说位于宫城东方,不如说实际是和宫城合为了一体,两者之间仅仅是以城墙隔开而已。这一点通过吕大防的《唐长安城图碑》就可一目了然,包含东宫在内的宫城细节都有记载①。另一方面,根据唐朝杜宝所撰《大业杂记》,隋炀帝时期的洛阳城中,宫城正门的则天门与东侧兴教门之间有重光门,它既是宫城之门,同时也是"东宫正门"②。这一宫城和东宫"共用"宫门的做法被唐朝继承③,也就是说,从隋唐时期(恐怕是隋朝)开始,东宫就被包含、吸收,成为宫城的一部分。至少可以断言,东宫在构造上已经丧失了独立性。进一步而言,唐朝建国后在都城内除太极宫外还营建了大明宫、兴庆宫等,但没有再建过东宫④。虽然不能就此断定隋唐时期皇太子的政治地位比南朝低下,皇帝独尊的体制基本建立,但至少可以看出皇太子的存在形式发生了变化。就结论而言,东宫的位置和形态与皇太子的存废一样,都是该时期理念和现实相互交织的反映,这在东晋时期就表现为东宫位置的流动性和不确定性。南朝以后,皇太子理念和现实必要性——来自皇

---

① 关于吕大防《唐长安城图碑》已有很多学界前辈提及,妹尾达彦在提示最新研究现状的基础上又加以考察,参见妹尾达彦《中国都城の沿革と中国都市図の変遷——呂大防「唐長安城図碑」の分析を中心にして—》(中国都城的沿革和中国都市图的变迁——以吕大防《唐长安城图碑》的分析为中心),载[日]馆野和己编《古代都城のかたち》(古代都城的形制),东京:同城社,2009年。本文参考了基于该碑拓本的图像,参见[日]平冈武夫《唐の長安と洛陽·地図篇》(唐代的长安与洛阳·地图篇)中收录的图像,京都:京都大学人文科学研究所,1956年。

② 辛德勇辑校《两京新记辑校·大业杂记辑校》,西安:三秦出版社,2006年,第5页。

③ 前引《河南志·唐城阙古迹》。

④ 大明宫中虽然没有建造东宫,但建有作为皇太子住所的少阳院。尽管有时也称为"东宫",但正如"少阳"这一称谓所示,很难看出皇太子作为一宫之主的独立性。关于少阳院,参见杨鸿年《隋唐宫廷建筑考》,西安:陕西人民出版社,1992年。

太子的政治重要性——的要求形成一致,由此塑造了东宫位置和形态上的特征。两晋南朝时期宫城中东宫位置和构造的历史特征,也应该从这一点上加以把握。

【补记】

本文提交后,笔者得知庞骏《东晋建康城市权力空间——兼对儒家三朝五门观念史的考察》(南京:东南大学出版社,2012年)一书的刊行及相关内容。该书特别是第三章的《东宫城》与拙稿有不少重合之处,敬请一并参照。

六朝建康长干里考略

许志强

长干里是六朝都城建康(三国吴时称"建业",平吴后改称"建邺",后避晋愍帝讳改称"建康")城南的里巷,位于秦淮河南岸。孙吴定都建业后,人口迅速朝都城聚合。孙吴政府在秦淮河入江口附近沿河筑堤立栅,约束河道,称"栅塘",防止河水因潮涨溢;又缘江往上筑"横塘",防止江潮的侵袭[①],并在附近的秦淮水北岸建大市。良好的居住环境及便利的生活设施,使长干里一带很快成为民庶杂居的城市空间。左思《吴都赋》所言"横塘查下,邑屋隆夸。长干延属,飞甍舛互",就是对孙吴时期长干里比屋连甍、生齿繁庶的描述。不过,让"横塘""长干"这样的小地名广为人们所知的,是唐人李白、崔颢等人的诗作。李白《长干行》"同居长干里,两小无嫌猜""嫁与长干人,沙头候风色",崔颢《长干曲》"君家何处住,妾住在横塘""同是长干人,生小不相识",脍炙人口。在六朝送行临别时的"长干折柳"旧俗的渲染下,"横塘""长干"已然成为唐人笔下的江南意象,被广为传颂。

---

① "横塘"与"查塘",记载中常有乖忤。(唐)许嵩撰《建康实录》卷四《后主》宝鼎二年六月条引《宫城记》注云:"横塘,今在淮水南,近陶家渚,俗谓回军毋狀。古来缘江筑长堤,谓之横塘。淮在北,接栅塘,在今秦淮径口,吴时夹淮立栅。"则缘江所筑之堤为"横塘"(张忱石点校,北京:中华书局,1986年,第98页,标点略作改动)。(宋)周应合纂《景定建康志》卷一九《山川志三》注引《宫城记》则言:"吴大帝时,自江口沿淮筑堤,谓之横塘。北接栅塘,在今秦淮径口,吴时夹淮立栅。"则沿淮所筑之堤为"横塘"(南京:南京出版社,2009年,第458页)。又,"栅塘"与"查塘"是否同指,目前亦不甚明了。本文据《建康实录》引《宫城记》,权将缘江而筑者名为"横塘"。

然而，词赋家笔下的情景描述或多或少都有夸张之处，事实上长期以来人们对"横塘""长干"的认知，几乎全部来自上述文学作品，意象是高远的，但印象是模糊的。就历史研究而言，管见所及，仅孙齐先生《说"南冈士大夫"》一文中略有涉及。孙文运用"社区阶层化"这一社会学的概念，阐述"南冈士大夫"这一称谓的背后显示出来的南朝士人居住地的变迁及士族地位的分化①。这里的"南冈"，指的是建康城南石子冈附近，而这一带就是六朝长干里的所在。

然而，孙文在阐述"南冈"这一地理空间时，所据文献依然仅见《吴都赋》李善注及《建康实录》自注所引《丹阳记》，未能顾及长干里的具体范围及其与石子冈、长干寺等地目标关系。2008年，南京市博物馆在今中华门外明大报恩寺遗址内发掘了北宋长干寺塔基、地宫。2015年，笔者发掘了上述北宋长干寺地宫遗址西约600米的"越城天地"地块，确认了六朝长干里的部分遗迹。因此，本文拟基于上述两个地点的发掘资料，结合传世文献的记载，对六朝长干里的相关问题展开初步讨论，以期为今后的建康城研究提供一个具体可信的地标。

一、文献所见长干、长干寺、长干里

文献所见长干里的相关记述，最早见于前引左思所作《吴都赋》："横塘查下，邑屋隆夸。长干延属，飞甍舛互。"《吴都赋》问世不久，几乎与左思同时代的刘逵便曾为其作注，对长干的大致位置、得名由来作了较为详细的说明。唐钞本《文选集注》载："刘逵曰，横塘查下，皆都下百姓所居之区名也。江东谓山垄间为干，建业之南有山垄，其间平地，吏人杂居之，故号为长干。中有大长干、小长干、东长干，皆相属，疑是古

---

① 孙齐：《说"南冈士大夫"》，《南京晓庄学院学报》2015年第5期，第25—28页。

称干也。《韩诗》云,考盘/槃般在干。《传》曰,地下而广曰干。"①据刘逵注,江东俗称山冈之间为"干",建业城南山冈之间的平地,被称为"长干";长干之内有大长干、小长干、东长干之分,其间吏民杂居。刘逵的这条注解,当随着《吴都赋》的广泛传播而为时人所熟知。

六朝建康寺院众多,其中长干寺或因位于长干里而得名,南朝时期成书的一些佛教典籍中,出现了多处关于"长干寺"的记述。如东晋咸和年间(326—334),丹阳尹高悝在张侯桥下的水道里发掘出一尊金佛像,于是"悝载像还至长干巷口,牛不复行,非人力所御,乃任牛所之,径趣长干寺"②。刘宋元嘉十一年(434),有胡僧法号三藏者,熟谙佛经,至建康传播经典,"于宋都长干寺集诸学士,法师云公译语,法师观公笔受。考校治定,周年乃讫"③。正史中的最早记述见于《宋书·五行志》。元兴元年(402),桓玄攻入建康,杀执政司马元显,于是童谣曰:"长干巷,巷长干。今年杀郎君,明年斩诸桓。"④此后《梁书》《陈书》《南

---

① 周勋初纂辑《唐钞〈文选集注〉汇存》,上海:上海古籍出版社,2000年,第188页。众所周知,《文选》不同版本间,注文因传抄或六臣、李善、旧注之间的拆合造成了极大差异。傅刚《论韩国奎章阁本文选的文献价值》(《文献》2000年第3期,第161—177页)曾举《吴都赋》为例,谈到《文选集注》所保留的李善注,相较于尤刻本《文选》,更接近李善原貌。同样,《吴都赋》刘逵注在《文选》不同版本中,呈现出来的差异也很明显,如明州本"疑是居称干也",《集注》本作"疑是古称干也";尤袤本、明州本"地下而黄曰干",《集注》本作"地下而广曰干"。均以《集注》本文意为长。又下引《建康实录》卷二《太祖下》"江东谓山垄之间曰干。建邺南五里有山冈,其间平地,民庶杂居,有大长干、小长干、东长干,并是地里名"一条,显然抄自刘注,其文字也与《集注》本刘逵注最相合。因此对校诸本,我们也认为《集注》本《吴都赋》旧注可能更为接近刘逵原貌,因此在这里选为讨论对象。

② (南朝梁)释慧皎撰《高僧传》卷一三《晋并州竺慧达》,汤用彤校注,北京:中华书局,1992年,第478页。

③ (南朝梁)释僧佑撰《出三藏记集》卷一〇《后出杂心序》,苏晋仁等点校,北京:中华书局,1995年,第385页。

④ (南朝梁)沈约撰《宋书》卷三一《五行志二》,北京:中华书局,1974年,第919页。亦见于(唐)房玄龄等撰《晋书》卷九九《桓玄传》(北京:中华书局,1974年,第2601页),童谣云:"长干巷,巷长干,今年杀郎君,后年斩诸桓。"

史》等关于"长干里"均有涉及。其中,《梁书》卷五四《诸夷传》"扶南国"条记载刘萨何于东晋宁康年间(373—375)在长干寺掘得佛骨舍利一事时,明确提到了长干里。称刘萨何"游行礼塔,次至丹阳,未知塔处,乃登越城四望,见长干里有异气色,因就礼拜,果是阿育王塔所,屡放光明"[1]。《南史》卷七八《夷貊传》"扶南国"条记载与《梁书》基本相同,亦明确提到了长干里[2]。

出土文献中关于长干里的记载,目前所见仅有一例。梁普通元年(520)《故永阳敬太妃(王氏)墓志铭》载萧敷妻王太妃"祔葬于琅邪临沂县长干里黄鹄山"[3]。然而,东晋南朝侨置琅邪郡临沂县位于建康北部,萧敷夫妇墓亦被推定于这一区域内,这与长干里位于建康城南的记载抵牾非常明显。因此,中村圭尔先生认为,或者有两个长干里,或者萧敷夫妇墓地发生了迁移,然而两种推测均缺乏相应的证据[4]。鉴于这一孤例在现有材料下难以获得一个相对合理的解释,故本文将其暂记于此,不作展开。

唐人许嵩根据前人记载,结合实地考察,对长干里的方位道里、得名由来、内部区划等作了简明扼要的记述,成为今天我们认识六朝长干里的重要凭据。许嵩所撰《建康实录》卷二《太祖下》黄武五年(226)冬十月条引《丹阳记》自注云:

> 大长干寺道西有张子布宅,在淮水南,对瓦官寺门,张侯桥所也。桥近宅,因以为名。其长干是里巷名,江东谓山陇之

---

[1] (唐)姚思廉撰《梁书》卷五四《诸夷传》,北京:中华书局,1973年,第791页。
[2] (唐)李延寿撰《南史》卷七八《夷貊传上》,北京:中华书局,1975年,第1954—1955页。
[3] 拓片藏上海博物馆,释文见赵超《汉魏南北朝墓志汇编》,天津:天津古籍出版社,2008年,第29—31页。
[4] 中村圭尔著《关于南朝贵族地缘性的考察——以对侨郡县的探讨为中心》,刘驰译,《南京晓庄学院学报》2005年第4期,第21—34页。

间曰干。建康南五里有山冈,其间平地,民庶杂居,有大长干、小长干、东长干,并是地里名。小长干在瓦官南,巷西头出江也。①

这条关于"干""长干"的释义及长干里方位的叙述,应该源自《吴都赋》刘逵注。至此,可以明确长干里是位于建康城南五里山冈之间的平地。而文献所载长干寺位于长干里这一信息,为确定长干里的方位提供了重要的参考坐标。

《建康实录》卷一七《高祖武皇帝》天监元年(502)条载:

是岁,旱,米一斗五千文,人多饿死。立长干寺。案,《寺记》:寺在秣陵县东长干里,内有阿育王舍利塔,梁朝改为阿育王寺。②

《寺记》称长干寺"在秣陵县东长干里",这条史料在提供了长干寺位于长干里这一重要线索的同时,也给我们造成了一定的困扰。按不同句读,这句话可以有两种解释:一,寺在秣陵县之"东长干里";二,寺在秣陵县东之"长干里"。这涉及六朝建康城是否存在"东长干里"等相关问题,必须关注。造成上述歧义的原因,或许与秣陵县治的迁移有关。关于秦汉时期的秣陵县治,虽有异说③,但主流意见均认为在今江宁区秣陵镇附近。东晋安帝时迁至建康城区附近的斗场④,东晋元熙

---

① 《建康实录》卷二《太祖下》,第 44 页。
② 《建康实录》卷一七《高祖武皇帝》,第 672 页。
③ 如王志高《秦汉秣陵县治新考》(《学海》2014 年第 5 期。后载其著《六朝建康城发掘与研究》,南京:江苏人民出版社,2015 年,第 10—18 页)考证秦汉秣陵县治在今南京市区建邺路一带,但与诸多六朝史料不合,本文暂从旧说。
④ 《宋书》卷三五《州郡志一》载:"秣陵令,其地本名金陵,秦始皇改。本治去京邑六十里,今故治邨是也。晋安帝义熙九年,移治京邑,在斗场。恭帝元熙元年,省扬州府禁防参军,县移治其处。"第 1030 页。

元年(419)又迁至小长干巷①。据前引《建康实录》可知,小长干位于长干里的最西端,那么秣陵县治亦应位于长干里的西部。相应的,长干寺位于秣陵县治的东侧,于是便有了"寺在秣陵县东长干里"的表述方式。南宋张敦颐《六朝事迹编类》卷一一《寺院门》"长干寺"条云"梁初起长干寺"后,引《塔记》云:"在秣陵县东,今天禧寺,乃大长干也。"②表述得更加准确、清晰。此后成书的《景定建康志》《至正金陵新志》等均沿袭了这种表述方式。

综上所述,引起歧义的"东长干里",仅见一条。从《吴都赋》刘逵注开始,到《丹阳记》《寺记》,再到《建康实录》,一系列的记载均表明,"长干里"是一个作为基层组织的"里"名,或是因这个"里"的规模过大或分布在不同的"山陇之间",因此内部又有大、小、东长干之分,正如前引各种文献中出现的"是里巷名""巷西头出江""长干巷口""长干巷、巷长干""小长干巷"等名称所显示的那样,大、小、东长干是长干里内的不同区划,所用"巷"字,或正是其处于"山陇之间"这一自然地理特征的反映。

二、六朝建康长干里的范围推定

文献中明确记载长干寺位于长干里,《六朝事迹编类》更表明长干寺位于大长干,因此,长干寺的位置是确定长干里方位的重要坐标。长干寺是佛教传播至中国南方后建造的首批寺院之一,据《梁书》卷五四《诸夷传》"扶南国"条在记载天监三年(504)梁武帝改建阿育王寺后追述称:"吴时有尼居其地,为小精舍,孙綝寻毁除之,塔亦同泯。吴平后,诸道人复于旧处建立焉。晋中宗初渡江,更修饰之,至简文帝咸安中,使沙门安法师程造小塔,未及成而亡,弟子僧显继而修之,至孝武帝太元十九

---

① 《建康实录》卷一〇《恭皇帝》载:"是岁,省扬州禁防参军,移秣陵县于其地,在宫城南八里一百步小长干巷。"第 350 页。
② (宋)张敦颐撰《六朝事迹编类》卷一一《寺院门》,南京:南京出版社,2007年,第 106 页。

年,上金相轮及承露。"①长干寺在孙吴、东晋时期的兴废略而可见。

2008年,南京市博物馆在今中华门外明大报恩寺遗址内发掘了北宋长干寺塔基和地宫,地宫中出土了供奉佛舍利的石函、铁函、七宝阿育王塔、金棺银椁等重要遗物。据地宫石函所刻《金陵长干寺真身塔藏舍利石函记》及其他文字材料可知,该塔基为北宋长干寺真身塔塔基,建于北宋大中祥符四年(1011),其所处位置即六朝时期的古长干寺。《石函记》称"东晋出现,梁武再营。宝塔参空,群生受赐",知六朝长干寺的兴废与文献所载基本一致。从《石函记》"洎平陈之日,兵火废焉,旧基空列于蓁芜,岿级孰兴于佛寺"的叙述中亦可知,隋平陈之际,六朝长干寺毁于兵火,然遗址犹存,位置清晰。北宋大中祥符年间(1008—1016),即于原址重建金陵长干寺②。天禧二年(1018),宋真宗赐名"天禧寺",寺名及伽蓝一直沿用到明代初期③。2008年的这次考古发掘,彻底解决了六朝至北宋长干寺的位置问题。

据前引《建康实录》,长干里位于"建康城南五里"。目前,关于六朝建康城的复原虽然存在着多种意见,但有一点是明确的,这就是作为建康城中轴线的御道,自宫城正门大司马门至秦淮水北的朱雀航长七里,自都城正门宣阳门至朱雀航长五里,朱雀航位于今中华门内镇淮桥迤北④。考虑

---

① 《梁书》卷五四《诸夷传》,第790—791页。
② 南京市考古研究所:《南京大报恩寺遗址塔基与地宫发掘简报》,《文物》2015年第5期,第4—52页;祁海宁、周保华:《南京大报恩寺遗址塔基时代、性质及相关问题研究》,《文物》2015年第5期,第66—72页。
③ 关于长干寺的历史沿革,请参见龚巨平、祁海宁《〈金陵长干寺真身塔藏舍利石函记〉考释及相关问题》(《东南文化》2012年第1期,第68—75页)及上引《南京大报恩寺遗址塔基时代、性质及相关问题研究》。
④ 参见张学锋《六朝建康城的发掘与复原的新思路》(初见《南京晓庄学院学报》2006年第2期,第26—38页;修订稿以《六朝建康城的研究、发掘与复原》为题,载《蒋赞初先生八秩华诞颂寿纪念论文集》,北京:学苑出版社,2009年,第276—292页)及《六朝建康城研究中的史料学问题——以建初寺的地点考证为例》(《南京晓庄学院学报》2012年第1期),后均收入其著《汉唐考古与历史研究》,北京:生活·读书·新知三联书店,2013年。

到长干寺遗址的位置,很明显,此处的"建康南五里",是以都城正门宣阳门至朱雀航之间的距离来计算的①(参见图13-1)。朱雀航横跨在流经建康城南的秦淮河上,"城南五里"必定在秦淮河以南。加之长干里"江东谓山陇之间曰干"这一得名的由来,长干里应位于秦淮河以南的长干寺一带。

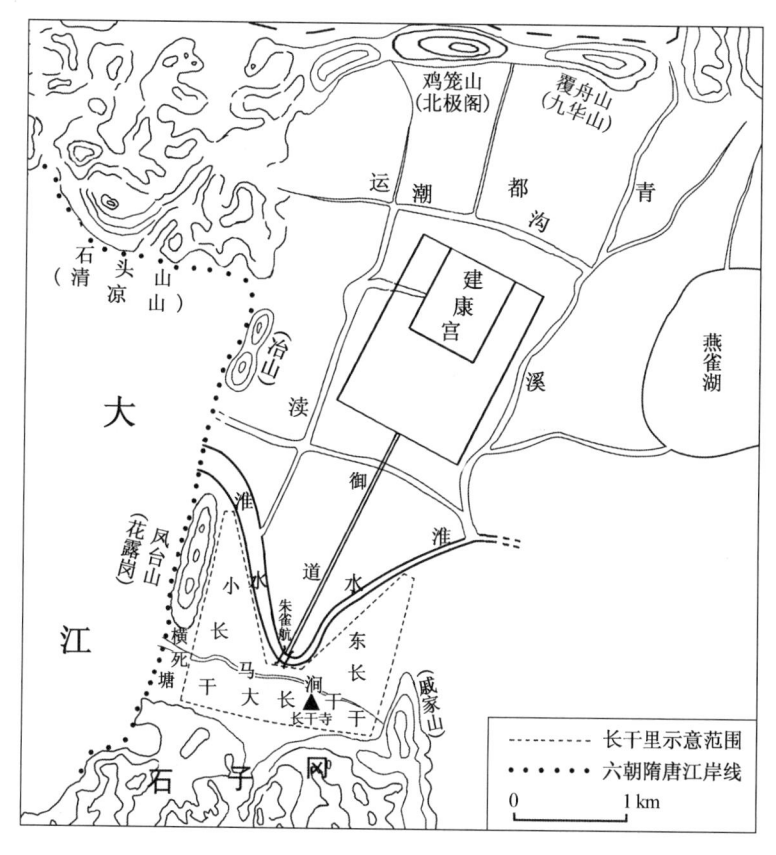

图 13-1 六朝建康长干里示意图(作者绘制)

---

① 朱雀航位于秦淮河"V"形河道的最南端,地处御道正南端,是当时秦淮河上最重要的航桥,故叙事亦常以其作为坐标来标注其周边区域距离都城、宫城的道里。此处将朱雀航以南山陇之间的长干里径直标为"都城南五里",即受此表述方式的影响。

虽然秦淮河自东往西横贯建康城南,但河道从城东进入建康后,非常夸张地往南延伸,在朱雀航达到最南端,从此开始西北流入长江,形成了"V"字形河道。因此,前文虽然概言长干里位于秦淮河水南岸,但正像前引《丹阳记》所言"小长干在瓦官南,巷西头出江"及东晋末年移秣陵县治至"小长干巷"那样,位于秦淮河河道西南方的古瓦官寺、小长干巷一带,也均在长干里的范围之内。

基于民国时期绘制的地图及实地考察,这一区域内的地形地貌与"山陇之间"的记载基本相符。区域南为石子冈,即以今雨花台为中心的东北—西南向山陇冈阜,大致以今应天大街为界。

区域东为戚家山①,其山体为石子冈主峰向东北延伸的一系列低矮冈阜,经应天大街高架(高架下山体因修路破除不存)、报恩寺遗址公园东侧的1865文化产业园以及晨光机械厂、明城墙赤石矶登城口,直至今南京明城墙东南角内仍有绵延(如"周处读书台"明显高于周边)。这条山陇的明城墙以内部分,五代时因修建金陵城墙、城壕而被凿通、隔断,经千余年不断被削低、平整,原始山坡的踪迹几乎无存。

区域西侧南段是天然界线长江,江岸为一系列西南—东北向山陇,阻挡了江水的东侵,部分低矮处由人工加筑,与自然山体相接,形成了东北—西南走向的堤陇,是为横塘;北段是古称"凤台山"今名"花露岗"的南北向山陇。刘宋时期,在"V"字形秦淮河道的西南岸,出现了"凤皇里"这个名称。《宋书》卷二八《符瑞志中》载:"文帝元嘉十四年三月丙申,大鸟二集秣陵民王颛园中李树上,大如孔雀,头足小高,毛羽鲜明,文采五色,声音谐从,众鸟如山鸡者随之,如行三十步顷,东南飞去。扬州刺史彭城王义康以闻。改鸟所集永昌里曰凤皇里。"②可知在元嘉十四年(437)改名凤皇里前,这里曾名永昌里。永昌里因祥瑞改为凤皇里后,在其侧旁的山顶上修筑了凤凰台,山陇亦因此改称凤台山,即今

---

① 《景定建康志》卷一七《山川志一》载:"戚家山在城南天禧寺东。"
② 《宋书》卷二八《符瑞志中》,第795页。

南京市区集庆路以南的冈阜地带。永昌里的建置时间已不可考,或与东晋元帝改元永昌有关,也应该与永嘉南渡、晋室中兴后建康人口的增长有关。因此,我们在思考长干里的空间范围,或利用长干里作为建康都城的地标时,必须要关注到孙吴西晋时期的古长干里在东晋南朝时期的变化,而孙吴西晋时期古长干里的西北界就在今集庆路西段以南的花露岗一带。

长干里的北界为"V"字形的秦淮河河道。因北宋以后的长年淤积及居民侵占河道,今秦淮河的宽度已不足 20 米,但六朝时期的秦淮河河面宽广,建在河面上的朱雀航"长九十步"①,合今 140 米左右。很难想象,六朝时期作为基层单位的"长干里"能地跨秦淮河两岸。晋平吴后的太康三年(282),"分秦淮水北为建邺,水南为秣陵县,仍在秦邑地"②。东晋南朝时期,统称建康、秣陵为"京邑二县"或"京邑两岸",甚至以"南岸""北岸"作为秣陵和建康的代称③。作为基层行政单位的"里",更不应该横跨两县之地。如此,长干里的范围基本清晰(参见图 13-1)。

三、考古发掘所揭示的长干里遗迹

长干里的范围基本厘清后,我们便可以利用这一范围内的考古资料对其内部功能展开适当的细部分析。

位于长干里东侧的明大报恩寺遗址,经过多年的考古发掘,不仅发现了北宋长干寺地宫和明大报恩寺建筑遗址④,还在地宫周围清理了

---

① 《建康实录》卷七《显宗成皇帝》注引《地志》:"用杜预河桥法作之。长九十步,广六丈,冬夏随水高下也。"第 189 页。
② 《建康实录》卷五《中宗元皇帝》,第 121 页。
③ 《宋书》卷七四《沈攸之传》,第 1927 页。
④ 前引南京市考古研究所《南京大报恩寺遗址塔基与地宫发掘简报》,第 4—52 页;祁海宁:《南京大报恩寺遗址六号井的发掘与"义井"关系的探讨》,《东南文化》2015 年第 4 期,第 59—71 页。

数十座汉、六朝时期的墓葬①。这批墓葬主要集中于东汉末年到东晋时期,说明长干寺附近的山体缓坡区域在六朝早期是作为葬地使用的。建安二十四年(219)龙桃杖墓出土的买地券证实了这一点②,券铭称"龙桃杖从余根买□上冢地",其中"□"应该是"堽"的异体字或错别字,指的应该就是石子罡(冈)③。进入六朝以后,横亘于长干里东、南的石子冈成为建康城南最集中的葬地,所谓"葬者依焉""冢墓相亚",与"民庶杂居"的居民区之间尚有一定的距离。

2015年7月—12月,南京市考古研究所在城南"越城天地"地块进行了考古发掘。该地块北至明城墙南墙护城河,东至中山南路,南至应天大街,西至凤台南路。发掘区东侧距六朝、北宋长干寺遗址约600米,地块总面积约21万平方米,实际发掘面积6 000平方米(图13 - 2)。

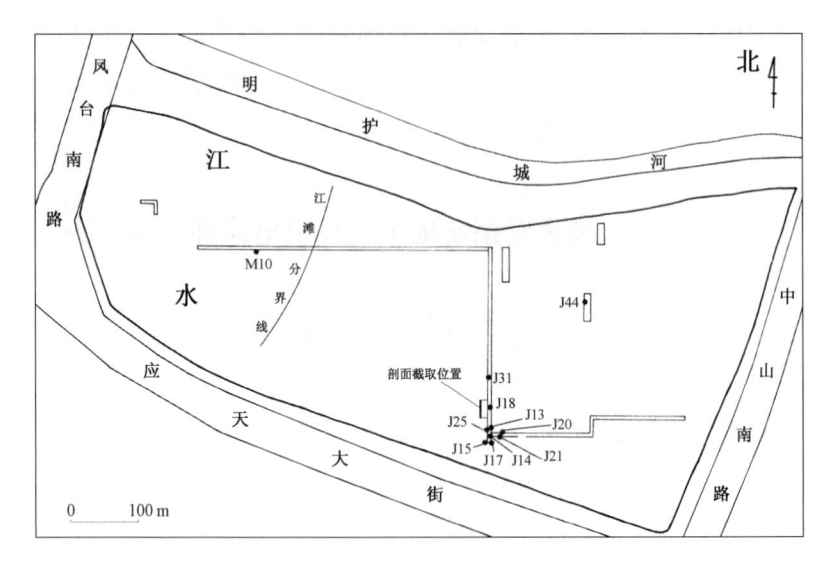

图13 - 2 "越城天地"地块发掘区平面图(作者绘制)

---

① 除部分数据发表外,其余发掘资料现存南京市考古研究所,墓葬的信息概况承蒙发掘者龚巨平先生相告。
② 南京市博物馆:《南京市东汉建安二十四年龙桃杖墓》,《考古》2009年第1期,第28—44页。
③ 张学锋、陈刚:《吴都建业的都城空间与葬地》,载武汉大学三至九世纪研究所编《魏晋南北朝隋唐史资料》第三十六辑,上海:上海古籍出版社,2017年。

发掘区地层堆积可划分为：第①、②层，近现代层；第③层，明清层；第④层，宋代层；第⑤、⑥层，六朝层；六朝层下为生土层。从这个地点的发掘情况来看，首先，发掘范围内生土距地表的深度很不一致，山陇顶部的地层很薄，有的甚至直接叠压在表土层下，而山陇之间的文化层则较厚，生土距地表的深度可达四五米，很明显可以看出存在着数道东西向的山陇。其次，六朝地层仅发现于发掘区域东部和中南部，发掘区域的西部和靠近护城河的北部则未发现。西部邻近长江岸边的沿江山陇，居住的人口应该不多，且经后世削平，仅有的一点活动痕迹也会荡然无存。紧靠护城河的北部区域，仅见明清时期地层，未见更早遗存，推测这一带六朝时期地层随着杨吴南唐修金陵城开挖护城河及明初拓宽、改造护城河而遭到了破坏。在六朝地层分布区内，发现了10座六朝时期水井，分布比较密集。这些水井按形制可分为土井和砖井两种，时代纵跨汉末孙吴至南朝时期（参见表13-1）。水井中出土大量实用器物及陶瓷片、砖瓦块等，器形可辨者包括罐、盆、钵、盏、盘口壶、瓦当、砚台、铁镢斗、钱币等，质地以陶瓷类为主，个别容器的肩系上还有残留的绳索。发掘区域内虽然没有发现六朝的建筑遗址[①]，然而，六朝时期的地层、水井等相关遗存已足以说明，这一区域属于六朝时期的生活空间。

表13-1 "越城天地"地块发掘六朝水井简介表

遗迹编号	开口层位	时代判断	形制尺寸
J31	⑥层下	汉末孙吴时期	土井，平面呈圆形，近直壁，平底。口径1.0米，底径0.75米，残深1.6米。

[①] 这可能是由多种原因造成的：a. 这是一处叠压型的生活空间，不同时期人类在此处先后活动，六朝时期建筑遗存可能被后期人类活动扰乱。b. 相较于占地面积而言，此次考古发掘的面积极为有限，因此不排除在未发掘区域存在遗漏的可能。c. 推测六朝时期江南地区普通民众的居住空间，仍以木结构干栏式房屋为主，不易在考古学上留下明显迹象。

(续表)

遗迹编号	开口层位	时代判断	形制尺寸
J17	⑥层下	汉末孙吴时期	土井,平面呈圆形,口大底小,剖面呈喇叭形。口径1.8米,底径0.85米,残深3.4米。
J20	⑥层下	汉末孙吴时期	土井,平面呈圆形,口大底小,剖面呈喇叭形。口径1.45米,底径0.8米,残深2.7米。
J44	⑥层下	汉末孙吴时期	土井,平面呈圆形,剖面呈喇叭形。口径1.1米,底径0.8米,残深2.3米。
J21	⑥层下	孙吴西晋时期	土井,平面呈圆形,口大底小,剖面略称喇叭形。口径1.2米,底径0.8米,残深3.8米。
J14	⑤层下	东晋时期	土井,平面呈圆形,直壁,平底。口径0.9米,底径0.85米,残深3.7米。
J18	⑤层下	南朝时期	砖井,平面呈圆形,上部砖圈已塌落,下部井圈保存较好。井坑直径1.3米,井圈内径0.75米,残深4.05米。
J25	⑤层下	南朝时期	砖井,上部井圈为砖砌,下部为竹片,紧贴坑壁,竹片已腐烂变形。口径1.2米,底径0.9米,残深4.7米。
J13	③层下	南朝时期	土井,平面呈圆形,剖面呈喇叭形。口径1.6米,底径0.9米,残深3.5米。
J15	③层下	六朝时期	土井,平面呈圆形,口大底小,剖面呈喇叭形。口径1.4米,底径0.8米,残深2.8米。

在发掘区西侧的近现代层下,发现了六朝隋唐时期的长江东岸江滩线,即长江东界(参见图13-2)。界线以东为黄褐色生土,界线以西为灰色沙土,沙土淤积很厚,无法清理到底,且非常纯净,未发现任何包含物,可以确定是江水冲积的原始堆积。分布在江滩上的一座五代墓葬(编号M10),确定了江滩的时代下限。M10开口于近现代层下,整体砌筑于江滩层上。该墓为长方形砖室墓,砖室长4.1米、宽1.36—1.46米,残深0.7米。墓室左右两壁各有4个长方形壁龛,前后两壁各有3个长方形壁龛。墓底四周平铺一层砖框,中间裸露原始沙土。墓葬出土陶罐、铜釜、"开元通宝"钱等遗物。从墓葬形制和出土遗物判

断,该墓为南京地区较为典型的五代时期墓葬。M10叠压于江滩之上,说明至五代南唐时期,江水已经往西退却,逐渐远离六朝长干里范围。这座墓葬的存在,从考古学上卡定了这一段江滩的存在年代早于五代时期,应是六朝长干里的西界[①]。这条江滩线,向南延伸,对应今虹悦城窑岗村一带的山陇高地;向北延伸,与今花露岗一线南北向山陇相接。此外,江滩东侧的生土带明显隆起,水平高度高于发掘区东侧地层分布较为丰富区域的生土线。根据发掘区域生土线之间的水平差,可以作出这样的推测:紧邻江滩的生土带,原本为低矮的山丘,为抵御江水东漫,在山丘上沿江筑堤,这就是文献中所说的"横塘"。唐代中后期,长江中下游地区不断开发,导致流失的泥土在下游沉积,河道淤积变窄,江水逐渐向西退却,山丘阻拦江水的功能随之消失,在后代的城市建设中不断被削低,形成了现今相对平坦的地貌。

结　语

通过对历史文献的梳理、现场地貌考察,结合考古发掘资料,我们对六朝建康长干里的四至范围、周边地貌、内部构成等问题有了一个初步的认识。长干里南至石子冈北侧边缘(今应天大街),东至戚家山,西至六朝江岸——花露岗,北以秦淮河"V"字形河道为界。长干里范围内,既有寺院区、墓葬区,亦有大片的生活区域。长干里由小长干、大长干和东长干等内部小区域组成。其中,小长干位置最西,靠近长江,位于秦淮河"V"字形河道的西南岸以南至石子冈北侧边缘,上述"越城天地"地块即应位于小长干;大长干位于小长干以东,大报恩寺遗址周边一带;推测今大报恩寺遗址以东以北至秦淮河"V"字形河道的东南岸

[①] 关于六朝时期长江与建康关系的综合研究,可参见陈刚著《六朝建康历史地理及信息化研究》第三章《湛湛长江水》,南京:南京大学出版社,2012年,第47—75页。本次发掘,第一次从考古学上准确卡定了长江东岸的局部江滩线,这对深入研究建康城的城市空间布局等相关问题具有重要的参考价值。

为东长干。

六朝时期的长干里，是一个相对独立的地理单元，吏民杂居，为建康城南重要的生活聚居区之一。杨吴时期修筑金陵城，筑城墙、开城壕，长干里被分割成了城内、城外两部分，城墙之外的部分逐渐被冷落。明初大规模修筑南京城，都城南墙的走向基本沿用了五代金陵城城墙。这一段城墙、城壕的出现，对后人认知和考察六朝建康城南的城市布局、历史风貌造成了极大的迷惑和困扰。明人顾起元已意识到了这一点，在谈到长干里与古瓦官寺的位置关系时指出："是时瓦官寺在淮水南城外，不与长干隔。而今日赛工桥西即是江水流处。其后洲渚渐生，江去长干遂远，而杨吴筑城，围淮水于内，瓦官遂在城中，城之外别开壕，而长干隔远不相属矣。"[①]

[①] （明）顾起元撰《客座赘语》卷五"长干"条，北京：中华书局，1987年，第151页。

"青齐土民"与南朝建康社会
——以五、六世纪摄山千佛岩为中心[*]

陆 帅

南北朝时代,活跃于青齐地区(今山东地区)的豪强集团,即"青齐土民"对当时的政局、社会具有颇为深刻的影响,历来为史家所瞩目。二十世纪八九十年代,唐长孺、谷川道雄先生(以下敬称略)先后就该地域集团在十六国北朝时期的政治、经济、社会等诸多情况展开探讨,极具指导意义,随后的一些研究,进一步推动了该课题的深入[①]。

需要注意的是,在北魏占领青齐前后,也有一批当地豪族向南迁徙。安田二郎等研究者早已指出这些南迁豪强与宋齐王朝的政治、军

---

[*] 本文系江苏省社科基金青年项目"城市历史形态学视域下的六朝建康城研究(18LSC001);第63批中国博士后科学基金面上资助项目"六朝建康人群流动与社会变迁研究(2018M632324)"阶段性成果之一。

[①] 参见唐长孺《北魏的青齐土民》,载《魏晋南北朝史论拾遗》,北京:中华书局,1983年,第92—122页。谷川道雄《六朝時代における都市と農村の対立の関係について——山東貴族の居住地問題からの接近》(关于六朝时期都市与农村的对立性关系——基于山东贵族居住地问题的考察),载唐代史研究会编《中国の都市と農村》(中国的都市与农村),东京:汲古书院,1992年,第61—90页。杨洪权《关于北魏青齐土民的几个问题》,《魏晋南北朝隋唐史资料》第十六辑,武汉:武汉大学出版社,1998年,第33—41页。魏斌《北魏末年的青齐士风》,《魏晋南北朝隋唐史资料》第二十二辑,武汉大学文科学报编辑部2005年编辑出版,第36—49页。

事具有密切联系①。另一方面，在资料稀薄的情况下，这一人群在南朝社会中的活动状况却鲜有研究论及。不过该话题也并非无迹可寻，至少南齐永明年间兴起于摄山的石窟佛教造像群，就是一个切入点。

摄山是今南京市东北郊栖霞山的古称，在其西南面的山麓上分布有大量的南朝石窟造像群，即所谓的"千佛岩"或"千佛崖"（为行文方便，下文皆简称"千佛岩"）。

二十世纪前半叶，向达、常盘大定等学者先后对千佛岩进行调查，撰写了一系列考察报告，在学术史上具有先驱意义②。二十世纪八十年代末，宿白"重检文献，再核遗迹"，就千佛岩的源起、样式及其影响等问题提出了诸多论断③。此后，更多学者对其展开研究④。综观这些研究，其最大特点是站在美术史学的立场上，以造像样式为中心进行论

---

① 参见安田二郎《蕭道成の革命軍団—淮陰時代を中心に》（萧道成的革命军团——以淮阴时代为中心），《愛知県立大学文学部論集　一般教育編》（爱知县立大学文学部论集　一般教育编）第 21 号,1970 年,第 15—38 页。罗新《青徐豪族与宋齐政治》，《原学》第 1 辑,1994 年,第 147—175 页。韩树峰《南北朝时期淮汉迤北的边境豪族》，北京：社会科学文献出版社,2003 年,第 1—45 页。

② 参见向达《摄山佛教石刻小纪》《补纪》，载《唐代长安与西域文明》，北京：生活·读书·新知三联书店,1957 年,第 443—494 页。[日]常盘大定《南京の懷古》（南京怀古），载《支那仏教史跡踏査記》（中国佛教史遗迹调查记），东京：龙吟社,1942 年,第 158—186 页。[日]关野贞《西遊雑信·上》（西游杂信　上），《支那の建築と芸術》（中国的建筑与艺术），东京：岩波书店,1938 年,第 678—685 页。[日]北野正男《彫刻》（雕刻），《世界美術全集·十四,中国三·六朝》（世界美术全集·中国三·六朝），东京：角川书店,1963 年,第 182—195 页。

③ 宿白：《南朝龛像遗迹初探》，《考古学报》1989 年第 4 期,第 389—413 页。

④ 参见林蔚《栖霞山千佛崖第 13 窟的新发现》，《文物》1996 年第 4 期,第 32—36 页；《栖霞山千佛岩区南朝石窟的分期研究》，《燕京学报》新 19 期,2005 年,第 275—308 页。费泳《南朝佛教造像研究》，南京艺术学院美术学系硕士学位论文,2001 年,第 3—18 页。日本方面的学术史回顾可参见[日]稻本泰生《南京栖霞寺石窟試論——五世紀末—六世紀初頭の建康造像の位置づけをめぐって》（南京栖霞寺石窟试论——围绕五世纪末至六世纪初建康造像的地位），《仏教史学研究》（佛教史学研究）第 39 卷 2 号,1997 年,第 1—39 页。

说,千佛岩与北朝造像样式的相互关系则是争论的重点所在①。

其实,不少研究者都注意到一个问题,这就是千佛岩的兴起与南渡北人关系密切。然而千佛岩在江南地域乃至南朝社会文化中的具体位置,至今仍不清晰②。千佛岩的兴起与哪些人群有关?其周边地域的居民构成如何?与建康的社会人群城市景观又存在着怎样的互动关系?如立足于相关历史背景,就这些问题进行辨析,无疑能够进一步加深对于青齐土民、千佛岩乃至于南朝建康社会的历史认识。

一、"青齐土民"与千佛岩的雕造

南齐永明年间(483—493),无量寿龛大佛动工,标志着千佛岩的兴起③。此后的数十年间,千佛岩不断扩建、修缮④。就这些史实,陈代江总所撰《摄山栖霞寺碑》提供了不少线索⑤。

据碑文,千佛岩缘自明僧绍"梦此岩中有如来光彩"的神异事件。

---

① 林蔚、费泳认为,千佛岩是南朝造像艺术特征的代表,并影响了北朝造像。对此提出质疑的是稻本泰生与邵磊。参见前引稻本泰生文及邵磊《南京栖霞山千佛崖释迦多宝并坐像析》,《南方文物》2000年第3期,第50—62页。

② 吉川忠夫曾通过对明僧绍以及栖霞寺僧侣事迹的考察,指出栖霞寺的创设与东部沿海地带的人群相关,极具启发意义。不过吉川更关注栖霞寺的僧侣与佛学渊源,对千佛岩则未作深入探讨。参见吉川忠夫《五、六世紀東方沿海地域と仏教——摂山栖霞寺の歴史によせて》(五、六世纪东方沿海地区与佛教——寄言摄山栖霞寺历史),《東洋史研究》(东洋史研究)第42卷第3号,1983年,第391—417页。

③ 无量寿龛的开凿时间尚有争议,但总之是在南齐永明年间。稻本泰生考证其开凿时间不早于永明七年(489),结论较为可信。又,一些学者认为摄山石窟造像的开凿可以上溯到刘宋。不过该观点尚未得到学界的普遍认可,且笔者认为提出这一观点的文献依据值得商榷,故不取。参见前引稻本泰生文及费泳《南朝佛教造像研究》,第5—8页。

④ 目前所知最晚的南朝题记是梁中大通二年(530)。参见项长兴、徐业海《梁"中大通二年"纪年摩崖的发现》,《东南文化》2006年第3期,第85—86页。

⑤ 录文参见《金石萃编》卷一三二《栖霞寺碑》,清嘉庆十年经训堂刊本。

学界则一般认为,千佛岩的兴起与此前开凿不久的云冈石窟关系密切。首唱此说的宿白指出,由北朝南渡的人士将相关信息带至建康,促成了这一宗教活动。其中刘峻,即以为《世说新语》作注而为人熟知的刘孝标(下文统称刘孝标)尤其受到关注。

刘孝标等北来士人与明僧绍父子有所交往并施以影响的原因,出于文献不足征的缘故,前人没有明确回答。宿白说只能"以情理度之",或因"皆是当时有名人士"。稻本泰生则归结于栖霞寺的"华北人脉"。不过,如果注意到明、刘二人都是以冀州为郡望,生长于青齐的"土民"这一事实,该问题就有了进一步解释的可能。

南北朝时代的"青齐土民"以清河(今河北清河县周边)崔、张、傅,平原(今山东平原县周边)明、刘等姓为主,大多不是汉魏以来的本地土著,而是十六国末期随慕容德南迁的河北豪族。他们部曲众多,颇有武力,又相互联姻、互为依托①。刘宋泰始初年,青齐之地发生动乱,最后被纳入北魏的版图。他们其中的一部分迁徙至南朝境内,例如隐居摄山的明僧绍;还有一部分被拓跋氏迁往平城,成为"平齐民",刘孝标正在其中。

活动于平城(今山西大同市北)周边的"平齐民"与当地僧侣多有交往。如刘芳,"与德学大僧,多有往还"②。刘孝标则得缘与武州山石窟寺寺主昙曜一同翻译佛经,关系密切③。此外还有不少人在昙曜的建议下转籍为"僧祇户"。大量的"平齐民"与平城诸僧团产生联系,见闻甚至参与云冈石窟的开凿,为能够想见之事。

北魏太和年间(477—499),刘孝标逃奔江南。在此前后房伯玉、房

---

① 参见前引唐长孺《北魏的青齐土民》。
② (北齐)魏收撰《魏书》卷五五《刘芳传》,北京:中华书局,1974年,第1219页。
③ 参见陈垣《云冈石窟寺之译经与刘孝标》(载《陈垣学术论文集》第1集,北京:中华书局,1980年,第443—448页)及前引宿白《南朝龛像遗迹初探》。

崇吉、刘景焕等诸多青齐士人也都有南奔行为①。北方家族具有相对浓厚的宗族共同意识,"平齐民"南奔后,自然为先渡江的房支所接纳,重新建立起社会关系。从明僧绍、刘孝标各自的社交网络来看,其交际就是以青齐同乡为主②。另需一提的是,由于青齐豪族分居南北的特殊状况,南齐永明年间(483—493)的南北外交中,双方均安排青齐士人为使节、主客,旨在利用这层亲族关系。永明元年(483)刘瓛使北魏,负责接待的是其族弟刘芳。永明九年(491),作为北魏副使往建康的青齐人士蒋少游则是崔元祖的外甥③。云冈石窟的信息藉由这些北来士人传至江南。最早了解其详情,并接受这种宗教行为的,自然也是这些青齐土民的亲族及社交圈中的同乡。

"平齐民"的大规模南奔发生在五世纪后半叶④,正值千佛岩出现的前夜。摄山周边的长江沿岸地带又是青齐土民的居住地之一(参见下文),且这些河北侨民本有崇佛的传统,"乡里千余家并事佛,造立形象,供养众僧"⑤,对这类集体宗教活动并不陌生。以上种种因素的交织,成为千佛岩出现的契机。可以说,它的兴起是南奔的"平齐民"与早先南渡的青齐土民一同促成的宗教活动,明僧绍父子作为千佛岩的发起人绝非偶然,而正与该地域集团的历史密切相关。

碑文中列举的资助者以齐、梁皇族为主,表明千佛岩的营建具有一

---

① 《魏书》卷四三《房法寿传附房伯玉房崇吉传》,第 973—975 页;(南朝梁)萧子显撰《南齐书》卷二七《刘怀珍传附刘灵哲传》,北京:中华书局,1972 年,第 504 页。

② 明僧绍与青齐人士的交往,吉川忠夫已有考证,参见前引吉川忠夫文。刘孝标的情况可参见[日]榎本あゆち《劉孝標をめぐる人々——南朝政治史上の平原劉氏》(刘孝标周围的人们——南朝政治史上的平原刘氏),《六朝学术学会报》(六朝学术学会报)第 15 卷,2014 年,第 1—23 页。

③ 《魏书》卷五五《刘芳传》,第 1220 页;卷九一《艺术传·蒋少游》,第 1971 页;(唐)李延寿撰《南史》卷四七《崔祖思传》,北京:中华书局,1975 年,第 1173 页。

④ 参见韩树峰《南北朝时期淮汉迤北的边境豪族》,第 29—39 页。

⑤ (南朝齐)陆杲编著《系观世音应验记》第 43 条,见董志翘《〈观世音应验记三种〉译注》,南京:江苏古籍出版社,2002 年,第 147 页。

定的政治背景,而这也得益于青齐地域集团的特殊经历。研究指出,萧道成建立南齐政权依靠的主要力量,就是他在淮北结交的一批南迁青徐豪强①。齐、梁代换,这些青齐大姓在政治上仍有一席之地,或有名位,如明山宾、明少遐;或屡受征召,如刘𠮽、刘高。另一方面,梁武帝与摄山僧侣也过从甚密,积极扶持摄山的《三论》之学②。皇子萧绎还参与过栖霞寺的立碑活动,书写碑铭③。萧梁皇室墓葬也多位于摄山周边④。以上事实从不同侧面表明了南朝皇室与青齐土民以及摄山的密切联系。无量寿龛大佛的设计者僧祐、在摄山捐造"七帝"石像的比丘尼智胜都是齐梁皇室供养的僧侣。他们乐意襄助千佛岩,当出自萧氏诸王的引荐。换言之,千佛岩又反之成了连结青齐土民与齐梁皇室的纽带。

摄山栖霞寺的僧侣也多与青齐有关。法度、僧朗皆是辽东人,因海路交通发达,与青齐地区地缘关系十分亲近。南齐时,萧道成派遣出身清河张氏的僧人昙超往辽东"弘赞禅道",当是考虑到了这层因素⑤。另有一些高僧则与青齐地区直接相关:法朗祖父任职青州,他自己也于青州出家;保恭则出身清河崔氏,很可能就是青齐土民⑥。

由此可见,千佛岩的兴起与发展带有强烈的地域色彩。皇族、士人、僧侣等不同身份的人群虽以信仰集合在一起,但在其中发挥核心作用的,则是来自青齐的侨民集团。反之而言,如果没有"青齐土民"的南

---

① 参见前引安田二郎、罗新文。
② 参见汤用彤《汉魏两晋南北朝佛教史(增订本)》,北京:北京大学出版社,2011年,第406—409页。
③ (唐)欧阳询撰《艺文类聚》卷七六《内典上》,上海:上海古籍出版社,1982年,第1305页。
④ 参见黄潇《南京市区六朝墓葬分布研究》,南京大学历史学系硕士学位论文,2011年,第41—47页。
⑤ (南朝梁)释慧皎撰《高僧传》卷一一《释昙超》,汤用彤校注,北京:中华书局,1992年,第424—425页。
⑥ 关于栖霞寺僧侣的详细考察,参见前引吉川忠夫文。

渡,没有来自政治高层的助力与栖霞寺的地域背景,千佛岩能否出现于摄山,又能否发展到如此规模,是存疑的。浙江剡县石佛开凿初期所遇到的困难,就是很好的反证①。

以上讨论了千佛岩成立过程中的诸多要素。那么作为公共的宗教景观,它接纳了哪些人群?在南朝社会中的地位、影响如何?要回答上述问题,必须进一步了解摄山所在的区域及其居民状况。

二、摄山的周边与信众

摄山位于建康(今江苏南京市)以北的长江南岸,如碑文所言在"江乘县界",其西是侨临沂县(今江苏南京市栖霞区周边),皆属南琅琊郡。正北是隔江相望的瓜步(今江苏南京市六合区周边),西南则是建康。

先看北面的瓜步。瓜步之地本为堂邑郡,晋安帝时改堂邑为秦郡,可见此处侨居有不少关中流民。刘宋元嘉末年,北魏南侵,江北郡县多被破坏,居民流散。因此宋文帝随后"徙彭城流民于瓜步,淮西流民于姑孰",两处合计有"万许家"②。刘宋泰始初年,北魏占领青齐,刘宋以郁洲(今江苏连云港市连云区)为中心重设青、冀二州,接纳南下流民。不过当地位于南北对峙的前线,仅是"郡县虚置"③。青齐流民继续向江淮间移动,刚刚经历战乱,地广人稀的瓜步就成为了一个落脚点。

刘宋末年,萧道成置齐国于瓜步,正是看中当地"江右土沃,流民所归"。建议萧道成定国号为"齐"的是崔祖思,不久他便被任命为齐国内

---

① 浙江剡县的石佛动工于齐建武元年(494),由僧法护所主持,然而"疏凿移年,仅成面朴","资力莫由,未获成遂",后由梁建安王出资,僧祐、刘孝标一同参详策划才最终竣工。具体考述参见前引宿白文。

② (南朝梁)沈约撰《宋书》卷五《文帝纪》,北京:中华书局,1974年,第100—101页。

③ 《南齐书》卷一四《州郡志上》,第259页。

史。此后先后担任太守的还有刘怀慰、刘灵哲等，都是青齐的豪强大姓①。六朝时代，侨郡县的官长多由本地"民望"出任，据此认为青齐侨民是该地区的最大势力，似无大谬。《南齐书》中的一则史料也能说明问题：

  （建元元年）冬，诏曰："……齐郡明僧绍标志高栖，耽情坟素，幽贞之操，宜加贲饰。"②

明僧绍郡望平原，诏书却称之为齐郡人，周一良推论他已落籍在位于瓜步的齐郡，可从③。由此亦可见瓜步与南迁的青齐士人颇多联系。

  东晋南朝时代，瓜步是主要的渡江口之一。由此出发，以南面江上的江心洲（今江苏南京市八卦洲）为中转过江，就到达了东邻摄山的临沂县。

  包括临沂、江乘在内的这片沿江区，其开发程度远不及南面的秣陵（今江苏南京市江宁区）、湖熟（今江苏南京市江宁区东南）等地，土著居民相对不多，因此东吴时期就是侨民的活跃地带④。永嘉南渡后，这片区域与侨民的联系则更为紧密，琅邪王氏、颜氏、广陵高氏、广平李氏等，诸多侨姓的墓葬都位于此。刘宋以来，青齐土民的身影也在此出现了。除了明僧绍父子的活动，摄山附近发现的明氏家族墓葬群也说明该家族已在当地定居⑤。此外，临沂县界内（今江苏南京市燕子矶附

---

  ① 参见《南齐书》卷二七《刘怀珍附刘灵哲传》；卷二八《崔祖思传》；卷五三《良政·刘怀慰传》。
  ② 《南齐书》卷五四《高逸传·明僧绍》，第927页。
  ③ 周一良：《明僧绍籍贯》，载《魏晋南北朝史札记》，北京：中华书局，1985年，第254页。
  ④ 例如在邻近摄山的幕府山周边就发现过不少东吴时侨民的墓葬，出土有买地券、砖铭等物。
  ⑤ 参见南京市文物管理委员会：《南京太平门外刘宋明昙憘墓》，《考古》1976年第1期，第49—52页。

近)还出土过"普通二年"(521)墓志。墓主人姓名、郡望漫漶不清,不过其先祖任冀州大中正,子孙三代与清河崔氏、张氏联姻,可见也是与"青齐土民"关系密切的冀州豪族①。

关于南朝临沂县的状况,《太平寰宇记》卷九〇《江南东道二·升州》引顾野王《舆地志》的一条记载颇具参考价值:

> (临沂县)本南徐州之属,晋则诸葛恢,宋则臧焘,梁则孟智,陈则明僧绍之子仲璋,傅彝并为临沂令,以后无闻。②

以上文本、标点均照录中华书局王文楚点校本,然疑点颇多。明仲璋永明年间已参与摄山造像事,距陈朝有七十余年,未免太过长寿;傅彝见于《陈书》卷三〇《傅绰传》,载其为"梁临沂令",孟智则文献无征。检校勘记,底本原作"梁则孟智明周则僧绍之子仲璋",点校者据他书改"明周则"为"陈则明",而后句读。而中山大学所藏钞本"明周则"原作"周明"③。如依此本,则可句读为:

> (临沂县)本南徐州之属,晋则诸葛恢,宋则臧焘,梁则孟智周、明僧绍之子仲璋、傅彝并为临沂令,以后无闻。

孟智周史有其人,他与明仲璋、傅彝都活动于梁代,故此句可通,应是相对合理的文本。我们注意到,上述五位县令的地域背景或许是了解当地乡族集团势力消长的一个线索。

临沂县位于南徐州境内,中村圭尔曾指出,活动于此地的主要是王

---

① 参见南京市文物保管委员会:《南京郊区两座南朝墓清理简报》,《文物》1980年第2期,第24—28页。

② (宋)乐史撰《太平寰宇记》卷九〇《江南东道二·升州》,王文楚等点校,北京:中华书局,2007年,第1788页。

③ 《太平寰宇记》卷九〇《江南东道二·升州》校勘记第87条,第1807页。

氏、颜氏等琅邪高门及以侨姓寒族为主的京口集团①。《舆地志》最初所记的诸葛恢出身琅邪阳都诸葛氏，与累世葬于此的王氏、颜氏关系密切②。其后晋宋换代，南徐州成为"桑梓帝宅"，追随刘裕建立宋朝的京口集团进入建康，臧质、孟智周所属的东莞（今山东莒县周边）臧氏、平昌（今山东诸城市西北）孟氏家族就来自于这一地域集团③。以上三位临沂令的出身背景与中村氏的判断一致。

不过随后的明仲璋与傅彝却都是例外。明仲璋是明僧绍之子，属南迁青齐侨民的第二代。傅彝郡望北地灵州（今宁夏吴忠市周边），但活跃于六朝的北地灵州傅氏在汉晋之际就迁往清河，其实是冀州豪族。其中有东晋时期就南渡者，如傅瑗、傅亮一支。也有随慕容德进入青齐成为"土民"者，如傅融、傅竖眼一支。傅彝一支世系不详，但他们与青齐土民应有联系。

齐梁时代，南北战事频繁，居住于瓜步的青齐土民当然乐于南渡。凭借王朝换代之功，一些青齐豪强入朝为官，也需要在建康周边寻觅居地。都城南面是高门甲族的居处，早已无处插足，建康北面无疑是选择之一④。而在当时的建康周边，还驻扎有不少青齐豪族的武装⑤。像明仲璋、傅彝这样具有相似地域背景的地方官员，当能更好地安抚、协

---

① 参见中村圭尔《南朝政権と南徐州社會》（南朝政权与南徐州社会），载其《六朝江南地域史研究》，东京：汲古书院，2006年，第124—156页。
② 诸葛恢任职临沂令是在永嘉南渡前，其时尚未侨置，而顾野王将他误作为南徐州侨临沂令。不过这一错误正从一个方面反映出，在南朝人的印象中，东晋侨临沂县的主要人群就是南渡的临沂望族及其乡里。
③ 按《上清道类事相》卷一引《道学传》（明正统道藏本）云，孟智周为丹阳建业人。但建康一带的土著大姓无孟氏，反是平昌孟氏自刘宋始多居于建康。南朝时有道士孟景翼，与孟智周同为重玄派之代表，郡望即为平昌。因此笔者以为丹阳建业或是孟智周士断后的籍贯所在，而非郡望。
④ 南朝贵族的居住地问题可参见［日］矢野主税《東晉における南北人対立問題—その社会的考察》（东晋南北人的对立问题——基于其社会的考察），《史学雑誌》（史学杂志）第77卷第10号，1968年，第41—60页。
⑤ 前引韩树峰《南北朝时期淮汉迤北的边境豪族》，第25—26页。

调好各方利益,他们给南朝人留下深刻印象,并不奇怪。临沂令出身地域的变化,也表明了青齐侨民在当地的影响力。

千佛岩的赞助者,除前文提及的诸人以外,文献中还有若干记载。据《陈书》,傅彝之子傅縡是栖霞寺高僧法朗的弟子,"受《三论》,尽通其学"①,对千佛岩自然也是虔诚的。他与摄山的缘分,恐怕与其父担任临沂令不无关系。此外筑室摄山、执意葬于僧朗墓侧的萧际素则属兰陵(今山东枣庄市周边)萧氏一族。而撰写《栖霞寺碑》、花大笔墨盛赞千佛岩的江总,不仅籍贯在南徐州,且是兰陵萧氏的姻亲②。他们都是活跃于摄山周边的家族。

千佛岩到梁代中叶还在不断扩建这一事实本身,也说明它为周边居民所接受,膜拜者众。《栖霞寺碑》《高僧传》都记载了摄山山神向栖霞寺法度禅师皈依的传说,正如吉川忠夫所言,这类故事正反映了佛教成功教化周边民众的事实③。石窟是佛教活动的场域所在,能够想见,千佛岩成为当时摄山的周边人群,尤其是南渡的青齐豪族寄托精神的场所之一。

那么,千佛岩与建康关系又是如何?众所周知,建康不仅是六朝都城,还是南朝文化的核心地区。解决这一问题,有助于进一步了解千佛岩在南朝社会文化中的地位与影响。

三、千佛岩与建康社会

考虑千佛岩与建康的关系时,首先需要确认建康周边的造像情况。

---

① (唐)姚思廉撰《陈书》卷三〇《傅縡传》,北京:中华书局,1972年,第401页。

② 江总郡望济阳考城,是南徐州所辖的侨郡县,其同族江淹即以南徐州秀才起家。参见前引中村圭尔《南朝政権と南徐州社會》。

③ 参见吉川忠夫《夷夏论争》,《人文》(人文)第17号,1971年,第33—55页。

文献记载,齐文惠太子萧长懋曾造"白山丈八石像并禅岗像"[1],但仅是单体石像。又建康以南的牛首山普觉寺亦有一石窟,俗称"辟支窟"。不过据常盘大定的考证,该石窟的主要功能是藏经,未有发现造像[2]。换言之,当时建康周边持续、大规模开凿石窟造像的仅有摄山一处[3]。建康是南朝佛教的中心,亦有不少山中佛寺,但均未开展石窟造像的行为。这种反差,可能需要从与千佛岩相关人群的角度来解释。

前文提及,千佛岩的发起者是青齐土民,积极襄助的是齐梁皇室。从身份上来说,他们基本是门第不高的寒素侨姓,且多东晋中期以后南渡的北人,即"晚渡北人"。南朝以来,他们在政坛上翻云覆雨,希望藉此进入权力中心。然而在当时的社会中影响力却很有限,特别是在贵族氛围浓厚的都城建康。

王、谢等侨姓高门是不欢迎晚渡北人的。胡宝国指出,热衷于轻视、排挤晚渡北人的恰恰是早过江的北人[4]。晋末宋初之际,就对他们"直以南度不早,便以荒伧赐隔"。青齐土民的南渡已是刘宋后期,境况自然同样窘迫。另一方面,宋齐以来,吴姓士人的政治地位下降,本就对侨姓不满,《南齐书》卷五二《丘灵鞠传》载:

> (丘)灵鞠不乐武位,谓人曰:"我应还东掘顾荣冢。江南地方数千里,士子风流,皆出此中。顾荣忽引诸伧渡,妨我辈涂辙,死有余罪。"[5]

---

[1] 参见(南朝梁)释僧祐著《出三藏记集》卷一二《法苑杂缘原始集目录序》,北京:中华书局,1995年,第488页。又禅岗当在建康南面。

[2] 参见前引常盘大定《南京の懐古》。

[3] 除石窟造像外,南朝还有造木像、泥像、金像等。不过石窟造像往往是花费巨大人力、财力,公共意味强烈的宗教活动。而木像、金像则主要是个人、寺院室内礼拜的对象,更具有私密性。两者不可简单等同。

[4] 参见胡宝国《晚渡北人与东晋中期的历史变化》,《北大史学》第14辑,2009年,第94—111页。

[5] 《南齐书》卷五二《文学传·丘灵鞠》,第890页。

就是最直接的反映。青齐土民进入江南参与政权,进一步挤压了他们的生存空间。南人陆杲编纂的《系观世音应验记》中,就将这些"青齐土民"蔑称为"群伧",反感显而易见①。更不用说他们与五胡政权联系密切,先祖多有出仕"伪朝"的经历,在讲究正统的南朝也难免受到非议。史载,在萧齐建立过程中居功甚多的刘善明"出藩不与台辅别,入国不与公卿游",除去他明哲保身的个人性格以外,南迁的青齐大姓不被南朝贵族圈所接受,恐怕也是原因之一。

不仅如此,同样是面对佛教,这些人群与南朝贵族的信仰方式也大相异趣。尽管皇室中不乏萧子良、萧统这样仰慕风雅之辈,"青齐土民"里也有明山宾、刘杳这样的教养文人。但总体上来说,他们不尚清谈,相比于东晋以来流行的"格义佛学",更热衷于造像、诵经等更为具体的宗教实践行为。在以探讨佛理为趣旨的高门贵族眼中,这无疑是太过缺乏内涵了。正如谢灵运所言,名士贵族标榜的不是"事佛精恳",而是"得道应须慧业文人"②。因此,尽管千佛岩不断开凿、分外热闹,吸引的却多是齐梁皇室、江夏王妃霍姬这些不以文化见长的人群。在《摄山栖霞寺碑》《明征君碑》等与千佛岩相关的叙事文本中,除了狂热的佛教信徒王奂外,看不到高门士族的身影③。

以"重义理"为传统的南朝佛教界,对此宗教行为似乎也没有兴趣。南朝僧人释慧皎所编纂的《高僧传》中,占据大量篇幅的是以译经、义解见长的僧人。记叙到法度、僧朗等栖霞寺诸僧时,只是强调他们对《无量寿》、三《论》(即佛典中的《中论》《十二门论》《百论》)、《华严》等佛经的研究,无量寿龛的开凿只字未提④。而《名僧传》虽设有《造经像苦

---

① 《系观世音应验记》第 16 条,见《〈观世音应验记三种〉译注》,第 92 页。
② 《宋书》卷六七《谢灵运传》,第 1775 页。
③ 《栖霞寺碑》中所载的田奂,一般认为是南齐雍州刺史王奂之讹。
④ 《高僧传》卷八《齐琅琊摄山释法度》,第 330—332 页。

节》一科,不过排序接近书末,亦说明这类行为在南朝僧侣看来并非主流①。而在其他的南朝佛教典籍中,也几乎不见论及千佛岩的文字②。

其实,摄山擅长的"三《论》之学"(具体解释见上一段),在南朝的受众也不多。当时江南盛行的是成实之学,借助于梁武帝的支持,摄山佛学才逐渐进入建康的学问圈③。吉川忠夫曾指出,摄山是华北佛教向江南传播的一个据点。换言之,它从来就不属于南朝佛教的主流。正因如此,摄山与建康,地理上虽近在咫尺,然而在江南高门贵族和僧侣的精神世界中却甚有隔阂。

以上诸多因素,恐怕是石窟造像无法在建康乃至于南朝流行的原因。能够看到,在以建康为中心的江南地区,类似的造像活动仅有浙江剡县一处。四川成都虽出土有大量的石刻造像,不过是否有来自于建康的影响还有待确定。有学者认为,这些造像与邻近的吐谷浑政权有关,是值得参考的意见。④

结　语

永嘉之乱后,中原北方地区的移民不断涌入江南的同时,也带来了他们自身固有的文化观念、信仰传统。这些北来文化与江南的既存习俗相互浸染,形成的一种崭新的文化面貌,就是所谓的六朝文化。然而该过程并非一蹴而就,而是伴随着北人的不断南迁贯穿于整个六朝时期。西晋末年南渡的高门贵族将风行于洛阳(今河南洛阳市)的清谈、

---

① 参见[日]宗性《名僧传抄》,收入《续藏经》第134册,台北:新文丰出版公司,1983年。
② 就笔者所知,仅《出三藏记集》中著录有《太尉临川王成就摄山龛大石像记》一文题目。参见《出三藏记集》卷一二《法苑杂缘原始集目录序》,第488页。
③ 参见前引汤用彤《汉魏两晋南北朝佛教史(增订本)》,第417—423页。
④ [日]山名伸生:《吐谷浑と成都の仏像》(吐谷浑与成都的佛像),《仏教芸術》(佛教艺术)第218号,1995年,第11—38页。

玄学带至江南，"晚渡北人"也同样以自己的方式改造着江南社会。如果说建康以东沿江和京口（今江苏镇江市周边）、晋陵（今江苏常州市周边）一带自东晋以来最重要的特征是"徐兖化"①，那么"青齐土民"的南下，则为建康周边、江南乃至于南朝社会带来了"青冀化"的动向。千佛岩的出现，就是这种历史现象的反映。

　　文化的传播必须借助于人的流动。南北朝时代的侨民集团，就是一个个地域文化的载体之一。而在考虑造像的文化特征时，除去样式的对比，造像人群及其来源也是需要关注的一个方面。站在这一立场上，摄山造像所涉及的某些南北文化交流问题无疑值得再做一些思考。

　　如所周知，山东青州一带出土的北朝造像与河北造像、摄山造像在样式上具有某些共通之处，因此关于其源流，有"河北传来说"与"建康传来说"两种观点②。但如果考虑到造像人群的因素，青州造像与河北造像、千佛岩造像拥有相似样式其实并不奇怪。山东地区发现的大量造像记表明，当地热衷于造像活动的主要人群，就多是河北而来的豪强大族③。他们虽先后迁往青齐、江南等地，但所认同的家族郡望、文化根基并没有根本的改变，其审美、服饰传统自然也保留了许多共通点。因此，这三个地区的造像在风格上的某些相似或许并非来自于直接的

---

　　①　参见魏斌《句容茅山的兴起与南朝社会》，《历史研究》2014年第3期，第22—41页。

　　②　参见宿白《青州龙兴寺窖藏所出佛像的几个问题——青州城与龙兴寺之三》，《文物》1999年第10期，第44—59页；费泳《"青州模式"造像的源流》，《东南文化》2000年第3期，第97—102页及［日］冈田健《南北朝後期仏教美術の諸相》（南北朝后期佛教美术的诸相），载《世界美术大全集·东洋编3·三国南北朝》，东京：小学馆，2000年，第299—321页。

　　③　最新的研究可参见［日］佐藤智水《北魏時代の山東石像銘史料の探索と整理》（北魏时期山东石像铭史料的探索与整理），载平成22—26年度科学研究费补助金（基础研究A）项目报告书《石刻史料と史料批判による魏晋南北朝史研究》（基于石刻资料与史料评判之上的魏晋南北朝史研究），第21—33页。

文化影响,而是因为造像人群的审美传统本就出自一源①。当然,这仅是笔者的一个推想,正确与否则有待进一步的考察。

---

① 例如吉村怜曾以龙门石窟为例,指出造像样式的差别很可能出自于工匠集团的差异。参见[日]吉村怜《雲崗石堀編年論:宿白・長廣学説批判》(云冈石窟编年论:评宿白与长广的学说),《国華》(国华)第 1140 号,1990 年,第 13—29 页。

唐五代都市中毬场的社会功能

[日]山崎觉士

舒之仪 译

前 言

  提起中国都市史中的唐宋变革期,经常会用到"是商业革命和都市革命"这样的说法①。例如唐代都市中习见的坊市制,随着唐后半期商业活动日趋活跃而逐渐松弛②,侵街行为和夜市经营屡屡出现,城市各区域也都变得店肆林立③。正是这种商业活动,都市的面貌变发生了重大的变化,正像《清明上河图》中所见到的那样,都市成为商人、平民的生活场所,充满活力④。此外,还出现了以客商等群体为对象,兼具仓库、批发和馆舍等业务功能的邸店⑤。随着流通业的发展与完善,都市也成为底层劳动者以及老、病等社会弱势群体集中的场所,为应对这

---

  ① 斯波义信:《中国都市史》,东京:东京大学出版会,2002年。
  ② [日]加藤繁:《宋代における都市の発達に就いて》(关于宋代都市的发达),载其《支那経済史考証 上》(中国经济史考证 上),东京:东洋文库,1952年。
  ③ [日]伊原弘:《王朝の都 豊饒の街》(王朝之都 丰饶之城),东京:农山渔村文化协会,2006年。
  ④ 伊原弘监修《『清明上河図』をよむ》(读〈清明上河图〉),东京:勉诚出版,2004年。
  ⑤ [日]日野开三郎:《唐代邸店の研究 正·続》(唐代邸店研究 正、续),见《日野開三郎東洋史学論集》(日野开三郎东洋史学论集)第17、18卷,东京:三一书房,1992年。

样的新形势,都市中开始出现养老("居养院")、收容("养济院")等设施①,同时还出现了专为贫穷潦倒的群体设立的公共墓地"漏泽园"②。

当时都市中发生的这些变化,通常都从商业和流通的专业化这个角度来进行解释。然而,唐代后半期到宋初这段时间,在社会的统制上,普遍采用的是所谓的藩镇体制。要想解释什么是藩镇体制并非易事,不过可以简单地说藩镇体制就是:唐朝政府原本直辖的地域被分割成许多"道",以"道"为单位设置节度使兼观察使,专为节度使招募的职业兵士(官健),驻扎在节度使所治的府州。总之,在律令体制下,戍边、宿卫等兵役是由府兵和一般州府征发的农民来承担的,是兵农合一的社会③,但随着中央军中的骠骑及军镇中的长征健儿等制度的引入,以开元年间为界,社会逐渐朝着兵农分离的方向转变④。募集而来组成节度使下属军队的官健,需要仰仗官府支给衣食,而供养这批官健的军

---

① [日]福泽与九郎:《宋代に於ける救療事業について》(宋代的救济医疗事业),《福冈学艺大学纪要》(福冈学艺大学纪要)第3期(第一部文科系统),1948年;《宋代に於ける窮民修養事業の素描》(白描宋代的穷人收养事业),《福冈学艺大学纪要》第6期(第二部文科系统),1951年。[日]梅原郁:《宋代の救济制度——都市の社会史によせて——》(宋代的救济制度——寄语都市社会史),载《都市社会史》,京都:密涅瓦书房,1983年。[日]星斌夫:《中国の社会福祉の歴史》(中国社会福利史),东京:山川出版社,1988年。

② 福泽与九郎:《宋代助葬事業小見》(宋代助葬业管窥),《福冈学艺大学纪要》第7期(第二部社会系统),1957年。伊原弘:《宋代都市における社会救济事業—公共墓地出土の磚文を事例に—》(宋代都市中的社会救济事业——以公共墓地出土的砖文为例),载[日]长谷部史彦编《中世環地中海都市の救貧》(中世环地中海都市中的扶贫),东京:庆应义塾大学出版会,2004年。

③ [日]渡边信一郎:《唐代前期における農民の軍役負担》(唐代前期农民的军役负担),《京都府立大学学术报告》(人文·社会)第55号,2003年。

④ [日]滨口重国:《府兵制度より新兵制へ》(从府兵制到新兵制),见其《秦汉隋唐史的研究》,东京:东京大学出版会,1966年。

费,差不多占到了道财政和中央财政的大半①。尤其是藩镇节度使驻守的都市,常驻的职业兵士动辄有数千之多。

从中国都市史的角度来看,随着开元以来藩镇体制的逐渐确立,此前从未有过的职业兵士突然大量出现在了都市里。这批职业兵士原本均是农民,作为国家编户,他们必须缴纳(至少是理应)国家的租赋,现在反倒成了消耗租赋的群体。财政上的问题另当别论,至少都市中必须要有能够容纳这么多人的空间才行。本文将要讨论的毬场(鞠场),应该就相当于这种场所。

毬场,正像下文将要提到的那样,本来只是用来击毬的广场(ground),但基于唐后期的社会状况,毬场往往被挪作他用,具有了击毬之外的功能。毬场作为构建节度使与职业兵士之间人际关系的特殊空间,在中国都市史上,首次出现在了唐后期的中国都市之中。因此,本文关注的问题,首先是以往唐宋变革期都市研究中从未涉及到的毬场,力图阐明唐后期到五代这段时间中毬场所具有的社会功能。在此基础上,申明唐宋变革时期都市的变化,不仅可以从商业、流通的角度来加以探讨,而且可以基于当时的社会状况,针对某个广场,赋予其某种政治上及社会上的意义。

一、毬场概览

(一) 击毬

击毬(或"击鞠""打毬",下文统一称"击毬")是指骑在马上用球棍

---

① 渡边信一郎:《唐代後半期の中央財政——戸部財政を中心に——》(唐代后半期的中央财政——以户部财政为中心),《京都府立大学学术报告》(人文),第40号,1988年;《唐代後半期の地方財政——州財政と京兆府財政を中心に——》(唐代后半期的地方财政——以州财政与京兆府财政为中心),载《中国专制国家和社会统合》,东京:文理阁,1990年。

("毬杖")比赛击球("毬""鞠"),率先破门("毬门")的一方获胜,可以说是一项专业运动①。关于击毬的起源,有波斯②和吐蕃③等各种说法,尚无定论。就中国而言,一般认为击毬是唐代传入的,如《资治通鉴》卷一九九唐高宗永徽三年(652)二月乙卯条载,高宗登楼时看到群胡在街中击球,为了抑制想要击毬的冲动而把球都烧掉了,而《封氏闻见记》卷六《打毬》却称此事发生在太宗时。虽然难以判断哪一种说法是正确的,不过神龙二年(706)下葬的章怀太子墓墓道东壁上描绘着清晰的击毬场面(图15-1)④。中宗也喜好观看击毬,曾让吐蕃使者与临淄王李隆基、驸马都尉杨慎交等人对战(《封氏闻见记》卷六《打毬》)。而这里提到的玄宗,或许是得意于此前在与吐蕃的对赛中获胜,即位后依然热衷于击毬(《新唐书》卷二二五上《安禄山传》)。击毬也成为此后唐朝历代皇帝的爱好。德宗在寒食节与将军们于内殿击球(《旧唐书》卷一二《德宗纪上》),穆宗在与宦官击毬时,因目睹宦官落马而受惊,以至于染病而不能行走(《资治通鉴》卷二四二唐穆宗长庆二年十二月条)。此后的敬宗,虽然年幼,但日日沉迷于击毬,与宦官、军将们一起击毬后醉倒,最后被这些人暗杀(《旧唐书》卷一七上《敬宗纪》)即便如此,宣宗和僖宗等皇帝也都以击毬好手而闻名。

原本流行于宫中的击毬逐渐流传到了地方。据《封氏闻见记》卷六

---

① [日]今村鞆:《日鲜支那古代打毬考》,《朝鲜》第196、198期,1931年。向达:《长安打毬小考》,见其《唐代长安与西域文明》,台北:明文书局,1981年。[日]福本雅一:《中国における撃毬の盛衰と撃毬図屏風について》(中国击毬的盛衰与击毬图屏风),《京都国立博物館学叢》(京都国立博物館学从)第2号,1999年。此外,史料中出现"打毬""击毬"的时候,是指专门的马球还是指不用骑马而是类似于场上曲棍球的运动,有很多地方都不明确,以往的研究中也有将它们混淆的情况。本文中所举的是史料中可以确定的马上击毬的事例。

② 参考前引向达论文。

③ 国家体委体育文史工作委员会、中国体育史学会编《中国古代体育史》,北京:北京体育学院出版社,1990年。此外还有杨向东《中国古代体育文化史》,天津:天津人民出版社,2000年。

④ 周天游主编《章怀太子墓壁画》,北京:文物出版社,2002年。

图 15－1　击毬图

《打毬》所言,击毬是"军中常戏",也被用作军事训练。下文我们将会看到,随着节度使在内地的设置,各都市也都开始出现了击毬活动。永泰元年(765)九月,吐蕃攻打长安,淮西节度使李忠臣接到要求带军支援的诏命时正在击球(《资治通鉴》卷二二三)。同年,剑南节度使郭英乂放荡至极,令妓女骑驴击球(《新唐书》卷一三三《郭英乂传》)。此外,成德军节度使李宝臣的弟弟李宝正,在和魏博节度使田承嗣之子田维击毬时,马突然受惊,不慎使田维致死。据说以此事故为由,两镇的关系开始恶化(《资治通鉴》卷二二五大历十年三月)。意外伤害是击毬中常有的事故,昭义军节度使刘悟起初追随李师古,因击毬时与李师古的马发生冲撞而险些被斩(《旧唐书》卷一六一《刘悟传》)。唐末天复三年(903)十月,朱全忠的侄子朱友伦在击毬时落马而死(《资治通鉴》卷二六四)。五代吴国第二任皇帝杨渥喜爱击毬,即使在服丧期间也不分昼夜沉迷于击毬,夜晚则在四周点燃好几圈蜡烛照明(《资治通鉴》卷二六六开平元年正月)。前蜀王衍也同样,在围起的锦幕中享受击毬的乐趣(《资治通鉴》卷二七一龙德元年正月)。

　　从上文所引的资料不难看出,从唐后期开始,随着节度使在各地的设置,击毬之风也在全国范围内普及开来。随着击毬的流行,各都市先后设置了毬场。接着我们就来看一下毬场。

(二) 毬场

首先确认一下有毬场的都市。图15-2是依据文献记载绘制的有毬场的都市分布图。都城长安、东都洛阳不用说,作为地方都市,从幽、镇、青、郓等割据型藩镇帅府所在的都市,到成都及广、福、桂等归顺型藩镇帅府所在的都市,在图中均有显示。毬场是何时出现在藩镇节帅所在州城的,这个问题还有诸多不明,不过有以下一些记载可供我们推测。元和八年(813),福建观察使裴次元将原本设在州城内西北隅的毬场移到了州治东百步的地方(《淳熙三山志》卷一八《兵防》)。敬宗时,昭义军节度使刘从谏将治所从邢州迁到潞州时,新设置了毬场:

> 从谏即徙军山东,开毬场,凿柳泉,大兴役以厌。
>
> 　　　　　　　　　　　　《新唐书》卷二一四《刘稹传》

从刘从谏的事例中可以推测,很多毬场的设置,似乎是与节度使的设置同步的。也有毬场不设在节度使州城的例子,如饶州刺史颜标把毬场设在了鄱阳(《唐摭言》卷一○"姚岩杰"),但这样的事例并不多见,可以说毬场基本上是由节度使设在帅府所在的州城中的。

接着是关于毬场的位置问题。毬场通常设在城内,这一点从前文提及的福州的事例中不难看出,这里再举一例关于郓州的毬场。刘悟在背叛节度使李师道并意图对其加以谋害时,有这样的记载:

> 以兵趣郓州。及夜,至门,示以师道追牒,乃得入。兵士继进,至毬场,因围其内城,以火攻之,擒师道而斩其首,送于魏博军。
>
> 　　　　　　　　　　　《旧唐书》卷一二四《李师道传》

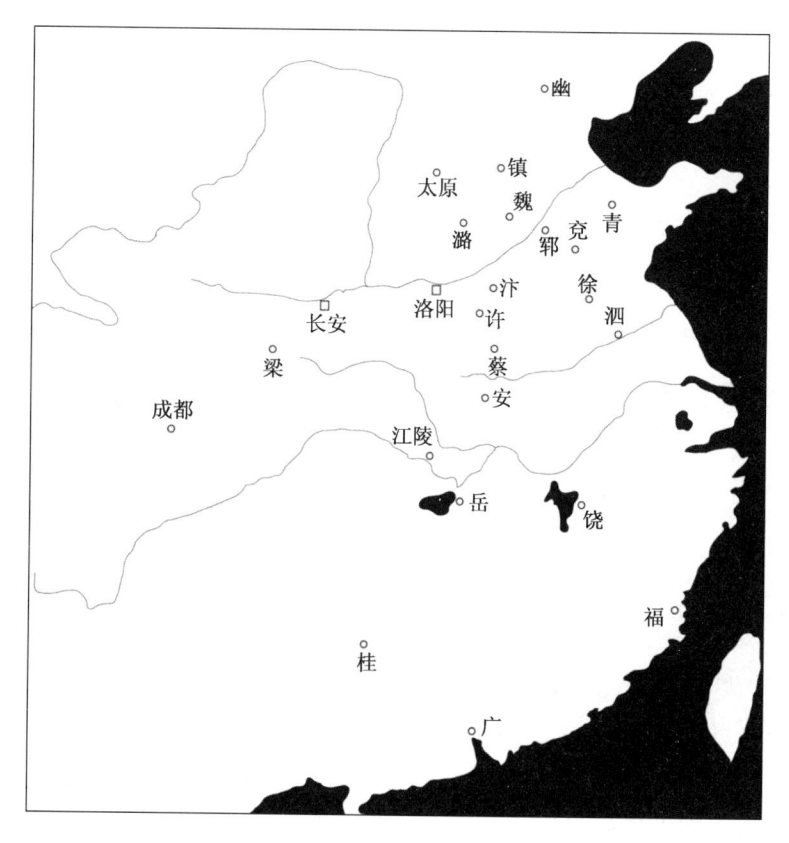

图 15-2　唐代设置毬场的都市

刘悟率领的军队进入郓州城门后来到毬场,接着火攻内城并活捉李师道,很明显,毬场在郓州城内,很可能利用了州城中的空地。

关于毬场的面积,因为它本来就要容纳十余人击毬时所乘马匹的自由跑动,因此必须足够宽敞,这里举数例加以说明。德宗朝因功受封西平郡王的李晟,其子李愬任唐随邓节度使,是与李晟同样足智多谋的名将,他的功勋之一就是成功捕获了淮西节度使吴元济。李愬在进入蔡州后,有这样的记载:

自(吴)元济就擒,愬不戮一人,其为元济执事帐下厨厩之间者,皆复其职,使之不疑。乃屯兵鞠场以待裴度。翌日,度至，恕具櫜鞬候度马首。度将避之，恕曰："此方不识上下等威之分久矣，请公因以示之。"度以宰相礼受恕迎谒，众皆耸观。

《旧唐书》卷一三三《李恕传》

宰相裴度实际上是作为元帅到淮西来宣谕的，当他到达蔡州时，李恕率将士屯驻毬场，有意在蔡州人面前牵引裴度坐骑的缰绳，以彰显上下之分。由此可见官兵士卒屯驻毬场的情景。

还有，庞勋率领的叛军到达泗州时，有这样的记载：

勋招集银刀等都虞匿及诸亡命匿于舟中，众至千人。丁巳，至泗州。刺史杜慆飨之于毬场，优人致辞。

《资治通鉴》卷二五一咸通九年九月

刺史杜慆在毬场举办千人规模的宴会。另外，这里提到的庞勋也在毬场接待过皇帝派来宣慰的康道伟，当时有数千人假扮向庞勋投降的盗贼登场，以向康道伟夸耀功绩(《资治通鉴》卷二五一咸通九年十一月)。此外，元和十三年(818)四月，崔从在镇州的毬场召集三军，宣读诏谕(《旧唐书》卷一七七《崔从传》)。五代后梁末帝时期，都将李霸在都城汴京掀起反叛，龙骧四军都指挥使杜晏球安排骑兵五百屯守毬场(《资治通鉴》卷二六九贞明二年四月)。宋初李筠在潞州养马三千，并在毬场中举行军事演习(《宋史》卷四八四《李筠传》)。通过上述事例不难看出，毬场是能够容纳千人的大广场。

长安等地的宫中毬场，通常设置在宫殿的殿庭等地，就像"亲扫毬场如砥平，龙骧骤马晓光晴"(杨巨源《观打毬有作》，《全唐诗》卷三三三)所吟咏的那样，宽阔平坦。也有像中宗时驸马都尉武崇训和杨慎交"洒油以筑毬场"那样的奢侈(《资治通鉴》卷二〇九景龙二年七月)。不过这些都是宫中才能见到的特殊事例，地方都市中的毬场一般都位于有树木和岩石的场地，著名的唐章怀太子李贤墓击毬图壁画中就描绘着树木和岩石(图 15-3)。此外,五代后唐清泰帝带着宗室一起在洛阳自焚时,王淑妃和许王从益躲到毬场中才得以逃脱(《资治通鉴》卷二八○天福元年闰十一月辛巳)。他们也许就躲藏在木石后的隐蔽之处。

毬场中设置亭、院的情况也不少。卢龙军节度使李载义在毬场后院接待敕使(《资治通鉴》卷二四四太和五年正月庚申),西川节度使路严在炎热的夏天躲进毬场的厅中纳凉(《北梦琐言》卷四)。还有,前文提到的饶州刺史颜标曾建造"鞠场亭宇"(《唐摭言》卷一○"姚岩杰")。如下文所及,毬场经常会被用作举办宴会的场所,可以想象,节度使和敕使等身份高的人坐在院中或亭中,兵士们则席地而坐,相互对酌。

图 15-3　毬场图

以上我们对当时常见的毬场作了描述,可知唐后期各地节度使帅府所在的州城内,一般都设有毬场,这些毬场通常由节度使藩帅创立,规模可容纳数千人,毬场内部建有院、亭一类的设施。毬场的设置,与藩镇的割据或归顺无关,通常位于藩镇节帅所驻州城,这意味着毬场是随着唐后期藩镇的出现而普及的,在州城原有的都市空间中划定类似广场那样的场所。这里,我们把毬场作为唐后期地方都市的一个特征,但这个特征并不单指毬场作为城市空间的一个新要素的出现,毬场的使用方法、毬场的功能,才是对唐后期以降社会状况的反映。毬场原本是用来击毬、挥洒汗水的广场(ground),但毬场空间却具有竞技以外的各种功能,并且在唐后期以降发挥着重要的作用。下文将通过对毬场竞技以外的各种功能的分析,通过对聚集到毬场来的人群的观察,发掘毬场更深层次的历史意义。

二、毬场的功能

(一) 宴会的场所

上文提到,接到要求援军抵抗吐蕃入侵的诏命时,淮西节度使李忠臣正与诸将击球(《资治通鉴》卷二二三)。《新唐书》卷二二四下《叛臣下·李忠臣》写到:"方宴鞠场,使者至,即整师引道。"可见与诸将击毬的同时,宴会也正在进行着。可以说节度使充分利用毬场作为与兵士宴会的场所。

《太平广记》卷一九○记载了关于温造的异闻。大和四年(830),兴元发生兵乱,山南西道节度使温造在镇压叛乱时,有这样一则故事:

> 他日,毬场中设乐,三军下士,并任执带弓剑赴之。遂令于长廊之下就食。坐筵之前,临塔南北两行,悬长索二条,令军人各于面前索上挂其弓剑而食。逡巡,行酒至,鼓噪一声,两头齐抨其索,则弓剑去地三丈余矣。军人大乱,无以施其勇。然后阖户而斩之,五千余人,更无噍类。

描绘了毬场上的宴会风景。在宴会上,集合了三军下士等兵卒,一边奏乐一边进食。这个毬场配备有长廊,在长廊上铺设坐席。利用温造的计谋,关上门把士兵困在里面,五千余人一时被斩杀。从这里可以看出，这个毬场可容纳五千人，并有院落和由此延伸出的长廊等建筑，席上设有座位，在享受酒食款待的同时，还有音乐演奏。这个故事的最后还有一个后续：

> 其间有百姓随亲情及替人有赴设来者甚多，并玉石一概矣。

来毬场负责宴会陈设的民众等人也一同被杀。由此可知，从节度使和士兵，到布置会场的民众，都可以进出举办宴会的毬场。

前文提到的庞勋，在到达泗州时有这样的记载：

> 刺史杜慆飨之于毬场，优人致辞。
>
> 《资治通鉴》卷二五一咸通九年九月

在毬场举办的宴会上，有优伶演讲恭维主办者的话语来助兴。

此外，岭南节度使刘崇龟为破广州妇人被杀案，设计找出遗留在现场的屠刀的主人。他计划通知屠户们将在某一日举办宴会，要求他们带上全部菜刀到毬场集合，并让他们把菜刀留在厨房中。第二天偷偷将其中的一把与用作凶器的菜刀交换，由此搜查出了犯人（《太平广记》卷一七二"刘崇龟"）。这里的毬场，大概也是将其变成了宴会场，才将那些屠户集中而来的。

还有，在桂州毬场举办的宴会中发生了这样一个故事：

> 长庆中，李渤除桂管观察使，表名儒吴武陵为副使。……又数日，于毬场致宴，酒酣，吴乃闻妇女于看棚聚观，意甚耻之。
>
> 《太平广记》卷四九七"吴武陵"

妇女们聚集在一起在搭建的看台里观看毬场中的宴会。这样看来，与宴会准备工作的相关人员和优伶、屠户、妇女等民间群众都能出入毬场。

节度使等人在毬场宴会中招待的并不单是自己手下的兵士。桂管观察使杜式方在毬场接待敕使（《太平广记》卷一二二"乐生"），卢龙军节度使李载义也在毬场后院款待敕使（《资治通鉴》卷二四四太和五年正月庚申），庞勋也在毬场招待被派来做安抚工作的康道伟（《资治通鉴》卷二五一咸通九年十一月）。还有为抚慰庞勋叛军而在毬场上举办宴会的事例（前文杜慆的事例），节度使薛能将许昌的毬场用作途径许昌的徐州兵士过夜的地方（《资治通鉴》卷二五三广明元年九月）。作为慰劳兵士的场所，相应规模的广场是必要的，因此宽敞的毬场便被利用了起来。如此，毬场具有了节度使宴请兵士的功能。

（二）行刑的场所

中国历史上，对死囚的行刑一般是在市中[①]，唐后期出现了将毬场作为刑场的案例，下文将对此进行论证。

长庆二年（821），杜佑之子杜式方任桂管观察使时，西原山贼叛乱，中央派敕使前来招抚。观察使下属的押衙乐某，被指派前往山贼处传达诏敕。山贼首领看乐某是讲义气的儒者，十分高兴，设宴招待乐某。山贼首领看上了乐某的佩刀，无奈之下乐某用佩刀交换了两名婢女。有人拿这件事诬告乐某接受了山贼的贿赂，乐某自陈冤枉，这反而更加激怒了敕使，难免一死。杜式方尽管知道这是冤罪，但也不得不听从敕使的安排，只能到行刑时给予乐某一些方便和帮助。当行刑的日子到来时，

> 式方乃登州南门，令引出，与之诀别。乐生沐浴巾栉，楼

---

① ［日］相田洋：《棄市考—祝祭としての死刑—》（弃市考——作为祝祭的死刑），《福冈教育大学纪要》第44号，1995年。

> 前拜启曰：……式方洒泣，遂令领至毯场内，厚致酒馔。……（所由）拉其头杀之，然后笞，笞毕，拽之于外。
>
> 《太平广记》卷一二二"乐生"

行刑是在毯场中进行的。这条材料的后文写到乐某被处死的地方即桂州城南门寸草不生处，那么行刑的毯场应该就在南门附近。

此外，突将马狼儿率领镇兵在青州发动叛乱之时，节度使薛平竭尽府库与自身的财物招募二千精兵，迎击叛军并大破之。以马狼儿为首的主犯均脱身逃匿，追随他们的镇兵则都投降归顺，不久之后，薛平便将这些归顺者斩于毯场（《旧唐书》卷一二四《薛嵩传附薛平》），可见毯场确实可以被用作行刑的场所。

接下来的事例是关于昭义军节度使刘从谏的。刘从谏病死于会昌三年（843）四月，他的侄子刘稹秘不发丧，并自为留守，拒绝入朝。因此，李德裕使成德、魏博、河中等藩镇讨伐刘稹。河中节度使是名将石雄，他进入潞州镇压昭义叛军时，有这样的记载：

> 诏发刘从谏尸，暴于潞州市三日。石雄取其尸置毯场斩剉之。
>
> 《资治通鉴》卷二四八会昌四年七月

石雄将刘从谏的尸体在潞州的市中示众三日，后将其抛掷毯场斩剉。对已死的刘从谏施行的这两层处罚，将其尸体在潞州市中示众，这相当于对罪人的惩罚，也是对于聚集到市里观看的民众的警诫，同时还有庆祝的意思。在此之后，石雄又特地把尸体运到毯场，对尸体施刑。至此我们已经知道，节度使下属的兵士会经常聚集在毯场，那么，聚集将校和兵士，在毯场对尸体进行侮辱，目的是为了警诫这些兵士和将校。在毯场上施刑，与在市中行刑以警戒民众不同，主要是用来处决兵卒和将校的。上文提到的青州节度使薛平在毯场上的行刑，怕是也有警诫兵士的作用。

为体现毬场上的行刑能起到警示将校、兵卒的作用,再来看一下河东节度使郑从谠的例子。中和元年(881),李克用以入长安讨伐黄巢为由率兵五万逼近河东大事掠夺,因遇上大雨不得不北归,郑从谠令教练使论安等屯驻于百井以备李克用。没想到论安却自作主张地返回,郑从谠没等论安脱下骑装就直接将之处死(《资治通鉴》卷二五四中和元年七月)。关于这件事,《旧唐书》卷一五八《郑从谠传》中是这样记载的:

> 初论安率师入关,至阴地,以数百卒擅归,(郑)从谠集诸部校斩之于鞠场。

把将校集中到毬场后对论安行刑。作为对违抗军令者的惩罚,把将校集中到毬场观看,也是为了警戒将校,贯彻军纪。

如上文所示,唐后期毬场空间可以用作对违抗军纪的兵将施刑的场所,施刑时集合其他兵将前来观看,因此毬场又是致力严肃军纪的场所。需要指出的是,市作为市井群众观看行刑的场所,在功能上与毬场不同。毬场除被用作行刑场所外,还有集合将士整齐军纪和强调主从关系的作用,更进一步说,还能促进节度使与将校、士兵的共同意志的形成。接下来我们进入下一节的讨论。

(三) 宣谕、演讲的场所

前文已略有所及,因平卢军节度使李师道之败,元和十三年(818)四月,镇州王承宗有意归顺,宪宗使崔从前往镇州宣谕。即:

> 淄青贼平,镇州王承宗惧,上章请割德、棣二州自赎,又令二子入侍。宪宗选使臣宣谕,以从中选。……以童奴十数骑,径至镇州。于鞠场宣敕,三军大集。从谕以逆顺,辞情慷慨,

军士感动，承宗泣下，礼貌益恭，遂按德、棣户口符印而还。

《旧唐书》卷一七七《崔慎由传附崔从》

《新唐书》卷一一四《崔融传附崔从》亦载：

集军士毬场宣诏，为陈逆顺大节祸福之效，音辞畅厉，士感动，承宗自失，貌愈恭，至泣下，即按二州户口、符印上之。

崔从在毬场召集以王承宗为首的镇州将卒，宣布诏令，同时在军士面前高声演讲顺逆之道，使军士内心震动。王承宗也怅然自失以至于落泪，表现出恭顺的态度。像这样，毬场是集合藩镇节度使以至士兵宣谕诏令甚至演讲的场所。

自称昭义军留后的刘稹，最终死于都知兵马使郭谊之计，而郭谊与诸将则寄希望以功封赏。

（石）雄至，（郭）谊等参贺毕，敕使张仲清曰："郭都知告身来日当至。诸高班告身在此，晚牙来受之。"乃以河中兵环毬场，晚牙，谊等至，唱名引入，凡诸将桀黠拒官军者，悉执送京师。

《资治通鉴》卷二四八会昌四年七月

此处提到的河中节度使石雄抵达潞州，在郭谊等人的参贺结束后，敕使张仲清需向郭谊等人颁发授官的告身，便通知他们傍晚下班时来受取。当此时，安排河中军镇兵士包围毬场，捕捉违抗官军的人。总之，授予诸将任官告身的活动是在毬场中进行的。

此外，中和二年（882）十月，黄巢占领长安，诸道均派兵前往长安救援，惟独平卢军留后王敬武一兵不发。尤其是王敬武还接受了黄巢的伪诏，王铎派遣都统判官张濬来作游说。张濬在见到王敬武后，对其行

为进行了斥责和规劝,有如下记载:

> 既宣诏,军士按兵默然,濬并召将佐集于鞠场而谕之曰:"人生效忠仗义,所冀粗分顺逆,悬知利害。黄巢前日贩盐虏耳,公等舍累叶天子而臣贩盐白丁,何利害之可论耶。今诸侯勤王,天下响应,公等独处一州,坐观成败。贼平之后,去就何安。若能此际排难解纷,陈师鞠旅,共诛寇盗,迎奉銮舆,则富贵功名,指掌可取。吾惜公辈舍安而即危也。"诸将改容引过,谓敬武曰:"谏议之言是也。"即时出军,从濬入援京师。
>
> 《旧唐书》卷一七九《张濬传》

在宣谕诏命后,张濬把平卢军将佐召集到毬场,当面进行劝说。听了张濬的说辞后,将佐的态度发生了改变,要求王敬武听从张濬的规劝。于是王敬武即刻整装,引兵前往长安增援。

这里,张濬在宣诏后,把上自留后的王敬武到属下的诸将全部集中到毬场当面劝说。他特地让诸将集中到毬场后再进行劝诫,目的是让众人当面能统一意见,从而营造出王敬武不得不听从的局面。事实上,王敬武也听取了诸将的意见。张濬为了说服王敬武,在毬场这样一个空间中,使大家建立一种获取富贵功名的共同理念,也迫使王敬武服从。因此就可以理解,毬场空间成了构建诸将共同意志的场所。

从这个角度看,我们可以把时间回溯到太和五年(831)正月,杨志诚在幽州发动兵变,《旧唐书》卷一八〇《杨志诚传》有如下记载:

> 时朝廷赐(李)载义德政碑文,载义延中使击鞠,志诚亦与焉,遂于鞠场叫呼谋乱,载义奔于易州,志诚乃为本道马步都知兵马使。

杨志诚趁卢龙军节度使李载义与敕使击毬之时,在毬场呼喊作乱,并将李载义驱逐。这不单是因为李载义正好在与敕使击毬宴会(《资治通鉴》卷二四四太和五年正月庚申条:"卢龙监军奏李载义与敕使宴于毬场后院。"),自然也是基于毬场具有构建共同意志这一功能之上的行为。在毬场这个空间中,驱逐作为主人的李载义,同时自己作为叛乱的领导,也就能成功地使全体将士认同自己成为下一任主人的事实。

此外,前文数次提及的刘悟,在斩杀平卢军节度使李师道后,

> 自卯至午,(刘)悟乃命两都虞候巡坊市,禁掠者,即时皆定。大集兵民于毬场,亲乘马巡绕,慰安之。斩赞师道谋逆者二十余家,文武将吏且惧且喜。
>
> 《资治通鉴》卷二四一元和十四年二月

刘悟在令都虞候巡检郓州坊市后,将兵民集中到毬场,骑着马绕场安抚。就像前面看到的那样,毬场可用于聚集将士宴饮、处刑及宣谕等活动,而此处则是在消灭了举旗反叛朝廷的李师道后,为了结束混乱状态,刘悟把兵士和民众一起聚集到毬场进行安抚,这样做的目的,无非就是向前来参与的人们昭示和平已经来临,当然也同时宣示了谁才是此时郓州城的统治者。也就是说,让兵士和民众在毬场上亲眼见证下一任的统治者(实际上刘悟成为了义成军节度使)。

还有,刘知远让武节都指挥使史弘肇把各军队聚集在毬场上通知出军时,

> 命武节都指挥使荥泽史弘肇集诸军于毬场,告以出军之期。军士皆曰:"今契丹陷京城,执天子,天下无主。主天下者,非我王而谁。宜先正位号,然后出师。"争呼万岁不已。知远曰:"虏势尚强,吾军威未振,当且建功业。士卒何知。"命左右遏止之。
>
> 《资治通鉴》卷二八六天福十二年二月丁卯

聚集在太原毬场上的军士们要求刘知远即皇帝位，高呼万岁之声不绝。刘知远虽然制止了他们，但在此之前十日，契丹国主攻陷洛阳，大辽国替代了后晋，而在这五日之后，刘知远便在太原宫即位，因此，上述史料中军士们在毬场连呼"万岁"，恐怕只是刘知远意识到毬场构建共同意志的功能后推动的表演罢了。无论如何，刘知远的即位是有了毬场上军士们的统一意志才能实现的。

如此，毬场除了具有聚集兵士诸将进行宣谕和演讲以及安抚等活动的功能外，还是明确主从关系，构筑共同意志的空间。

至此，我们已经论述了唐后期毬场在各都市中的出现及毬场的各种功能，接下来的问题就是为何要聚集诸将兵士在毬场举行宴会、行刑、宣谕和演讲等活动，下文将对毬场在中国都市空间中的历史意义展开探讨。

三、毬场的历史意义

众所周知，安史之乱以后，在内地设置节度使，知节度使手下的兵员是招募而来的。构成藩镇军队核心的，是被称为"牙内军"等名号的职业军人，这些招募而来的兵士①，其薪俸由官府支给，因此这样的兵士也被称作"官健"。

> 其召募给家粮、春冬衣者，谓之官健。
> 　　　　　　　　　　　　　《资治通鉴》卷二二五大历十二年五月辛亥

如上文所引，招募来的官健，官府需提供家粮及春冬衣物。此外，《大唐六典》卷五《尚书兵部》"天下诸军有健儿"的注文中写道：

---

① ［日］堀敏一：《藩鎮親衛軍の権力構造——唐から五代へ—》(藩镇亲卫军的权力构造——唐至五代)，载其著《唐末五代変革期の政治と経済》(唐末五代变革期的政治和经济)，东京：汲古书院，2002年。

> 开元二十五年，敕以天下无虞，宜与人休息，自今已后，诸军镇量闲剧、利害，置兵防健儿，于诸色征行人内及客户中召募，取丁壮情愿充健儿、长住边军者，每年加常例给赐，兼给永年优复，其家口情愿同去者，听至军州，各给田地屋宅。

官健不仅享受长期免税特权，并且在家人同行的情况下，还规定连家宅都一并提供。另外，如同"从诸色征行人内及客户中"所说的那样，是从远征者和客户中选取有意愿成为职业兵士即官健的人。这里所说的客户，是指离开原籍地不承担税产的户口。由此造成了这样一种局面，免税规定针对的诸色征行人和课税所不及的客户等人，作为本应交税的人口，反倒享受起了州府等地方财政。尤其是代宗广德二年（764）以后，逃户对原籍地土地的所有权，官府为其保留两年（之后改为三到五年）后作废，土地产权转归实际耕作者所有。这样一来，一旦错过了这个时期，逃户便永远失去了原籍地的土地，以后即使想回乡也都无法实现了。这以后，像这样失去归处的逃户，因国家政策的失策，数量不断增加①。这些逃户有的在官府的许可下得到了其他逃户的田地，在一定的免税期结束后成为政府的课户。也有些逃户是在成为官健后领到土地的。长庆元年（821）正月发布了这样的敕令：

> 应诸道管内百姓，或因水旱兵荒，流离死绝。见在桑产，如无近亲承佃，委本道观察使于官健中，取无庄田有人丁者，据多少给附，便与公验，任充永业，不得令有力执掌人妄为请射。其官健仍借种粮，放三年租税。
>
> 《唐会要》卷八五《逃户》

---

① 山崎觉士：《天聖令中の田令と均田制の間》（天圣令中的田令与均田制之间），《唐代史研究》（唐代史研究）第 11 号，2008 年。

逃户和死绝户的田地,在没有近亲可以耕作的情况下,允许发放给观察使属下官健中没有田地的人作为永业田。这些官健,作为政府持续催生的逃户和流民的最终形态的一种,在失去了土地又被重新发放了别的土地,无疑又转变成了主户。

官健的人数,从全国来看,德宗建中元年(780)有七十六万八千余人(《资治通鉴》卷二二六建中元年),此后的宪宗元和二年(807)是八十三万余人(《旧唐书》卷一四《宪宗纪上》),长庆年间(821—824)上升到约九十九万人(《旧唐书》卷一七下《文宗纪》)。各州府的情况,以上元元年(760)郭子仪任都统讨伐史思明时的数字为例(《唐大诏令集》卷五九《郭子仪都统诸道兵马收范阳制》),渭北有官健一万人(马军二千、步军八千),朔方有蕃汉官健八千人(马军八百、步军七千二百),鄜坊等州有官健一万人(马军千人、步军九千人),宁州有官健一万人(马军千人、步军九千),泾原有官健二千人(马军五百、步军千五百),这里的数据应该还包括外镇军的官健,大体上藩镇会府属下有官健数千人,人数较多的情况下可以达到一万人,与前文提到的毬场的容量相近。

藩镇军队兵士的另一个组成部分是团结兵,《资治通鉴》卷二二五大历十二年五月辛亥条有如下相关记载:

> 差点土人,春夏归农,秋冬追集,给身粮酱菜者,谓之团结。

可见团结兵是农闲期间征集的农民丁壮,因此无法常驻州城。

而另一方面,官健作为职业军人,除了战时出兵,一年四季的常规军事训练是必不可少的,因此毬场就被用作官健等兵士的军事训练场。《旧五代史》卷六《梁书·太祖本纪六》载朱全忠即位后,

> 幸兴安鞠场大教阅,帝自指麾,无不踶扚,坐作进退,声振官掖。

即位后的皇帝在毬场亲自指挥军事演习，这应该是节度使时代的惯性。此外，前文介绍过的李筠，也曾开辟毬场进行军事演习。"筠有马三千匹，辟鞠场阅习，日夜谋划为寇。"(《宋史》卷四八四《李筠传》)这么说来，《封氏闻见记》中把击毬称作"军中常戏"，则击毬本身就是马术训练与娱乐的结合，目前为止所见与击毬相关的材料所表现出来的，也并不单是节帅们的娱乐，而应将之理解成是与诸将一起进行军事训练的一环。南宋嘉熙年间(1237—1240)，为了训练精兵，有臣僚进言，提倡在军中练习击毬："时试之弓弩，课之武艺，暇则驰马击球以为乐，秋冬使之校猎。其有材力精强，则厚赏赉之。"(《宋史》卷一九四《兵志八》)不难理解，唐后期击毬的流行，并不单是娱乐爱好的问题，而是在训练招募来的官健等兵士的作战能力这个背景下催生的，也就是说，各都市设置毬场的做法，是在兵农分离后的唐后期特殊的社会状况下流行起来的。

不过，作为职业军人的官健，时人常用"骄兵之风"来形容他们。他们一怒之下驱逐作为主君的藩帅拥立新帅的事情经常发生。之所以如此，是由于为强化兵力而采取的优厚待遇反过来使兵士实力大增，变得难以驾驭，从而滋生了节度使与兵士之间的严重对立[①]。因此不难想象，为了讨兵士们的欢心而大量举行宴会，毬场上的大规模宴会也可以通过这一逻辑来理解。并且，像这样的"骄兵"不仅多见于割据藩镇中，随着宪宗以后藩镇归顺政策的推进，即使是在原本就归顺的藩镇，由于节度使两三年就要更换任地，使得节度使和官健之间的主从关系变得日益薄弱。桂州毬场中举办的宴会，自然是起到作为藩帅与兵士同乐的作用，但单靠讨其欢心是无法驯服兵士们的，因此有必要在毬场上行刑以警诫士兵，强化军纪。在此之上，通过毬场上的宣谕和演讲，建立节度使与职业军人之间的共同意志，对于节度使权力而言是必不可少的。

同光元年(923)，后唐庄宗在魏州即位时，发生了这样的事情：

---

① 参考前引堀敏一论文。

> 初，庄宗行即位之礼，卜鞠场吉，因筑坛于其间，至是诏毁之。
>
> 《旧五代史》卷六九《唐书·张宪传》

在魏州的毬场中设立坛位，举行即位仪式。同样是这件事，《资治通鉴》胡三省注中写到："同光元年，帝筑坛于魏州牙城之南，告天即位。"在位于魏州内城以南的毬场上设坛告天。这之后，庄宗接受义武节度使王都的归顺，为与其击球，打算毁即位时所设的坛位，为此张宪劝谏庄宗道："此以行宫阙廷为毬场，前年陛下即位于此。其坛不可毁，请辟毬场于宫西。"（《资治通鉴》卷二七三同光三年正月）这样说来，之前的毬场似乎位于行宫之中。由此可知，庄宗在魏州即位之前，毁坏了行宫作为毬场，又于即位当年在此设立坛位。之所以在毬场设立坛位，就如上文所述，庄宗在毬场这样的广场上举行即位仪式，目的在于利用毬场构筑共同意志的功能，向参加仪式的文武臣僚广而告之，自己即是新的皇帝（《旧五代史》卷二九《唐书·庄宗纪三》："帝升坛，祭告昊天上帝，遂即皇帝位，文武臣僚称贺。"）。那么，当王都入朝之际，为了再次利用前文所述的那些毬场的功能，即使是除风雨之外皆不可毁的"祭接天神受命之所"却仍值得毁坏，使得毬场作为构筑庄宗、王都到诸臣、兵士之间君臣关系的场所得以复活。

代结语

上文所述唐五代设置于节度使帅府所在州城中的毬场，进入宋代后，逐渐消失于史籍之中。不过，仁宗朝淮阳军发动兵变时，有这样的记载：

> （寇平）始至淮阳，……一日，有告军变者。公既密得其名，乃阳以为妄言使去。明日大阅于鞠场，因尽擒之。
>
> 《华阳集》卷五五《寇平墓志铭》

有人事前密告淮阳军长官图谋兵变,寇平假装不信,却在次日于毬场举行军事演习,将主犯全部捉拿。

此外,熙宁四年(1071)庆州发生兵变,主谋等十九人在毬场被处刑(《乐全集》卷四〇《蔡公墓志铭》)。南宋金房镇抚使王彦为处决触犯军纪的人,首先把诸将集中到毬场,行酒之后再加以叱责并处斩(《续资治通鉴》卷一一〇绍兴元年十一月)。绍熙三年(1192)七月,骑射卒张信等在泸州作乱,张信把诸将集中到毬场举行宴会,但他却当场被兵士张昌、卞进所杀,卞进当场大呼"不叛者从我",这使诸军平定下来(《续编两朝纲目备要》卷二、《续资治通鉴》卷一五二)。

宋代这些关于毬场的史料,主要见于与西夏和金相邻的军事前线,可以看作是在军事前线特别设置的,仍然沿袭着唐五代毬场的各种功能,但毬场已不见于同时的其他史料。

即使进入宋代,击毬仍在流行。太祖时,郭从义在便殿的殿庭中击毬,被太祖劝诫这不是将相该做的事(《宋史》卷二五二《郭从义传》)。文彦博到成都赴任,于钤辖官廨中击球(《宋史》卷三一三《文彦博传》)。此外,《东京梦华录》中描述了作为军中百戏的骑驴、马击毬的场景(《东京梦华录》卷七《驾登宝津楼诸军呈百戏》)。南宋临安市井中有"打毬社",有在大教场击毬的(《都城纪胜》《西湖老人繁胜录》)。但需要注意的是,击毬虽然流行,都城和民间也都有这项活动,但其活动空间不再是毬场了。可以说进入宋代以后,除个别城市以外,毬场逐渐从城市空间中消失了。

毬场消失的原因,与唐五代时期毬场空间作为构筑节度使与将校、职业军人共同意志的功能相应的,到了宋代,各地节度使属下的官健或牙军中的精锐被选作禁军,剩下的老弱病残则被编为厢军[1]。结果就

---

[1] 见前引滨口重国论文。[日]小岩井弘光:《宋代兵制研究》,东京:汲古书院,1998年。此外尚有淮建利著《宋朝厢军研究》,郑州:中州古籍出版社,2007年。

是各城市的禁军、厢军属下的兵士们与其长官之间已没有在毬场上构筑共同意志的必要了。毬场的各种功能不再必要,当然也就会在都市空间中逐渐消失。宋代各都市的禁军、厢军,原则上是封闭于军营之中的①,军事训练则在校场上进行。此外,为了防止军官发动政变,朝廷采取了指挥系统三分、地方驻留部队与首都部队轮番(更戍制)等管理制度②。在这里,如果要讨论宋代的禁军、厢军的重编及城市中兵士的活动、训练场所,以及与长官之间的命令关系、共同意志关系等问题的话,就超出本文的范围了,希望留待今后加以考察。

唐后期毬场的出现,意味着随着向兵农分离的社会转型,驻守在各都市中的新型市民即职业军人成为城市社会的一员,从而创造出了这一群体存在的空间。然而,宋代以后,各城市中的职业军人被重新编成禁军、厢军,军队的屯驻仅保留在部分城市,毬场也就结束了其历史使命,从城市空间中消失了。

---

① [日]久保田和男著《宋代开封研究》第三章《禁军配备的变化与首都的都市空间》,东京:汲古书院,2007年。

② 前引久保田和男著作第六章《城内的东部和西部》。

"近世都城"的出发
——以南唐金陵城为例

张学锋

绪 言

与唐、宋历史研究的深度和广度相比,介于这两大王朝之间的五代十国历史的研究则相对比较薄弱。但自1985年陶懋炳出版《五代史略》以来①,研究呈现出了繁荣趋势,除数量不菲的学术论文外,郑学檬《五代十国史料》、任爽《南唐史》、邹劲风《南唐国史》、杜文玉《南唐史略》《五代十国制度研究》《五代十国经济史》、薛政超《五代金陵史研究》等专著相继问世②。其中,关于南唐国的研究尤其突出,在上述七种专著中占了五种,为我们了解南唐的历史文化提供了丰富的知识和多样的视角。然而,包括南唐国史在内的五代十国的历史研究,由于起步较晚,成果积累相对较弱,因此,与唐宋史研究的深度和广度相比,在许多具体问题的研究上尚有可为之处,南唐都城的相关问题或许就是其中之一。

---

① 陶懋炳著《五代史略》,北京:人民出版社,1985年。
② 郑学檬著《五代十国史研究》,上海:上海人民出版社,1991年。任爽著《南唐史》,长春:东北师范大学出版社,1995年。邹劲风著《南唐国史》,南京:南京大学出版社,2000年。杜文玉著《南唐史略》,西安:陕西人民教育出版社,2001年;《五代十国制度研究》,北京:人民出版社,2006年;《五代十国经济史》,北京:学苑出版社,2011年。薛政超:《五代金陵史研究》,北京:中央编译出版社,2011年。

在上述五种南唐国史研究专著中,由于邹劲风、薛政超生活在南京或曾经在南京生活过,他们的著作中较多地涉及了南唐都城。然而,由于两著均为南唐国史通叙,因此,都城部分的内容均止于文献基础上的叙述,未能详尽。

胡耀飞的硕士学位论文《南唐两都制研究》,从标题上来看,是首次将南唐都城作为独立对象展开研究的论著①。尽管胡文对南唐都城金陵、东都扬州以及此后的南都南昌的定都缘由、两都职官、两都功能,以及与两都相关的重要人物等问题展开了广泛的探讨,但像之前的许多历史学领域的论著一样,缺乏对都城这个具体的空间范围展开讨论的视野,因此几乎没有涉及都城的具体问题,甚至在行文及参考文献中都没有提及马伯伦主编的《南京建置志》和杨国庆、王志高合著的《南京城墙志》。

作为当代著作,马伯伦主编的《南京建置志》②,基于历史文献,首次对杨吴、南唐都城金陵的建置、衙署、城垣等进行了梳理,并绘制了《南唐江宁府城图》。但迄今对南唐都城金陵做出最详细叙述和研究的是杨国庆、王志高所著《南京城墙志》③。该著的第三章《隋唐五代宋元城墙》由王志高执笔。该章第二节,王志高利用各种历史文献,结合考古资料,对杨吴、南唐金陵城的修筑时间、都城墙和宫城的四至范围、城门、城墙的宽度高度及用材、城濠、桥梁、重要建筑等各个方面,在最大限度上展开了叙述和考证,并绘制了《南唐都城位置、布局示意图》,在现有的资料基础上将南唐都城的研究推向了最前沿。

笔者对王志高的成果深感钦佩,对其提出的观点亦基本赞同。本文意在王志高成果的基础上,就南唐金陵城在中国都城发展史上的意

---

① 胡耀飞:《南唐两都制研究》,2011年陕西师范大学历史学硕士学位论文。此前虽有秦子卿《扬州建都与南京的关系——李吴、杨吴建都史述略》(《扬州师院学报》1990年第3期,第124—126页)等文,但多未能言到实处。
② 南京市地方志编纂委员会:《南京建置志》,深圳:海天出版社,1994年。
③ 杨国庆、王志高著《南京城墙志》,南京:凤凰出版社,2008年。

义略述一二。如果先提示一个结论性的意见的话,这就是:南唐都城金陵,是中国"近世都城"的出发点。

一、中国历史分期中的"近世"

首先,有必要先说明什么是"近世"。

日本京都大学教授内藤湖南博士(1866—1934),站在文化史观的立场上,将中国古代的历史划分为古代、中世和近世三个发展阶段。他认为,有史以来到东汉中期,是中国的古代社会;经过东汉后期到西晋的第一过渡期,东晋开始,中国历史的发展进入了中世;中世社会历经了五胡十六国隋唐,到唐末五代迎来了第二过渡期;宋代以后,中国历史的发展进入了近世[①]。这一学说经其门人弟子的完善与发展,最终形成了魏晋以前为古代,魏晋隋唐为中世,宋代以后为近世的中国史分期学说。这一学说是"京都学派"的核心内容,是京都学派认识中国历史以及东亚历史的出发点。

内藤中国史学的核心,是把握中国文化发展变化的脉搏,探讨中国自身的历史发展及其与周边地区历史发展的相互影响。因此,中国文化的创造力及其发展动向,成为内藤文化史观的基础。内藤将上古时期分为前、后两期,认为前期是中国文化在本土形成并进行充实的时期,后期则是中国文化向边境各民族传播,并向东亚发展,演变成为所谓"东洋史"的时期。第一过渡期是中国文化暂时停止向外发展的时代。而中世则可以说是接受了中国文化熏陶的外部种族开始觉醒,其势力反作用于中国内部的时代。第二过渡期的唐末五代,是外部势力在中国本土达到顶峰的时代。从北宋开始,中国历史的发展进入了"近

[①] 本文中内藤湖南关于中国史的论述均见其著《中国上古史》(《内藤湖南全集》第十卷,东京:筑摩书房,1969年)。中文版可参见夏应元选编并监译《中国史通论——内藤湖南博士中国史学著作选译》(上),北京:社会科学文献出版社,2004年。

世"阶段。

"近世"一词原是中国古典用语,如《史记·货殖列传》篇首所言"輓近世塗民耳目,则几无行矣"是其典型用例,简单说,就是离言者的生活年代较近的时代。然而,历史分期中的"近世",绝非单纯的时代上的早晚,它必须具有充实且明显的时代特征。京都大学教授内田银藏在1903年出版的《日本近世史》一书的序言中,已经明确地指出,"宋元明的文化就是近世中国的文化"①,将宋元明时期理解为中国的近世。由1918年的讲演稿整理而成的《日本的近世》中,内田银藏阐述了自己对中国历史分期的看法:"汉末是古代的终结,三国时期是古代向中世纪的过渡时期,晋南北朝隋代到唐末是中国历史上的中世,将五代视为从中世到近世的过渡时期,宋元明清则可称为中国历史上的近世。……隋唐从政治上来讲,与此前南北分裂时代大相径庭,但从文明的性质上来看,是就此继承了前代的特征。而到了宋代,加进了许多新的色彩,学问艺术一体的风气总算摆脱了传习的束缚,开始带有一种轻松明快的新感觉。换句话说,变成了带有近世风格的气息。元明清的文化,我觉得是大体上继承了宋代文化。这就是我想把宋以后的中国历史视为近世的理由。"②在内田银藏在京都大学任上探讨日本的近世并广涉中国的近世期间,内藤湖南与其同僚交往频繁,因此,内藤湖南体系整然的中国历史分期学说,应该受到内田银藏学说的较大影响③。

就唐宋之间政治、社会、文化诸方面的变化,即所谓的"唐宋变革",

---

① [日]内田银藏著《日本近世史》,1903年初版,1975年由平凡社东洋文库重刊,后又被收入《明治文学全集》第78集,东京:筑摩书房,1976年。参见[日]葭森健介著《内藤湖南与京都文化史学》,张学锋译,载内藤湖南研究会编著《内藤湖南的世界》中文版,西安:三秦出版社,2005年,第234页。

② 内田银藏著《近世的日本》第一讲《江户开府》,原是1918年在大阪怀德堂的讲演,1919年由富山房刊行。1975年平凡社东洋文库重刊。参见前引葭森健介著、张学锋译《内藤湖南与京都文化史学》,第234—235页。

③ 参见前引葭森健介著、张学锋译《内藤湖南与京都文化史学》,第233—245页。

内藤湖南曾撰写《概括的唐宋时代观》,对其进行了扼要的解说①。其后,经弟子宫崎市定《东洋的近世》一著的阐述②,唐宋之间的社会变革,尤其是变革以后的中国近世社会的诸相已经比较明确。按内藤湖南的概括,近世,从宋以后到清代,是中国固有的文化复活并取得新进展的时代。前代的贵族没落,政权归于专制君主,文化归于庶民。宫崎市定则在详细考察了宋元时期政治、社会经济、文化以及民族主义等问题的基础上,指出在中世纪历史发展停滞的背后,依然有一种动力在推动着中世纪历史向前发展。当这种发展达到了一定的程度时,便会出现文艺复兴的现象。中世纪后期的人们,察觉到自己生活的时代是与古代不同的中世纪,从而产生了否定现世、憧憬古代的意识,这就是文艺复兴运动的原动力。文艺复兴是对人类历史的反省,说得更加详细一点的话,那就是对中世纪的自觉,对古代的重新发现,同时还是对近世的创造。由于文艺复兴是人类最早的历史自觉,因此,作为人类社会文化发展上的一个重要阶段,具有里程碑的意义。历史学家把文艺复兴以后的历史发展阶段视作近世,在这个认识上,几乎没有异议,理由也正在这里。如果说欧洲的近世大致始于公元十三、十四世纪,而东洋的近世则开始于十、十一世纪的宋代。

那么,"近世"社会到底是一个什么样的发展阶段?我们可以借用以下一些关键词来进行概括:基于血统的贵族主义崩溃,基于才学的个人主义盛行;封建分权政治终结,君主独裁政治出现;庶民登上历史舞台,人文主义觉醒;摆脱传统经典束缚,学术研究兴起;科学技术发达,

---

① 内藤湖南著《概括的唐宋时代观》,初载《历史与地理》第9卷第5号,1910年。中译本由黄约瑟译,载刘俊文主编《日本学者研究中国史论著选译》第一卷,北京:中华书局1992年,第10—18页。

② 宫崎市定《东洋的近世》,东京:教育时报社,1950年。后收入《宫崎市定亚洲史论考》(上卷),东京:朝日新闻社,1976年;《宫崎市定全集》第2卷,东京:岩波书店1992年。中译本由黄约瑟译,载前引刘俊文主编《日本学者研究中国史论著选译》第一卷。

商品经济趋于繁荣;憧憬古代文明,文艺复兴;Early Modern;……

文物考古资料同样映现着"近世社会"的风貌。就都城规制而言,南唐金陵城无疑是近世都城的先驱。

二、古代都城与中世纪都城

为纪念邺城考古发掘三十周年,2014年8月上旬,中国社会科学院考古研究所、河北省文物研究所、临漳县文化局在邺城联合举办了"东亚古代都城暨邺城考古·历史国际学术研讨会",笔者提交了《所谓"中世纪都城"——以东晋南朝建康城为中心》的会议论文①。文中,笔者对中国古代都城的特征进行了推断,并以东晋建康城为例,重点对中世纪都城的特征展开了阐述,其梗概如下。

中国古代的都城,可以从两个不同的层面来思考,一是《考工记·匠人营国》体现出来的王城观念,一是秦汉统一帝国形成后呈现出来的具体形制。

成书于战国中期以后的《考工记》,是一部纪录和总结中国先秦时期手工业技术发展的文献,其中谈到了王城的营建问题:"匠人营国,方九里,旁三门,国中九经九纬,经涂九轨,左祖右社,面朝后市。"②理想中的君王之都,方九里,每边三门,每门三个门道,城中形成南北向和东西向的道路各九条,左边设置祭祀君王祖先的宗庙,右边设置祭祀土地神的社稷坛,处理朝政的朝廷在前,供人们生活消费的市场在后。《考工记》中所说的形制不排除有某些理想的因素,但作为一种营造都城的

---

① 张学锋:《所谓"中世纪都城"——以东晋南朝建康城为中心》,《社会科学战线》2015年第8期。
② 见《周礼·冬官考工记第六》,沈阳:辽宁教育出版社,1997年,第85页。

技术总结,应该有比较现实的一面。事实上,根据文献复原的战国时期鲁国都城、燕国都城、宋国都城等,在很大程度上都与《考工记》的理想相符①。基于文献记载和考古资料复原出来的西汉都城长安图中也可以看出,都城虽然受到渭河及其支流皂河流向的影响而没有形成规则的方形,但在"旁三门""左祖右社""面朝后市"这些基本要素上与《考工记》依然是一致的。

秦汉帝国形成以后,秦都咸阳的平面布局目前还不是非常清晰,但西汉长安城的平面布局已基本得以复原。西汉长安城有一个非常明显的特征,就是城内的大部分空间被未央宫、桂宫、北宫、长乐宫、明光宫等名称各异的宫殿所占据。不同功能的宫殿、武库、市场等设施分布于都城的不同部位,宫殿没有像魏晋以后那样集中在一个宫城之中,这是典型的"多宫制"都城。由于文献资料的缺乏,加之考古工作尚未充分,先秦周天子的王都和各诸侯国的都城是否均采用多宫制,这一点目前还没有形成明确的结论,但推测多宫制的可能性非常大。秦统一后,计划在渭水以南另建阿房宫,这其实就是多宫制的思路。东汉洛阳城中,能够确认的独立宫殿区至少也有南宫、北宫和永安宫,这种形制无疑属多宫制。因此可以说《考工记·匠人营国》所体现出来的王城理念及秦汉都城的现实,是中国古代都城的典型。

促使我们将古代都城设定为多宫制的理由,除了先秦秦汉都城的现实之外,还有一点,就是"中国古代社会"这一大的历史背景②。因篇幅所限,本文无法展开详述,有关历史背景方面的内容,请参见宫崎市

---

① 参见曲英杰《先秦都城复原研究》,哈尔滨:黑龙江人民出版社,1991年。
② 这里所说的"中国古代",指有史以来至秦汉时期,又可称"上古时期"或"上古社会"。

定有关中国古代的社会性质及聚落形态的各种论述①。简言之,中国古代社会尤其是夏商周时期的都市国家(polis,又译成"城邦国家")性质,对古代各国都城多宫制的形制产生了重要影响。

以往讨论六朝建康城时,虽然认识到了孙吴太初宫、昭明宫等不同宫殿的存在,但在都城的空间问题上,却几乎都将孙吴建业城和东晋成帝咸和年间重新规划建设的建康城视为前后相续的城池,这源于《建康实录》作者许嵩的叙述。

《实录》卷二《太祖下》黄龙元年(229)条载:"秋九月,帝迁都于建业。冬十月至自武昌,城建业太初宫居之。宫即长沙桓王故府也,因以不改……初,吴以建康宫地为苑,其建业都城周二十里一十九步。"②《实录》卷七《显宗成皇帝》咸和五年(330)条载:"九月,作新宫,始缮苑城,修六门。案,苑城,即建康宫城。六门。案,《地舆志》(《舆地志》之误——笔者):都城周二十里一十九步,本吴旧址,晋江左所作,但有宣阳门。至成帝作新宫,始修城,开陵阳等五门,与宣阳为六。今谓六门也。"③许嵩所谓"其建业都城周二十里一十九步"成为孙吴时期已经存在"周二十里一十九步"都城的依据。然而,据南朝文献《舆地志》的说法,"都城周二十里一十九步,本吴旧址",很明显这句话中的主语是"东晋都城",而东晋都城只是利用了孙吴都城的"旧址",看不出孙吴已有"周二十里一十九步"都城的意思来。其实,从覆舟山南与潮沟之间东晋前期还存在山简墓、药圃、北郊坛等现象来看,这一区域在成帝咸和年间(326—334)规划新都之前,还不在都城范围之中。

---

① 《中国古代史概论》《中国聚落形态的变迁》《中国城郭起源异说》《中国上古是封建制还是都市国家》《中国上古的"都市国家"及其墓地》《战国时期的都市》《东洋的古代》等,载其《亚洲史研究》(京都:东洋史学会,1957—1964年)、《宫崎市定亚洲史论集》(东京:朝日新闻社,1976年),或《宫崎市定全集》(东京:岩波书店,1993—1994年)。

② (唐)许嵩撰《建康实录》卷二《太祖下》,张忱石点校,北京:中华书局,1986年,第38页。

③ 《建康实录》卷七《显宗成皇帝》,第179—180页。

在黄龙元年(229)九月孙权决定迁都建业之前,这里的居民大多沿秦淮水而居,尤其是秦淮水南岸的大小长干,更是人烟稠密的区域。黄龙元年十月孙权自武昌到达建业,最初利用的只是长沙桓王孙策的旧将军府,一个远离居民区的军营。此后,孙氏政权在秦淮水北六七里的空旷的土地上前后建设了多座宫殿和苑囿。黄龙元年十月,"城建业太初宫居之","吴苑城,城内有仓,名曰苑仓"①,赤乌十年春"适南宫。案,《舆地志》:南宫,太子宫也……吴时太子宫在南,故号南宫"②。后主孙皓宝鼎"二年夏六月,起新宫于太初之东,制度尤广。二千石已下皆入山督摄伐木……又开城北渠,引后湖水激流入宫内,巡绕堂殿,穷极伎巧,功费万倍"③。新宫又称"昭明宫",加之太初宫西的太子西园(西池)、冶城、石头城等,孙吴时期的建业是由多所不同性质的宫殿城垒构成的。虽然《实录》中也述及孙吴时期由苑城南门经宣阳门至朱雀门的这条都城轴线,但因是后代文献,恐与"都城周二十里一十九步"一样,并不确切。太初宫、苑城、昭明宫、太子西园、太子南宫这几处宫苑之间并不存在着明确的中轴线迹象,孙吴建业的都城建设应该还是对两汉多宫制的继承。

综上所述,建于三世纪三十年代以后的孙吴建业城,缺少明确的城市中轴线,太初宫、昭明宫、南宫、太子西园、苑城等的宫殿各自筑城,分布在城市的不同区域,这种形制明显具有古代都城的特点。而稍早于孙吴建业的曹魏邺城,已经开启了中世纪都城的新风,并对此后数百年间中国和东亚的都城规制产生了深远的影响。从这个意义上来说,孙吴都城建业其实是中国古代都城的最后一例。正像魏、汉、吴三国中孙吴在制度上、观念上、学问上更多地继承了汉朝正统那样,其都城建设同样也选择了对汉代传统的继承,而同时的曹魏王朝,已经迎来了中世

---

① 《建康实录》卷二《太祖下》,第 45 页。
② 《建康实录》卷二《太祖下》,第 54—55 页。
③ 《建康实录》卷四《后主》,第 98 页。

纪的时代。

笔者倡导的"中世纪都城"这一概念,是指都城经过严格规划,坐北朝南,有明确的中轴线,把原本各自相对独立的宫殿集中到一起,建筑单一的宫城,并将之安排在都城中轴线的北端;为加强宫城的防卫,在宫城之北设置宽广的禁苑;政府的主要衙署集中位于宫城之南的中轴线两侧;由里坊构成的社会生活空间(外郭城),从东、南、西三面围绕宫城。"中世纪都城"的最早实例就是曹魏邺城。

曹魏邺城,东汉末年曹操被封为魏王后开始经营,是曹氏集团的政治中心。曹丕代汉建立魏王朝后,继续起着曹魏政治中心的作用。基于考古调查和发掘复原出来的曹魏邺城,无疑是一座经严密设计而建造的城市,外城东西长七里,南北五里,平面呈横长方形。东墙建春门和西墙金明门之间的大街是曹魏邺城唯一的东西大街,它将邺城分成南、北两个部分。北部正中是宫殿区,东部是贵戚居住的戚里,西部是苑城铜爵园,园内置武库、马厩、仓库,与城西北部的金虎、铜雀、冰井三台相连,这一部分既形成苑囿区,又构成了都城的防御区。南部从东往西分成长寿里、吉阳里、永平里、思忠里四大居住区。正中有南北大街从宫城门通往南墙的中阳门,大街两侧分布着各级衙署。这种都城形制可称其为"邺城模式"。

曹魏的另外一个都城洛阳,后来被西晋利用,统称魏晋洛阳城。虽然魏晋洛阳城沿用的是东汉都城,总体形制一下子很难改变,但东汉时期的南宫在魏晋时期消失了,宫殿建筑全部集中到了东汉时期的北宫之中,在宫城与都城北墙之间设置广阔的苑囿(芳林园,后避齐王曹芳讳改称"华林园"),并在城西北角增筑了金墉城,加强了北边的防御。至于都城之外是否还存在着整齐的外郭城,目前暂时还没有找到考古学上的证据。十六国后赵对邺城的改造,将都城中轴线西移,更加增强了中世纪都城的特征。依据文献记载及考古发掘资料,北魏平城"外郭城绕宫城南,悉筑为坊,坊开巷。坊大者容四五百家,小者六七十家。

每南(闭?)坊搜检,以备奸巧"①,可见也是一座宫城在北,郭城里坊绕其南的中世纪都城。北魏洛阳继承了魏晋洛阳城的规制,宫城位于都城中轴线的北端,宫城之北是苑囿,宫城与都城之间用东西向横街隔开,沿南延的御道铜驼街两侧则安置大小衙署和佛寺,并在汉魏以来的外城之外加筑了东西二十里、南北十五里的外郭,外郭被划分成整齐的里坊和市场(即所谓"坊市制")。在六、七世纪的隋唐都城长安的规划设计中,更是将官衙集中到了宫城南侧,修筑城墙形成皇城,工商业区、居民区和佛寺集中在宫城、皇城的东、南、西三面,形成外郭城,使曹魏邺城以来的中世纪都城形制达到了完善。

孙吴建业(西晋改为"建邺")诸宫,在西晋末年石冰之乱时几乎被焚烧殆尽,陈敏平石冰后占据建邺,"因太初宫故基创造府舍"。永嘉元年(307),安东将军、都督扬州江南诸军事、琅琊王司马睿"用王导计渡江,镇建邺。讨陈敏余党,廓清江表,因吴旧都城修而居之,以太初宫为府舍"②。直到晋成帝咸和年间苏峻之乱时,南渡的晋室均以修缮过的吴太初宫为宫掖。成帝咸和年间,太初宫亦在苏峻之乱中被焚毁,乱平之后,东晋在王导的主持下开始规划建设新都。

具体负责规划建设建康城事务的是王导的堂兄弟——将作大匠王彬。王导、王彬均出自琅邪王氏,永嘉以后南渡,由他们负责规划的建康城,虽然在一定程度上受到建康自然地理环境的影响,但他们的都城理念,一定会受到他们曾经生活并熟悉的华北都城的影响,具体说来受到邺城、洛阳的影响。新规划的东晋建康城,宫掖集中在宫城之内;宫城正门之南的御道两侧集中政府官署;宫城与都城北墙之间设置广阔

---

① (南朝梁)萧子显撰《南齐书》卷五七《魏虏传》,北京:中华书局,1972年,第985页。又可参照李凭著《北魏平城时代》附篇一《北魏平城畿内的城邑》,北京:社会科学文献出版社,2000年,第291—304页

② 《建康实录》卷五《中宗元皇帝》,第122页。

的苑囿;在都城周边,后来逐渐形成用五十六个篱门围成观念上的外郭城①。这种布局,不用说是邺城模式或洛阳旧都在江南的重现。

本节标题及前文提到的"中世纪都城""邺城模式"这两个概念,笔者将始于邺城终于隋唐长安城的都城归为"邺城模式",其性质则为"中世纪都城"。那么,"邺城模式"或"中世纪都城",其渊源又是什么? 这是一个非常有意义的学术问题。

在迄今为止的建康城研究中,基本一致的观点如,建康城继承了魏晋都城旧制,传承了华夏文脉,代表着中华正统,对同时代以及隋唐都城建设产生了积极的影响。又如,这一总体布局,开我国都城布局特有风格的先河,对后世都城规划有重大影响②。在谈论到这一类的都城时,又通常认为它是对中国古代都城制度的继承和发展。作为中国历代都城发展史上的一环,继承前代的传统是不言而喻的,但如果将包括建康城在内的魏晋南北朝隋唐都城,即"邺城模式"放到当时的大历史环境中去考察,可以发现,在传统之外,还有来自遥远草原帝国的文化因素。

先秦是中国固有传统文化形成、发展的阶段,《考工记》中关于"匠人营国"的技术总结,是这一固有文化在都城形制上的反应。秦汉统一国家形成以后,中国固有文化的发展达到了顶峰,并向外波及,对周边地区的社会发展产生了强大的推动作用。东汉以后,长期接受中国文化熏陶的周边族群开始觉醒,以东汉晚期国力的衰落、五部匈奴等强健被征发为雇佣军等为契机,宛如日耳曼人越过阿尔卑斯山侵入罗马帝

---

① 关于建康的外郭城,(宋)李昉等撰《太平御览》卷一九七《居处部·藩篱》引南朝《宫苑记》云:"建康篱门,旧南北两岸篱门五十六所,盖京邑之郊门也。如长安东都门,亦周之郊门。江左初立,并用篱为之,故曰篱门。南篱门在国门西;三桥篱门在今光宅寺侧;东篱门本名肇建篱门,在古肇建市之东;北篱门[在]今覆舟山东头玄武湖东南角,今见有亭,名篱门亭;西篱门在石头城东,护军府在西篱门外路北;白杨篱门外有石井篱门。"(北京:中华书局,1960年,第950—951页)证明建康外郭(至少是观念上的)的存在。

② 如卢海鸣著《六朝都城》第二章,南京:南京出版社,2002年,第66页。

国的中心地带一样,反过来越过长城侵入到中国文化的核心地区——中原,在这里建立起自己的政权,中国历史进入了魏晋十六国南北朝时期,隋唐帝国则是这一历史潮流的延长。从大历史的发展角度来看,这就是中国的"中世纪"。中世纪的社会与文化,是中国固有的传统文化与周边文化,尤其是来自于北方草原的游牧文化相互融合。隋唐以后,匈奴、鲜卑、羯、氐、羌都不见了踪影,融合了各种文化因素以后的中国文化,以一种崭新的面貌出现在隋唐时期,成为中国中世纪文化的巅峰。

形制新颖的曹魏邺城,就是在这样的大背景下出现在中原大地上的。两汉以来与匈奴的交往,东汉末年曹操对匈奴、乌丸的争战和利用,鲜卑等大量游牧族群移居内地等等,都将草原上的居住格局带到了中原。以匈奴为代表的草原强悍族群,其部落形态、政权性质、生活方式影响到了他们的居住格局。根据匈奴的制度,大单于居中在北,面南分左右两翼,以左贤王、左谷蠡王为首的左翼居东为上,以右贤王、右谷蠡王为首的右翼居西为次。在匈奴大单于王庭的布局中,大单于的帐幕最大,居中居北。左翼诸王的帐幕居东,按高低自北往南排列。右翼诸王的帐幕居西,也按高低自北往南排列,并各自拥有自己的部落。匈奴之后的草原大帝国在进入农耕地区之前,恐亦是如此。即使到了后期,清人入关前营造的沈阳故宫也保留着草原帝国的痕迹。沈阳故宫的西侧是努尔哈赤、皇太极时代的居所,东侧的十王亭是满洲部落联盟的议政场所。联盟首领努尔哈赤的龙庭居中居北,往南东西两侧按序为各旗亭。曹魏邺城和洛阳城、东晋建康城、北魏洛阳城、隋唐长安城的规划设计,与草原帝国单于王庭的布局有着千丝万缕的联系:都城最北的苑囿有似广袤的草原,起着在背后保护王庭的作用;宫城居中居北,都城在其南;沿城中轴线两侧分布的各级衙署,宛如左右两翼;外郭城中的里坊,则是各部落民聚居的象征。

综上所述,所谓"中世纪都城"最早始于曹魏邺城,此后的魏晋洛阳城、北魏平城、北魏洛阳城、东魏北齐邺南城、隋唐长安城、洛阳城均踵其迹。中世纪都城有别于古代都城的多宫制形式,是中国传统都城形制与草原文化交融的产物,它的出现、发展、消亡,与中国中世纪的发展轨迹一致。六朝虽立国于江南,远离中原,但由于人员的流动,东晋成帝时期规划建设的建康城同样也没有逸脱出历史的发展潮流,成为中世纪都城发展史上的关键一环,也是中世纪都城在中国南方的唯一体现。而受中国中世纪都城影响而出现的日本藤原京、平城京、平安京,新罗王京,以及渤海上京龙泉府,则是"中世纪都城"对东亚的影响。从这个意义上说,中世纪都城又具有广泛的东亚性。

三、南唐金陵城:近世都城的出发

然而,中世纪都城又有大而不当及过于封闭的缺点,因此,当社会的发展迎来近世以后,人们在利用中世纪都市的同时,无一例外地对其进行了整改,在抛弃封闭坊市的同时,城市的空间范围大大缩小。总之,近世都城朝着更加开放、更加合理化、更加活性化的方向发展演变。

五代十国各政权的都城形制并不完全清楚,但南唐金陵城的形制规模,王志高结合文献资料及考古调查资料已经做出了比较清晰的界定。南唐金陵城以及北宋开封城、南宋临安城都是在唐代州城的基础上发展起来的,一开始就没有多少规划性可言,也正因为如此,它们与中世纪都城之间有着必然的关联。

大而不当的中世纪都城,在经历了唐末五代的混乱之后,空间上大大缩小。长安城最终缩小到旧皇城一隅,洛阳城缩小到了原东城及以东部分,唐后期两京之外的最大城市扬州,亦放弃了子城和部分罗城,集中到了唐代外郭城的东南隅(即宋大城)。

北宋开封城利用唐汴州州城的中心部分建设了宫城,其外是四面包围宫城的外郭城。南宋临安城,因无法在狭长的杭州州城中建设宫城,只得因地制宜,在城南部吴山、凤凰山东麓修建宫城及衙署、太庙,并无奈地将宫城正面朝北。南唐金陵城也不例外,利用了东晋南朝建康都城的一部分建设了宫城,在宫城四周规划了外郭城。可见,近世前期的都城(亦包括苏州这样的地方重要城市在内)一改中世纪都市那种规则有序的设计思想,更多地认可现实,注重城市的功能性。

隋开皇九年(589)平陈后,隋朝政府对六朝旧境的统治是强硬的。为便于监控亡国君臣,以陈后主为首的陈氏宗室和陈朝主要官僚贵族,被凯旋的隋军强制带回关中,断绝了他们与故土士民之间的联系,彻底消除其复国的念头。同时,隋文帝还下诏"建康城邑宫室,并平荡耕垦,更于石头置蒋州"[①]。将前后经营了近三百年的六朝都城建康宫阖城邑全部摧毁,废为耕地,只是在建康城西具有军事堡垒性质的石头城建置蒋州,用来控制这座亡国之都及周边地区。建康作为六朝故都,一直是南方政权的政治中心,具有割据江南的象征意义。隋文帝毁废建康的目的很明确,就是要消除建康再次成为割据据点的条件,并且通过消灭物质形式上的存在,将六朝曾经的繁华从人们的记忆中彻底抹去,加强六朝旧境内的士民对隋朝的认同感。

建康城是被摧毁了,但恐不至于像史料中描述的那样"平荡耕垦",消失得无影无踪,事实上,稍后的隋炀帝、辅公祐及唐代的徐敬业等人都修建过"丹阳宫",作为割据政权的根据地。八世纪早中期的许嵩,在撰写《建康实录》时,六朝遗迹仍历历在目。天祐六年(909),杨吴权臣徐温以养子徐知诰(南唐烈祖李昪)为升州防遏使兼楼船副使,前往修整金陵城。天祐十四年(917),金陵城重修完工[②],徐温迁往金陵,金陵事实上成为杨吴政权的政治中心。李昪代吴建立南唐后,金陵即为南唐都城。

南唐金陵城放弃了六朝建康城潮沟以北的苑囿空间,截取建康城

---

① (宋)司马光编著《资治通鉴》卷一七七隋文帝开皇九年正月条,北京:中华书局,1956年,第5516页。
② 有关杨吴、南唐修筑金陵城的史实考证,请参见前引杨国庆、王志高著《南京城墙志》,第103—104页。

宫城、都城及外郭城的主要部分修建了外郭城(参见图16-1)①,在外郭城的几乎正中修建了宫城。其宫城部分则部分利用了建康都城的西半部。

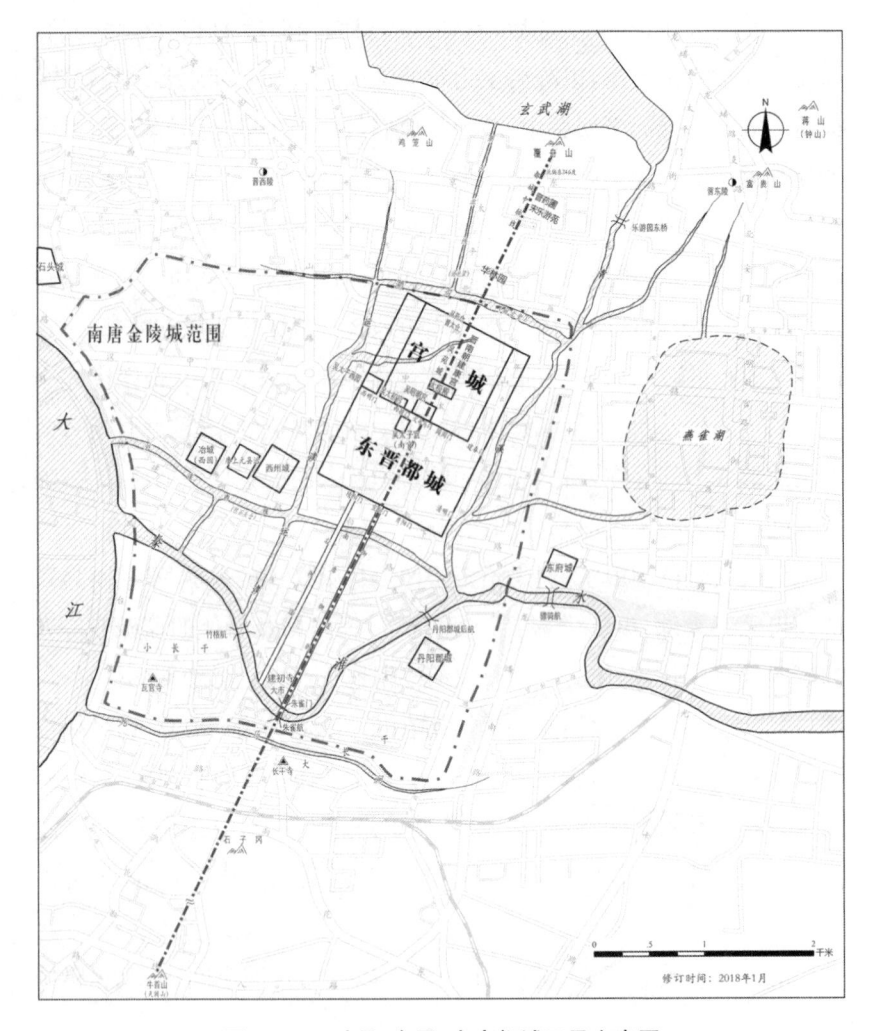

图 16-1 孙吴、东晋、南唐都城互见示意图

① 本图由南京大学地理与海洋科学学院理学博士、陈刚副教授绘制。

东京大学佐川英治先生近年来从都市空间的视角对六朝建康城展开研究,在 2011 年 9 月初南京召开的"江南地域文化的历史演进"国际学术研讨会上,发表了《论六朝建康在中国古代都城史上的地位》[①],在关于建康都城南墙西部陵阳门的位置这一问题上给予了笔者很大的启发。

东晋成帝时新规划建设的建康都城共有六座城门,南面自西向东分别为陵阳门、宣阳门、开阳门。在以后的改造中,建康都城逐渐增至十二门,但无论是六门时期还是十二门时期,都城南墙西部的陵阳门(后改名"广阳门")没有改变。《建康实录》卷七《显宗成皇帝》引《舆地志》:"都城周二十里一十九步,……南面三门,最西曰陵阳门,后改名为广阳门,门内有右尚方,世谓之尚方门。"[②]同卷许嵩注曰:"广阳门,在今县城东一里半,都城南面西门也。"[③]按唐上元县治(今建业路原江苏省委党校与丰富路口之间)的道里方位判断,唐上元县治东一里半(约八百米)处的东晋陵阳门,其位置应该在今洪武路南口偏北一带[④]。而这里正是南唐宫城的南墙正门朝元门,门外天津桥(今内桥)尚存。

南唐宫城的规模和四至范围,文献几无记载。不过,南宋时在南唐宫城的基础上修建了行宫,因此,《景定建康志》所载南宋行宫的四至,大体上能够反映出南唐宫城的概况。明人陈沂《金陵古今图考》所载《南唐江宁府图考》中总结道:"内桥之北,东尽升平桥,西尽大市桥,北

---

① 佐川英治:《论六朝建康在中国古代都城史上的地位》,载范金民、胡阿祥主编《江南地域文化的历史演进文集》,北京:生活·读书·新知三联书店,2013年,第 433—452 页。
② 《建康实录》卷七《显宗成皇帝》,第 179 页。
③ 《建康实录》卷七《显宗成皇帝》,第 187 页。
④ 许嵩的注文,建康城的主要研究著作前引卢海鸣《六朝都城》、贺云翱《六朝瓦当与六朝都城》(北京:文物出版社,2005 年)似未提及,唯前引马伯伦主编《南京建置志》利用了上述史料,但仍将陵阳门(广阳门)定位在新街口偏南一带,这与其对建康城的整体认识有关。

至小虹桥,此宫城之限。内桥南直抵聚宝门大街,即当时御街也。"①"内桥"之名今存,位于今中华路北端。"升平桥"即东虹桥,位于今白下路111号门前、第三高级中学白下校区西南侧路下。"大市桥"即西虹桥,又称"羊市桥",位于今建邺路东端北侧、张府园地铁站偏西。此三桥中,内桥位于宫城南门外,跨南壕水;大市桥位于宫城西墙外,跨西壕水;升平桥位于宫城东墙外,跨东壕水。小虹桥在宫城北墙外,跨北壕水,其位置约在今户部街与洪武路交界处。因此,南唐宫城的四至,用今天的地名来表述,就是南墙在今内桥之北建业路、白下路一线稍北;北墙在今羊皮巷、户部街一线稍南;西墙在今张府园地铁站往北偏东一线;东墙在第三高级中学白下校区西南侧往北偏东一线。宫城的中轴线大约为今洪武路一线。宫城的平面形状接近方形,南北略长,东西略短②。

与东晋南朝建康城相比,南唐宫城的范围正相当于建康都城中轴线的西半部。建康都城的四至范围,笔者在旧稿中进行了推断③,在《所谓"中世纪都城"——以东晋南朝建康城为中心》一文中又补充了新证。据此,建康都城的正门宣阳门位于今马府西街娃娃桥一带,与南唐宫城的东南角基本相当;建康都城之北是建康宫城,宫城南墙基本上在今游府西街、文昌巷一线,南唐宫城北墙在这一线稍南。建康都城西墙

---

① 陈沂撰《金陵古今图考》,南京:南京出版社,2006年,第84页。
② 以上内容参见前引杨国庆、王志高著《南京城墙志》,第121—122页。笔者主张的宫城西墙位置及所用今地名坐标与《南京城墙志》略有不同。
③ 拙稿《六朝建康城的发掘与复原新思路》,初刊《南京晓庄学院学报》2006年第2期,第26—38页。增订后的中文稿以《六朝建康城的研究、发掘与复原》为题,先后收进《蒋赞初先生八秩华诞颂寿纪念论文集》(北京:学苑出版社,2009年,第276—292页)及拙著《汉唐历史与考古研究》(北京:生活·读书·新知三联书店,2013年,第283—309页)。日文版《六朝建康城の研究——発掘と復原》(小尾孝夫译)载山形大学历史、地理、人类学研究会编《山形大学历史、地理、人类学论集》第13号,2012年3月,第55—79页。后又收入新宫学主编《近世東アジア比較都市史の諸相》(近世东亚比较都市史の诸相),东京:白帝社,2014年2月,第195—220页。

在今张府园偏东一线,与南唐宫城的西墙基本在一条线上。因此,有理由相信,东晋南朝建康都城中轴线的西半部,约一百五十年后的唐代尚有城墙遗迹可寻,否则许嵩不会非常明确地注明"广阳门,在今县城东一里半,都城南面西门也"。唐末复置升州时,将这一带改造成了升州治所,徐知诰(李昪)修筑金陵城时又将其改造成了宫城。

南唐金陵城利用建康城都城的一部分修建了宫城,放弃了都城潮沟以北的禁苑,又将原建康都城以南以西的人口稠密地区包入都城,形成了宫城位于都城中央的平面布局,成为迄今所知的近世都城的第一例。

对于南京的城市建设而言,南唐金陵城的建设,还改变了六朝建康城的城市方角。诸多发掘资料证明,东晋南朝建康城中轴线为北偏东$24°—25°$,这个方角可能在唐末已逐渐变化。杨吴、南唐修筑宫城时,截取了建康都城的西南部,在建康都城陵阳门(广阳门)旧址附近修建了朝元门,作为宫城的正门使用。而建康城南的旧朱雀门依然是人们心目中城市的南极,事实上,杨吴、南唐修建金陵城时亦将之作为南门。如此一来,由旧陵阳门(广阳门)出发的南唐御道(基本上与今中华路重叠),其倾斜度必然小于建康城旧御街,经计算被调正了约$7°$,南唐都城的实际倾斜度为北偏东$18°—19°$。

2013年至2014年,南京胡家花园西侧工地(旧瓦官寺、凤台山南侧)发掘的工字形建筑遗址,发掘者从出土遗物上判断为唐代遗址。但从遗物的特征上来看,时代应在晚唐五代。建筑遗址的方角为北偏东约$19°$[1],这一现象应该引起我们的重视。据《景定建康志》卷一五《疆域志一》"上元县"条载,光启三年(887)置升州,上元县治"徙凤台山西"[2]。《太平寰宇记》卷九〇《江南东道二》升州江宁县条称"徙县于凤

---

[1] 南京市博物馆编:《2013南京考古工作报告》,2014年,第66—69页。
[2] (宋)周应合纂《景定建康志》卷一五《疆域志一》,南京:南京出版社,2009年,第351页。

台山西南一里"①。天祐十四年(917)徐知诰(李昪)整修金陵城完工，徐温迁往金陵，金陵事实上成为杨吴政权的政治中心。也就在这一年，徐知诰从上元县析置了江宁县，两县附郭，形成了都城的规制。《太平寰宇记》卷九〇《江南东道二》升州江宁县条："光启三年复为升州，徙县于凤台山西南一里。天祐十四年五月，析上元之南十九乡，割当涂之北二乡，复置江宁县，即上元县为理所"②。析置出来的新江宁县，与上元县同署，即升州城南凤台山西南一里，今胡家花园西侧工地建筑遗址为杨吴南唐时期上元、江宁二县衙署的可能性最大。

余论

所谓"近世都城"，其发展轨迹其实也可以分成前后两个时期，前期是五代、两宋时期各都城，后期则是元、明、清北京城。脱胎于中世纪都市的五代、两宋都城，较之"中世纪都城"，更加开放，更加合理化，更加活性化，更加注重城市的功能，南唐金陵城是这一类都城的出发点。

"元大都是中国唯一一座按《考工记》的理念规划设计的都城。"这一观点来自京都大学教授杉山正明先生，是笔者在京大课堂上所闻，但杉山先生未以史料加以论证。经历"唐宋变革"后出现的近世社会，君主独裁政治、个人贤才主义、商品经济的盛行、学术上摆脱经典束缚、文学上重归古文、艺术上的自由表现、舞乐上的平民趣味，等等，无一不体现出了社会转型的特征。其实，站在物质文化的角度来观察，这一特征依然明显。从元大都的空间构造上来看，方形的城郭，旁三门，左祖右

---

① (宋)乐史撰《太平寰宇志》卷九〇《江南东道二》，北京：中华书局，2007年，第1782页。

② 《太平寰宇记》卷九〇《江南东道二》，第1776页。

社,面朝后市,事实确如杉山先生所言,笔者深表赞同①。元大都,正是近世社会文艺复兴风潮下的产物。但它又不是单纯的复古,在规模、功能等各方面要远远超出古代,这也正是文艺复兴的核心意义。关于这些问题,本文不作深入,留待今后思考。

---

① 与大都城建设相关的论著参见[日]杉山正明著《クビライと大都——モンゴル型『首都圏』と世界帝都》(忽必烈与大都——蒙古型"首都圈"与世界帝都),载[日]梅原郁编《中国近世の都市と文化》(中国近世的都市与文化),京都大学人文科学研究所,1984年;后又载其著《モンゴル帝国と大元ウルス》(蒙古帝国与大元兀鲁思,京都:京都大学学术出版会,2004年)。陈高华、史卫民著《元代大都上都研究》(北京:中国人民大学出版社,2010年);[日]渡边健哉著《元の大都の形成過程》(元大都的形成过程),载新宫学编《近世東アジア比較都市史の諸相》,东京:白帝社,2014年。

"南京大学六朝研究所书系"已出图书

一、甲种专著

1.《东晋南朝侨州郡县与侨流人口研究》(修订本),胡阿祥著,江苏人民出版社,2019年10月版,"甲种专著"第壹号;

2.《中古丧葬礼俗中佛教因素演进的考古学研究》,吴桂兵著,科学出版社,2019年12月版,"甲种专著"第贰号;

3.《六朝的城市与社会》(增订本),刘淑芬著,南京大学出版社,2021年1月版,"甲种专著"第叁号。

二、乙种论集

1.《"都城圈"与"都城圈社会"研究文集——以六朝建康为中心》,张学锋编,南京大学出版社,2021年1月版,"乙种论集"第壹号。

三、丙种译丛

1.《中古中国的荫护与社群:公元400—600年的襄阳城》,[美]威安道著,毕云译,南京大学出版社,2021年1月版,"丙种译丛"第壹号;

2.《从文物考古透视六朝社会》,[德]安然著,周胤等译,南京大学出版社,2021年1月版,"丙种译丛"第贰号。

四、丁种资料

1.《建康实录》,(唐)许嵩撰,张学锋、陆帅整理,南京出版社,2019年10月版,"丁种资料"第壹号。

五、戊种公共史学

1.《"胡"说六朝》,胡阿祥著,江苏人民出版社,2019年6月版,"戊种公共史学"第壹号;

2.《谢朓传》,胡阿祥、王景福著,凤凰出版社,2019年12月版,"戊种公共史学"第贰号。

图书在版编目(CIP)数据

"都城圈"与"都城圈社会"研究文集：以六朝建康为中心 / 张学锋编. -- 南京：南京大学出版社，2021.1

(南京大学六朝研究所书系. 乙种论集. 第壹号)

ISBN 978-7-305-23748-5

Ⅰ. ①都… Ⅱ. ①张… Ⅲ. ①都城(遗址)－中国－六朝时代－文集 Ⅳ. ①K928.5-53

中国版本图书馆 CIP 数据核字(2020)第 167777 号

出版发行	南京大学出版社		
社　　址	南京市汉口路22号	邮　编	210093
出 版 人	金鑫荣		

丛 书 名　(南京大学六朝研究所书系·乙种论集·第壹号)
书　　名　"都城圈"与"都城圈社会"研究文集
　　　　　——以六朝建康为中心
编　　者　张学锋
责任编辑　王　静　　　　　　　　编辑热线　(025)83593963

照　　排	南京南琳图文制作有限公司
印　　刷	徐州绪权印刷有限公司
开　　本	787×1092　1/20　印张 21.8　字数 380 千
版　　次	2021年1月第1版　2021年1月第1次印刷
ISBN 978-7-305-23748-5	
定　　价	98.00 元

网　址：http://www.njupco.com
官方微博：http://weibo.com/njupco
官方微信号：njupress
销售咨询热线：(025) 83594756

* 版权所有，侵权必究

* 凡购买南大版图书，如有印装质量问题，请与所购图书销售部门联系调换